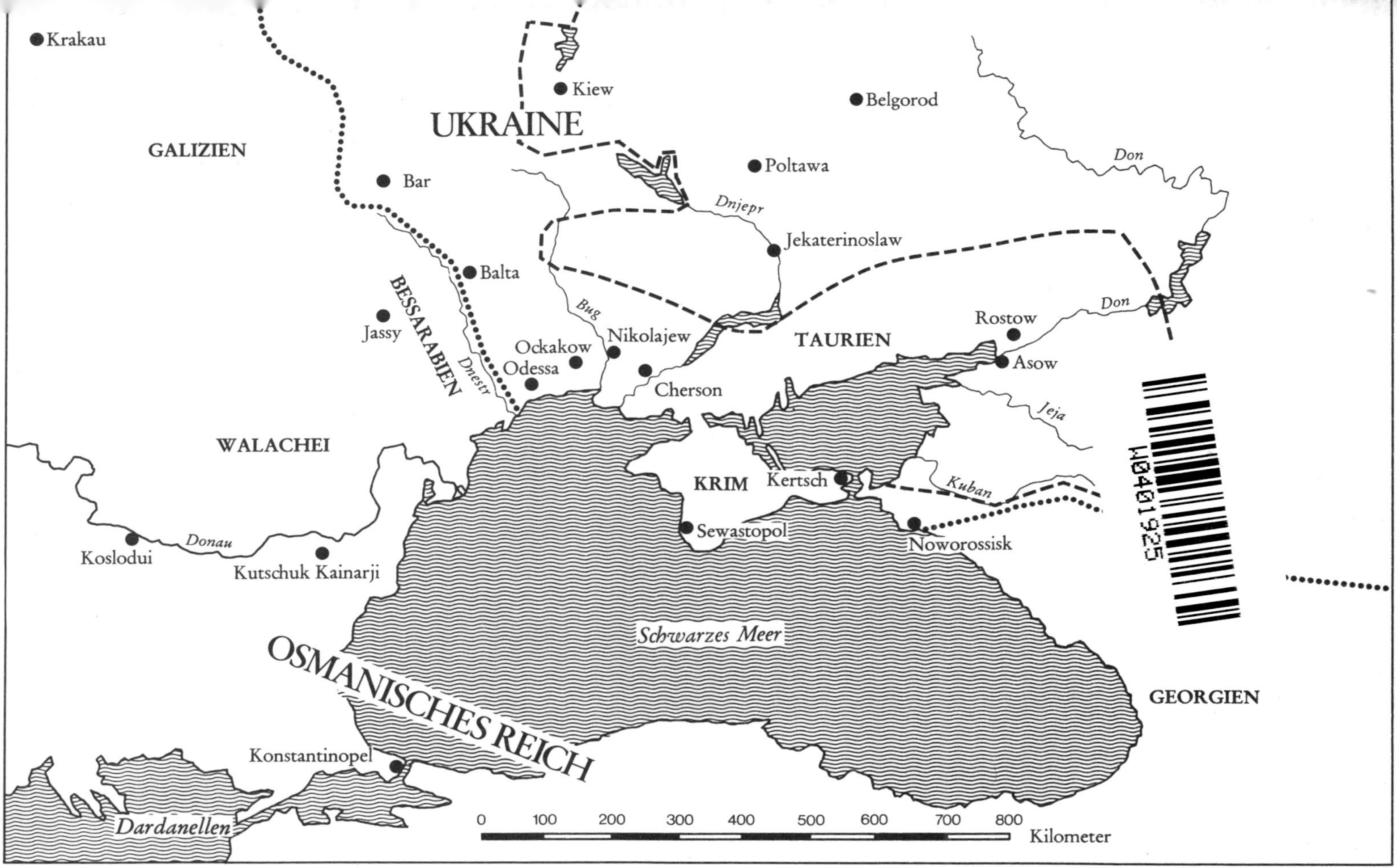
Krakau
Kiew
UKRAINE
Belgorod
GALIZIEN
Bar
Poltawa
Don
Dnjepr
Jekaterinoslaw
Balta
BESSARABIEN
Jassy
Bug
Dnestr
Nikolajew
Ockakow
Odessa
Cherson
TAURIEN
Rostow
Don
Asow
Jeja
WALACHEI
KRIM
Kertsch
Kuban
Sewastopol
Noworossisk
Koslodui
Donau
Kutschuk Kainarji
Schwarzes Meer
OSMANISCHES REICH
GEORGIEN
Konstantinopel
Dardanellen
0 100 200 300 400 500 600 700 800
Kilometer

Vincent Cronin

KATHARINA DIE GROSSE

Eine Biographie

Vincent Cronin

KATHARINA DIE GROSSE

Eine Biographie

Büchergilde

Genehmigte Ausgabe für die Mitglieder der Büchergilde Gutenberg
Frankfurt am Main Wien Zürich
Die Originalausgabe erschien im Verlag William Collins Sons & Co. Ltd., Glasgow,
unter dem Titel »Catherine The Great«

Deutsche Übersetzung von Karl Berisch
Schutzumschlag Juergen Seuss, Niddatal bei Frankfurt am Main
Zeichnung Seite 3 Georg Eisler, Wien
Satz Otto Gutfreund, Darmstadt
Schrift Korpus Garamond der Linotype GmbH
Druck- und Bindearbeit May & Co., Darmstadt
Papier: Papierfabrik Schleipen GmbH, Bad Dürkheim
Printed in Germany 1978. ISBN 3 7632 2373 8

Inhalt

Vorwort

Die Tochter eines deutschen Duodezfürsten, die eine französische Erziehung empfing und mit dreiunddreißig Jahren Herrscherin des russischen Reiches wurde, ist noch immer als Katharina die Große bekannt, nicht schlicht als Katharina II. Wir sind heute nicht mehr so freigebig mit der Zuerkennung des Beiwortes »groß«, wie es frühere Zeiten waren, und wenn ich meiner Biographie den Titel »Katharina die Große« gab, so habe ich mich nur der herkömmlichen Bezeichnung bedient und damit keine Wertung ausgesprochen. Ob Katharina ein großer Mensch war oder eine große Herrscherin, ob beides oder keins von beiden – das sind Fragen, die der Leser hoffentlich selbst entscheiden kann, wenn er ihr Leben an Hand dieses Buches verfolgt hat.

Katharina beansprucht in mehrfacher Hinsicht die Aufmerksamkeit des modernen Lesers. Sie ist eine der interessantesten und einflußreichsten Gestalten der zweiten Hälfte des achtzehnten Jahrhunderts, das durch seinen Mangel an Religiosität dem unseren ähnelt; und die Tatsache, daß sie am Rande Europas lebte, ermöglichte ihr eine ungewöhnliche Einsicht in das, was in dem europäischen Denken von bleibendem Wert und was nur kurzlebig war.

Sie war eine der ersten »Karrierefrauen«, und als solche mußte sie in ihrem Leben nicht nur Platz für ihre sehr anspruchsvolle Arbeit, sondern auch für den Mann – oder die Männer – die sie liebte, für ihr Heim und ihre Familie finden. An den Richtsätzen des Westens gemessen waren die Arrangements, die sie dafür traf, vielleicht ungewöhnlich; doch sie sind zumindest ein tapferer und ehrlicher Versuch, ihre Probleme zu lösen.

Als weibliche Politikerin ist Katharina für uns ebenfalls von größtem Interesse – heute, da es an der Spitze von Regierungen schon zahlreiche Frauen gegeben hat, deren Zahl sich vermutlich bis zum Ende des Jahrhunderts noch vermehren wird. Plato sah des Mannes Seele im Staat großgeschrieben; Katharinas Regierungszeit zeigt uns die Seele einer Frau, die in Rußland großgeschrieben wurde. Vielen der Aufgaben, die sie in Angriff nahm, stehen auch die Regierungschefs von heute gegenüber, besonders in der Frage der Entwicklungsländer, und es kann lehrreich sein, zu sehen, wie eine Frau, die nicht zur Macht geboren war, den ihr zugefallenen Auftrag erfüllt hat. War sie erfolgreicher als es ein Mann an ihrer Stelle gewesen wäre, und hat sie ihre Macht anders gebraucht, als es ein Mann getan hätte?

Katharina ist eine der seltenen Persönlichkeiten, die sowohl ein ereignisreiches Privatleben als auch ein äußerst intensives öffentliches Leben führten. Angesichts des reichen zur Verfügung stehenden Materials haben sich ihre meisten Biographen auf den einen oder den anderen Blickpunkt beschränkt. Doch die Frau Katharina und die Herrscherin Katharina waren ein und dieselbe Person, und um ein vollständiges und ausgeglichenes Bild zu erhalten, muß man wohl beide Aspekte ihres Lebens als Teile eines einzigen Ganzen betrachten. Dies ist die Absicht der vorliegenden Biographie.

Es ist eigentlich paradox, daß ein so ausgiebig dokumentiertes Leben der Gegenstand so vieler Legenden wurde. Besonders Katharinas Liebesleben ist *ad nauseam* romantisiert oder vulgarisiert, und noch heute stellen sich viele die russische Kaiserin als eine Kreuzung zwischen einer Lady Macbeth und einer Nymphomanin vor, die nächtens durch halbdunkle Palastkorridore schleicht, auf der Suche nach neuen Opfern oder Liebhabern.

Die Geschichten, auf denen ein solches Bild beruht, gehen alle auf einige wenige französische Schriftsteller in den unmittelbaren Jahren nach Katharinas Tod zurück, als das republikanische Frankreich gegen eine Allianz, der auch Rußland angehörte, um seine Existenz kämpfen mußte. Einer der Autoren, Jean Laveaux, hatte während der Französischen Revolution zweimal wegen Verleumdung im Gefängnis gesessen, und damals mußte eine Schmähschrift schon ungewöhnlich giftig sein, um dafür eingesperrt zu werden. Eine kritische Auswertung der Quellen war also das erste Erfordernis bei der Vorbereitung einer neuen Biographie; sie bildet den Anhang A des Buches. Zu Katharinas Zeit waren die Russen nicht sehr schreibfreudig; nur sehr wenige schrieben Tagebücher, und diese enthalten meist nur allgemein gehaltene Äußerungen über die Kaiserin. Um so wichtiger sind die Berichte ausländischer Reisender und Diplomaten. Einer von ihnen ist John Parkinson, ein Geistlicher mittleren Alters, der in Oxford studiert hatte und einen jungen Edelmann aus Lancashire, Edward Wilbraham-Bootle, auf einer Reise durch Rußland, Sibirien und die Krim in den Jahren 1792 bis 1794 begleitete. Trotz der Neigung, bei jedem plötzlichen Tod die Ursache in einer Tasse vergifteten Kaffees zu sehen, hat Parkinson scharf und ungewöhnlich genau beobachtet. Sein Tagebuch wurde erst 1971 veröffentlicht und fügt unserer Kenntnis über Katharinas Regierung manche bisher nicht bekannte Einzelheit hinzu.

Von den handgeschriebenen Quellen habe ich mich hauptsächlich der Berichte ausländischer Gesandter bedient, besonders denen des dänischen Botschafters, eines besonders gut informierten Beobachters der Regierungszeit Peters III.; ferner der Briefe mehrerer britischer Gesandter an Lord Holderness, den Leiter der nordeuropäischen Abteilung des Foreign Office, die mehr persönliche Details geben als die amtlichen Meldungen, und des Spezialberichtes über die Großfürstin Katharina von Robert Keith für König Georg III., jetzt in den Egerton-Manuskripten der British Library, der eins der Rätsel in den Beziehungen der Großfürstin Katharina zur Kaiserin Elisabeth aufklärt. Weiteres wertvolles Manuskriptmaterial kam aus der National Library von Schottland und der Kongreßbibliothek in Washington.

Schließlich ist in unserer Zeit, besonders nach 1945, eine Fülle neuen Materials in akademischen Jahrbüchern, die nicht von jedermann gelesen werden, über Katharinas Innen-, Außen- und Wirtschaftspolitik erschienen. Soweit es auf mein Thema neues Licht warf, habe ich es herangezogen, und ich bin den in den Anmerkungen genannten Autoren zu Dank verpflichtet, und ebenfalls Professor K. A. Papmehl für seinen Rat und die Erlaubnis, sein demnächst erscheinendes Buch über Dr. Matthew Guthrie zu benutzen, einen schottischen Arzt, der fünfundzwanzig Jahre in den Diensten des diplomatischen Korps von St. Petersburg stand und einen großen Teil der hauptstädtischen Prominenz kannte.

Im achtzehnten Jahrhundert (und bis zum Jahre 1923) rechneten die Russen nach dem julianischen oder alten Kalender, der elf Tage hinter dem neuen (gregorianischen) Kalender des übrigen Europa zurück ist. Ich habe die Ereignisse vor Katharinas Ankunft in Moskau nach der neuen, danach nach der alten Zeitrechnung datiert. Was die Kaufkraft des Rubels betrifft, so entsprechen in der Mitte von Katharinas Regierungszeit 4,6 Rubel einem Pfund Sterling und vier Rubel einem französischen Livre. Die Lebenshaltungskosten waren in St. Petersburg viel höher als in Moskau, zum Teil, weil auf dem Sumpfboden in der Umgebung der nördlichen Hauptstadt nur wenig angebaut werden konnte; deshalb und aus anderen Gründen ist ein genauer Vergleich mit gegenwärtigen Preisen und Währungen nicht möglich. Ungefähr könnte man sagen, daß damals ein Rubel die Kaufkraft hatte, die heute rund fünf Deutsche Mark besitzen.

V. C.

1

Die Tochter eines Generals

Die Haupt- und Residenzstadt Berlin war Anfang des achtzehnten Jahrhunderts ein Städtchen mit Kopfsteinpflaster, Kanälen, Giebelhäusern und nur einem Prachtbau, dem königlichen Schloß, das erst kurz zuvor von Friedrich I. vergrößert und mit prunkvollen französischen Möbeln ausgestattet worden war, damit es Versailles ähnele. Hier trat am 25. Februar 1713 ein stämmiger junger Mann mit einem runden Schädel auf einem Stiernacken und strengen blau-grauen Augen die Nachfolge seines Vaters als König von Preußen an. Wenige Stunden nach dessen Tod schloß sich der neue Monarch in seinem Arbeitszimmer ein und ließ sich von dem Schatzmeister, Herrn von Printzen, die Liste der Hofbeamten bringen. Er las die Namen der Kammerherren und Lakaien, Köche und Küchenmädchen, Pagen und Schloßwachen, Kutscher und Stallknechte, Maler und Bildhauer, Schauspieler und Musikanten einschließlich der sechsundzwanzig Trompeter und Kesselpauker, die dem König voranschritten: den ganzen Hofstaat eines Klein-Versailles, den Friedrich der Prächtige aufgebaut hatte, um zu verschleiern, daß die preußische Königskrone erst zwölf Jahre alt war. Der Sohn wußte, was der Vater gern vergessen hatte: daß das Schloß nicht bezahlt war, daß alle diese Hofbeamten und Diener ein ungerechtfertigter Luxus waren, der das Land in Verschuldung und finanzieller Abhängigkeit von seinen größeren Nachbarn hielt. Und so ergriff der junge König eine Feder und durchstrich das Blatt mit einer dicken schwarzen Linie von oben bis unten – eine symbolische Linie der Geschichte, die zwei Epochen trennte, die Großspurig-

keit eines kleinen deutschen Hofes von dem künftigen mächtigen Preußen.
Zwei Monate später waren die jüngeren und kräftigeren Männer des Hofes dem Heer überstellt, die anderen mit halbem Lohn in den Ruhestand versetzt worden. Im Erdgeschoß des Schlosses wurden Amtsräume eingerichtet, die Finanzkammer wurde in den Keller verlegt, aus dem man die Weine verkauft hatte, zusammen mit den Silbermöbeln, dem goldenen Geschirr, den Staatskarossen, um die Schulden des verstorbenen Königs zu bezahlen. Ganze Flügel des Schlosses wurden zugesperrt, und der vierundzwanzigjährige neue König beschränkte sich auf fünf Zimmer, aus denen er Vorhänge, Teppiche und Polstermöbel entfernen ließ, denn er haßte den Staub. Friedrich Wilhelm war ein verwöhnter, eigenwilliger einziger Sohn, doch ein frommer Calvinist. Die Welt war voller Staub, Moder und Sünde, und er betrachtete es als seine Lebensaufgabe, für Reinlichkeit zu sorgen. Außerdem war es die Arbeit, die den Menschen dem Zugriff des Teufels entzog, und er begann seinen Tag jeden Morgen um sieben. Er trug grüne Ärmelschoner, um seine Uniform vor Tintenflecken zu schützen, und wusch sich jedesmal die Hände, sobald er etwas angefaßt hatte, das ihm nicht ganz sauber schien. Den ganzen Tag arbeitete er schwer, um sein Königreich zu regieren; er tat persönlich alles, was sein leichtlebiger Vater seinen Ministern überlassen hatte, und er legte besonderen Wert auf peinlich genaue Abrechnungen bis zum letzten Taler. »Es geht nicht, wie es soll«, erklärte er, »wenn man nicht seine Nase in jeden Dreck steckt.«
Gegen den Schmutz und die Unordnung, die größten Schrecken des Lebens, war die Arbeit die eine Bastion. Die andere war die Armee. Mit den ebenmäßig gewachsenen Soldaten in der blauen Uniform mit polierten Messingknöpfen und weißen Gamaschen fühlte sich der König sicher. Er nannte sie seine »langen Kerls«, und sie wurden ihm zur Leidenschaft seines Lebens. Durch immer neue Aushebungen verdoppelte er die Armee auf 83 000 Mann – im Verhältnis zu einer Bevölkerung von 2,3 Millionen die größte der Welt. Er verwandelte den Schloßgarten in einen Exerzierplatz und übte selber mit den Truppen. Jeder träge Soldat bekam Schläge mit dem

Stock, den der König stets bei sich führte; aber er hörte sich persönlich Beschwerden an, und wenn sie berechtigt waren, sorgte er für Abhilfe.

Friedrich Wilhelm war kein Freund des Krieges, und von seiner Außenpolitik sagte Peter der Große: »Er geht gern fischen, doch er macht sich nicht gern die Füße naß.« Krieg brachte Gefahr und Unordnung; seine sorgfältig gedrillten Regimenter hingegen repräsentierten Ordnung und Sicherheit in jedem Sinne des Wortes. Mit den Jahren machte der König seine Armee fast zum *raison d'être* des Staates, zum Ausdruck der Gehorsamspflicht seines Calvinismus. »Wenn man den Fahneneid leistet«, schrieb er in seinen neuen Instruktionen, »gibt man sich selber auf und überliefert sich ganz und gar dem Monarchen, um Gottes Willen zu vollziehen, und durch diesen blinden Gehorsam empfängt man die Gnade und die Bestätigung des Titels eines Soldaten.«

Anmutige und elegante Frauen waren an den norddeutschen Höfen selten. Die preußische Königin Sophie Dorothea war dicklich und geschwätzig und hatte traurige graue Augen. Aber der König war ihr treu, wenn er sie auch tyrannisierte, und machte ihr vierzehn Kinder, denn er pflegte zu sagen: »Die Hurerei ist die allerschrecklichste Sünde.« Sie mußte Kleider aus preußischer Wolle tragen, um die neuen Tuchwebereien zu unterstützen, und als er sie einmal nach dem Preis der Eier fragte und sie ihn nicht wußte, sagte er: »Wenn ich tot bin, werden Sie im Armenhaus enden.«

Seine Abende jedoch verbrachte er nicht mit seiner Gattin, sondern mit älteren Offizieren in seinem »Tabakskollegium«, einem getäfelten Zimmer des Schlosses, wo man Pfeife rauchte, Bier trank, den Hofnarren, einen ehemaligen Klosterbruder aus Tirol, hänselte und sich über Bücher und Philosophie, die der König »Furzerei« nannte, lustig machte. Einmal wurden die Vorlesungen von Christian Wolff in Halle erwähnt, und der König fragte: »Was versteht der Professor unter ›prästabilierter Harmonie‹?« Die Antwort lautete: »Es bedeutet, daß ein Grenadier Seiner Majestät, wenn er davonläuft, strenggenommen nicht bestraft werden darf, denn seine Desertion ist vorherbestimmt, ist ein Teil der prästabilierten Harmonie.« Friedrich Wilhelm gab dem Professor Wolff vierundzwanzig Stunden Zeit, Halle zu verlassen.

Unter einem solchen König spielten natürlich die Generäle eine große Rolle; sie standen nunmehr an zweiter Stelle nach dem Landesherrn, während die Minister auf den fünften Platz zurückfielen. Friedrich Wilhelms vertrautester General war Fürst Leopold von Anhalt-Dessau, ein stattlicher Edelmann mit einem kräftigen Kinn, dichten Augenbrauen und einem entsprechenden Schnurrbart. Der »Alte Dessauer« galt nach dem Tode Karls XII. von Schweden als Europas tüchtigster Soldat. Er war Preußens Drillmeister, der Erfinder des Stechschrittes, und komponierte Melodien unter Verwendung von Psalmen, zu denen er die Grenadiere marschieren ließ.

Ein anderer vom König sehr geschätzter General war Leopolds Vetter, der Fürst Christian August von Anhalt-Zerbst. Er wurde 1690 geboren, zeichnete sich im Kriege gegen Frankreich in den Niederlanden und bei Malplaquet aus, war ein ansehnlicher Mann mit einem offenen Gesicht, behutsam in der Schlacht und absolut vertrauenswürdig. Im Gegensatz zu Leopold, der eine Apothekertochter geheiratet hatte, machte er eine großartige Partie mit Johanna Elisabeth von Holstein-Gottorp, der erst fünfzehnjährigen Tochter des Fürstbischofs von Lübeck und Enkelin König Friedrichs III. von Dänemark.

Johanna war ein sehr hübsches Mädchen von fünfzehn, weniger als halb so alt wie ihr Gatte, mit einer Adlernase, geschwungenen Augenbrauen und blonden Locken. Die Vermählung fand 1727 statt, als Christian August vom preußischen König zum Stadtkommandanten von Stettin ernannt wurde, das sieben Jahre zuvor von Schweden an Preußen abgetreten worden war und zu einem Hafen für Berlin ausgebaut werden sollte.

Der sparsame König zahlte niedrige Gehälter und war dafür bekannt, daß er Gesuche um Erhöhungen in haarsträubendem Latein oder in ungehobelten Versen ablehnte: *»Non habeo pekonia«* oder »Gold kann ich nicht scheißen, Friedrich Wilhelm, König in Preußen«.

Auch der Sold eines Generals war nicht hoch, und da Christian August und seine Gattin auch nur geringe private Einkünfte hatten, zogen sie in Stettin in ein bescheidenes Mietshaus in der großen Domstraße.

In diesem Haus gab am Montag, dem 2. Mai 1729, um halb drei Uhr morgens Johanna ihrem ersten Kind das Leben, einem Mädchen, das in der nahen evangelischen Marienkirche auf die Namen Sophie Friederike Auguste getauft wurde – Sophie wahrscheinlich als Kompliment für die Königin, Friederike für den König. Das Kind bekam eine Amme, die junge Frau eines Soldaten.

Es war ein lebhaftes Mädchen mit sehr heller Haut, blondem Haar und blauen Augen. Als sie achtzehn Monate alt war, wurde ein Knabe geboren, den man Wilhelm nannte; er war rachitisch und mußte zur Kur nach Karlsbad geschickt werden; 1734 kam ein zweiter Bruder, Friedrich August, hinzu, bis dahin, in den ersten fünf Jahren ihres Lebens, hatte Sophie keinen Spielgefährten in der Familie. Sie lernte, sich selbst zu unterhalten, und spielte lieber mit ihrem Taschentuch oder ihren Fingern als mit Puppen.

Sophie verbrachte ihre ganze Kindheit in der kühlen, grauen Stadt an der Odermündung, in die der Nebel von der Ostsee hineinwehte. Nur der Hafen, den sie zuweilen mit ihrer Kinderfrau besuchte, bot einige Abwechslung; dort herrschte reges Leben, wenn Schiffe aus fremden Ländern einfuhren und Tuch und Kaffee ausgeladen wurde und manchmal auch hochgewachsene junge Burschen aus Skandinavien für des Königs »lange Kerls«. Als der Vater zum Statthalter befördert wurde, zog man in das herzogliche Schloß, einen soliden Granitbau aus dem sechzehnten Jahrhundert am Hauptplatz. Christian August war nun des Königs Stellvertreter, und Sophie bewunderte ihn, wenn er in seiner blauen Generalsuniform mit gelber Weste, den Säbel an der Seite, die Parade abnahm.

Als Sophie vier Jahre alt war, besuchte der König Stettin, nunmehr ein untersetzter rotgesichtiger Mann in einem zu kurzen blauen Uniformrock, mit scharlachroten Aufschlägen und Manschetten zu Hosen aus Sämischleder und weißen Stiefeln. Das Mädchen ging dem großen König entgegen, um seinen Rocksaum zu küssen, wie

Johanna erzählte. Aber sie konnte nicht hinaufreichen und sagte laut zu ihrer Mutter: »Seine Jacke ist so kurz, daß ich nicht herankomme. Ist er nicht reich genug, um sich eine längere zu kaufen?« Der König wollte wissen, was sie gesagt hatte, und es wurde ihm wiederholt, wenn auch mit einiger Verlegenheit, denn der kurze Schnitt seines Rockes war in der Tat eine ökonomische Maßnahme. »Die Kleine ist sehr keck«, sagte er; doch er lachte, und jedesmal, wenn er nach Stettin kam oder der Vater ihn in Berlin aufsuchte, erkundigte er sich nach Sophie.

Sie erhielt eine französische Gouvernante, Elisabeth Cardel, eine stämmige, verständige Tochter hugenottischer Einwanderer, die sie »Babette« nannte. Von ihr lernte sie Französisch, sobald sie Deutsch sprechen konnte, die Fabeln von Lafontaine auswendig hersagen, und daher stammte vermutlich ihre Vorliebe, Tiere nachzuahmen. Sie lernte auch Schreiben und Zeichnen, worin sie geschickt war, und Musik, für die sie wenig Begabung zeigte. Wenn sie ihre Aufgaben fehlerfrei gemacht hatte, las Babette ihr ein Theaterstück vor; Sophie liebte besonders die Komödien von Molière, in denen er sich über Ärzte lustig machte.

Babette, die das harte Leben eines Flüchtlings geführt hatte, legte großen Wert auf Tapferkeit und betonte, daß man nicht ohne Grund klagen dürfe. Sie erzählte ihrer Schülerin die folgende Geschichte, an die sich Sophie zeitlebens erinnerte: »Einst lebte ein Bauer zufrieden mit seiner Frau; doch eines Abends begann sie zu weinen. ›Was ist los?‹ fragte der Mann, und sie wollte es erst nicht sagen; doch dann gestand sie den Grund. ›Ach, Thomas‹, sagte sie, ›du hast deine Axt an den Nagel dort an die Wand gehängt. Denke doch nur, ich hätte ein Kind und würde es in die Wiege unter dem Nagel legen, und die Axt würde hinunterfallen und das Baby erschlagen!‹ Und sie weinte bitterlich und lauter als zuvor.«

Christian August war ein frommer Lutheraner, und um seiner Tochter eine rechtgläubige religiöse Erziehung zu geben, engagierte er einen Feldgeistlichen, der sie in Geschichte, Geographie und Bibelkunde unterrichtete. Kaplan Wagner war ein strenger Zuchtmeister, der lange Stellen in der Heiligen Schrift rot unterstrich und sie

Sophie auswendig lernen ließ. Wenn sie ein Wort verfehlte, schlug er sie. »Die Freuden der Welt sind ihre Schmerzen nicht wert«, pflegte er zu sagen und »Die Welt taugt nicht viel wegen der Erbsünde«.

Die Fenster des Kinderzimmers im obersten Stockwerk des Schlosses gingen auf eine Kirche hinaus, und wenn die Orgel gespielt wurde, konnte Sophie es hören. Abends dachte sie über Pastor Wagners grimmige Ermahnungen nach, über das Jüngste Gericht und die mühevolle Aufgabe, für die Erlösung zu arbeiten. Dazu dröhnte die Orgel; es war zu viel für ein kleines Mädchen, und oft brach sie in Tränen aus. Als Babette es erfuhr, sprach sie mit dem Kaplan und erreichte, daß er seinen Ton mäßigte. So vertrieben Licht und Sonne des Mittelmeers die Nebel des Nordens, und eine vielleicht lähmend einseitige preußische Erziehung wurde durch gallische Vernunft gemildert.

Mut, Wahrheitsliebe und Gehorsam – das waren die Tugenden, die man Sophie einprägte. Für reines Buchwissen hatte sie wenig Verständnis; doch sie besaß Eigensinn, den Babette *esprit gauche* nannte und womit sie meinte, daß ihre Schülerin an die Dinge vorurteilslos heranging. Dies zeigte sich sehr früh in dem Entschluß, möglichst alles in Frage zu stellen und selber nachzudenken. Sophie betrachtete es zum Beispiel als große Ungerechtigkeit, daß Titus, Marc Aurel und alle die Helden der Antike in der Hölle schmorten, weil sie nichts von Christus wußten – eine Doktrin, die später auch dem jungen Napoleon mißfiel. Eine zweite Schwierigkeit bereitete ihr die Beschaffenheit des Universums vor der Schöpfung. Kaplan Wagner sagte, es habe das Chaos geherrscht, und als Sophie wissen wollte, wie das Chaos gewesen sei, und der Kaplan ihr keine befriedigende Antwort geben konnte, blieb sie skeptisch über eine so schwer zu fassende Angelegenheit.

Ein dritter Kampf ging um die Beschneidung. Sie wollte wissen, was das Wort bedeutete, und ihr Lehrer wollte es ihr nicht erklären – verständlicherweise, denn Sophie wußte bis zu ihrem Hochzeitstag nicht, wodurch sich die Geschlechter unterschieden. Sie hielt den Pastor insgeheim für einen Dummkopf und weigerte sich, seine doktrinären Lehren anzunehmen, worauf er ihr mit Züchtigungen drohte. Wieder legte sich Babette ins Mittel, besänftigte den Kaplan und plädierte für Vernunft. Sophie hielt zu Babette, die sie verehrte, nicht zu dem Preußen, der ihr Angst einjagen wollte. »Mein Leben lang«, schrieb sie später, »hatte ich diese Neigung, nur der Sanftheit und Vernunft nachzugeben – und mich allem Druck zu widersetzen.«

Sie besaß ein sanguinisches Temperament, wie die Ärzte sagten, hatte rosige Wangen, sah alles von der heiteren Seite und war so ungestüm, daß sie eines Tages ihren schweren Spielzeugschrank umwarf; er fiel auf sie, doch da die Türen offenstanden, wurde sie nicht zerdrückt, sondern nur eingeschlossen. Aber das glückliche, gesunde siebenjährige Kind war schwer betroffen.

Eines Abends, als sie niederkniete, um ihre Gebete zu sprechen, begann Sophie so heftig zu husten, daß sie auf die linke Seite fiel, und so starke Schmerzen in der Brust verspürte, daß es ihr den Atem benahm. Sie wurde zu Bett gebracht, wo sie hustend lag, immer auf der linken Seite, mit hohem Fieber und heftigen Brustschmerzen. Der Arzt verschrieb verschiedene Medikamente, und nach drei Wochen durfte sie aufstehen. Als sie angekleidet wurde, machte man eine erschreckende Feststellung: die Wirbelsäule war verbogen. Schulter und Hüfte waren rechts zwei Fingerbreit höher als auf der linken Seite, während der Leib sich krümmte, um das Gleichgewicht wiederherzustellen. Von hinten gesehen hatte der Rücken die Form eines »S«.

Diese Entdeckung war ein großer Schock für die Eltern. Der Sohn Wilhelm war lahm und mußte an einer Krücke gehen; und nun sah es ganz so aus, als sollte auch die lebhafte Sophie ein Krüppel bleiben. Jedermann im Schloß wurde zu strenger Geheimhaltung verpflichtet, und man überlegte, was zu tun sei.

Das Beste wäre gewesen, einen Spezialisten aus Berlin oder der Schweiz kommen zu lassen oder Sophie nach Teplitz oder Karlsbad zu schicken. Aber Christian August verwarf diese Maßnahmen, vermutlich, weil er sie sich nicht leisten konnte – die Finanzen der Familie waren durch Wilhelms Krankheit schon äußerst angespannt

– und vielleicht auch, weil es Sophies Heiratsaussichten vermindert hätte, wenn ihr Leiden bekannt geworden wäre.

Statt dessen suchten die Eltern jemand in der Stadt, der Erfahrung mit Rückgratverkrümmungen hatte. Der einzige jedoch, den man finden konnte, war der Henker von Stettin. Sie zögerten verständlicherweise, eine so unheimliche Person heranzuziehen, doch schließlich ließ man ihn holen, unter dem Siegel der Verschwiegenheit, und die einzigen, die davon wußten, waren Babette und eine Zofe.

Der Henker untersuchte die arme verkrümmte Sophie und sagte ihren Eltern, was zu tun sei: Jeden Morgen sollte ein Mädchen nüchtern ins Schloß kommen und Sophies Schultern und Rückgrat mit ihrem Speichel einreiben. Ferner mußte die Patientin ein breites schwarzes Band tragen, das um den Nacken und die rechte Schulter und den rechten Oberarm gezogen und am Rücken befestigt wurde. Und schließlich fertigte der Henker ein steifes, festanliegendes Korsett an, das sie Tag und Nacht über dem Leibchen und unter dem Kleid zu tragen hatte. Nur beim Waschen und Wechseln der Wäsche durfte es entfernt werden.

Mit diesem käferartigen Panzer auf dem Leib schleppte sich die arme Sophie monatelang durch das Schloß, ohne daß eine nennenswerte Besserung erfolgte. Es war eine Lehre in Demut und Geduld. Erst nach anderthalb Jahren, zu jedermanns und Sophies Trost und Freude, begann die Wirbelsäule sich zu strecken und die rechte Schulter und Hüfte ihre normale Lage wiederzuerlangen.

Wahrscheinlich hatte Sophie eine Neigung zu Rachitis, durch Mangel an Sonnenschein und zu fettarme Kost verstärkt, die zu einer seitlichen Rückgratverkrümmung geführt hatte. Sie trug noch eine gewisse Zeit weiter vorsorglich ihren Korsettpanzer; doch mit neuneinhalb Jahren war sie geheilt und gewann schnell ihre frühere Tatkraft zurück. Sie pflegte, nachdem man sie zu Bett gebracht hatte, sich rittlings auf ihr Kissen zu setzen und sich wie im Reitgalopp zu bewegen, bis sie müde genug war, um einzuschlafen. Als sie zu Gast in dem ländlichen Schloß Dornburg ihres Onkels war, teilte sie ein Schlafzimmer mit Babette, und wenn diese sich auf ein stilles

Örtchen zurückgezogen hatte, lief Sophie im Sturmschritt die große Steintreppe vier Stockwerke hinauf und wieder hinunter und lag mucksmäuschenstill und scheinbar schlafend im Bett, wenn Babette ins Zimmer trat.

Die Eltern führten eine glückliche Ehe, aber ihre Charaktere waren sehr verschieden. Außerhalb des Dienstes war Christian August ein ruhiger, sparsamer Mann, der lieber Bücher las als ausging und innere Werte Äußerlichkeiten vorzog; während seine junge Frau Gesellschaften und Aufregungen liebte und gern von Hof zu Hof flatterte. »Ich bin ein Irrlicht«, pflegte sie von sich selber zu sagen. Zu ihrem eigenen Vergnügen, doch auch mit einem auf die Zukunft ihrer Tochter gerichteten Auge, fuhr sie mit Sophie nach Berlin, um einen Winter dort zu verbringen. Der König war abwesend; die Königin, mit einem Doppelkinn und noch traurigeren Augen denn je, grollte, daß ihr Gatte den Kronprinzen tyrannisierte, den er für einen Schlappschwanz hielt. Sie haßte Berlin, das nach ihrer Meinung dem Vergleich mit ihrer Heimatstadt Hannover nicht standhielt. Sophie spielte mit Heinrich, einem jüngeren Sohn des Königs, und freundete sich mit ihm an.

Von Berlin ging es nach Braunschweig, wo Johanna von ihrer Patin, der reichen, kinderlosen Herzogin von Braunschweig-Wolfenbüttel erzogen worden war. Nach dem spartanischen Berlin war das herzogliche Schloß in Braunschweig von märchenhafter Pracht, mit gelblivrierten Dienern und Bildern von Rembrandt und van Dyck. Sie trafen in einem einfachen Wagen mit wenig Gepäck und ohne Bediente ein. Arme Verwandte, besonders Mädchen, müssen freundlich und jederzeit hilfsbereit, taktvoll und nicht vorlaut sein. Sophie erfüllte offenbar alle diese Bedingungen, denn sie wurde mit ihrer Mutter in sieben aufeinanderfolgenden Sommern nach Braunschweig eingeladen, und Bälle und Bankette, Opern und Konzerte, Jagden und Kutschfahrten lösten einander Tag für Tag ab.

Sophie besuchte auch zwei exzentrische unverheiratete Tanten. Hedwig, die Schwester ihrer Mutter, war Priorin des vornehmen Stiftes Quedlinburg; sie war kurz und dick und hatte sechzehn Möpse in ihrem Zimmer, deren Geruch auf Sophie starken Eindruck machte. Die andere Tante, Sophie Christiane, ihres Vaters Schwester, war lang und dünn und hatte einen häßlichen Brandfleck im Gesicht. Sie war Stiftsdame in Gandersheim, und in ihrem Zimmer wimmelte es von Vögeln, besonders solchen, die irgendeine Verletzung hatten – eine einbeinige Drossel, ein einäugiger Stieglitz, eine Lerche mit einem gebrochenen Flügel und viele andere. Als Sophie einmal allein im Zimmer war, taten ihr die eingesperrten Tiere leid; sie öffnete das Fenster und sah zu, wie die Hälfte des Vogelhauses in die Freiheit flatterte. Die Tante war sehr böse und ließ Sophie nie wieder das Zimmer betreten.

Während Johanna und ihre Tochter über die holprigen Straßen Norddeutschlands fuhren, um die Familienbande zu pflegen, reiste der Mann, von dem sie letzten Endes abhingen, König Friedrich Wilhelm, über die gleichen Straßen, um den Staat im Stande zu halten. Er befaßte sich mit Forstwirtschaft, Bergbau, Hafenwesen, Einfuhrzöllen, Straßengebühren und mit der Salzsteuer. Noch immer teilte er Stockschläge aus, wenn er nachlässige Beamte vorfand; aber sein sparsames Wirtschaften hatte schöne Früchte getragen. Er besiedelte das verödete Ostpreußen, gründete dort elf Städte und über dreihundert Dörfer, begann mit der Bauernbefreiung auf den königlichen Domänen und führte, als einer der ersten Herrscher in Europa, die Schulpflicht ein.

Im Alter wurde der König mehr und mehr ein gewaltiger Esser. Mit einer altmodischen zweizinkigen Gabel stopfte er sich voll – besonders wenn ein anderer bezahlte – mit Fleisch, Geflügel, Trüffeln in Öl und acht Dutzend Austern. Sein Gesicht war rotfleckig, die Beine »wie zwei Tonnen«, und aus dem Speisezimmertisch mußte ein Stück herausgesägt werden, um Platz für den königlichen Bauch zu schaffen.

Jeden Herbst ging er auf die Hirsch- und Wildschweinjagd und stellte sich abends auf die Waage, um zu sehen, wieviel er abgeschwitzt hatte. Christian August erhielt regelmäßige »Zuwendungen« von Wildkeulen – mit einer Rechnung, wieviel er dafür zu bezahlen hatte: zwischen drei und sechs Talern, je nach der Größe. Friedrich Wilhelm litt an der Gicht, wozu noch die Wassersucht kam. Er wurde von Reue und Zweifeln geplagt und malte ungeschmeichelte Selbstbildnisse, die er mit *»F. W. in tormentis pinxit«* signierte. »Gott weiß, was für eine geringe Meinung ich von mir selber habe«, schrieb er an Leopold von Dessau. Doch gleich darauf konnte er wieder einen säumigen Diener verprügeln.

1740 erkrankte er schwer. Er bestellte den Geistlichen in sein Schlafzimmer, an dessen Wänden die Bildnisse der Hauptleute seines Regiments der langen Kerls hingen, um mit ihm angstvolle Gespräche über sein Seelenheil zu führen. Nachts wurde er von schrecklichen Alpträumen heimgesucht.

In der letzten Nacht des Monats Mai fuhr er sich mit dem Rollstuhl ins Zimmer der Königin. »Steh auf, ich sterbe!« Als sein Kaplan die Hymne »Nackt werd' auch ich vor Deinem strengen Antlitz stehn« anstimmte, rief der König unwillig: »Nein, nein! Ich will in meiner Uniform begraben werden!« Man sollte keine Grabrede halten; nur zwölf Schüsse aus fünfundzwanzig Feldgeschützen feuern, und vierzehn Tage später sollte der Pastor über das Wort »Ich habe einen guten Kampf gekämpft« sprechen.

Er ließ alle seine Pferde aus den Ställen führen und wählte vom Fenster eins für den Alten Dessauer aus. Als die Stallknechte einen blauen Sattel mit einer gelben Pferdedecke auflegten, statt mit der gleichen Farbe, schickte er einen General hinunter, um sie auszuprügeln. Dann wankte er ins Bett zurück, und am Nachmittag starb er.

Christian August empfing die Nachricht in Stettin. Er hatte für Preußen gekämpft und dem König sein Leben lang treu gedient. Jetzt empfand er das Gefühl eines tiefen persönlichen Verlustes, als er befahl, die Fahne mit dem schwarzen Adler auf Halbmast zu setzen und in allen Stettiner Kirchen Gebete für des Königs ewigen Frieden sprechen zu lassen. Johanna teilte den Kummer ihres Gatten. Sie hatte den Berliner Hof, trotz seiner Kargheit, mit seiner militärischen Etikette geliebt und ihn sogar dem braunschweigischen vorgezogen. Nun legte sie mit Sophie Trauerkleidung an und empfahl den Stettiner Damen, ein gleiches zu tun. Diese jedoch, da sie viel länger unter schwedischer als unter preußischer Herrschaft gelebt hatten, fühlten keine so tiefe Loyalität zu den Hohenzollern und lehnten es ab, Schwarz zu tragen. Am Sonntag in der Kirche kam sich Johanna in Schwarz deplaciert vor, und nach dem zweiten Sonntag schloß sie sich der allgemeinen Auffassung an und legte die Trauerkleidung wieder ab.

Kurz danach fuhr sie mit Sophie abermals nach Berlin, und dort kam das Verhalten der Stettiner Damen zur Sprache. Stimmte es, daß sie sich geweigert hatten, für ihren verstorbenen Landesherrn Trauer anzulegen und daß die Gattin des Statthalters ihrem Beispiel gefolgt war? Johanna leugnete die Tatsache, und Sophie wunderte sich darüber. »Ist es möglich«, so fragte sie sich, »daß meine Mutter etwas vergessen hat, das sich gerade erst zugetragen hatte?« Sie wollte sie daran erinnern, unterließ es jedoch; und »das ist wohl mein Glück gewesen«. In ihrer Familie galt die Wahrheitsliebe als eine so selbstverständliche Tugend, daß Sophie bis jetzt, da sie elf Jahre alt war, noch nie eine Lüge gehört hatte.

König Friedrich Wilhelm war in Sophies Kindheit eine wichtige Erscheinung, und da er während ihres späteren Lebens zum Vorbild für zahlreiche andere Monarchen wurde, verlor er nicht an Bedeutung. In der Anerkennung seiner Leistungen stimmte sie mit ihren Eltern überein; sie gab zu, daß er aus Preußen ein blühendes und starkes Land gemacht hatte, das nunmehr auf der Karte Europas seinen Platz behauptete; aber das war in ihren Augen nicht genug. »Niemals, glaube ich«, schrieb sie, »hat ein Volk mehr Freude bekundet als das seine bei dieser Todesnachricht. Auf der Straße umarmten und beglückwünschten sich die Leute zum Tode ihres Königs, dem sie allerhand Benennungen gaben; er war von groß und klein gehaßt und verabscheut worden. Er war streng, roh, knauserig und jähzornig gewesen; wenn er auch zweifellos große Eigenschaften als König gehabt hatte, war nichts Liebenswertes an ihm gewesen, weder in seinem öffentlichen noch in seinem privaten Leben.« Und im Gegensatz dazu vermerkte Sophie die Freude des Volkes über die Thronbesteigung des Kronprinzen Friedrich, »der geachtet und geliebt wurde«. Schon war die elfjährige Prinzessin sich darüber klar, welche Eigenschaften sie an einem Herrscher bewunderte – daß es nicht genüge, seine Pflicht zu tun und tüchtig zu sein, und daß man nicht nur die Achtung, sondern auch die Liebe seines Volkes gewinnen müsse.

2

Einladung für zwei

Im November 1742 starb Johann August, Fürst von Anhalt-Zerbst, ohne männlichen Erben, und sein Vetter Christian August wurde sein Nachfolger. Er schied mit dem Range eines Feldmarschalls aus dem preußischen Heer aus und zog mit seiner Familie hundertfünfzig Meilen südwärts in das Herz Deutschlands. Anhalt-Zerbst gehörte nicht zu Brandenburg-Preußen, doch es war ihm eng benachbart, ein kleines selbständiges Fürstentum mit nur zwanzigtausend Einwohnern, das auf eine fünfhundert Jahre alte Selbständigkeit zurücksehen konnte. Der fruchtbare Boden brachte Weizen, Hopfen, Kartoffeln, Flachs und Tabak hervor; in den Wäldern gab es reichlich Rotwild und Schwarzwild, in den Flüssen und Bächen Lachse und Barsche. Die Stadt Zerbst, von mittelalterlichen Mauern und einem Burggraben umringt, mit Türmen und Giebelhäusern, besaß eine Brauerei, wo das berühmte Zerbster Bier gebraut wurde, und eine weibliche Bronzefigur auf einer Säule, von der man nicht wußte, was sie darstellte, und die man »das Buttermädchen« nannte. In dem sechzig Jahre alten Barockschlößchen, das der neue Fürst mit seiner Familie bezog, wurden kostbare Briefe Luthers an einen Vorfahren des Fürsten aufbewahrt, der den Reformator in seinen frühen Kämpfen unterstützt hatte, außerdem eine Luther-Bibel mit Holzschnitten, die Lukas Cranach der Jüngere ausgemalt hatte.
Ein Schlaganfall zu Beginn des Jahres hatte Christian Augusts linke Seite gelähmt; doch erholte er sich schnell und widmete sich seinem kleinen Reich mit Tatkraft und einer väterlichen Fürsorge, die von Friedrich Wilhelms tyrannischer Art weit entfernt war. Er setzte

seine einfache Lebensweise fort und verwandte den größten Teil seiner Einkünfte für die Wohlfahrt seines Volkes. Für Sophie war er das Musterbild eines Herrschers. »Alle seine Schritte waren von der strengsten Rechtlichkeit geleitet. Ich habe nie ein Wort von ihm gehört, das nicht in Übereinstimmung mit seinem Charakter gewesen wäre.« Offenbar dachte auch das Volk von Anhalt-Zerbst gut von ihm, wie ein ausländischer Reisender durch Norddeutschland berichtete: »Es lebt in einem Land, wo Milch und Honig fließt; tatsächlich war es das einzige Volk, von dem ich niemals Klagen hörte.«

Sophies gesellschaftliche Stellung verbesserte sich. Sie war jetzt eine echte Prinzessin und Erbin aus eigenem Recht der Herrschaft Jeverland in Niedersachsen, die im Hause Anhalt-Zerbst in der weiblichen Linie weitervererbt wurde. Nun gab es livrierte Diener im Schloß, eine bemalte Karosse in der Remise; und vor ihrer Mutter, die solche Zeremonien liebte, mußten die Damen der ersten Zerbster Gesellschaft einen Hofknicks machen.

Mit dreizehn war Sophie groß für ihr Alter; sie hatte dunkles, kastanienbraunes Haar und grau-blaue Augen. Sie war nicht besonders hübsch; ihr Mund kräuselte sich an den Seiten, und das Kinn stand spitz hervor – Babette sagte ihr beständig, sie solle es einziehen, sonst würde sie noch jemand damit erstechen. Man lehrte sie, sich vor Koketterie zu hüten; doch sie wußte kaum, was das Wort bedeutete. Sie nahm sich keine Mühe mit ihrer Kleidung und mußte angehalten werden, ihr Haar ordentlich zu frisieren. Immer wieder wurde sie ermahnt, durch Güte und Intelligenz wettzumachen, was ihr an Schönheit mangelte.

Johanna begann nach einem passenden Gatten für ihre Tochter Umschau zu halten. Ihr Bruder, der Bischof von Lübeck, hatte kürzlich in sein Schloß zu Eutin seinen verwaisten Neffen aufgenommen: Peter Ulrich, Sohn des Herzogs von Holstein-Gottorp. Dieser, ein Jahr älter als Sophie, war Erbe des Thrones von Schweden. Johanna machte einen Besuch in Eutin und nahm ihre Tochter mit. Peter erwies sich als ein angenehmer Knabe mit regelmäßigen Gesichtszügen, streng erzogen von seinem schwedischen Hofmei-

ster Otto von Brümmer. Sophie fand ihn hübsch, liebenswürdig und manierlich; doch Peter hatte mehr Augen für die schöne Johanna als für Sophie, die damals in ihrem »schwierigen Alter« war. Sie tröstete sich damit, zwischen den Mahlzeiten in die Küche zu gehen und sich eine Milchsuppe zu kochen, die sie gerne aß.
Später hörte sie, wie ihre Onkel und Tanten hin und wieder ein Wort fallen ließen, dem sie zu entnehmen glaubte, daß Peter und sie für einander bestimmt seien. »Ich hatte nichts dagegen«, erinnerte sie sich später. »Ich wußte, daß er eines Tages König von Schweden werden würde, und obwohl ich noch ein Kind war, schmeichelte mir der Titel einer Königin.«
Die Vorliebe für Kronen hatte Sophie offenbar von ihrer Mutter geerbt. Johanna tat sich viel auf ihre königlichen Verbindungen zugute. In Braunschweig nahm sie Sophie zu einem Mönch mit, der wahrsagen konnte und zu ihrem Entzücken nicht nur eine, sondern sogar drei Kronen auf Sophies Stirn sah. Dennoch und trotz des Umstandes, daß sie selber die Bekanntschaft mit Peter arrangiert hatte, kamen ihr bei weiterer Überlegung Bedenken über diese spezielle Verbindung. Sooft von Sophies Aussichten und dem jungen Herzog die Rede war, sagte Johanna: »Er nicht; er braucht eine Frau, die seine Rechte und Ansprüche durch den Ruf einer Familie stützen kann, die mächtiger ist als unsere.«
Als Sophie zwölf war, wurde Peter von seiner Tante mütterlicherseits, der Kaiserin Elisabeth, die gerade den russischen Thron bestiegen hatte, nach St. Petersburg gerufen. Es schien, als solle er damit ganz aus Sophies Gesichtskreis verschwinden. Im selben Jahr 1741 verzichtete er auf die schwedische Krone, wurde von Elisabeth adoptiert und zu ihrem Nachfolger ausersehen. Zum Erben des schwedischen Thrones wurde, als Bestandteil der Friedensbedingungen zwischen Rußland und Schweden, von Elisabeth der Bischof von Lübeck Adolf Friedrich, Johannas Bruder, bestimmt.
Bei dieser unerwarteten Nachricht brach Jubel in der Familie des Fürsten von Anhalt-Zerbst aus. Von der Aussicht entzückt, die Schwester eines Königs zu werden, besuchte Johanna ihre Mutter in Hamburg, um von Adolf Friedrich, der sich nach Schweden ein-

schiffte, Abschied zu nehmen. Sophie teilte die Freude ihrer Mutter und hatte überdies das Vergnügen der Gesellschaft ihres jüngsten Onkels mütterlicherseits, des vierundzwanzig Jahre alten, gutaussehenden und gutgelaunten Georg Ludwig, der Leutnant bei den preußischen Kürassieren war. Er begleitete die Damen, als sie von Hamburg nach Braunschweig reisten. »Ich werde dort in einer schwierigen Lage sein«, vertraute er Sophie an, »ich werde nicht mehr so offen mit Ihnen sprechen können.«
»Warum nicht?« »Die Leute würden über uns klatschen.«
In Braunschweig sahen sie sich wirklich seltener. Als sie eines Abends einander begegneten, entschlüpfte ihm die Bemerkung, er habe einen großen Kummer, nämlich, daß er ihr Onkel sei. Sophie wußte nicht, was sie davon halten sollte. Hatte sie ihn vielleicht erzürnt? »Nicht im geringsten«, sagte Onkel Georg, »die Sache ist die, daß ich Sie zu gern habe.« Sophie dankte ihm für seine Freundschaft, was ihn zu der scharfen Bemerkung veranlaßte: »Sie sind ein Kind; man kann nicht ernsthaft mit Ihnen reden.« Sophie wollte sich entschuldigen und bat ihn, ihr zu sagen, was ihn bedrückte. »Nun gut«, sagte er, »sind Sie mir eine so gute Freundin, daß Sie tun werden, worum ich Sie bitte?« Sophie bejahte. »Dann versprechen Sie mir, mich zu heiraten.«
»Ich war wie vom Blitz getroffen«, erinnerte sich Sophie später. »An so etwas hatte ich nicht gedacht. Meine Freundschaft war rein; ich liebte ihn als den Bruder meiner Mutter, der mir viele Freundlichkeiten erwiesen hatte. Von Liebe verstand ich gar nichts und hatte nichts dergleichen bei ihm vermutet. Er sah, daß ich bestürzt war, und verfiel in Schweigen. Doch ich sagte: ›Sie sind mein Onkel und machen sich einen Spaß mit mir. Meine Eltern würden es nicht wünschen.‹ ›Und Sie auch nicht‹, erwiderte er. Dann rief mich meine Mutter, und an diesem Abend wurde nicht mehr über die Sache gesprochen.«
Eine Verbindung zwischen Onkel und Nichte war mit Genehmigung der Kirche nicht ungewöhnlich, und Georg war Johannas Lieblingsbruder. Sophie bemerkte, daß ihre Mutter zwar nicht von Georg sprach, aber ihr Benehmen ihrer Tochter gegenüber änderte,

und schloß daraus, daß sie seine Werbung begünstigte. Die Verwandten in Braunschweig hätten jedoch lieber gesehen, wenn sie den jüngeren Bruder des neuen preußischen Königs, den Prinzen Heinrich, geheiratet hätte. Er hatte als Kind im Berliner Schloß mit Sophie gespielt und war nun zu einem lebhaften Jüngling herangewachsen, schlank, mit einer keilförmigen Nase und einem Silberblick, doch intelligent und charmant. Er spielte Violine, war Oberst im 35. Infanterie-Regiment und versprach, ein guter Soldat zu werden. Auf einem Hofball hatte er mit Sophie ein Menuett getanzt, und danach hatte seine Schwester ihrer Mutter berichtet, Heinrich sei an Sophie interessiert.

Als Prinz Heinrich erwähnt wurde, dessen Lob schon auf aller Lippen war, seufzte Georg Ludwig und zeigte die schwache Seite eines verwöhnten jüngsten Bruders. Statt mannhaft zu Sophies Vater zu gehen und um ihre Hand zu bitten, saß er schweigend da. »Er war ein schüchterner Liebhaber«, schrieb Sophie später, »ganz in sich verschlossen; er aß und trank nichts, schlief nicht und verlor seine gute Laune. Ich wußte nicht mehr, was ich mit ihm anfangen sollte.« Im Herbst kehrte sie mit ihrer Mutter nach Zerbst zurück. Weder Georg noch Heinrich hatten sich erklärt, und Prinz Peter von Holstein schien von dem fernen und großen Rußland verschluckt. Inzwischen war Johanna in Beziehungen zu der neuen russischen Kaiserin getreten; denn ein anderer ihrer Brüder, Karl August von Holstein-Gottorp, war mit Elisabeth vor ihrer Machtergreifung verlobt gewesen, doch vor der Vermählung an den Pocken gestorben, nachdem er 1726 nach Rußland gegangen war. Johanna schrieb der Kaiserin, beglückwünschte sie zu ihrer Thronbesteigung und erinnerte gefühlvoll an die verwandtschaftlichen Bande, woraufhin Elisabeth geruhte, Johannas Mutter eine großzügige Pension von zehntausend Rubel auszusetzen. Dadurch ermutigt, schrieb Johanna erneut im Dezember 1742, als sie eine zweite Tochter bekam, und bat Elisabeth, ihre Patenschaft zu übernehmen. Diese stimmte zu, das Kind bekam ihren Namen und Johanna erhielt ein mit großen Diamanten eingefaßtes Bildnis der Kaiserin.

Als ihr Bruder Karl August zum König von Schweden bestimmt

wurde, sandte Johanna der Kaiserin einen warmen Dankesbrief und zugleich, in der Hoffnung, die Aufmerksamkeit und die Gunst Elisabeths auf ihre ältere Tochter zu lenken, ein Bildnis Sophies von Balthasar Donner. Sophie war noch immer nicht besonders hübsch, aber der Hofmaler verstand es, das beste aus ihrem Gesicht zu machen, und bald danach erhielt Johanna eine Antwort, in der es hieß, »die Kaiserin sei entzückt von den ausdrucksvollen Zügen der jungen Fürstin«.

Das war geschehen, ehe sich Georg Ludwig in Sophie verliebt hatte, und wenn Johanna eine unbestimmte Hoffnung gehegt haben mochte, die Aufmerksamkeit des nunmehrigen Großfürsten Peter auf ihre Tochter zu lenken, so wurde sie jetzt von dem Wunsch verdrängt, Georg Ludwig möge ihre Tochter heiraten. In Sophie hingegen war das Interesse an Peter neu erwacht, nachdem er adoptiert und zum Thronerben des russischen Reiches bestimmt worden war; denn in dieser hohen Stellung würde er nicht mehr eine Frau aus einer einflußreichen Familie nötig haben. »In meinen geheimsten Gedanken«, erinnerte sie sich später, »entschied ich mich für ihn, denn von allen Verbindungen, die man für mich in Aussicht genommen hatte, war dies die glänzendste.«

Am Neujahrstag 1744 saßen nach dem Gottesdienst in der Schloßkapelle Christian August, Johanna und Sophie bei Tisch, als ein Diener ein Paket mit Briefen brachte. Der Fürst riß den äußeren Umschlag ab und reichte seiner Frau mehrere an sie adressierte Briefe; und auf einem glaubte Sophie die Handschrift Otto von Brümmers zu erkennen, Peters schwedischem Hofmeister, der jetzt gleichfalls in Moskau war und mit dem ihre Mutter in den letzten fünf Jahren gelegentlich Briefe gewechselt hatte. Als Johanna den Brief öffnete, sprangen Sophie die Worte »mit der Prinzessin, Dero ältesten Tochter« ins Auge.

Der Brief war lang, doch Johanna sagte nichts über den Inhalt. Nach dem Essen zog sie sich mit ihrem Gatten in einen Salon zurück, und von Zeit zu Zeit betrat ein Vertrauter oder Berater des Fürsten das Zimmer. Sophie vermutete, daß ihre Mutter nach Rußland eingeladen worden war, damit sie der Kaiserin Elisabeth dafür

danken konnte, daß sie ihren Bruder zum künftigen König von Schweden bestimmt hatte – doch würde dies allein die mysteriösen Besprechungen erklären?
Sophie fand es merkwürdig, daß ihre Mutter, die stets so offen zu ihr gewesen war, kein Wort über den Brief verlauten ließ, und als die Geheimnistuerei drei Tage angedauert hatte, suchte sie die Fürstin in ihrem Zimmer auf.
»Du scheinst ziemlich erregt zu sein«, sagte Johanna. »Du stirbst ja vor Neugierde.«
»Allerdings«, erwiderte Sophie und sagte im Scherz: »Eine innere Stimme sagt mir, was in Ihrem Brief steht.«
»Und das wäre?«
Sophie genierte sich einzugestehen, daß sie glaubte, der Brief beträfe ihre Vermählung, und sagte, eine Freundin Johannas nachahmend, die behauptete, die Zukunft weissagen zu können: »Ich werde mein Orakel befragen.«
»Also gut, mein Fräulein«, sagte Johanna. »Wir werden sehen, was Du aus einem zwölf Seiten langen politischen Brief machst.«
Am nächsten Tag brachte Sophie einen Zettel, auf den sie geschrieben hatte:

»Die Zeichen stimmen überein –
Peter der Dritte dein Gatte wird sein.«

Die Fürstin sah ihre Tochter scharf an und sagte: »Du bist ein kleiner Schelm, aber du bekommst nicht mehr aus mir heraus.« Sie stand auf und ging zu ihrem Gatten. Bald kehrte sie zurück und erklärte Sophie, es seien tatsächlich dahingehende Vorschläge gemacht worden. Der wichtigste Teil von Brümmers Brief lautete: »Auf den ausdrücklichen Befehl Ihrer Kaiserlichen Majestät habe ich Ihnen, Madame, den Wunsch der erhabenen Kaiserin zu übermitteln, daß Ihre Hoheit mit der Prinzessin, Dero ältesten Tochter, so bald wie möglich in unser Land reisen möge...« Der vorgebliche Zweck der Reise würde sein, der Kaiserin für die Wohltaten zu danken, die sie über die Fürstin und ihre Familie ausgeschüttet hatte. Aber, so hieß es in dem Brief weiter, »Ihre Hoheit ist zu klug, als daß Sie den eigentlichen Grund der großen Ungeduld Ihrer Majestät, Sie und die Prinzessin, von der man Erfreuliches gehört hat, hier zu sehen, verkennen könnte. Zugleich hat Ihre Unvergleichliche Majestät mich ausdrücklich beauftragt, Ihre Hoheit wissen zu lassen, daß Seine Hoheit der Fürst unter keinen Umständen an der Reise teilnehmen soll. Für diesen Wunsch hat Ihre Majestät sehr wichtige Gründe.«

Das war in der Tat eine ungewöhnliche Einladung, die da in eine kleine deutsche Stadt geflattert kam, von einer Dame, die über tausend Meilen entfernt lebte und die weder Christian August noch Johanna je gesehen hatte. Es war fast wie in einem Märchen, um so mehr, als Brümmer, der wußte, daß der Fürst von Anhalt-Zerbst nicht sehr gut bei Kasse war, eine Zahlungsanweisung zur Deckung der Reisekosten beifügte. Trotzdem gefiel die Einladung dem Fürsten ganz und gar nicht, wobei die Tatsache, daß man ihn davon ausschloß, nur eine geringe Rolle spielte. Für Sophie, so erklärte er, sei es ein zu großes und gefährliches Risiko. Damit hatte er nicht nur die lange und im Winter besonders beschwerliche Reise im Auge, sondern das Ziel selber – Rußland, die Art, wie es regiert wurde, seine dunkle jüngste Vergangenheit und die Umstände, wie die Dame, von der die Einladung ausging, zur Macht gekommen war.

3

Das unermeßliche Land

Das erste, was einem Europäer in den vierziger Jahren des achtzehnten Jahrhunderts einfiel, wenn die Rede auf Rußland kam, war seine ungeheure Ausdehnung. Von Polen im Westen bis zum Pazifischen Ozean im Osten erstreckte es sich über mehr als fünftausend Meilen, und noch auf den neuesten Karten waren umfangreiche weiße Flecken unerforschten Gebietes. Es war so maßlos groß, daß man für alles, was man darüber wußte, sogleich etwas Gegenteiliges anführen konnte: es war sehr flach, besaß jedoch auch hohe Gebirge; es war monatelang von Schnee und Eis bedeckt, aber es gediehen dort auch Weintrauben und Melonen. Nur seine gewaltige Größe war unbestritten.

Die Einwohnerzahl Rußlands, auf neunzehn Millionen geschätzt, war weitaus größer als die Preußens mit seinen 2,3 Millionen, doch geringer als die Frankreichs. Das Land war außerordentlich dünn besiedelt. Im neunten Jahrhundert war Rußland eine einheitliche Volksgruppe am Dnjepr gewesen, doch als es sich ausdehnte, nahm es viele benachbarte Länder und Völker in sich auf, und um 1740 umfaßte es nicht weniger als achtzig Völker aus vier Rassen – Slawen, Finnen, Mongolen und Tataren. Dazu gehörten die Kosaken auf ihren kleinen zähen Pferden, die eine dem Türkischen verwandte Sprache sprechenden und Turbane tragenden kirgisischen Falkenjäger, die Tscherkessen mit ihren schwarzen Lammfellmützen, die rentierzüchtenden Tungusen und die Jakuten von Sibirien, die sich von Pferdemilch nährten.

Dieses so unermeßliche und buntscheckige Land mit einem Babylon der verschiedensten Sprachen und langsamen und unzulänglichen Verkehrswegen konnte nur durch eine stark zentralisierte Regierung zusammengehalten werden. Wenn auch politische Einflüsse mitspielten, so waren es vor allem geographische und demographische Gründe, die zu Rußlands streng autokratischer Regierungsform führten. Der Zar war absoluter als der König von Preußen; er besaß die alleinige gesetzgebende und ausführende Macht; er konnte ohne gerichtliches Urteil Gefängnisstrafen oder Todesurteile verhängen. Er konnte sich von älteren Staatsmännern beraten lassen, aber er brauchte es nicht; er konnte auf eigenes Risiko so einflußreiche Gruppen wie die Armee oder die führenden aristokratischen Familien übergehen, und außer in kirchlichen Angelegenheiten, wo der Patriarch mit gleichwertiger Stimme sprach, regierte er nach eigenem Ermessen.

Der Zar drückte seinen Willen in Form eines *immenoj ukas* aus, eines namentlichen Erlasses. Das war ein Dokument, das er aufsetzen ließ und lediglich mit seinem Vornamen unterzeichnete und das nicht die Billigung irgendeiner Körperschaft benötigte; und sobald es veröffentlicht war, hatte es Gesetzeskraft. Mit Genehmigung des Zaren konnten auch Regierungsstellen ihnen untergeordneten Ämtern Verordnungen erteilen, doch waren dies keine »namentlichen« Erlasse.

Nicht nur durch seine Ausdehnung und seine Regierungsform unterschied sich Rußland von anderen europäischen Staaten, sondern auch auf Grund seiner Geschichte. Wenn man als die Bausteine Europas das Römische Reich, die katholische Kirche, die Renaissance und die Reformation ansieht, so fehlten in Rußland diese Faktoren gänzlich. Es hatte auch keinen Feudalismus; es hat dort nie einen starken Adel gegeben, der dem Anspruch des Zaren, ganz Rußland als sein Patrimonium zu betrachten und es selbstherrlich zu regieren, hätte entgegentreten können.

Rußland hatte zwar mit ganz Europa die christliche Religion gemeinsam, doch die orthodoxe oder Ostkirche unterschied sich so sehr von ihren westlichen Partnern, daß es gerade die religiöse Sphäre war, in der Rußland am stärksten von dem übrigen Europa abwich. Im Westen waren zum Beispiel im Erziehungswesen die Benediktiner bahnbrechend gewesen, während es in Rußland den Mönchen untersagt war, zu lehren und sie sich auf Gebet und Andacht beschränken mußten. So hatte es dort an mönchischer Gelehrsamkeit gefehlt und an bischöflichen und kirchlichen Schulen und Universitäten. Als in Frankreich La Rochefoucauld und Molière, in England Milton und Dryden schrieben, waren fast alle Russen außer dem Hof, einigen Aristokraten und der höheren Geistlichkeit buchstäblich Analphabeten.

Das Ideal der Kirche war Unveränderlichkeit. So wie die beste Madonnendarstellung diejenige war, die dem Bilde, das der heilige Lukas nach dem Leben von ihr gemalt hatte, am meisten glich, so galten als die vortrefflichsten Männer und Frauen solche, die ihren Vorfahren am ähnlichsten waren. Die Musik blieb auf die kirchliche Liturgie beschränkt, weltliche Musik war verboten wie das Bartscheren und Tabakrauchen. Alle neueren technischen Arbeiten, von der Uhrmacherei zum Kanalbau, mußten von Ausländern ausgeführt werden, vorwiegend Holländern, Deutschen und Engländern. Je rückständiger Rußland blieb, desto mehr frohlockte die Geistlichkeit. Das heilige Rußland, sagte sie, gäbe durch seine Weltabgewandtheit der übrigen Welt ein Beispiel.

So standen die Dinge im Jahre 1682, als der junge Peter I. den Thron bestieg. Er war ungewöhnlich groß und stark und trinkfest – er konnte ein Hufeisen in der Hand zerdrücken, jemandem bei einer freundschaftlichen Umarmung die Rippen zerquetschen und Branntwein gallonenweise trinken – doch mit dieser körperlichen Kraft verbanden sich Mut und ein scharfer praktischer Verstand. Er war ein hervorragender Soldat und ein großer Patriot.

Damals hielten die Schweden die baltischen Provinzen besetzt, und um sie daraus zu vertreiben, mußte Peter das Gesicht Rußlands verwandeln. Er sah, daß die Kirche das Haupthindernis für jede Veränderung bildete, und beschloß, ihre Macht zu brechen. Er forderte sie heraus, indem er Pfeife rauchte, ein Edikt gegen das Tragen von Bärten erließ und mit Höflingen eine »Kirche des Bacchus« gründete; er enteignete große Klostergüter und beschlagnahmte

Kirchenschätze, um seine Armee auszurüsten. Und schließlich berief er die Heilige Synode, in der zehn Geistliche einem weltlichen Oberprokurator unterstanden, und beendete damit den jahrhundertealten Zustand, daß des Patriarchen Wort dem des Zaren gleichbedeutend war.
Peter ließ Wälder kultivieren und Bergwerke anlegen; er förderte den Pelzhandel und führte neue Steuern ein. Wie Friedrich Wilhelm von Preußen formte er den Staat nach seinem Heer. Doch trotz aller »Verwestlichung« behielt er eine barbarische Grausamkeit, die bei keinem anderen europäischen Monarchen denkbar gewesen wäre. Als er wieder einmal im Ausland war, rebellierte die Moskauer Garde; Peter eilte zurück, ließ 1700 Gardisten langsam über dem Feuer rösten, bis sie ein »Geständnis« ablegten, und schlug eigenhändig mit der Axt vierhundert Meuterern die Köpfe ab.
Zwei Dinge, die Peter einführte, verdienen besondere Erwähnung, da sie später von großer Bedeutung sein sollten. Das erste war die Gründung einer Elite-Garde, des Regiments Preobraschenskij, so genannt nach einem Dorf, in dem Peter seine Kindheit zugebracht hatte; der Name bedeutet Transfiguration. Dieses Regiment war dem Zaren treu ergeben und nach seinem Tode seiner Familie und ebenso dem Ideal eines starken und unabhängigen Rußland.
Die andere Neuheit bestand darin, fünfzigtausend russische Edelleute zum Militärdienst oder zum Zivildienst für fünfundzwanzig Jahre zu verpflichten. Der Rang eines Edelmannes hing von nun an nicht mehr von der Geburt, sondern von seinem Verdienst ab, seiner Stellung in einer Folge von Rangstufen – insgesamt vierzehn – die nach preußischen und dänischen Mustern gestaltet war.
Der Krieg mit den Schweden dauerte einundzwanzig Jahre, bis Peter sie entscheidend schlagen und die Newa-Mündung zurückerobern konnte. Er gründete St. Petersburg, zuerst als See-Hafen, dann als zweite, als »europäische« Hauptstadt Rußlands. Als Belohnung für seinen Sieg ließ er sich vom Senat den Beinamen »der Große« verleihen und nannte sich – zum ersten Mal in der russischen Geschichte – »Kaiser«.
Während Sophies Kindheit betrachtete man Peter mit Achtung und

Schrecken. Bei seinem ersten Besuch in Brandenburg war der Zar so begierig zu sehen, wie ein Mann aufs Rad geflochten wurde, daß er einen seiner Diener dafür anbot, als kein geeigneter Delinquent zur Verfügung stand. Er nahm es sehr übel, als sein Vorschlag abgelehnt wurde, und nicht weniger, daß sein Gastgeber sich weigerte, einen Lakaien hängen zu lassen, der die Gesellschaft erschreckt hatte, als er eine Silberplatte auf den Marmorfußboden fallen ließ.

Bei einem späteren Besuch brachte er seine zweite Frau Katharina mit – die erste hatte er in ein Kloster gesperrt. Sie war stämmig und sonnengebräunt, ein ehemaliges litauisches Dienstmädchen und zuvor die Geliebte seines besten Freundes. Sie trug ein schmieriges Kleid, wie die preußische Prinzessin Wilhelmine, Friedrich Wilhelms Tochter, berichtete, mit dem russischen Doppeladler bestickt und mit einem Dutzend Orden, Heiligenbildern und Reliquien behängt, so daß sie beim Gehen »wie ein angeschirrtes Maultier klirrte«. Beim Diner bekam Peter einen seiner launenhaften Anfälle; sein Gesicht verzog sich, und er drückte die Hand der Königin Sophie Dorothea so heftig, daß sie vor Schmerz aufschrie. Darüber wollte er sich ausschütten vor Lachen und sagte: »Meine Katharina hat keine so weichen Knochen.«

Peters Sohn Alexej heiratete die Prinzessin Charlotte von Braunschweig, aber der Vater machte die Ehe zunichte. Er wollte aus seinem schwachen, träumerischen Sohn einen tüchtigen Soldaten machen und hielt das Paar lange getrennt. Die unglückliche Charlotte starb bald im Wochenbett, und auch Alexej kam jung ums Leben, infolge einer unmenschlichen Auspeitschung, die sein eigener Vater angeordnet hatte.

Trotz seiner offensichtlichen persönlichen Fehler verdiente Peter den Beinamen »der Große« in hohem Maße, da er Rußland, fast eigenhändig, aus der Vergangenheit in die Gegenwart gehoben hatte. Doch um dies zu bewerkstelligen, mußte er die Macht der Autokratie noch mehr, und zwar auf Kosten der Kirche, vergrößern (wofür er schon bei Lebzeiten von vielen Russen als Antichrist gescholten wurde), und das Gesetz dahingehend ändern, daß er selber seinen Nachfolger bestimmen konnte.

Nach seinem Tode bestieg seine Gattin Katharina den Thron, nach zweieinhalb Jahren gefolgt von ihrem Stiefenkel Peter II., der nicht ganz drei Jahre regierte und von Peters des Großen Nichte Anna Iwanowna abgelöst wurde. Sie war die Witwe eines deutschen Herzogs von Kurland und überließ die Staatsgeschäfte ihrem Liebhaber und früheren Sekretär, dem Reichsgrafen Ernst von Biron, der seinen deutschen Namen Bühren aus Bewunderung für Frankreich in Biron umgewandelt und das Wappen der ausgestorbenen französischen Familie Biron angenommen hatte.
Biron, ein Snob und Emporkömmling, gebrauchte seine umfassende Macht, um sich selber zu bereichern und alle Gegenkräfte zu unterdrücken. Auf einer Reise durch Rußland fand er einmal die Brücken in solch schlechtem Zustand, daß sein Wagen beschädigt wurde; worauf er die Senatoren zusammenrief und ihnen androhte, sie selber anstelle von Planken über die Pfeiler zu legen, wenn nicht unverzüglich Abhilfe geschaffen würde. Die Menge der Menschen, die er während Annas zehnjähriger Regierung hinrichten, verstümmeln oder ausweisen ließ, soll eine fünfstellige Zahl betragen haben. Dabei dachte Biron niemals daran, russisch zu lernen.
Vor ihrem Tode ernannte ihn Anna Iwanowna zum Regenten ihres Großneffen, des zwei Monate alten Zaren Iwan VI. Das jedoch war für die Selbstachtung der Russen zuviel, besonders für die Preobraschenskij-Garde, die Iwans Mutter Anna Leopoldowna unterstützte, als sie sich der Regentschaft bemächtigte und Biron nach Sibirien verbannte.
Anna Leopoldowna war Halb-Deutsche, ihr Vater Herzog von Mecklenburg; sie war in Deutschland erzogen worden und hatte einen deutschen Fürsten, Anton Ulrich von Braunschweig, geheiratet. Eine schüchterne Dame, die sich meistens in ihren Gemächern aufhielt, hatte sie nichts aus den Geschehnissen der Vergangenheit gelernt und legte die Regierungsgeschäfte in die Hände zweier Deutscher, Ostermann und Münnich.
Diese beiden Männer waren zwar sehr tüchtig, mehr als die meisten russischen höheren Beamten; sie sprachen Russisch und waren nicht anmaßend und grausam, wie es von Biron gewesen. Dennoch

widersetzte sich eine wachsende Opposition dieser »Germanisierung«. Peter der Große war wegen seiner Grausamkeit und seiner Zerstörung der Tradition gehaßt worden; jetzt, fünfzehn Jahre nach seinem Tode, wurde er als Held verehrt, als der Gründer eines starken und unabhängigen Rußlands, als der Landesherr, der trotz enger Beziehungen zu deutschen Fürstenhäusern die Spitzenpositionen stets mit Russen besetzt hatte. Nun breitete sich ein Fremdenhaß aus, den die Kirche schürte. Die Priester erklärten ihren Gemeinden, so wie sich das auserwählte Volk Gottes nicht mit den Moabitern hatte mischen dürfen, so solle das heilige russische Volk sich nicht mit Ausländern verbinden. Und die Geistlichkeit war sich mit der Garde darin einig, daß Peters einzige überlebende Tochter Elisabeth den Thron besteigen müsse.

Elisabeth war 1709 geboren, zwei Jahre, bevor ihr Vater ihre Mutter heiratete. Sie sah ihre Eltern wenig, die viel auf Reisen waren; ihre Erziehung wurde vernachlässigt, und sie lernte zwar französisch und deutsch sprechen, doch niemals ernsthaftes Arbeiten. Peter, der sie sein »Küken« nannte, ließ sie gelegentlich holen, damit sie seine Gäste durch ihre anmutige Vorführung der Quadrille unterhielt. Sie hatte seine gute Konstitution und wuchs zu einer großen und hübschen jungen Dame auf. Er hätte sie gern mit einem französischen Prinzen vermählt; aber Ludwig XV. stieß sich an ihrer vorehelichen Geburt. Auch Verhandlungen, sie mit dem großen Feldherrn Moritz von Sachsen zu verheiraten, schlugen fehl, zu Elisabeths großer Befriedigung, denn sie wünschte sich eine Liebesheirat.

Schließlich verlobte sie sich mit dem Fürsten Karl August von Holstein-Gottorp, der an den Blattern starb, noch ehe es zur Hochzeit kam. Nach dessen Tod und dem ihrer Eltern und ihrer Schwester Anna, führte Elisabeth ein unabhängiges Leben und frönte ihren Vergnügungen, ging auf die Fuchs- und Bärenjagd, schoß Rebhühner und tanzte mit den Gardeoffizieren. Zwei weitere politische Heiraten schlug sie aus und hatte mindestens zwei Liebhaber, einen Armee-Offizier und einen Sergeanten. Sie war leutselig, fromm wie ihre Mutter und leicht erregt wie ihr Vater. Als Peter II. starb,

rührte sie keine Hand, um ihre Ansprüche auf den Thron durchzusetzen, denn sie hatte keine besondere Lust, Kaiserin zu werden. Ostermann sah mit Besorgnis Elisabeths wachsende Beliebtheit bei der Garde. Im Dezember 1749 faßte er einen Entschluß: Er wollte die Garde gegen die Schweden schicken, die wieder einmal Krieg erklärt hatten, und in deren Abwesenheit Anna Leopoldownas potentielle Rivalin gefangennehmen.
Elisabeth war schwer von Entschluß. »Man kann von ihr Ähnliches sagen«, schrieb der britische Gesandte, »wie Shakespeare seinen Julius Cäsar sprechen ließ – daß Ihre Hoheit zu dick sei, um sich in eine Verschwörung einzulassen.« Doch eines Tages hörte ihr Leibarzt Lestocq von Ostermanns Plan, eilte zu Elisabeth und händigte ihr eine Karte aus, auf die er eine Krone gezeichnet hatte und auf die Rückseite eine Nonne, von gehenkten Männern umgeben. »Ihre Hoheit«, sagte er, »müssen zwischen diesen beiden Alternativen wählen – jetzt!«
Gedrängt von Lestocq und anderen Freunden, zu denen auch ein angehender Politiker namens Michael Woronzow und zwei Männer ihrer Hofhaltung, Alexander und Peter Schuwalow, gehörten, willigte Elisabeth ein, zwei tapfere Gardeoffiziere kommen zu lassen, die von Lestocq bereits mit Geld bestochen waren, das er sich von dem französischen Gesandten de la Chétardie geliehen hatte. Sie fragte die Offiziere, ob sie sich auf sie verlassen könne, und sie erwiderten: »Ja, Mütterchen, wir sind bereit, für Dich zu sterben.« Elisabeth zog sich in ihre Kapelle zurück und betete lange vor einer Ikone, um zu einem Entschluß zu kommen; dann mochte sie wohl an die Grausamkeiten denken, die man noch immer ihrem Vater vorwarf, und gelobte, daß sie nie ein Todesurteil unterzeichnen wolle, wenn sie Kaiserin würde. Sie trat aus der Kapelle, nickte ihren Freunden zu, schickte die Offiziere in die Kasernen zurück und versprach, sich an ihre Seite zu stellen.
Der Staatsstreich fand in derselben Nacht statt. Er verdankte seinen Erfolg der Preobraschenskij-Garde, die sich ohne Blutvergießen Eingang in den Palast erzwang. So zentralisiert war damals die Regierung in Rußland, so gering die Zahl der gebildeten Familien, die

an der Politik Anteil nahmen, und so dürftig das Nachrichtenwesen, daß eine Handvoll entschlossener Leute in einer Stadt, von einem Garderegiment unterstützt, imstande war, den Herrscher eines Siebentels der Erde gegen einen anderen auszutauschen. Am Morgen war die Tochter Peters des Großen Kaiserin; Iwan VI. und seine Eltern waren gefangengesetzt und Ostermann und Münnich auf dem Weg nach Sibirien. In ihrer ersten Proklamation gelobte Elisabeth, Rußland von der Herrschaft der Ausländer zu befreien.

Sie sah ihre Aufgabe darin, die Politik Peters des Großen fortzusetzen. Die Leute mochten sich den Kopf zerbrechen, ob sie eines Tages heiraten und Kinder haben würde; zunächst rief sie den jungen Prinzen von Holstein nach St. Petersburg, weil er Peters einziger überlebender Enkel war, und bestimmte ihn zu ihrem Nachfolger. Und nun, gegen Ende ihres zweiten Regierungsjahres, hatte die Kaiserin aller Reußen in ein entlegenes deutsches Städtchen eine Einladung gesandt, die drei Tage lang die fürstliche Familie von Anhalt-Zerbst in Erregung und Mutmaßung, Zweifel und Furcht versetzte.

4

Reise nach Moskau

»Dein Vater will nichts mehr davon hören, und ich auch nicht«, sagte Johanna zu Sophie über Brümmers Brief. Beiden behagte die Vorstellung nicht, ihre vierzehnjährige Tochter »auf Probe« nach Rußland reisen zu lassen, und sie stimmten nunmehr überein, daß Sophie die Einladung ablehnen solle. Doch als Johanna sie fragte »Was hältst Du davon?« antwortete sie: »Es würde mir nicht gut anstehen, es zu wünschen, wenn es Ihnen nicht gefällt.«
»Mir scheint, Du hättest nichts dagegen.«
Und Sophie sagte, daß sie nicht nur nichts dagegen habe, und was die Gefahren beträfe, so würde Gott sie behüten, wenn es sein Wille sei.
»Aber was wird mein Bruder Georg sagen?« Es war das erste Mal, daß die Fürstin Georg Ludwig ins Gespräch brachte. Sophie errötete. »Er kann mir nur Glück wünschen.«
Johanna merkte, daß sie Boden verlor und ging zu ihrem Gatten. Christian August teilte die Bedenken seiner Frau über die Unsicherheit der russischen Verhältnisse – er dachte an die unglückselige Verbindung zwischen dem Zarewitsch Alexej und Charlotte von Braunschweig – doch als frommer Lutheraner hatte er noch andere Besorgnisse. Wenn man Sophie aufforderte, Peter zu heiraten, würde man ihr auch nahelegen, der Ostkirche beizutreten. Die Vorstellung, jemand könne versuchen, den lutherischen Glauben seiner Tochter zu erschüttern, beunruhigte den Fürsten zutiefst. Eigentlich hätte er Sophie begleiten müssen, als ihr geistlicher Berater; doch Brümmer hatte ausdrücklich geschrieben, daß der Fürst nicht

erwünscht sei... Wenn er die Sache sorgfältig betrachte, so sprach alles dagegen, daß seine Tochter nach Rußland fuhr.
Sophie war streng erzogen worden. Sie pflegte ihre Briefe an den Vater mit Sätzen zu beenden, die mehr waren als bloße Floskeln: »Bis an das Ende meines Lebens, mein Herr, werde ich Sie hochachten und verehren, und ich verbleibe als Euer Durchlaucht demütige, gehorsame und ergebene Tochter und Dienerin.« Aber sie hatte auch einen eigenen Willen. Als im Jahr zuvor Babette ernsthaft erkrankt war, hatte Sophie trotz der Mahnung ihrer Mutter, das Krankenzimmer wegen der Ansteckungsgefahr nicht zu betreten, Babette so oft besucht, wie sie konnte, ihr Tee gekocht und die Arznei verabreicht, wenn das Mädchen abwesend war.
Vielleicht hatte Sophie auch von den Fürsten von Zerbst die Tapferkeit geerbt, mit der sie fünf Jahrhunderte lang ihrem kleinen Land die Unabhängigkeit erhalten hatten. Jedenfalls wollte sie lieber ihre Chance wahrnehmen, als sich mit einer sicheren Heirat mit ihrem schüchternen Onkel zufriedenzugeben.
Und so ging sie zu ihrem Vater und redete auf ihn ein. Die Reise, sagte sie, würde sie zu nichts verpflichten. Die Mutter und sie würden sehen, ob es ratsam sei, heimzukehren oder nicht. Vor allem setzten sie nichts aufs Spiel, wenn sie reisten. Wolle er ihr unter diesen Umständen wirklich seine Zustimmung versagen?
Der Fürst war seiner Tochter sehr zugetan. Als Soldat hatte er die Unverzagtheit bewundert, mit der sie die Krankheit in ihrer Kindheit bewältigt hatte. Noch einmal zählte er alle Wenn und Aber auf; doch schließlich sagte er: »Ich will mich keinen späteren Selbstvorwürfen aussetzen, weil ich Dich unglücklich gemacht habe.« Natürlich mußte Johanna aus schuldiger Dankbarkeit nach Moskau reisen; wenn also Sophie sie zu begleiten wünsche, dann wolle er ihr nicht im Wege stehen.
Sophie brach in Tränen aus. »Selten in meinem Leben bin ich so gerührt gewesen; tausend verschiedene Empfindungen bewegten mich; Dankbarkeit für meines Vaters Güte; Besorgnis, sein Mißfallen zu erregen; die Gewohnheit, ihm blind zu gehorchen; die zärtliche Liebe, die ich immer zu ihm gehegt, und vor allem die Achtung vor ihm.«

Mutter und Tochter begannen zu packen; Sophie besaß nicht viel Garderobe, und da sie ja nur »auf Probe« reisten, beschloß Johanna, keinen Trousseau mitzunehmen. Eine Woche später standen die Koffer bereit und die Kutschen warteten. Christian August wollte die Damen ein Stück begleiten, und so küßte Sophie zum Abschied ihren neunjährigen Bruder Friedrich – der arme rachitische Wilhelm war gestorben – und das Baby Elisabeth, einen kleinen Nachkömmling, der nur zwei Jahre alt werden sollte; und sie umarmte Babette, der sie nicht sagen durfte, wohin sie fuhr, denn das Ziel der Reise sollte geheimbleiben. Sie würde sie nie vergessen, diese edle und liebenswürdige Frau, die in einem fremden Land eine dienende Stellung einnahm und dabei nie ihre Selbstachtung verlor.

Die erste Station war Berlin, wo Friedrich Wilhelm, seit dreieinhalb Jahren tot, noch immer in seinem Heer fortlebte und in seinem Sohn, den er geschuriegelt und tyrannisiert hatte, einkerkern und beinahe hinrichten ließ. So war dem neuen König zweifellos seine Weichlichkeit ausgetrieben worden, aber auf Kosten seiner Religiosität und seiner Fähigkeit, Frauen zu lieben. Geerbt hatte er das ungeheure Heer, das von seinem Vater vorsichtigerweise nie auf die Probe gestellt worden war, und eine übermächtigte Leidenschaft für Preußen, die seine leere Seele füllte. Für Friedrich II. waren die alten Werte der europäischen Gesellschaft – Ritterlichkeit, Gesetze und Verträge, das Neue Testament – nicht mehr gültig. Sieben Monate nach seiner Thronbesteigung war er mit zweiunddreißigtausend Mann in Schlesien einmarschiert, eine reiche österreichische Provinz, auf die Preußen keine legalen Ansprüche besaß, und hatte sie schnell erobert. Er hatte, nach seinen eigenen Worten »eine totale Umkehrung des alten politischen Systems« vollzogen.

Der König empfing Johanna zur Audienz und sagte ihr zu ihrer Überraschung, daß er über ihr geheimes Reiseziel unterrichtet sei; er behauptete sogar, er wäre es gewesen, der diese Reise veranlaßt hätte. Sie möge mit Brümmer korrespondiert haben, doch er und sein Gesandter seien auch nicht müßig gewesen. [Und der junge König klopfte auf ein Päckchen Briefe, das vor ihm auf dem Schreibtisch lag.] Schon ein Jahr, ehe Johanna 1743 der Kaiserin ein

Bild ihrer Tochter sandte, hatte er Elisabeth ein Porträt Sophies, von dem berühmten Antoine Pesne gemalt, zukommen lassen. Die bevorstehende *entrevue* zwischen Peter und Sophie sei ein Teil seiner neuen Politik, die nordischen Großmächte unter Preußens Hegemonie zu alliieren. Warum sonst wohl hätte er seine Schwester Ulrike, Johannas Bruder, dem künftigen König von Schweden, zur Gattin versprochen?

Dann kam Friedrich auf andere Dinge zu sprechen, nüchtern und sachlich, wie er es liebte. Johanna hegte die Hoffnung, daß ihre Schwester, die Priorin mit den sechzehn Möpsen, eines Tages Äbtissin des Stiftes Quedlinburg werden würde. Es stand unter der Schutzherrschaft von Brandenburg und Friedrich deutete an, daß er ihren Wunsch erfüllen könne, wenn sie ihm in Moskau behilflich sein würde. Dort seien ein oder zwei Leute, mit denen sie sprechen sollte, und von denen sie weitere Instruktionen erhalten würde. Selbstverständlich müsse die Sache geheim bleiben.

Beim Souper im Schloß saß Sophie neben dem König und konnte den Mann beobachten, der eine wichtige Rolle in ihrem Leben spielen sollte. Er war damals einunddreißig Jahre alt, hatte eine hohe Stirn, die gleiche keilförmige Nase wie sein Bruder Heinrich und durchdringende blau-graue Augen; Soldat durch Erziehung, liebte er darüber hinaus die Wissenschaft und die Künste. Er überwand Sophies Schüchternheit und plauderte geistreich, mit seinen sehr weißen Händen gestikulierend, über die Oper, die sie vor dem Souper gesehen hatten. Gegen Ende der Mahlzeit bat er Sophie, einem vornehmen Hofmann einen Teller mit Nachtisch zu reichen; und als sie gehorchte, sagte er: »Empfangen Sie die Gabe aus der Hand der Amoretten und Grazien.« Sophie errötete vor Freude über dieses linkische, doch gutgemeinte Kompliment.

Bei Schwedt an der Oder, fünfzig Meilen hinter Berlin, sagte Christian August Gattin und Tochter Lebewohl. Wenn sie in Rußland bliebe, sagte er zu Sophie, solle sie fest an ihrem lutherischen Glauben festhalten, so wie man es Prinzessin Charlotte gestattet hatte, als sie Alexej heiratete. Er gab ihr ein Buch von einem Professor in Halle über die Unterschiede zwischen der lutherischen und der orthodoxen Kirche, außerdem einen vier Seiten langen praktischen Ratgeber über alle möglichen Dinge des täglichen Lebens, einschließlich »wie man sein Taschengeld spart«. Sophie wußte, daß sie vielleicht ihren Vater nie wiedersehen würde, und sie umarmte ihn und hielt ihn lange weinend fest.

Dann ging es in einem schweren Wagen weiter ostwärts durch Danzig und Königsberg, begleitet von einem zweiten Wagen mit einer Gesellschaftsdame, einem Kammerdiener, einem Koch und zwei Zofen. Wenn sie übernachteten, trug sich Johanna, Brümmers Anweisung folgend, als »Gräfin Reinbeck mit Tochter« ein. Gräfin Reinbeck, eine Geheimagentin – eine solche Rolle sprach Johannas Vorliebe für das Geheimnisvolle an, und sie sandte der Kaiserin Elisabeth eine Botschaft, in der sie schrieb, »daß ihr nur die Flügel fehlten, um nach Moskau zu fliegen«. Ihre Erregung wurde noch größer, als sie, zu Sophies Schrecken, in Kurland einen großen und sehr erdnahen Kometen erblickten.

Sie verließen die Poststraße und mieteten frische Pferde von den Bauern, um sich über Land zu wagen. Eines Nachts, so schrieb Johanna, mußten sie in dem Wohn- und Schlafzimmer des Gastwirtes übernachten: »Er, seine Frau, der Hund, Hühner und Kinder – besonders Kinder, in Wiegen, in Betten, auf dem Boden – alles durcheinander wie Kraut und Rüben. Aber es ging nicht anders. Ich bekam eine Bank ins Zimmer gestellt, auf der ich mich ausstrecken konnte.« Es war so kalt, daß Sophies Füße anschwollen und sie schließlich nicht mehr laufen konnte und vom Wagen ins Gasthaus getragen werden mußte. Das Essen war so schlecht, daß Sophie eines Abends Bier trank, um es hinunterzuspülen, und sich den Magen verdarb, worauf, wie sie an den Vater schrieb, »die liebe Mama mir das Bier verbot, und nun bin ich wieder wohlauf.«

Nach drei Wochen langten sie in Riga an, damals eine Stadt mit engen Gassen und spitzgiebeligen Häusern an der Grenze zwischen dem polnischen Litauen und dem westlichen Rußland. Als ihr Wagen über die zugefrorene Düna fuhr, ereigneten sich zwei Dinge: der Kalender wurde um elf Tage zurückdatiert, denn in Rußland rechnete man nach der julianischen Zeitrechnung; und die Gräfin

Reinbeck verwandelte sich in die Fürstin von Anhalt-Zerbst, Gast ihrer Majestät der Kaiserin, empfangen von einem Trupp leichter Kavallerie, einer Bläserkapelle und Abgesandten des Hofes mit einem Geschenk von Zobelpelzen. »Es ist wie ein Traum«, schrieb Johanna nach Hause, »ich kann kaum glauben, daß dies alles meiner geringen Person gelten soll, zu deren Ehren höchstens einmal die Trommel gerührt wurde.« Sophie hingegen, die sich weniger aus solchem Pomp machte, fragte einen General über die wichtigsten Personen des Hofes aus und bat ihn, unter dem Siegel der Verschwiegenheit, ihr Notizen über deren Charaktere zu machen.
Der Schnee lag so hoch, daß sie in einen Schlitten umsteigen mußten, ein veritables Holzhaus auf Kufen mit kleinen Fenstern an den Seiten, Schränken für Vorräte und Hängeleuchten mit Wachskerzen an der Decke. Der Boden war mit Teppichen, Decken und Bettpolstern ausgelegt. Der Kammerherr Simon Naryschkin erklärte Sophie, wie sie in das Bett steigen mußte: *»Il faut enjamber; enjambez donc!«* – ein neues Wort für sie, über das sie herzlich lachen mußte.
In ihren bequemen Betten, warme Ziegelsteine an den Füßen, von sechs Pferden gezogen und einem Dutzend Reiter eskortiert, setzten sie die Reise fort. Ein Schatten fiel auf ihre Hochstimmung, als ihnen hinter Riga ein Transport unter starker militärischer Bewachung begegnete. Iwan VI., der von Elisabeth entthronte unmündige Zar, wurde mit seiner Mutter und seinem Vater, dem Prinzen Anton Ulrich von Braunschweig, von der Festung Dünaburg nach dem noch unzugänglicheren Gefängnis von Oranienburg überführt. Die schwarzen Kutschen mit zugezogenen Fenstern auf dem weißen Schnee waren wie das Gegenstück zu dem ominösen Kometen, der Sophie erschreckt hatte.
Fünf Tage reisten sie so, durch das karge Estland, wo flachshaarige Bauern mit dem Anbau von Kohl und Rüben ein armseliges Leben fristeten. Endlich, am 3. Februar mittags nach russischer Zeitrechnung, fuhren sie in die Stadt ein, die Peter der Große auf dem großen Sumpf an der Newa geschaffen hatte und die seinen Namen trug. Sie bestand hauptsächlich aus Holzhütten, die auf Pfählen

standen, besaß jedoch auch einige schöne Steinbauten, vor allem die Admiralität. Die Einwohnerzahl war damals schon doppelt so hoch wie die von Berlin. Die Damen wurden im Winterpalast, einem großen bunten Barockgebäude, von einigen Hofbeamten empfangen, während der größte Teil des Hofes in Moskau war.
Nach dem Diner im Schloß zeigte man den Gästen die hölzernen Kasernen des Regiments Preobraschenskij. »Hier«, erklärte man ihnen, »hat unsere Kaiserin Elisabeth die Truppen versammelt, mit denen sie ihre Palastrevolution unternahm« – worüber Sophie später mehr erfahren sollte. Man führte ihnen ein Schlittenrennen vor und, wahrscheinlich Sophie zu Gefallen, vierzehn dressierte Elefanten, ein Geschenk des Schahs Nadir von Persien an die Kaiserin, die er sehr verehrte und gern als Gattin seines Sohnes gesehen hätte. Bei Johanna machten sich nun doch die Anstrengungen der langen Reise bemerkbar, doch Sophie, so schrieb sie an König Friedrich, »ist wie ein junger Soldat, der Gefahr spottend, die er nicht kennt, und genießt den Glanz, der sie umgibt«.
Nach einem dreitägigen Aufenthalt in St. Petersburg ging es im Schlitten Tag und Nacht weiter über den festen Schnee, und es wurde nur gehalten, um die Pferde zu wechseln. Die langhaarigen Bauern beleuchteten ihre Häuser mit Kienspänen, weil sie sich keine Kerzen leisten konnten, und schliefen mit der ganzen Familie auf dem Ofen oder auf Brettern darüber.
Zweiundfünfzig Stunden, nachdem sie St. Petersburg verlassen hatten, erreichten Mutter und Tochter den Nordrand von Moskau. Hier fanden sie eine Nachricht der Kaiserin vor, mit dem Betreten der Stadt bis zum Anbruch der Dunkelheit zu warten. Diese Geheimnistuerei war nicht gerade ermutigend, doch Sophie benutzte die Zeit, um ihr Reisekostüm gegen ihr bestes Kleid, rosa Moiré mit Silber, zu wechseln. Um sechs Uhr abends fuhren sie durch Moskau, von dem sie in der Dunkelheit so gut wie nichts sehen konnten, und hielten endlich vor einem großen, hell erleuchteten Gebäude – einem europäischen Barockschloß ähnlich, doch in Holz. Es war Schloß Annenhof, das Ziel ihrer Reise.
Sie betraten eine prächtige Halle, die zu einer breiten Treppe führte,

in Weiß und Gold ausgemalt und von Kristallüstern erleuchtet. Der ganze Hof schien zu ihrem Empfang bereitzustehen, an der Spitze der Generaladjutant, der Johanna die Hand reichte und sie mit Sophie die große Treppe hinauf in ihre Zimmer führte, wo sie Mäntel und Hüte ablegten. Bald darauf erschien ein untersetzter kleiner Mann in den Fünfzigern, mit scharfen dunklen Augen in dem kleinen Kopf, Graf Lestocq, der Leibarzt und Berater der Kaiserin, der mit heiterer Freundlichkeit meldete, daß Ihre Majestät bereit sei, die Gäste zu empfangen.

Sophie, die Elisabeths Porträt auf einer Schnupftabaksdose gesehen hatte, erwartete eine schöne Frau zu sehen und wurde nicht enttäuscht. Die Kaiserin, damals vierunddreißig, war hochgewachsen, stattlich, und in der Tat sehr schön, mit lebhaften großen blauen Augen, weißen Zähnen und einem angenehm geformten Mund. Man hätte ihr Gesicht als zu rund bezeichnen können, die Nase ein wenig zu aufgestülpt, die Figur als zu schwer; doch vor ihrem majestätischen Auftreten verschwanden diese Mängel. Sie trug ein silberschimmerndes Taftkleid mit einem Reifrock, der ihren Embonpoint ausglich, und im hellbraunen Haar Diamanten und eine schwarze Feder.

Johanna küßte der Kaiserin die Hand und sagte auf französisch: »Ich bin gekommen, um Ihrer Majestät die tiefste Dankbarkeit für die Wohltaten, die Ihre Güte über meine Familie ausgeschüttet hat, zu Füßen zu legen.«

Elisabeth antwortete: »Was ich getan habe, ist wenig, verglichen mit dem, was ich gerne tun würde. Ihr Geblüt ist mir ebenso teuer wie mein eigenes.«

Sie umarmte Sophie und führte die Damen in ihr Schlafzimmer. Als sie Platz genommen hatten, verließ Elisabeth plötzlich und überraschend das Zimmer. Später erfuhren sie, warum: Johannas Bruder Karl war mit Elisabeth verlobt gewesen, aber kurz vor der Hochzeit an den Pocken gestorben. Das war vor siebzehn Jahren gewesen, doch sie hütete sein Andenken und trug stets sein Bild bei sich. Von Johannas Ähnlichkeit mit Karl betroffen, hatte sie das Zimmer verlassen, um in der Stille eine Träne zu weinen.

Zum Souper erschien Prinz Peter. Er hatte ein langes, blasses Gesicht, blondes Haar, eine gerade Nase und ein festes Kinn. Die Schultern waren schmal, und er schien klein für seine sechzehn Jahre. Er war von einer nervösen Energie erfüllt und konnte keinen Augenblick ruhig sein. Sophie fand ihn gutaussehend, war jedoch verwundert über seine kindliche Konversation; was indessen ein Vorurteil sein mochte, denn sie selber war reifer als ihre vierzehn Jahre, und was Peter betraf, so stimmten alle überein, daß er ein vielversprechender Jüngling war. Er behandelte sie sehr freundlich und sagte zu ihrer Mutter: »Die letzte Stunde des Wartens war so unerträglich, daß ich Ihnen am liebsten entgegengeeilt wäre, um mich vor Ihren Schlitten zu spannen.«

Während des Essens schaute die Kaiserin herein, um sich zu vergewissern, daß alles nach Wunsch ging. Danach sagte Sophie Gute Nacht und zog sich in ihr Schlafzimmer zurück. Am Doppelfenster waren zwei Thermometer angebracht, innen und außen. Dieses zeigte das Quecksilber tief unter dem Nullpunkt; jenes registrierte die behagliche Wärme, die von dem stattlichen Kachelofen ausging. Tausend Eindrücke und Gedanken gingen Sophie durch den Kopf; vor allem die Tatsache, daß sie jetzt elfhundert Meilen Luftlinie von ihrem kleinen Schlafzimmer in Zerbst entfernt war, von ihrem Vater und der lieben Babette. Die vierzigtägige Fahrt von der altvertrauten in eine neue, unbekannte Welt war vorüber, und sie sollte ihre erste Nacht in der russischen Hauptstadt verbringen. Und die Kaiserin und Peter? Was sie bisher von ihnen gesehen hatte, gefiel ihr, stellte Sophie fest. Aber würde sie auch der Kaiserin und Peter gefallen, und würde man sie bitten zu bleiben?

5

Aus Sophie wird Katharina

Am nächsten Tage feierte der Großfürst seinen sechzehnten Geburtstag, und Sophie nahm an dem Diner teil, das er für den größten Teil des Hofes gab. Die darauffolgenden Tage wurden von den Damen damit verbracht, Besuche zu machen und zu empfangen. An den Abenden erschien Peter, um mit ihnen Karten zu spielen. Da die Fastenzeit begonnen hatte, fanden keine Bälle statt, doch Johanna war auch ohne diese mehr als zufrieden. »Wir leben wie Königinnen«, schrieb sie an ihren Gatten. »Alles ist hier mit Gold verziert oder eingelegt – wundervoll!« Auch Sophie fand Geschmack an dem, was sie vom russischen Leben kennenlernte, und wie früher in Braunschweig gab sie sich große Mühe, sich beliebt zu machen. Zu ihrer Genugtuung erfuhr sie, daß Peter gesagt hatte, er würde keine andere als sie heiraten.

Sie wußte jedoch, daß die Meinung der Kaiserin von ihr wichtiger war als die des Großfürsten und daß sie ebenso von politischen Gesichtspunkten bestimmt sein würde wie von persönlichen Eindrükken. Als Prinzessin von Anhalt-Zerbst hatte Sophie so gut wie kein politisches Gewicht, aber sie war ein Schützling des Königs von Preußen und hatte durch ihren Onkel Beziehungen zu Schweden. Nun war jedoch der Vizekanzler Bestuschew, eine achtunggebietende Erscheinung und einer der erfahrensten Berater der Kaiserin, gegen eine nordische Allianz und zog ein Bündnis mit Österreich, Preußens Gegner, und mit Sachsen vor. Zu diesem Zweck sollte der Großfürst die Prinzessin Marianne heiraten, die Tochter des verstorbenen Kurfürsten von Sachsen und Königs von Polen, die für eine Schönheit galt; und im Verfolg dieses Planes versuchte er den Erzbischof von Nowgorod zu bestimmen, sich einer Heirat zwischen Peter und Sophie zu widersetzen, mit der Begründung, daß sie Cousin und Cousine seien. Friedrich II. hingegen hatte dem Erzbischof dreitausend Rubel versprochen, wenn er sich der Heirat nicht entgegenstellte.

Die Kaiserin schwieg sich über ihre Meinung ebenso aus, wie sie den Besuch Sophies geheimgehalten hatte. Ihr Hauptinteresse zu Beginn der Fastenzeit schienen die Gebete in ihrer Hofkapelle zu sein, denn sie hatte die Frömmigkeit von ihrer Mutter Katharina geerbt. Bald begab sie sich ins Kloster Troitza-Sergejenskaja, doch vorher veranlaßte sie den Archimandriten Teodorskij, Sophie im orthodoxen Glauben zu unterrichten. Peter hatte sein Luthertum aufgegeben und den orthodoxen Glauben annehmen müssen, bevor Elisabeth ihn zu ihrem Erben bestimmte.

Simon Teodorskij hatte mehrere Jahre an der Universität Halle studiert – nicht weit von Zerbst –, wo zwei theologische Richtungen vertreten waren: die historisch-kritische, welche die Unterschiede zwischen den Glaubensbekenntnissen hervorhob, und die pietistische, die den inneren Gehalt des Christentums über die äußeren Formen stellte. Teodorskij folgte der pietistischen Schule und kehrte nach Rußland mit der Überzeugung zurück, daß die Deutschen und die Russen im Grunde das gleiche glaubten, und für Johanna war er eigentlich ein Lutheraner. So war es ein kluger Schachzug der Kaiserin, ihn mit der Unterweisung Sophies zu beauftragen. In seiner ersten Lektion stellte der Archimandrit den orthodoxen Glauben in pietistischer Terminologie dar. Sophie fand nichts dagegen einzuwenden und fügte einem Brief ihrer Mutter an Christian August hinzu: »Die Kirche hier muß in Äußerlichkeiten anders sein, weil das Volk roh und ungebildet ist.«

Nichtsdestoweniger konnte Sophie bei der Messe in der Hofkapelle, wie jedem aufmerksamen Beobachter, nicht entgehen, daß so wesentliche Dinge wie Transsubstantiation, die Verehrung der Mutter Gottes und der Heiligen, geschweige denn die Auffassung, daß der Heilige Geist allein vom Vater kommt, im offensichtlichen Widerspruch zum lutherischen Glauben standen.

Und so geriet sie bald in ein Dilemma. Auf der einen Seite waren die lange Verbundenheit ihrer Familie zum Luthertum und ihres Vaters Wunsch, daß sie den Glauben behalten sollte, in dem sie erzogen worden war; auf der anderen Seite stand dieser bärtige Russe, so viel gelehrter als sie, der alle Unterschiede für bloße Äußerlichkeiten erklärte. War er ein weiser Mann oder ein Versucher? »Der Religionswechsel bereitet der Prinzessin großen Kummer«, schrieb der preußische Gesandte an seinen König. »Sie vergießt viele Tränen, wenn sie mit jemand allein ist, dem sie vertrauen kann.«

In dieser Krise hätten Sophie der Rat und die Hilfe einer starken Mutter wohlgetan. Aber Johanna wählte wieder den leichteren Weg, so wie sie es seinerzeit bei der Trauer um den Tod Friedrich Wilhelms getan hatte. Obwohl sie ihrem Gatten berichtete, sie fände die orthodoxen Formalitäten »sehr verschieden von unseren«, zog sie Teodorskijs Auslegungen nicht in Zweifel und schrieb, sie würde »die Wahl Sophies freiem Willen überlassen«.

Als ihr Lehrer seinen Unterricht fortsetzte, schrieb Sophie dem Vater, sie sei von dessen Argumenten überzeugt, und erhielt folgende Antwort: »Erforsche Dich sorgsam, ob Dein Herz wirklich von religiöser Neigung bewegt wird, oder ob Dich vielleicht, ohne daß Du es sogleich gewahr geworden, die Gunstbezeugungen der Kaiserin und anderer hochgestellter Personen in diese Richtung gedrängt haben. Wir Menschenkinder sehen oft nur, was uns vor Augen liegt; doch Gott in Seiner unendlichen Gerechtigkeit blickt in unser Herz und unsere geheimsten Gedanken.«

Das klang streng, aber es war auch geschickt. Sophie erforschte ihr Herz, und was sie fand, war zu viel für sie. Alleingelassen und zwischen zwei Verpflichtungen hin- und hergerissen, von vielen Tränen erschöpft, brach sie zusammen und legte sich mit einem Schüttelfrost und Schmerzen in der rechten Seite zu Bett.

Nun war ihre Mutter verzweifelt. Sie konnte kein Blut sehen und weigerte sich deshalb, ihre Tochter zur Ader zu lassen. Der holländische Leibarzt der Kaiserin, Boerhaave, schrieb an Lestocq, der die Kaiserin nach Troitza begleitet hatte, wenn Sophie nicht zur Ader gelassen würde, sei sie ein Kind des Todes.

Als Elisabeth davon hörte, eilte sie nach Moskau zurück, vertrieb Johanna aus dem Krankenzimmer, setzte sich an Sophies Bett und hielt die in Betäubung versetzte Patientin in ihren Armen, während der Leibarzt eine Vene öffnete und sechzig Kubikzentimeter Blut ausfließen ließ. Als Sophie zu sich kam und die sich über sie beugende Kaiserin erblickte, fiel sie erneut in Ohnmacht.
Zuerst vermutete man Pocken, doch als keine Pusteln erschienen, erklärte es Bestuschew triumphierend als Tuberkulose und daß infolgedessen die Prinzessin von Anhalt-Zerbst als Gattin für den Thronerben nicht in Frage käme. Die Höflinge hingegen verbreiteten das Gerücht, Sophie sei von dem sächsischen Gesandten vergiftet worden, und in ihrem Delirium glaubte die Kranke es schließlich selbst. In Wirklichkeit litt sie an einer schweren Rippenfellentzündung, zum Teil von dem Klimawechsel veranlaßt, zum Teil von dem seelischen Druck ihrer religiösen Krise.
Sie schwebte zwischen Tod und Leben. Es war ein bitteres Erlebnis für sie, krank zu sein in einem fremden Land, von Ärzten behandelt, die sie nie zuvor gesehen und die eine Sprache sprachen, die sie nicht verstand. Das einzige, woran sie sich halten konnte, war die Güte der Kaiserin. Sie kam jeden Tag, um der Patientin Gesellschaft zu leisten und scheute sich nicht, Blut zu sehen, denn Sophie wurde nicht weniger als sechzehnmal zur Ader gelassen.
Am vierzehnten Tag glaubte Johanna mit Bestimmtheit, ihre Tochter müsse sterben. Das Krankenzimmer blieb ihr verwehrt; doch sie glaubte etwas tun zu müssen, und ließ Sophie fragen, ob sie einen evangelischen Pfarrer wünsche.
Sophie, von beiden Eltern getrennt, fühlte sich ganz von der Kaiserin abhängig, in deren Palast sie lag und die sie so hingebend pflegte; und trotz ihres Vaters Warnung, war es Elisabeth, der sie zu Gefallen sein wollte. Das Anerbieten ihrer Mutter lehnte sie dankend ab und bat, ihr den Archimandriten zu schicken; sie wollte mit ihm sprechen. Diese Antwort, so vermerkt sie später, hob sie in der Achtung der Kaiserin und des ganzen Hofes.
Langsam ließ das Fieber nach. Sophie konnte im Bett aufsitzen, dann aufstehen, und im April ihre Lektionen bei Teodorskij wieder

aufnehmen. Als sie ihn an ihr Krankenbett gebeten hatte, war sie noch keine Verpflichtung eingegangen, doch hatte sie einen Weg betreten, auf dem der Wechsel der Religion der nächste Schritt zu sein schien.

Nunmehr wurde ihr erklärt, daß sie mit der Aufgabe des evangelischen Glaubens nicht nur Elisabeth einen Gefallen tun würde, sondern daß es in den Augen der streng rechtgläubigen Kaiserin die unabdingbare Voraussetzung für ihre Vermählung mit dem künftigen Zaren von Rußland sei. Das rückte die Sache für Sophie in ein neues Licht – wenn sie also ihren Glauben nicht wechselte, dann würden ihre lange Reise, ihre Seelenqualen, ihre gefährliche Krankheit vergebens gewesen sein.

Am 3. Mai traf sie ihre Entscheidung. »Da ich zwischen dem orthodoxen und dem lutheranischen Glauben fast keinen Unterschied sehe«, schrieb sie an ihren Vater, »habe ich mich entschlossen, die Religion zu wechseln.« »Fast« ist das Schlüsselwort; seine Bedeutung wird klar im Lichte des nächsten Briefes, den Sophie schrieb, nachdem sie ein Geschenk von der Kaiserin erhalten hatte: »Ich weiß, daß Ihre Hoheit meinen Bruder zur Kur nach Bad Homburg reisen ließ, und daß dies erhebliche Kosten mit sich bringt. Ich bitte Ihre Hoheit, meinen Bruder so lange dortzulassen, wie es nötig ist, um seine Gesundheit wiederherzustellen; ich will alle Kosten übernehmen.«

Ohne ein eigentliches Schuldgefühl war ihr offenbar doch nicht recht wohl bei dem Schritt, den sie getan hatte. Wenn sie über die Kluft gesprungen war, die sie mit dem Wort »fast« bezeichnet hatte, so deshalb, weil sie eine Krone tragen wollte. Sie war nicht ganz aufrichtig zu sich selber gewesen; jetzt hoffte sie, die brüchige Wahrheit durch Mildtätigkeit aufzuwerten, ein nicht ganz einwandfreier Handel, wie ihr Christian August gesagt haben würde.

Während sie gesundete, begann sie Russisch zu lernen, zuerst das kyrillische Alphabet, dann die Grundwörter und die Verben, die mehr Konjugationen enthielten, als der Olymp Götter hatte. Die russische Sprache ist reicher an konkreten Wörtern als die französische oder deutsche und daher besser geeignet, über die sichtbare

Welt zu sprechen. Sophie liebte sie von Anfang an, denn »sie ist so reich, so energisch, und man kann sie handhaben, wie man es wünscht«. Sie lernte schnell russisch sprechen, mit nur einem sehr leichten deutschen Akzent; doch ihre russischen Briefe waren stets voller orthographischer Fehler.

Bei der Ablegung des Glaubensbekenntnisses mußte Sophie fünfzig großgedruckte Quartseiten auf russisch ablesen. Simon Teodorskij hatte sie den Akzent seines Heimatlandes Ukraine gelehrt, wo das unbetonte »O« klarer gesprochen wird als in Moskau und das »G« fast wie ein »H«, während ihr Russisch-Lehrer Basil Adodurow die Moskauer Aussprache empfahl. Um Peter zu erfreuen, fragte Sophie ihn um Rat, und er riet ihr ebenfalls zum Moskauer Akzent. So ging alles glatt bis drei Wochen vor Sophies feierlichem Glaubensübertritt, als sich etwas ereignete, das alle Hoffnungen auf eine Heirat zunichte zu machen schien.

Johanna war von der Kaiserin freundlich behandelt und zu Ostern mit einem kostbaren Diamantring beschenkt worden. Aber sie hatte nicht vergessen, daß sie König Friedrichs Geheimagentin war, und gleich nach ihrer Ankunft in Moskau Verbindungen mit dem preußischen Botschafter Hardefeld und dem französischen Gesandten, dem Marquis de la Chétardie, geknüpft. Ihre Aufgabe war, die Kaiserin gegen Österreich zu beeinflussen und Bestuschews Pläne zu durchkreuzen. Leider bemerkte Lord Tyrawly, der britische Gesandte, ihr Spiel und informierte seinen Freund Bestuschew, während de la Chétardie, ein unbeherrschter und eitler Südländer, der zu seinem Ärger seinen früheren Einfluß auf die Kaiserin verloren hatte, zahlreiche indiskrete Briefe schrieb, die Bestuschew abfangen und dechiffrieren ließ.

Anfang Juni pilgerte Elisabeth, um ein Gelübde zu halten, das sie während Sophies Krankheit abgelegt hatte, in Begleitung von Peter, Johanna und Sophie abermals nach Troitza. Dort händigte man ihr sieben von de la Chétardie geschriebene Briefe aus, in denen der Franzose sie als träge, extravagant und putzsüchtig schilderte und von dem Intrigenspiel der Fürstin von Zerbst für Friedrich von Preußen berichtete.

Am Abend erschien die Kaiserin unangemeldet in dem gemeinsamen Zimmer von Mutter und Tochter und bat Johanna heraus. Sophie blieb mit Peter zurück, der amüsante Geschichten erzählte. Beide saßen lachend am Fenster, als Graf Lestocq eintrat. »Ihnen wird das Lachen bald vergehen«, sagte er und fügte, an Sophie gewandt hinzu: »Sie werden Ihre Sachen packen müssen.«
Sie erbleichte, und Peter fragte: »Was soll das bedeuten?«
»Das werden Sie bald erfahren«, erwiderte Lestocq und verließ das Zimmer.
Peter sagte zu Sophie: »Wenn Ihre Mutter etwas Unrechtes gemacht hat, dann brauchen Sie nichts damit zu tun zu haben.« Worauf sie antwortete: »Es ist meine Pflicht, meiner Mutter zu folgen und ihren Anordnungen zu gehorchen.«
Es dauerte lange, ehe die Damen zurückkamen, beide rot im Gesicht, Johannas Augen vom Weinen verquollen. Die Kaiserin sagte, nicht ohne Berechtigung, Johanna habe ihre Güte mit Undank vergolten, doch nachdem sie sich entschuldigt habe, wolle sie Gnade vor Recht ergehen lassen und sie nicht aus Moskau verbannen. Sie begnügte sich damit, den Marquis de la Chétardie des Landes zu verweisen und im übrigen eine Allianz mit Preußen abzulehnen.
Elisabeth und ihre Gäste kehrten nach Schloß Annenhof zurück, und in der dortigen Kapelle ließ am 28. Juni, keine fünf Monate nach ihrer Ankunft in Rußland, Sophie die Zeremonie über sich ergehen, auf die sie sich so gründlich vorbereitet hatte. In einem karminroten Kleid mit Silber, ähnlich dem der Kaiserin, las sie das lange Glaubensbekenntnis, ohne zu stocken, rezitierte den nicänischen Grundsatz in seiner orthodoxen Form, erklärte, daß der Heilige Geist allein vom Vater komme, nicht, wie die Lutheraner behaupteten, vom Vater und vom Sohn, und wurde feierlich in die russische Kirche aufgenommen. Das war der Wendepunkt in Sophies Leben und bezeichnete den endgültigen Bruch mit ihrer Kindheit und den »kategorischen Imperativen«, die sie in Stettin und Zerbst gelernt hatte. Doch die neue Religion sollte nie die gleiche Kraft für sie haben wie die alte.
Dann empfing sie das Sakrament der Kommunion und damit einen

neuen Namen. »Sophie« hatte in Rußland keinen guten Klang, denn es war der Name von Peters I. verräterischer Halbschwester gewesen; die Kaiserin wählte »Katharina«, den Namen ihrer Mutter und der gelehrten und schönen Heiligen von Alexandria, die sich Christo verlobt hatte und als Märtyrerin gerädert und enthauptet worden war. So sagte Sophie einem Teil ihrer Person Lebewohl, den Namen, den sie fünfzehn Jahre lang getragen hatte, und wurde »Jekaterina«, wie die russische Form lautet.

Am Abend betrat Katharina zum ersten Mal den gewaltigen, mauerumgürteten Komplex von mittelalterlichen Palästen und Kirchen, den Kreml. Nachdem sie die Nacht in dieser düsteren Umgebung verbracht hatte, ging sie an der Seite ihres künftigen Gatten, begleitet von der Kaiserin, die ihre Krone trug, und mit großen Gefolge, über den Platz zur Auferstehungs-Kathedrale. Dort, inmitten des Schimmers juwelengeschmückter Ikonen, wurde das junge Paar vom Erzbischof von Nowgorod gesegnet und durch den Austausch der goldenen Ringe verlobt. Peter hatte schon den Rang eines Großfürsten, und nun wurde auch Katharina durch einen besonderen Erlaß, der nach der Verlobung verlesen wurde, zur Großfürstin mit dem Titel »Kaiserliche Hoheit« erklärt.

Nun hatte sie Anspruch darauf, wie die Kaiserin durch den höfischen Handkuß geehrt zu werden, und erhielt Vorrang vor ihrer Mutter. Um Johanna zu schonen, jedoch nicht zu verletzen, blieb sie bei der Rückkehr in den Palast in der Tür stehen und ging mit ihr gleichzeitig hindurch. Auch weiterhin vermied Katharina solche Gelegenheiten, bei denen sich ihre Mutter hätte herabgesetzt fühlen können. Einige Hofbeamte – Bestuschew allerdings nicht – unterstützten sie darin, indem sie der Fürstin die Hand küßten; und diese schrieb entzückt an Christian August, man habe während der Verlobungsfeier ihre Hand so oft geküßt, daß sie einen talergroßen runden Fleck behalten habe.

Ende Juli begab sich die Kaiserin auf eine zweimonatige Reise durch die Ukraine, um ihr Ansehen dort zu kräftigen, indem sie sich dem Volk und vor allem auch der Geistlichkeit der heiligen Stadt Kiew zeigte. Katharina begleitete sie, zusammen mit Peter und ihrer Mut-

ter, und hatte unterwegs Gelegenheit, Elisabeth näher zu beobachten.
Es war vor allem bemerkenswert, daß sich die Kaiserin als Monarchin nicht dadurch beeinträchtigt fühlte, daß sie eine Frau war. Die Russen, in deren Tradition Aristoteles und die westlichen Kirchenväter keine Rolle spielten, glaubten nicht, daß die Frau dem Manne unterlegen und daß es »unnatürlich« sei, wenn sie über Männer herrsche.
Katharina fiel ferner die Gewissenhaftigkeit auf, mit der Elisabeth ihre religiösen Pflichten ausübte. Sie ging dreimal täglich in die Kirche, zur Frühmesse, Hauptmesse und Vespermesse, und hielt peinlich alle Fastenzeiten ein, insgesamt dreißig Wochen im Jahr, in denen kein Fleisch oder Käse, keine Milch und Butter und keine Eier auf den Tisch kamen, nur Fisch und Pflanzenfette, und während der ersten und letzten der vier Frühjahrs-Fastenwochen sogar nur Pilze und eingelegte Gurken. Die Kaiserin unternahm auch häufig Wallfahrten zu Fuß; dies kam, wie das Fasten, nicht nur ihrer Seele, sondern auch ihrer Figur zugute.
Als Tochter einer Litauerin, die ursprünglich römisch-katholisch, also eine Ketzerin gewesen war, fühlte sich Elisabeth offenbar verpflichtet, ihr Russentum und die rechtgläubige Religion zu betonen. Sie ließ sich sogar gelegentlich das Haar schwarz färben. Alle diese Dinge gaben Katharina den Schlüssel zur Lösung mehrerer Rätsel. Warum hatte die Kaiserin so hartnäckig darauf bestanden, daß Katharina ihren lutherischen Glauben ablegte? Weil das Luthertum Religion eines großen Teiles der Deutschen war. Warum durfte ihr Vater sie nicht nach Rußland begleiten? Weil er ein deutscher Fürst war, der Katharinas deutsche Herkunft unnötig unterstrichen hätte. Und warum hatte Elisabeth überhaupt Katharina zur Gemahlin Peters ausersehen? Nicht, wie Katharina ursprünglich gedacht hatte, wegen ihrer Beziehungen zu Preußen, sondern weil sie durch ihre Mutter zum Hause Holstein-Gottorp gehörte, dessen Freundschaft Peter der Große gepflegt hatte; denn die holsteinischen Verbindungen zu den Ostseestaaten waren ihm für Rußland nützlich erschienen.

Katharina erfuhr auch einiges über das Privatleben der Kaiserin. Elisabeth war schon als Prinzessin bemüht gewesen, den Gottesdienst in ihrer Kapelle so schön wie möglich zu gestalten, und hatte für den Chor die besten Sänger engagiert, die sie finden konnte. Ein solcher war auch Alexej Rasumowskij, ein Bauernsohn aus der Ukraine. Als er einmal ein Solo sang, war sie so gerührt, daß sie ihn sich nach dem Gottesdienst vorstellen ließ – einen hochgewachsenen, sehr gut aussehenden dunkelhaarigen jungen Mann mit besonders schön geschwungenen schwarzen Augenbrauen, so alt wie sie selber und mit dem sonnigen Gemüt, das man bei den Ukrainern häufiger findet als bei den Russen des Nordens. Sie fühlte sich stark zu Alexej hingezogen und nahm ihn in ihre Hofhaltung auf. Seine Aufgaben bestanden darin, ihr vorzusingen und die Bandura zu spielen, und zu seinen Zuwendungen gehörten ein Krug Branntwein und mehrere Krüge Bier täglich.
Der ehemalige Chorsänger wurde Elisabeths Geliebter und sehr wahrscheinlich im Herbst 1742, nachdem sie Kaiserin geworden war, auch ihr Gatte. Die Vermählung wurde geheimgehalten, da es ihrem Ansehen geschadet und den einflußreichen Adel vor den Kopf gestoßen hätte, wenn sie in aller Öffentlichkeit einen Mann so niedriger Herkunft geheiratet hätte. Alexejs offizieller Rang war der eines Hofjägermeisters; doch seine Beute war nicht das Wild – insgeheim nannte man ihn den »nächtlichen Kaiser«.
Katharina hatte auf der Reise Gelegenheit ihn kennenzulernen, denn man machte bei ihm auf seinem Gut in Koseletz Station. Er erschien ihr als einer der schönsten Männer, die sie je gesehen hatte, und seine Bescheidenheit gefiel ihr obendrein. Als die Kaiserin ihn mit Ehren überhäuft hatte, soll er gesagt haben: »Tun Sie, was Sie wollen; ich werde den Leuten doch nicht imponieren.« Er strebte keine Macht an und hielt sich aus der Politik heraus; sein Steckenpferd waren die Musik, besonders die komische Oper, und die Heidenbekehrung, ein Interesse, das er mit Elisabeth teilte.
Katharina hatte Freude an ihrer Reise durch die weiten Ebenen mit den reichen Weizenfeldern und der prunkvollen Kathedrale von Kiew aus dem elften Jahrhundert, in der die Heiligenbilder mit

Gold, Silber und Juwelen geschmückt waren. Sie suchte auch die Bekanntschaft lebender Russen, um dadurch den Nationalcharakter besser zu verstehen. Zwei Vorfälle machten ihr großen Eindruck. Die Einwohner von Kiew veranstalteten für ihre erlauchten Besucher ein Feuerwerk. Die Raketen schossen himmelwärts, fielen jedoch auf das kaiserliche Zelt und verfehlten knapp die Kaiserin. Die Kutschpferde scheuten; und Katharina fand, daß die Russen offenbar recht unpraktisch waren.

Der zweite Vorfall ereignete sich auf einem der Maskenbälle, wo auf Wunsch sich die Frauen als Männer und die Männer als Frauen verkleideten. Katharina, in Hosen, tanzte mit dem Kammerherrn Sievers, einem sehr großen Mann, der einen Reifrock trug, den ihm die Kaiserin geliehen hatte. »Hinter mir«, berichtete Katharina, »tanzte die Gräfin Hendrikowa und wurde durch den Reifrock von Sievers umgeworfen, als er mir beim Wenden die Hand reichte; im Fallen stieß sie mich ihrerseits, so daß ich unter Sievers' Reifrock stürzte und ihn mitriß. Und so lagen wir alle drei auf der Erde, und ich war ganz von seinem Rock bedeckt. Ich kam um vor Lachen und versuchte mich zu erheben; aber man mußte uns zu Hilfe kommen, weil wir alle drei so verwickelt waren, daß keiner aufstehen konnte ohne die anderen beiden erneut zu Fall zu bringen.«

Diese freie und ungebundene, fast liederliche Atmosphäre gefiel Katharina. Sie liebte die Ungezwungenheit – daher auch das Interesse an ihren exzentrischen Tanten – und sah, daß die Russen sie gleichfalls liebten. Wenn zum Beispiel jemand für eine Münze oder Medaille porträtiert wurde, so bildete man ihn mit allen Warzen und anderen Unregelmäßigkeiten des Gesichts ab, nicht wie in Europa geglättet und verschönt.

Diese Natürlichkeit hatte allerdings auch eine weniger angenehme Seite. Katharina bemerkte, daß viele adlige Russen launisch und unbeherrscht waren. Ein zeitgenössischer Beobachter führte es darauf zurück, daß sie als Kinder ausschließlich von Ammen vom Lande erzogen wurden, die sie verwöhnten und ihnen schmeichelten. Zudem waren sie, wie ihre jüngste Geschichte zeigte, unduldsam, besonders Europäern gegenüber.

Und das führte Katharinas Betrachtungen wieder auf sich selbst zurück. Sie mochte die Russen und das, was sie bisher von ihrem Lande gesehen hatte. Aber würden die Russen sie, eine Europäerin, mögen? Um freundlich aufgenommen zu werden, mußte sie in vieler Hinsicht Russin werden. Doch es gehörte zu ihrer Weltanschauung, sich selber treu zu bleiben, wenn sie auch bei der Religion Zugeständnisse gemacht hatte; und sie war nun einmal eine Europäerin. Die Spannungen innerhalb von Rußlands Geographie und Geschichte würden wohl auch Spannungen in ihrer Persönlichkeit hervorrufen.
Nachdem sie sich umgesehen und ihre Erfahrungen seit ihrer Ankunft abgewogen hatte, faßte sie einen drei Punkte umfassenden Entschluß für ihre weitere Handlungsweise. Der Plan schien verblüffend einfach – Katharina ahnte nicht, daß sich ein Punkt als unvereinbar mit einem anderen erweisen könnte – und sie fixierte ihn folgendermaßen:

Erstens, dem Großherzog zu gefallen;
zweitens, der Kaiserin zu gefallen;
drittens, dem russischen Volk zu gefallen.

Auf der Reise durch die Ukraine und später in Moskau war Katharina oft mit Peter zusammen. Nicht nur in seiner Unterhaltung, sondern in seinem ganzen Benehmen erschien er ihr auffallend unreif für sein Alter. Er konnte sich von seinen Spielzeugsoldaten nicht trennen und liebte kindische Vergnügungen, Balgereien und grobe Scherze, kannte offenbar keine ernsthaften Interessen und hatte die Neigung, aus allem einen Spaß zu machen. Katharina führte dies zum Teil auf seine Erziehung zurück. Seine Mutter Anna, die Tochter Peters des Großen und Schwester der Kaiserin Elisabeth, war wenige Wochen nach seiner Geburt gestorben, und er war ohne Geschwister in Kiel aufgewachsen, bis er mit dreizehn Jahren aus der vertrauten Umgebung in die noch größere Einsamkeit des russischen Hofes verpflanzt wurde.
Katharina beschloß, sich anzupassen. Sie spielte Blindekuh mit Peter und baute mit ihm aus Matratzen, einem Sofa und dem Holz-

rahmen einer großen Harfe einen Schlitten, auf dem beide wie zehnjährige Kinder mit Zofen und Dienern in den Zimmern umherfuhren. Sie nahm aber auch Tanzstunden und lernte Menuett und Polonaise, denn Bälle und Kostümfeste waren ein wichtiger Bestandteil des Hoflebens und boten ihr Gelegenheit, mit Peter auf andere, weniger kindische Weise zusammenzusein.

Weit mehr bekümmerte sie jedoch, daß er nie die Gelegenheit suchte, mit ihr allein zu sein, nie ein zärtliches Wort fand oder ihr sagte, daß er glücklich mit ihr war. Machte er sich überhaupt etwas aus ihr? Während der peinlichen Szene in Troitza, als sie sagte, es sei ihre Pflicht, ihrer Mutter zu folgen, schien ihn die Aussicht, sie könne wieder fortgehen, völlig kalt zu lassen.

Katharina war aus ihren linkischen Backfischjahren heraus und zu einem frischen jungen Mädchen herangewachsen, stets mit einem Lächeln auf den Lippen, wie ein Hofmann bemerkte, und begierig auf ein paar Komplimente ihres Verlobten. Sie versuchte ihn eifersüchtig zu machen und begann einen kleinen Flirt mit einem gutaussehenden und liebenswürdigen Offizier in Peters Leibwache, in der Hoffnung, es würde Peter ermutigen, ihr seine Gefühle zu zeigen. Er bemerkte zwar ihr Interesse an dem jungen Mann, doch statt eifersüchtig zu werden, machte er Witze darüber. »Andrej Tschernyschew ist Ihr neuer Verlobter«, spottete er und sprach von dem Leutnant stets als »Ihr zukünftiger Gatte«.

Katharina gab sich geschlagen und nahm die gewohnten Spiele und Vergnügungen wieder auf. Dann kam eines Tages der schwedische Gesandte Graf Karl Gyllenborg nach Moskau. Er hatte Katharina vor zwei Jahren in Hamburg kennengelernt, war von ihrer Unterhaltung betroffen gewesen und hatte zu ihrer Mutter gesagt, sie habe eine sehr intelligente Tochter. Jetzt, als er ihre neue Lebensweise sah, war er bestürzt. »Sie denken ja nur an Kleider«, sagte er zu ihr. »Ich möchte wetten, seit Sie in Rußland sind, haben Sie noch kein Buch aufgeschlagen.« Katharina mußte es zugeben, und der Graf sagte weiter, er sei sicher, daß sie den Verstand eines angehenden Philosophen besitze, und sie müsse ihn schulen. Als Lektüre für den Anfang empfahl er neben Plutarch und Cicero, Montesquieus

Causes de la grandeur des Romains et de leur décadence; und was die Ursache ihres oberflächlichen Lebens betraf, so sagte er ihr offen: »Ich fürchte, Ihre Heirat ist ein Fehler.«

Katharina achtete den seriösen und aufrichtigen Schweden. Sie beschaffte sich Cicero und Montesquieu und versuchte sie zu lesen; doch nach zwei Tagen legte sie die Bücher beiseite und kehrte zu ihrem oberflächlichen Zeitvertreib zurück.

Im Dezember zog der Hof nach St. Petersburg. Unterwegs erkrankte der Großfürst an den Pocken und lag sechs Wochen in einem Bauernhaus, von Elisabeth hingebungsvoll gepflegt, so wie sie Katharina gepflegt hatte. Zwei Monate lang durfte sie nicht zu ihm, und als sie ihren Verlobten im Februar 1745 im Winterpalast sah, war er so verändert, daß sie ihn kaum wiedererkannte. Sein Gesicht war von Narben entstellt und angeschwollen, und da man seinen Kopf hatte kahlscheren müssen, trug er eine unkleidsame Perücke. Manche Mädchen, besonders solche, die selber schön sind, legen wenig Wert darauf, daß Männer gut aussehen. Katharina hingegen, vielleicht weil sie nur leidlich hübsch war, empfand sehr den Verlust des guten Aussehens bei ihrem künftigen Gatten, das neben seiner guten Laune das einzige gewesen war, das ihn anziehend gemacht hatte. Auch seine gute Laune war nicht mehr beständig. Er konnte keine Kritik vertragen, und wenn ihm etwas nicht paßte, streckte er seinem Lehrer die Zunge heraus. Katharina war nicht glücklich, und als der Tag der Vermählung für den Sommer festgesetzt wurde, hörte sie es ohne Begeisterung. Sie bekam melancholische Anwandlungen und weinte oft, so wie in der Zeit ihres religiösen Zwiespalts.

Im Mai 1745 zogen die Kaiserin und Peter in das Sommerpalais um, während man Katharina und ihrer Mutter ein Haus am Fluß Fontanka zur Verfügung stellte. Der Großfürst ließ seiner Verlobten ausrichten, er wohne nun zu weit von ihr entfernt, um sie häufig zu besuchen, und er kam in der Tat sehr selten. Katharina hatte eine zu hohe Meinung von sich, um zu glauben, er könne sie nicht mögen oder scheue vor der Heirat zurück; sie sagte sich nur, daß er sie noch nicht liebte. Dennoch schreibt sie später: »Dieser Mangel an Auf-

merksamkeit und diese Kälte, sozusagen am Vorabend unserer Hochzeit, nahmen mich nicht gerade zu seinen Gunsten ein. Und je näher der Zeitpunkt kam, desto weniger konnte ich mich der Einsicht verschließen, daß meine Ehe sehr unglücklich werden könne.«
Katharina hatte darum gerungen, Zerbst zu verlassen. Sie hatte die lange Reise nach Moskau unternommen; hatte gegen die Rippenfellentzündung angekämpft und ihre Zweifel bei ihrem Glaubenswechsel überwunden; sie hatte Russisch gelernt und sich bei Hofe beliebt gemacht – sollte das alles umsonst gewesen sein, sollte sie jetzt den Rückzug antreten und nach Hause fahren und sich mit ihrem schüchternen Onkel Georg begnügen?
Sie hätte gern ihre Mutter um Rat gefragt; doch diese, wie Katharina nur zu gut wußte, hatte ihr Herz an diese zweite königliche Heirat in ihrer Familie gehängt und besaß überdies nicht viel Menschenkenntnis: wie viele andere betrachtete sie Peter nur als einen vielversprechenden, wenn auch manchmal etwas langweiligen jungen Prinzen.
Katharina sah die Kaiserin nur an Sonntagen, und sie stand ihr nicht nahe genug, um sich ihr anzuvertrauen. Doch Elisabeth blieb weiter um das junge Mädchen besorgt. Wenn sie im Schlitten ausfuhren, legte sie ihr eigenhändig den Pelzmantel um, und sie pflegte zu sagen, sie liebe Katharina fast mehr als ihren Neffen. Kaum eine Woche verging, wo sie ihr nicht ein wertvolles Schmuckstück schenkte. Die Folge war, daß Katharina einen großen Teil ihrer kindlichen Verehrung auf Elisabeth übertrug, die ihr, wie sie gestand, »wie eine Gottheit [erschien], an der kein Makel sein konnte«.
Die Heirat war der Wunsch der Kaiserin, und Katharina wollte ihr mehr und mehr diesen Wunsch erfüllen. Unbewußt wollte sie auch eines Tages so sein wie diese majestätische Dame, so stark, so gütig, so mildtätig. Wenn sie den Thronerben heiratete, konnte dieser Traum Wirklichkeit werden. Und so, wie sie ihre religiösen Bedenken niedergekämpft hatte, besiegte Katharina ihre Befürchtungen, daß sie eine unglückliche Ehe eingehen könnte, und verbarg ihre Tränen vor anderen.
Am Morgen der Trauung, am 21. August 1745, stand sie um sechs

Uhr auf. Bei der Morgentoilette trat die Kaiserin ein und schalt den Kammerdiener, weil er Katharina das Stirnhaar kräuselte. Sie wollte es glatt haben, weil sie glaubte, die Juwelen würden sich sonst nicht auf dem Kopf halten. Dann ging sie wieder, aber Katharina ließ sich ihre gebrannte Frisur nicht nehmen – schließlich war es ihre Hochzeit – und Elisabeth willigte nach einigem Hin und Her, wobei eine Vertraute der Kaiserin vermittelte, schließlich ein. Das Hochzeitskleid war aus schwerem Silberglacé mit Silberstickerei, und als die Braut es angelegt hatte, kam die Kaiserin abermals, um ihr die großfürstliche Krone aufzusetzen.

Um drei Uhr fuhren Katharina und Peter in der Staatskarosse zur Kirche der heiligen Mutter von Kasan in der Hauptstraße von St. Petersburg, dem Newskij Prospekt. Das quadratische Schiff, voller Höflinge, Würdenträger und Ehrengäste, war von dem Heiligtum durch eine Altarschranke getrennt, an der eine edelsteingeschmückte Kopie der wundertätigen Ikone von Kasan hing.

Der Erzbischof von Nowgorod empfing sie in Phelonion und Mitra, segnete die goldenen Filigrankronen, die während der Zeremonie über die Häupter des Brautpaares gehalten wurden, und richtete zuerst das Wort an Katharina: »Nimmst Du, Jekaterina Aleksejana, aus freiem Willen und in fester Absicht diesen Mann, Pjotr Feodorowitsch, den Du hier siehst, zu Deinem Gatten?«

Katharina erwiderte: »Ja, ehrwürdiger Vater, ich tue es.«

»Bist Du mit niemandem sonst verlobt?«

»Nein, ehrwürdiger Vater, mit niemandem.«

In der Ostkirche gibt die Braut nicht das Versprechen, den Gatten zu lieben, zu ehren und ihm zu gehorchen. Nachdem er die gleichen Fragen an Peter gerichtet und die gleichen Antworten erhalten hatte, hob der Erzbischof die Augen: »Heiliger Vater, segne diese Vermählung und gewähre diesen Deinen Dienern ein friedliches Leben, lange Tage, Mäßigkeit, gegenseitige Liebe, langlebige Nachkommenschaft, Glück in ihren Kindern und die unvergängliche Krone des Ruhms.« Das Brautpaar tauschte die goldenen Eheringe aus, die an denselben Finger wie die Verlobungsringe gesteckt wurden. Das war ein schicksalschwerer Augenblick. Da die Ostkirche nur im Falle des Ehebruchs der Frau die Ehescheidung gewährte, hatte sich Katharina Peter fürs ganze Leben überantwortet.

Das junge Paar kehrte mit der Kaiserin in den Palast zum Festmahl zurück, dem eine Polonaise folgte. Elisabeth hatte Katharinas Onkel, den Fürstbischof von Lübeck, nicht aber ihren Vater zur Hochzeitsfeier eingeladen; doch Christian August unterdrückte seinen Stolz und sandte ein schlichtes Geschenk, offenbar so viel, wie er sich leisten konnte. Und so kam es, daß auf dem Bankett neben Champagner und Tokayer auch Zerbster Bier getrunken wurde.

6

Im Gefängnis der Ehe

Nach der Hochzeit reiste die Fürstin Johanna nach Zerbst zurück. Katharina sagte ihrer Mutter Lebewohl und versuchte das Leben einer verheirateten Frau zu führen. Im Herbst und Winter bewohnte sie eine Suite im ersten Stock des Winterpalastes, durch ein Treppenpodest von den Zimmern ihres Gatten und den Gemächern der Kaiserin getrennt. Die Räume wurden von holländischen Kachelöfen geheizt, und von den Fenstern genoß Katharina eine schöne Aussicht auf den Hafen von St. Petersburg. Im Winter war er zugefroren, doch in den übrigen Jahreszeiten kamen und gingen die Schiffe von und nach allen Häfen Europas. Katharina hatte acht Mädchen, die sich um die Zimmer, ihre Kleider, Bänder und Spitzen, Juwelen und Toilettesachen kümmerten. Als Gesellschafterinnen waren ihr drei junge Damen aus guten Häusern zugeteilt worden, während Madame Maria Kruse die Oberaufsicht führte, eine pflichteifrige Dame, Schwiegermutter jenes Grafen Sievers, über dessen Reifrock Katharina auf dem Maskenball gestürzt war. Peter war mager aber zäh – sogar bei strengem Frost ließ er sich in offenen Schlitten fahren – und hielt sich in den Wintermonaten durch Fechten geschmeidig. Er spielte gut Geige, und Katharina nahm Unterricht im Harfenspiel, um ihn begleiten zu können. Er baute sich ein Puppentheater und gab Vorstellungen vor Katharina, ihren Gesellschafterinnen und seinen Kammerdienern und Adjutanten. Das junge Paar mußte an den Theatervorstellungen bei Hofe und an den Hofbällen teilnehmen; doch sie fanden sie langweilig und zogen kleine Abendgeselligkeiten mit gleichaltrigen Freunden

vor. Beide tanzten gern, Peter besonders englische Volkstänze, die er in den Häusern der britischen Kolonie lernte.
Im März oder April taute das Eis auf der Newa, und nach einem kurzen angenehmen Frühling zog man zu Beginn des Sommers aufs Land, gewöhnlich nach Oranienbaum. Den Namen hatte dies von Graf Menschikow, einem Günstling Peters des Großen, vor seiner Exilierung nach Sibirien erbaute Schlößchen von einigen Orangenbäumen, die in einem Treibhaus wuchsen. Das Haus selber bestand aus einem kuppelgekrönten Mittelbau, der mit zwei Pavillons durch lange Galerien verbunden war, und bot einen schönen Blick auf den finnischen Meerbusen.
Katharina schreibt: »Ich pflegte um drei Uhr morgens aufzustehen und Männerkleidung anzuziehen. Ein mir zugeteilter alter Jäger wartete schon mit den Gewehren auf mich. Wir gingen durch den Garten, die Flinten über der Schulter, stiegen in ein Boot, das am Ufer auf uns wartete, der Fischer, der Jäger, ein Pointer und ich, und fuhren durch das Schilf hinaus, um Enten zu schießen. Oft sind wir dabei auf offener See in einen Sturm geraten. Der Großfürst kam meist eine oder zwei Stunden später zu uns, nachdem er gefrühstückt hatte.«
Die Entenjagd wurde bis gegen zehn fortgesetzt; dann kehrte man zum Diner zurück. Nach einer Siesta wurde ausgeritten; Katharina hatte bald nach ihrer Ankunft in Moskau mit Reitstunden begonnen; Reiten war ihr Lieblingssport geworden, und nach den Worten eines britischen Gesandten war es »wirklich nicht übertrieben, wenn man sagt, daß nur wenige Männer besser reiten«. Je anstrengender die Ritte waren, desto mehr Freude hatte Katharina daran, und wenn ein Pferd sich losmachte, war sie imstande, hinterherzulaufen, um es wieder einzufangen.
Peter war ein heiterer Gesellschafter, der gern anderen einen Streich spielte. Katharina berichtet über ein solches Begebnis, »das vielleicht zum Verständnis der Charaktere beitragen kann. Die Gemächer des Großfürsten stießen an ein Zimmer, in dem die Kaiserin gern mit ihren intimsten Vertrauten speiste: das waren oft ihre Kammerfrauen, Kirchensänger und sogar ihre Lakaien. Der Groß-

fürst hatte sich in den Kopf gesetzt zu sehen, was dort vorging, und er bohrte Löcher in die Tür zwischen diesem und seinem Zimmer. Aber es war ihm nicht genug, nur allein durch die Löcher zu spähen; er wünschte, seine ganze Umgebung sollte den Anblick mitgenießen. Ich machte ihn darauf aufmerksam, daß er Unannehmlichkeiten davon haben könne, doch tat ich ihm den Gefallen und wollte mich dann nicht ein zweites Mal darauf einlassen. Er machte sich aber über mich lustig und rief sogar Madame Kruse hinzu. Sie sahen, wie Graf Rasumowskij in einem Brokatschlafrock mit der Kaiserin dinierte. Das war am Freitag. Am Sonntag nach der Messe betrat die Kaiserin mein Zimmer und schalt den Großfürsten, der sich bei mir umgezogen hatte, schrecklich wegen der Löcher, die er in die Tür gemacht hatte. Sie sagte, was ihr die Wut eingab, und hielt auch mit Schimpfworten nicht zurück. Mir sagte sie gar nichts; aber Madame Kruse flüsterte mir ins Ohr, die Kaiserin habe erfahren, daß ich abgeraten hatte, die Löcher zu bohren, und man wisse mir Dank dafür.«

Peter sagte halb zerknirscht, halb spöttisch: »Sie war wie eine Furie und wußte nicht, was sie sagte.« Und Madame Kruse meinte, als sie mit Katharina allein war: »Die Kaiserin hat sich wie eine echte Mutter benommen.« Katharina merkte, daß die Kammerfrau sie ausholen wollte, und schwieg, und Madame Kruse fuhr fort: »Eine Mutter gerät in Rage und schimpft ihre Kinder aus, und dann ist der Sturm vorüber. Sie hätten beide sagen sollen: ›*Winowaty, matuschka*‹ – wir bitten um Verzeihung, Mütterchen – und sie wäre entwaffnet gewesen.« Katharina erwiderte, sie sei so perplex gewesen, daß sie nichts hatte sagen können. Der Satz »*Winowaty, matuschka*« blieb ihr aber noch lange im Gedächtnis.

Die meisten Tage in Katharinas erster Ehezeit wurden mit sorglosen Vergnügungen verbracht; so daß ihre Zimmer von Lachen widertönten. Die Nächte jedoch waren für Katharina weniger glücklich. Von ihrer Hochzeitsnacht berichtet sie: »Als er sich niedergelegt hatte, fing er an, mir davon zu sprechen, welches Vergnügen es seinem Kammerdiener bereiten würde, uns beide im Bett zu sehen. Dann schlief er ein und schlummerte behaglich bis zum Morgen.

Am nächsten Tag versuchte Madame Kruse, uns junge Eheleute auszufragen. Ihre Hoffnungen erwiesen sich aber als trügerisch, und in diesem Zustand verblieben die Dinge während der neun folgenden Jahre ohne die geringste Änderung.«
Katharina bemühte sich um Verständnis. Peter war sehr unreif für seine siebzehn Jahre; jedermann bezeichnete ihn als einen Spätentwickler. Und dann waren sie ja auch Vetter und Base zweiten Grades, und man sagte, daß zwischen Verwandten der Funken der Liebe oft lange auf sich warten lasse. Es gab Beispiele dafür in der Geschichte: Ludwig VII. von Frankreich hatte sich lange gegen Eleonore von Aquitanien kühl verhalten, Ludwig XIII. gegen Anna von Österreich. Doch als die Wochen und Monate vergingen, beschloß Katharina etwas zu unternehmen, um ihren Gatten merken zu lassen, daß sie eine Frau war und begann einen Flirt mit Peters gutaussehendem und stets gutgelauntem Adjutanten, dem Leutnant Andrej Tschernyschew. Sie warf ihm freundliche Blicke zu und war besonders aufmerksam zu ihm, doch Peter sah es entweder nicht oder wollte es nicht sehen und behandelte sie nach wie vor wie eine Schwester.
Eines Tages, im Mai 1746, neun Monate nach ihrer Vermählung, kam die Kaiserin unterwartet in Katharinas Schlafzimmer. Sie sah zornig aus, und um ihre Augenwinkel zuckte es, wie damals, als sie ihren Sohn ausgescholten hatte.
»Sie legen es darauf an, Ihre Ehe zu ruinieren«, sagte sie zu Katharina. »Und Sie tun es, um dem König von Preußen zu Diensten zu sein. Ich kenne Ihre Arglist und Ihre Schliche; ich weiß alles. Es liegt an Ihnen, wenn die Ehe noch nicht vollzogen ist.« Elisabeth hielt inne, um Luft zu holen. »Wenn Sie den Großfürsten nicht lieben, ist es nicht meine Schuld; ich habe Sie bestimmt nicht zu dieser Heirat gezwungen. Der Grund ist natürlich, daß Sie einen anderen Mann lieben.«
Katharina war so überrascht und erschrocken, daß sie in Tränen ausbrach. Die Kaiserin fuhr fort, sie auszuschelten, und als Katharina unter Schluchzen versuchte, sich zu verteidigen, rief sie: »Schweigen Sie! Sie haben ja doch keine vernünftige Antwort.«

Eine halbe Stunde lang machte sie Katharina Vorwürfe, daß sie noch kein Kind hatte, während die junge Frau mit gesenktem Kopf unglücklich und hilflos zuhören mußte.
Endlich erinnerte sie sich an den Rat, den ihr Madame Kruse gegeben hatte. Sie stammelte »*Winowata, matuschka*« (in der Einzahl), und die Wirkung war verblüffend. Elisabeth beruhigte sich und verließ ohne weitere Beschimpfungen das Zimmer.
Katharina fühlte sich zerschmettert. Sie hatte das Mißfallen der angebeteten Gottheit erregt, und diese hatte sich ihr gegenüber wie eine zornige Juno aufgeführt. Und das zu der Zeit, da sich Katharina nach besten Kräften bemühte, ihren Gatten wachzurütteln. Es war sehr ungerecht, fand sie.
Sie legte sich schluchzend aufs Sofa und fühlte sich schrecklich allein. Seit zweieinhalb Jahren war es ihr Ziel, Peter und der Kaiserin zu gefallen; unzweifelhaft war sie gescheitert, und nun wollte sie nicht mehr leben. Auf einem Tischchen lag ein Messer; sie ergriff es, um es sich in die Brust zu stoßen. Vielleicht war es nur eine symbolische Geste und kein ernsthafter Versuch, sich das Leben zu nehmen – jedenfalls trat in dem Augenblick, als Katharina das Korsett öffnete, um ihre Brust zu entblößen, eine Zofe ins Zimmer und entriß ihr das Messer. Katharina kam wieder zu sich und verpflichtete das Mädchen zu strengstem Stillschweigen.
Es war bei Hofe Sitte, die Kommunion einmal im Jahr, zu Ostern zu empfangen; und so war Katharina verwundert, als kurz nach diesem Gespräch sie und Peter von der Kaiserin die Weisung erhielten, abermals zur Kommunion zu gehen und, wie üblich, erst die Beichte abzulegen.
Katharinas Beichtvater war Simon Teodorskij, der Archimandrit, der sie in die orthodoxe Lehre eingeführt hatte. Als sie in der Kapelle vor ihm stand, fragte er sie, ob sie einen der Tschernyschews geküßt habe. Sehr überrascht erwiderte sie: »Nein, mein Vater.« »Wie geht das zu? Die Kaiserin sagte mir, Sie hätten Andrej Tschernyschew einen Kuß gegeben.« »Das ist nicht wahr, Vater; es ist eine Verleumdung.« Offenbar vernahm der Archimandrit die Aufrichtigkeit in dieser Antwort, denn Katharina hörte, wie er zu sich sel-

ber murmelte: »Was für böse Menschen!« Dann ermahnte er sie, auf der Hut zu sein und niemals Anlaß für derartigen Argwohn zu geben. Und als sie ihre Sünden gebeichtet hatte, erteilte er ihr in der üblichen Weise Absolution, indem er die beiden Enden seiner Stola auf ihren Kopf legte. Dann begab er sich zur Kaiserin, anscheinend um ihr Bericht zu erstatten.

Trotzdem hatte die Angelegenheit eine wenig erfreuliche Folge. Leutnant Andrej Tschernyschew verschwand plötzlich. Man nahm zuerst an, er sei in eine andere, entfernte Garnison versetzt worden; doch nach vielen Rückfragen erfuhr Katharina schließlich, daß er von der Geheimpolizei festgenommen und in ein Gefängnis gebracht worden war.

Die Kaiserin kam zu dem Schluß, es sei das beste Mittel, das junge Paar dazu zu bringen, ihre Ehe zu vollziehen, wenn man jedem der beiden den Umgang mit besonderen, männlichen oder weiblichen, Freunden untersage. Zu diesem Zweck betraute sie ein musterhaftes junges Ehepaar, das jedes Jahr ein Kind bekam, mit der Führung des großfürstlichen Haushaltes. Nikolaj Tschoglokow, der gelegentlich zu diplomatischen Diensten herangezogen worden war, wurde Peters Kammerherr; Maria Tschoglokowa, ein Kusine der Kaiserin und Vertraute Bestuschews, wurde Katharinas Hofdame.

Katharina hatte wenig Achtung für das vorbildliche Paar. Nikolaj kam ihr wie ein aufgeblasener Esel vor, und Maria galt als boshaft und launisch. Beide waren ungebildet und spielten am liebsten Karten.

Schon vor den Tschoglokows war Katharinas Leben kontrolliert und bespitzelt worden. Als sie nach einem langen Winter an einem Frühlingstag im Winterpalast das Fenster öffnete, um die laue Luft einzulassen, ließ Madame Kruse es wieder schließen, da, wie sie sagte, die Kaiserin noch nicht das ihre hatte öffnen lassen. Jetzt wurde die Aufsicht zehnmal schlimmer. Die Tschoglokows hatten ein scharfes Auge auf alles, was die jungen Leute taten, mit wem sie sprachen und wie lange. Ihre Papiere wurden durchstöbert, sie durften ohne besondere Erlaubnis den Palast nicht verlassen, und jeden Abend schloß man sie in ihrem Schlafzimmer ein wie zwei

Tiere, die sich paaren sollen. Bei der geringsten Übertretung der strengen Hausordnung drohte die Tschoglokowa, es der Kaiserin zu melden.

Sobald die Schlafzimmertür am Abend verschlossen worden war, wandte sich der Großfürst seinen Spielzeugsoldaten zu. Er besaß eine große Sammlung aus Holz, Leder und Wachs, ließ sie auf einem Tisch neben seinem Bett aufmarschieren und befestigte sie mit Drähten, und wenn er daran zog, machten sie ein Geräusch, das, wie er meinte, wie Flintengeknatter klang. Er lud Katharina ein, an den Paraden und Kriegsspielen, die er für seine Soldaten erfand, teilzunehmen, und sie tat ihm widerstrebend den Gefallen. Die Spiele dauerten bis in die Morgenstunden und waren die einzigen, die in ihrem Ehebett gespielt wurden. Allmählich begriff Katharina, daß ihres Mannes Interesse an seinem Spielzeug und die Gleichgültigkeit ihr gegenüber eng miteinander verknüpft waren.

Alle Soldaten trugen die blaue Uniform der holsteinischen Regimenter; denn Holstein, so erklärte Peter, war das schönste Land der Welt; und manchmal erzählte er Katharina etwas von seiner Heimat, dem Herzogtum zwischen Nord- und Ostsee, Dänemark und Hamburg.

Karl Peter Ulrich war als Sohn des Herzogs von Holstein-Gottorp in der Hauptstadt Kiel geboren worden, und als er in der Wiege lag, stand seine Mutter Anna am offenen Fenster und betrachtete das festliche Feuerwerk. Ihre Damen warnten sie vor der eisigen Februarluft, doch die Tochter Peters des Großen erwiderte stolz: »Ich bin Russin!« Drei Tage später starb sie, zwanzigjährig, an einer Lungenentzündung.

Der Knabe wurde von seinem Vater und dem grausamen und zynischen Kammerherrn Brümmer in der neuen, strengen militärischen Zucht erzogen, für die Friedrich Wilhelm von Preußen das Beispiel gegeben hatte. Uniformen und Achselklappen, Exerzieren und Parademärsche, Rang und Beförderung, Pflicht und Bestrafung und über allem das Vaterland – das waren die Parolen. Im Alter von neun Jahren wurde er zum Leutnant befördert und durfte nun bei Tisch neben den anderen Offizieren, seinen Kameraden, sitzen. Es war, wie der Großfürst Katharina erzählte, der glücklichste Tag seines Lebens.

Diese Welt, in der er aufwuchs, schloß alles aus, was anmutig, sanft und zart war. Die Frauen wurden teils gefürchtet, teils verachtet. Eine solche Erziehung hatten Friedrich II. und seinen Bruder Heinrich, mit dem Katharina in Berlin getanzt hatte, für ein normales Leben untauglich gemacht. Der Herzog von Holstein behandelte seinen Sohn weniger streng, als Friedrich Wilhelm den Kronprinzen von Preußen behandelt hatte; andererseits fehlte dem Kind die Mutter, von der er zärtliche Worte und Küsse hätte empfangen können. Und so hinterließ der harte Schulterriemen seines Soldatenlebens tiefe Spuren in seinem jungen Geist.

Nun hatte Katharina eine Vorstellung von Peters Kindheit, und sie erkannte, daß der beste Weg, ihn davon abzubringen, darin bestand, ihn in seinem wunderlichen Soldatenspiel gewähren zu lassen und mitzumachen. Der Weg zu seinem Herzen würde über Holstein gehen. So lernte sie, die sich nie etwas aus Puppen gemacht hatte, die Namen der Regimenter von Spielzeugsoldaten und beteiligte sich eifrig an den Schlachten, die Peter mit ihnen führte. Und als er auch seine Diener in blaue Uniformen steckte und ihnen militärische Dienstgrade zuerteilte, nannte Katharina sie gleichfalls Korporal und Sergeant. Sie schulterte Peter zu Gefallen sogar ein Gewehr, ließ sich von ihm exerzieren und stand vor seiner Tür Wache.

Er verschaffte sich eine große Kutscherpeitsche, stellte sich in die Mitte des Zimmers und ließ die Peitsche knallen, und seine Kammerdiener mußten hurtig von einer Ecke in die andere springen, um nicht getroffen zu werden. Dabei versetzte er sich einmal selber einen Hieb, so daß die Wange blutete; er fürchtete, seine Mutter könne es bemerken und ihn schelten, doch Katharina kam ihm zu Hilfe und bestrich die Wunde mit Zinksalbe. Beim Kirchgang sagte Nikolaj Tschoglokow zu ihm: »Wischen Sie sich das Gesicht ab, Sie haben etwas Salbe darauf.« Katharina trat schnell dazwischen und sagte scherzend zu Peter: »Und ich als Ihre Frau verbiete Ihnen, sie abzuwischen«, worauf Peter sich an den Kammerherrn wandte:

»Da sehen Sie, wie uns die Frauen behandeln. Wir dürfen uns ohne ihre Erlaubnis nicht einmal das Gesicht wischen.« Tschoglokow merkte nichts und sagte lachend »Eine echte Weiberlaune«, und Katharina hatte die Genugtuung, daß Peter ihr dankte.
Über einen anderen Vorfall berichtet Katharina: »Am Karsamstag legte ich mich um fünf Uhr nachmittags hin, um für den Nachtgottesdienst ausgeruht zu sein, als der Großfürst in mein Zimmer kam und sagte, ich solle schnell aufstehen und zu ihm herüberkommen; er habe Austern aus Holstein erhalten. Für ihn war es eine wunderbare, eine doppelte Freude: er aß Austern für sein Leben gern, und sie kamen aus seiner Heimat! Ich wollte ihn nicht enttäuschen, und obwohl ich von den Anstrengungen der heiligen Woche sehr erschöpft war, stand ich auf und ging mit ihm hinüber.« Dort setzte sie sich hin und aß Austern, doch nicht mehr als ein Dutzend, denn ihr Gatte wäre ärgerlich gewesen, wenn sie mehr gegessen hätte. Danach durfte sie wieder ins Bett gehen, und Peter blieb bei den übrigen Austern.
Im Winter setzte Peter es sich in den Kopf, im Park von Oranienbaum ein Lustschlößchen zu bauen. Exotische und pittoreske Gartenhäuschen waren damals große Mode: mit Schilf gedeckt, im Pagodenstil oder wie eine gotische Kapelle. Peter hatte sich ein Franziskaner-Kloster in den Kopf gesetzt, und auf seinen Wunsch zeichnete Katharina die Skizze und den Grundriß. Als es fertig war, verfiel er darauf, mit Katharina und ihrer Dienerschaft in der Klause als Mönche und Nonnen zu leben, in braunen Kutten, Kapuzen und Sandalen, und Wasser und Lebensmittel sollten ihnen mit Maultieren gebracht werden. Peters Idee war wieder einmal nur ein Vorwand, sich seinen ehelichen Pflichten zu entziehen; dennoch half ihm Katharina den ganzen Winter hindurch bei seinen Plänen, obwohl sie sich klar war, daß aus der Sache nichts werden würde. Sie wußte, daß die Augen der Kaiserin ständig über sie wachten und daß es um ihr eigenes Glück ging, und so versuchte Katharina Woche für Woche, Monat für Monat, in den kurzen warmen Sommern wie in den langen schneereichen Wintern, Peter sacht aus seiner spielerischen Knabenzeit herauszuziehen und zu einem erwachse-

nen und zur Ehe tauglichen Mann zu machen. Es vergingen ein, zwei, drei Jahre – Katharina wurde zwanzig, was ihr unwahrscheinlich alt vorkam, und noch immer schlief sie Nacht für Nacht im selben Bett mit einem Mann, der sich für Achselklappen und farbige Halsbinden interessierte, aber nicht für ihren frischen jungen Körper, der immer anziehender wurde, wenn auch nur für andere Männer. Sie war tief unglücklich und hatte das Gefühl, völlig versagt zu haben. Dann sah sie an einem Tag des Jahres 1749, den sie in Moskau verbrachten, daß Peter ebenso unglücklich war wie sie, doch das konnte ihre Betrübnis über ihr Versagen nur vergrößern.
Peter hatte angefangen, Jagdhunde zu züchten, die er in den Zimmern abrichtete, und das ging mit viel Geschrei und Peitschenknallen vor sich. »Eines Tages«, schreibt Katharina, »hörte ich einen Hund im Nebenzimmer kläglich wimmern. Ich öffnete die Tür und sah, daß der Großfürst einen Hund beim Nackenfell hochhielt, während ein junger Kalmücke, der in seinen Diensten stand, den Hund beim Schwanz gefaßt hatte. Es war ein kleiner King Charles, und der Großfürst schlug, so fest er konnte, mit dem Peitschenstiel auf das arme Tier ein. Ich wollte mich ins Mittel legen, aber das hatte nur zur Folge, daß er noch grausamer zuschlug. Ich konnte dieses schreckliche Schauspiel nicht länger mitansehen und zog mich weinend in mein Zimmer zurück.«

7

Demütigungen

Katharina und Peter waren viereinhalb Jahre verheiratet und wohnten zu Beginn der Fastenzeit 1750 im Winterpalast, nach wie vor von dem vorbildlichen Ehepaar, den Tschoglokows, bewacht und immer strengeren Anordnungen unterworfen, die ihnen nicht einmal gestatteten, kurze Wagenfahrten ohne die Erlaubnis der Kaiserin zu unternehmen. Es war Sitte, vor dem Empfang des Oster-Abendmahls ein Dampfbad zu nehmen, und Katharina, wahrscheinlich weil sie ihrem goldenen Käfig einmal einen Nachmittag lang entrinnen wollte, ließ die Kaiserin durch Madame Tschoglokowa um die Genehmigung bitten, ihr Bad im Hause der Tschoglokows zu nehmen, was gnädigst gewährt wurde.
Bei dieser Gelegenheit sagte Madame Tschoglokowa zu Peter, er würde guttun, ebenfalls ins Bad zu gehen. Der Großfürst hatte wie jedermann seit einer Woche nur Pilze und eingelegte Gurken zu sich genommen und war nicht in der besten Laune. Katharina berichtet darüber: »Der Großfürst erklärte, er denke nicht daran; er wäre nie zuvor dagewesen; die Baderei sei eine lächerliche Zeremonie, der er keine Bedeutung beilege. Madame Tschoglokowa erwiderte, es würde die Kaiserin freuen, wenn er hinginge, aber er entgegnete, das sei nicht wahr, und er werde nichts dergleichen tun. Madame Tschoglokowa erregte sich und sagte, sie sei erstaunt, daß er den Wünschen Ihrer Majestät so wenig Achtung bezeuge; und er wandte dagegen ein, ob man ins Bad gehe oder nicht, das habe mit dem der Kaiserin zukommenden Respekt nichts zu tun, und er wundere sich, daß sie, Madame Tschoglokowa, sich erkühne, ihm

derartige Dinge zu sagen, und wenn sie ein Mann wäre, hätte er ihr schon die gebührende Antwort gegeben.
Die Tschoglokowa geriet in Zorn und fragte den Großfürsten, ob er nicht wisse, daß ihn die Kaiserin für solche Reden und solchen Ungehorsam in die Festung sperren lassen könne.* Der Großfürst fuhr nun seinerseits bei diesen Worten auf und wollte wissen, ob sie das von sich aus oder im Namen der Kaiserin sage; und sie antwortete, sie weise ihn nur auf die Folgen hin, die sein unbedachtes Benehmen haben könne, und wenn er es wünsche, werde ihm die Kaiserin selbst wiederholen, was sie soeben gesagt habe. Und sie fügte hinzu, er solle daran denken, wie es dem Sohne Peters des Großen wegen seines Ungehorsams ergangen sei.
Jetzt mäßigte der Großfürst seinen Ton und entgegnete, er habe niemals geglaubt, daß er, der Herzog von Holstein und ein souveräner Fürst, den man gegen seinen Willen habe nach Rußland kommen lassen, hier einer derartigen schimpflichen Behandlung ausgesetzt sein werde. Wenn die Kaiserin mit ihm nicht zufrieden sei, so brauche sie ihn nur in seine Heimat zu entlassen. Dann versank er in Nachdenken, lief mit großen Schritten im Zimmer hin und her und fing schließlich zu weinen an. Die Tschoglokowa entfernte sich mit ihren üblichen Abgangsworten, daß sie es Ihrer Majestät melden werde.
Am nächsten Tag kam sie wieder und teilte dem Großfürsten mit, sie habe den Auftritt der Kaiserin berichtet, und Ihre Majestät habe geantwortet: ›Nun wohl, wenn er so ungehorsam gegen mich ist, dann werde ich seine verdammte Hand nicht mehr küssen.‹ Der Großfürst erwiderte: »Das ist ihre Sache; aber ich werde nicht ins Bad gehen, ich kann die Hitze da nicht vertragen.«
Dieser Vorfall gab Katharina weitere Einsichten in den Charakter ihres Gatten. Das strenge Luthertum, in dem er in Holstein erzogen worden war, verpönte die Nacktheit; und Katharina erinnerte sich, daß sich Peter nie in ihrem gemeinsamen Schlafzimmer an- oder umzog, sondern stets in sein Zimmer ging und die Tür hinter sich

* Die Peter- und Pauls-Festung, das Gefängnis für politische Gefangene.

schloß. In Rußland badeten Mann und Frau gemeinsam, und es war Peter vermutlich peinlich, nackt vor seiner Frau zu erscheinen. Aber es gab für Peters Ablehnung des Dampfbades noch ein weiteres Motiv, das seine Wurzeln in der jüngsten Geschichte Holsteins hatte. Peter der Große hatte zugesagt, die Ansprüche Holsteins auf Schleswig gegen Dänemark zu unterstützen, sein Versprechen bei der Beendigung des Nordischen Krieges jedoch gebrochen und Schleswig den Dänen überlassen. Der junge Peter, ursprünglich für den schwedischen, nicht für den russischen Thron bestimmt, mußte in Rußland den großen Verräter Holsteins sehen, so daß mit der Liebe zu seinem Vaterland und dessen Wappen, einem silbernen Nesselblatt auf rotem Grund, ein tiefer Haß gegen Rußland und seinen schwarzen doppelköpfigen, um nicht zu sagen zweigesichtigen Adler verknüpft war. Elisabeth mochte seine Tante sein, schwerer wog, daß sie die Tochter des Zaren war, der sein kleines Vaterland im Stich gelassen hatte.
Wenn also Peter sich gegen die Kaiserin auflehnte, so trat er für Holstein ein; aber die Bedeutung des Dampfbades war damit nicht erschöpft. Es war eine quasi-religiöse Waschung, ein mit dem österlichen Abendmahl, dem Höhepunkt des orthodoxen Jahres, verbundene Reinigung. Peter hatte, wie Katharina jetzt erfuhr, starken Widerstand geleistet, als er auf Befehl seiner Tante im Glauben der Ostkirche unterwiesen wurde. Erst dreizehn Jahre alt, hatte er mit Simon Teodorskij über jeden Punkt gestritten, und er hätte nicht nachgegeben, wäre nicht die Kaiserin dazwischengetreten. Als er das Dampfbad verweigerte, hatte er daher seine Abneigung nicht nur gegen die Kaiserin, sondern auch gegen die russische Religion, die er auf ihr Geheiß annehmen mußte, zum Ausdruck gebracht. Nun, da sie diesen neuen Schlüssel zu Peters Wesensart besaß, war Katharina besser imstande, sein Verhalten ihr gegenüber zu verstehen. In diesen ersten Ehejahren hing sie ihrer neuen Religion mit großem Eifer an – sie hatte Gottes Hilfe bitter nötig – aber sie ahmte auch Elisabeth nach, die sie so bewunderte und deren Beifall sie zu erringen wünschte. Sie hielt nicht nur die erste und die letzte Woche der Fastenzeit ein, sondern alle sechs Wochen. Jeden Abend betete

sie in der kleinen Kapelle neben ihrem Ankleidezimmer. Hier wurde sie einmal von einer Hofdame der Kaiserin getroffen, die ihr Gebetbuch ansah und meinte, sie würde sich mit der kleinen Schrift bei Kerzenlicht die Augen verderben; und am nächstenTag erhielt Katharina von der Kaiserin mit anerkennenden Worten ein Gebetbuch, das mit großen Typen gedruckt war.

Peter hingegen hatte sich über das orthodoxe Ritual lustig gemacht. Er war unaufmerksam bei der Messe, lehnte es ab, sich zu bekreuzigen, und steckte dem Zelebranten die Zunge heraus. Wenn er nur sah, wie ein Mädchen die Kerze vor einer Ikone anzündete, konnte er in Wut geraten; und in der Fastenzeit verleitete er manchmal seine Diener dazu, ihm heimlich Fleisch zu bringen.

Peter verübelte seiner Gattin ihren religiösen Eifer und schalt sie, daß sie die ganzen sechs Wochen fastete. Die Erklärung war einfach: er dachte, sie ergreife mit diesem Verhalten die Partei der Kaiserin gegen ihn. Und so wurde Katharina für ihn zum doppelten Feind – als Frau, die einem männlichen Soldaten gefährlich werden konnte, und als Verbündete der dunkelsten aller dunklen Frauengestalten des verräterischen Rußlands, personifiziert in seiner Tante, der Kaiserin Elisabeth.

Doch je strenger er von der Kaiserin behandelt wurde, je heftiger ihre Drohungen wurden, desto mehr fühlte er das Bedürfnis, sich jemandem anzuvertrauen. »Ich verstand seine Lage«, schreibt Katharina, »und er tat mir leid. Deshalb gab ich mir Mühe, ihm jeden Trost zu spenden, der in meiner Macht lag. Oft langweilten und ermüdeten mich seine stundenlangen Besuche; denn er setzte sich nie, und ich mußte mit ihm die ganze Zeit im Zimmer auf und ab laufen. Er ging schnell und nahm große Schritte, und es war nicht leicht für mich, neben ihm zu bleiben und obendrein höchst eingehende Erzählungen von militärischen Dingen über mich ergehen zu lassen. Von denen sprach er gern und konnte mit ihnen nie fertigwerden, wenn er einmal angefangen hatte.«

Aus diesen militärischen Details, seiner religiösen Auflehnung und den Geschichten aus Holstein nahm Katharina nun die Gesprächsthemen und konnte ihre Schlüsse ziehen. Peter erwartete von ihr,

daß sie sich mit ihm gegen die Kaiserin verbünde. Er hatte ein lutherisches Gebetbuch behalten, las manchmal darin und gab es auch Katharina zu lesen; er sprach gern Deutsch, obwohl es von der Kaiserin verboten war, und verlangte von seiner Frau, es auch zu sprechen; er wollte sie in seine Phantasiewelt ziehen, die von einem Holstein beherrscht wurde, das es in Wirklichkeit gar nicht gab, und sie sollte Rußland und die Kaiserin ebenso hassen, wie er sie haßte – dann vielleicht, wenn sie sich ihm, dem Herzog von Holstein unterwarf, würde er sie auch leiblich als seine Frau annehmen.
Als Katharina seinerzeit ihr Drei-Punkte-Programm niedergelegt hatte, stand an erster Stelle der Wunsch, dem Großfürsten zu gefallen; aber sie hatte nicht bedacht, daß sie damit in Widerspruch zu den anderen beiden Punkten geraten könne – das Wohlwollen der Kaiserin und des russischen Volkes zu erringen. Sie war ängstlich auf die Erfüllung ihrer Ehe bedacht; sie hungerte nach Zuneigung und Zärtlichkeit. Doch wie konnte sie sich dazu bringen, so zu sein, wie ihr Gatte sie haben wollte? Es wäre Torheit, das winzige Holstein gegen das gewaltige Rußland, eine lutherische Vergangenheit gegen die orthodoxe Gegenwart zu setzen. Es wäre gefährlicher Wahnsinn, in einem Land, in dem alles europäische suspekt war, auf seinem Europatum zu beharren.
Und so mußte Katharina weiter den schwierigeren Weg gehen und versuchen, Peter dahin zu bringen, seine wirkliche Stellung in Rußland zu erkennen und zu akzeptieren. Wenn die Kaiserin ihren Neffen etwas vernünftiger behandelt hätte, wären Katharinas Bemühungen vielleicht erfolgreicher gewesen. Doch Elisabeth hielt Peter an einer immer strafferen Leine; sie küßte ihm nicht mehr die Hand und zeigte ihm auf andere Weise ihre Verachtung, und dies vergrößerte nicht nur seinen Haß auf die Kaiserin, sondern auch auf Katharina.
Im Sommer pflegte das junge Paar nach wie vor zu reisen, um Kriegsschiffe zu besichtigen oder vor einer seltenen Ikone zu knien. Dabei brauchte Katharina mehr Schlaf als Peter, besonders wenn sie ihre Tage hatte; dann ging sie früh zu Bett, wurde nach einigen Stunden von Peter geweckt und konnte nicht mehr einschlafen. Sie

beschloß daher – vielleicht, weil auf diesen Reisen die Wachsamkeit des vorbildlichen Paares nachließ – allein zu schlafen, und um Peters Gefühle nicht zu verletzen, sagte sie, die Gasthausbetten seien zu eng.

Als sie sich besser fühlte und wieder zum gemeinsamen Ehebett zurückkehren wollte, antwortete Peter zu ihrer Bestürzung mit einer geschriebenen Mitteilung: »Bitte sparen Sie sich die Mühe, heute nacht zu mir zu kommen, um bei mir zu schlafen. Ich habe Ihre Ausreden satt, wie solche, das Bett sei zu eng. Heute bin ich zwei Wochen von Ihnen getrennt. Ihr sehr unglücklicher Gatte – den Sie nie als solchen zu betrachten geruhen – Peter.«

Nach St. Petersburg zurückgekehrt, wurden sie wieder jede Nacht in ihrem Schlafzimmer eingeschlossen und schliefen zusammen; doch Peter blieb bei seinem neuen gehässigen Vorwurf, es sei Katharinas Schuld, wenn sie nicht wirklich Mann und Frau seien.

Mit einundzwanzig Jahren begann er, sich für andere Frauen zu interessieren. In jenem Winter, den sie in Moskau verbrachten, machte er der Fürstin Dolgorukowa den Hof, deren Gatte unter Zar Peter II. Großkanzler gewesen war. Er nannte diese Dame mittleren Alters »die schöne Witwe« und bedachte sie mit sanften Blicken und Worten, während sie ihn wie ein Kind behandelte, und in der Tat hatte sie Kinder in Peters Alter.

Als er Moskau verließ, dachte Peter nicht mehr an »die schöne Witwe« und wandte seine Aufmerksamkeit Katharina von Biron zu, der Tochter jenes Ernst von Biron, der Kaiserin Annas grausamer Kanzler und Herzog von Kurland gewesen war und in der Verbannung an der Wolga lebte, bis ihn die Kaiserin Elisabeth zurückrief. Sie war aus dem Elternhaus, wo sie sich unglücklich fühlte, fortgelaufen und Kammerfrau der Kaiserin geworden, eine zierliche, gescheite Person mit kastanienbraunem Haar, doch mit zu hohen Schultern, so daß sie fast bucklig wirkte.

Peter mochte die Biron-Tochter aus drei Gründen: ihr Körperschaden ließ ihn überlegen erscheinen; sie war keine Russin; sie sprach deutsch mit ihm. Er schickte ihr kleine Geschenke: Wein und Leckerbissen, Achselklappen und Gardemützen.

Eines Abends im März 1750 soupierten Katharina und Peter nach einem Kartenspiel in der Wohnung der Tschoglokows. Peter machte Mademoiselle de Biron schöne Augen und flirtete auf deutsch mit ihr. Katharina hatte Kopfweh und verließ die Gesellschaft vorzeitig, um sich zu Bett zu legen. Als sie sich auszog, kam ihre erste Kammerfrau Madame Wladislawa, Nachfolgerin von Madame Kruse (sie war wegen Trunksucht entlassen worden), und von Katharina »lebendes Archiv« genannt, weil sie so viele schöne Geschichten aus den führenden russischen Familien zu erzählen wußte.

Sie hatte das Souper durchs Schlüsselloch beobachtet und schrieb Katharinas Unwohlsein ihrer Eifersucht zu; und nun zog sie den »deutschen Krüppel« herunter, spottete über den Großfürsten wegen seines schlechten Geschmacks und drückte Katharina ihr Mitgefühl aus. Diese sah, daß die Wladislawa es gut meinte, aber sie konnte es nicht ertragen, bedauert zu werden. Sie brach in Tränen aus, die Kammerfrau zog sich zurück, und Katharina fiel endlich in Schlaf.

Als Peter kam, erwachte sie. Er hatte eine Menge getrunken, und obwohl er wußte, daß Katharina unpäßlich war, begann er von der jungen Biron zu sprechen und pries ihre Reize und ihre Unterhaltungsgabe. Katharina antwortete mißlaunig und tat, als schliefe sie wieder ein. Auch Peter legte sich, gab ihr einige derbe Püffe in die Seite, drehte ihr den Rücken zu und schlief ein.

Katharina lag wach neben ihrem tief schlafenden Gatten und schluchzte wegen der schmerzhaften Püffe, ihrer Kopfschmerzen und vor allem wegen Peters demütigendem Benehmen bei Tisch. Ihr Instinkt sagte ihr, daß Peter nicht ernsthaft verliebt sei, nicht mehr als in die mütterliche Witwe, doch war dies nur ein schwacher Trost – es unterstrich für sie nur noch mehr seine Unfähigkeit, wie ein Mann zu lieben.

Sie fühlte sich todunglücklich und elend, und die ganze lange Winternacht hindurch liefen ihr Tränen über die Wangen. Draußen begann das Eis zu tauen, der Frühling war nah; doch für sie, im fünften Jahr einer leeren und sinnlosen Ehe, würde es keinen Frühling geben.

Je weiter sich Peter von ihr entfernte, desto mehr sehnte sie sich nach Freunden. Sie liebte Geselligkeit und verstand es, Menschen durch ihren Frohsinn, ihre Wärme und Ungezwungenheit zu fesseln. »Niemand«, schreibt sie, »hat je eine Viertelstunde in meiner Gesellschaft verbracht, ohne sich wohl dabei zu fühlen.« Ihre erste wirkliche Freundin in Rußland war eins ihrer Kammermädchen, Maria Schukowa, ein reizendes und heiteres Ding, der sie den Schlüssel zu ihrem Schmuck anvertraute. Als sie nach einem kurzen Aufenthalt in Zarskoje Selo in den Sommerpalast zurückkehrte, war Maria verschwunden; und als sie nach dem Grund fragte, sagte man ihr, das Mädchen sei zu seiner kranken Mutter gereist. Sie kam nicht wieder.

Dann befreundete sich Katharina mit einem drallen finnischen Mädchen, Katharina Woinowa, das ihr Bett machte und das Zimmer sauberhielt und sie zum Lachen brachte, indem es Madame Tschoglokowa nachahmte. Sie band sich ein großes Kissen unter den Rock und watschelte durchs Zimmer, genau wie die vorbildliche Dame, wenn sie wieder einmal in anderen Umständen war. Auch dieses Mädchen wurde entfernt und auf Geheiß der Kaiserin verheiratet. Und bald danach wurde Katharinas Kammerdiener Schewrejnow, ihr fünf Jahre lang treu ergeben, nach Kasan verbannt.

Mit nicht weniger Mißtrauen betrachtete die Kaiserin Katharinas Freunde aus ihrer eigenen Gesellschaftsschicht. Iwan und Sachar Tschernyschew, Vettern des gefangengesetzten Andrej, wurden zu ihren Regimentern zurückversetzt, weil Katharina sich ihrer Gesellschaft erfreut hatte; aus dem gleichen Grund mußte Fürst Basil Repnin zur Armee zurückkehren und Graf Devier, Kammerherr des großfürstlichen Paares, seinen Abschied nehmen. Bald war Katharina an dem Punkt angelangt, wo sie zögerte, zu jemandem freundlich zu sein, weil sie fürchten mußte, daß es seine oder ihre Entlassung nach sich ziehen könnte.

Unter den einflußreicheren Persönlichkeiten war ihr als einziger Freund Graf Lestocq geblieben, der Arzt und Berater der Kaiserin. Er hatte eine wunderliche Art, Katharina Mut zuzusprechen. Auf

Grund irgendeines Scherzes nannte er sie Charlotte, und jedesmal, wenn sie sich bei Hofe begegneten, funkelteLestocq sie mit seinen witzigen Augen an und sagte: »Halten Sie sich grade, Charlotte!« Aber auch dieser hochgestellte Freund verschwand: er wurde beschuldigt, Bestechungsgelder vom König von Preußen angenommen zu haben, gefoltert und nach Sibirien deportiert.
Diese plötzlichen Entlassungen, Abgänge und Verbannungen, die man im westlichen Europa in dieser Form nicht kannte, erschreckten Katharina erheblich. Sie wollte ihrer Mutter davon berichten, denn diese kannte die meisten Akteure in Katharinas Drama und würde sie verstehen und trösten können; doch zu ihrem Erstaunen mußte sie erfahren, daß es die Kaiserin nicht für opportun hielt, wenn eine russische Großfürstin nach dem Ausland korrespondierte. Das »Kollegium der Auswärtigen Angelegenheiten« würde gelegentlich einen Brief an die Fürstin von Zerbst aufsetzen; Katharina dürfe daran nichts ändern und nichts hinzufügen, sondern nur ihre Unterschrift daruntersetzen.
So war Katharina buchstäblich von ihrer Heimat abgeschnitten. Sie durfte auch keine Briefe von ihrer Mutter empfangen, und nur durch ein kühles Boschafter-Schreiben erfuhr sie die traurige Nachricht, daß Fürst Christian von Anhalt-Zerbst mit siebenundfünfzig Jahren einem Schlaganfall erlegen war. Katharina war ihrem Vater eng verbunden gewesen und hatte ihn stets als den Inbegriff der Ritterlichkeit bewundert. Nun mußte sie allein in ihrem Zimmer um ihn trauern, und es schmerzte sie zutiefst, daß sie in der Stunde seines Todes nicht hatte bei ihm sein können und daß sie nicht an seinem Grab stehen durfte.
Die Kaiserin, das wußte Katharina, war unzufrieden, daß die Ehe, die sie arrangiert hatte, eine so schlechte Wendung nahm, und wahrscheinlich war dies der Grund dafür, daß sich ihre Haltung zu Katharina und Peter verhärtete und aus Nachsicht Tyrannei wurde. Dazu gab es ein weiteres Beispiel.
Eine Woche durfte Katharina sich ausweinen; danach sagte Madame Tschoglokowa, es seien nun genug Tränen geflossen, und die Kaiserin befehle ihr, mit dem Weinen aufzuhören, da ihr Vater kein

König gewesen und der Verlust darum nicht allzugroß sei. Katharina erwiderte: »Es ist wahr, daß mein Vater kein König war, aber er war nun einmal mein Vater; ich darf wohl annehmen, daß es kein Verbrechen ist, ihn zu beweinen.«
Warum benahm sich die Kaiserin so? War sie eifersüchtig auf Katharinas Liebe zu ihrem Vater? Argwöhnisch, angesichts dieser Ergebenheit zu einem Deutschen? Oder Sadismus, von Peter dem Großen geerbt? Katharina hätte es nicht sagen können, und am liebsten hätte sie geglaubt, Madame Tschoglokowa habe die Botschaft falsch ausgerichtet. Aber sie mußte sich wieder unter Menschen zeigen und durfte nur sechs Wochen lang Trauer tragen, die Hälfte der üblichen Zeit – ihr Vater war ja kein König gewesen.
Hin und her geworfen zwischen der Kaiserin, der sie nicht russisch genug, und ihrem Gatten, dem sie zu russisch war, hatte sie das Gefühl, in eine Falle geraten zu sein. Ohnmächtig, getrennt von ihrer Familie und ihren Freunden, getadelt und gescholten – ungerecht, wie sie empfand – von der Majestät, der sie zu gefallen versucht hatte. »Ich führte ein Leben«, schrieb sie, »das zehn andere Frauen in den Wahnsinn getrieben hätte, und zwanzig andere wären an meiner Stelle an gebrochenem Herzen gestorben.«
Wenn Katharinas Herz nicht brach, so lag es daran, daß sie ein starkes Erbe mitbekommen hatte – eine Anhalt-Zerbst wimmerte nicht – einen starken Willen und eine gesunde Erziehung. Sie mußte oft an die liebe Babette denken, die einsame Flüchtlingstochter, die nie geklagt hatte. »Ich hatte mir immer große Mühe gegeben«, schreibt sie, »diese Tränen zu verbergen, die ich mir als eine Schwachheit vorwarf; ich verbarg sie auch deshalb, weil ich es immer für niedrig gehalten hatte, das Mitleid anderer zu erregen...«
Doch die Spannungen, nach außen hin gemeistert, gingen innerlich weiter und zerrütteten ihre Gesundheit. So wie ihr religiöser Zwiespalt die Rippenfellentzündung zur Folge gehabt hatte, so verursachten diese länger andauernden Kämpfe eine Reihe von Krankheiten, die nur zum Teil den grausam kalten Wintern zuzuschreiben waren.
Zuerst waren es nächtliche Kopfschmerzen und Schlaflosigkeit.

Madame Kruse, die es gut meinte, hatte ihr dann jedesmal ein Glas goldenen Tokaier ans Bett gebracht, das Katharina jedesmal ablehnte und Madame Kruse jedesmal austrank – auf Katharinas Gesundheit, wie sie sagte. Doktor Boerhaave untersuchte sie und stellte fest, ihre Schädelknochen seien, wie bei einem Kinde, noch nicht ganz geschlossen, und das wäre der Grund für ihre Kopfschmerzen; sie müsse sich in acht nehmen und nicht den oberen Teil des Kopfes erkälten. Seine weitere Prognose war wenig ermutigend; er meinte, der Schädel würde sich erst im Alter von fünf- bis sechsundzwanzig Jahren völlig schließen und Katharina bis dahin anfällig gegen Kopfschmerzen bleiben.
Aber das war nur ein Teil ihrer Leiden. Sie bekam Röteln und Masern und jeden Winter starke Erkältungen – »so daß ich bis zu zwölf Schnupftücher am Tage brauchte«. Dann begann sie Blut zu speien, und es wurde Lungenschwindsucht befürchtet.
Im ersten Winter ihrer Ehe litt sie an Zahnschmerzen, und zwar gerade am Vorabend des Geburtstages der Kaiserin. In deren Gemächern, als sie ihre Glückwünsche darbringen wollte, traf sie den Marinekapitän Korsakow, »einen unterhaltenden Mann, den die Monarchin sehr schätzte. Ich klagte ihm meine Zahnschmerzen, und er behauptete, er würde mich in einem Augenblick kurieren, holte einen großen eisernen Nagel aus der Tasche und verlangte, ich sollte an der schmerzenden Stelle mit dem Nagel das Zahnfleisch zum Bluten bringen. Ich tat es, und wirklich vergingen die Schmerzen über Nacht.«
In der Folgezeit wurden Zahnschmerzen der häufigste Ausdruck von Katharinas seelischen Krisen. Kapitän Korsakow war in See gestochen und hatte den Wundernagel mitgenommen, und als sie im Winter 1749 an einem kranken Weisheitszahn litt, mußte sie sich einer konventionelleren und schmerzhafteren Behandlung unterziehen. »Ich hatte mich auf den Boden zu setzen«, schreibt sie, »Boerhaave setzte sich rechts mir gegenüber, Herr Tschoglokow ebenso links, und sie hielten mir die Hände. Guyon, mein Chirurg, kam von hinten und faßte den kranken Zahn mit seiner Zange; als er ihn umdrehte, hatte ich das Gefühl, daß er mir den Kieferknochen zer-

brach. Er aber zog weiter und brachte mit dem Zahn ein Stück Knochen heraus. Nie in meinem Leben habe ich einen solchen Schmerz gefühlt wie in diesem Augenblick; er war so heftig, daß mir die Tränen nicht nur aus den Augen, sondern auch aus Mund und Nase stürzten, als ob Wasser aus einem Teetopf ausgegossen wird, etwa zwei bis drei Minuten lang. In diesem Augenblick betrat die Kaiserin mein Zimmer. Sie konnte ihre Tränen nicht zurückhalten, als sie mich so schrecklich leiden sah.«

8

Mutterschaft auf Befehl

Katharina versuchte die ersten sechs trübseligen Jahre ihrer Ehe dadurch zu überwinden, daß sie sich neue Interessen und neue Freunde suchte, wenn es auch auf Schwierigkeiten stieß. Und in dem seltsamen russischen Leben gab es auch manches, über das sie lachen konnte.

Am Himmelfahrtstage 1748 besuchte der kaiserliche Hof das neue Landgut des Grafen Alexej Rasumowskij. Am nächsten Morgen wurden Katharina und Peter plötzlich von Nikolaj Tschoglokow geweckt, der ihnen laut zurief, sie sollten so schnell wie möglich das Haus verlassen, denn es drohe einzustürzen. Der Fußboden hob sich, das ganze Schlafzimmer schwankte, und die Kammerfrau Madame Kruse schrie: »Ein Erdbeben!« Ein Sergeant trug Katharina über die Treppe, deren Stufen zusammengebrochen waren. Später stellte sich heraus, daß der Verwalter entgegen der Weisung des Baumeisters zwölf Stützbalken vorzeitig entfernt hatte, weil sie das Vestibül verunzierten. Die Kaiserin tobte, Rasumowskij war verzweifelt und wollte sich erschießen. »Er weinte mehrmals an dem Tage, und bei Tische trank er unter Kanonendonner aus einem großen Glase auf den Untergang des Wirtes und das Wohlergehen der kaiserlichen Familie. Die Kaiserin brach darauf in Tränen aus, und alle Anwesenden waren erschüttert...«

Auch die Tschoglokows boten Katharina Anlaß zur Heiterkeit. Tagtäglich war das vorbildliche Paar dem großfürstlichen als Muster hingestellt worden. Gurrend und schnäbelnd hatten sie nunmehr sechs muntere Kinder gezeugt, immer eins in jedem Jahr ihrer

idyllischen Ehe, zu aller, vor allem der Kaiserin, Bewunderung, und es schien, als solle wieder ein Kind folgen. Das geschah auch, jedoch nicht ganz so, wie es die Kaiserin erwartete. Nikolaj Tschoglokow hatte sich nämlich in eine Hofdame Katharinas verliebt und ihr ein Kind gemacht. Als die Kaiserin davon hörte, war sie wütend und wollte Tschoglokow nach Sibirien verbannen. Die Tschoglokowa hingegen verzieh ihrem Mann und bat Elisabeth kniefällig, »ihren Gatten nicht mit Schimpf und Schande von ihrem Hofe zu verbannen. Sie zeigte soviel Festigkeit und Großmut, daß sie den Zorn der Kaiserin entwaffnete; ja, sie tat noch mehr, sie führte ihren Gemahl vor Ihre Kaiserliche Majestät, sagte ihm hier sehr gründlich die Wahrheit und warf sich mit ihm der Kaiserin zu Füßen...«
Im Jahre 1751 erhielt der Großfürst einen neuen Kammerjunker, Leo Naryschkin, aus einer der besten Familien Rußlands, denn die Mutter Peters des Großen war eine Naryschkin gewesen. »Einer der eigenartigsten Menschen, die ich je kennengelernt habe«, schreibt Katharina, »und niemals habe ich über jemand so lachen müssen wie über ihn. Er war der geborene Harlekin... imstande, lange Reden über jede Kunst und Wissenschaft zu halten, von denen er nichts verstand; er gebrauchte die Fachausdrücke des betreffenden Themas und sprach pausenlos eine Viertelstunde und länger; am Schlusse begriff weder er noch sonst jemand etwas von dem Wortschwall, der seinem Munde entfloß, und alle brachen schließlich in Gelächter aus«.
Katharina, wie die Kaiserin, tanzte gern und liebte schöne Kleider. Ihr Reitdreß war aus dem besten Seidenkamelott, und da dieser Stoff im Regen leicht eingeht und in der Sonne ausbleicht, ließ sie sich ständig einen neuen Dress machen. Bei den öffentlichen Bällen pflegte sie dreimal das Kleid zu wechseln; zu den Hofbällen jedoch, an denen das große Publikum nicht teilnahm, kleidete sie sich so einfach wie möglich. Einmal erschien sie in einem schlichten weißen Kleid mit keinem anderen Schmuck als einer Rose im Haar und einer zweiten am Mieder. Die Kaiserin bewunderte es und sagte: »Lieber Gott, wie einfach! Nicht einmal ein Schönheitspflästerchen!« Katharina lachte und sagte, sie wolle so leicht wie möglich

angezogen sein, worauf Elisabeth ein Büchschen mit Schönheitspflästerchen hervorzog und ihrer Schwiegertochter persönlich eins anheftete.

Auch ihrer Möbel nahm sich Katharina an. Bei Hofe herrschte damals ein solcher Mangel an Einrichtungsgegenständen, daß dieselben Betten und Kommoden, Stühle, Tische und Spiegel bei jedem Umzug vom Winterpalast in das Sommerpalais und nach dem Peterhof mitgenommen wurden. Dabei wurde manches angestoßen und zerbrochen, und nicht immer paßten die alten Stücke in die neue Umgebung. Die Kaiserin hatte meist ein taubes Ohr, wenn es sich um Neuanschaffungen handelte, und so beschloß Katharina, aus ihrer eigenen Apanage von dreißigtausend Rubel im Jahr Möbel zu kaufen und damit ihre Wohnungen im Sommer- und Winterpalast einzurichten. »Das gefiel dem Großfürsten sehr, und er machte es mit seinen Gemächern ebenso.«

Es bekümmerte sie zutiefst, daß sie mit ihrer Mutter nicht korrespondieren durfte. Einmal wurde ihr ein Briefchen Johannas zugeschmuggelt, in welchem diese über Katharinas Schweigen sehr beunruhigt war. Nach vielen Versuchen, ihrer Mutter Nachricht zukommen zu lassen, fand sie endlich einen verläßlichen Mittelsmann in einem Italiener namens d'Ologio, der in den Konzerten des Großfürsten das Violoncello spielte. »Ich ging um das Orchester herum und blieb hinter seinem Stuhle stehen. Als er es merkte, tat er so, als wolle er sein Taschentuch aus der Rocktasche nehmen und öffnete sie ganz weit; ich ließ mein Briefchen hineinfallen, entfernte mich, und niemand schöpfte Argwohn.«

Sie mußte viel an Andrej Tschernyschew denken; und da sie mit dem hübschen Offizier geflirtet hatte, fühlte sie sich zum Teil schuldig dafür, daß er von der Geheimpolizei gefangengehalten wurde. Vergeblich bemühte sie sich zwei Jahre lang herauszubekommen, wo er war, bis sie von ihrem Kammerdiener erfuhr, daß er aus der Peter- und Pauls-Festung in ein kleines Holzhaus, das der Kaiserin gehörte, gebracht worden war. Nun wollte sie versuchen, mit ihm Verbindung aufzunehmen, wobei sie ebenso viel Vorsicht walten ließ wie bei ihrer Post nach Zerbst. Damals hatte sie noch ihre finnische Zofe Katharina Woinowa, und eines Abends sprach sie vertraulich mit ihr bei der einzigen Gelegenheit, wo sie unbelauscht war – als sie ihren Nachtstuhl benutzte. Sie bat das Mädchen, sich mit Andrej Tschernyschew im Hause ihres Verlobten, der ebenfalls bei Hofe bedienstet war, zu treffen.

An seinem Namenstag trank Andrej seine Wache unter den Tisch und schlich sich zu dem Rendezvous, wo er der Zofe einen Brief anvertraute, die ihn Katharina zusteckte. Als diese von ihrem Kammermädchen ausgekleidet wurde, ließ sie den Brief in den Ärmel ihres Nachthemdes gleiten. Katharina las Andrejs Brief im Bett und verbrannte ihn, nachdem sie ihn gelesen. In der Folgezeit schrieb sie ihrem arretierten Freund mehrmals und ließ ihm sogar, da er knapp an Geld war, heimlich einige hundert Rubel zukommen. Solche Triumphe, so geringfügig sie sein mochten, trugen dazu bei, daß Katharina den Mut nicht sinken ließ.

Eine andere wichtige Zerstreuung, und mehr als das, war ihre Lektüre. Sie las mit Vergnügen die Briefe der Marquise de Sévigné, deren Gabe, kluge Dinge leicht und lebensvoll zu sagen, nicht ohne Einfluß auf Katharinas eigenen Briefstil war. Dann holte sie abermals Montesquieus *Größe und Niedergang Roms* hervor, worin der Autor die Größe des römischen Reiches der Teilung der politischen Macht, gerechten Gesetzen und einer Bürgerwehr zuschreibt, während er die Ursachen des Verfalls in der Preisgabe jener Prinzipien in einer absoluten Monarchie und in den Söldnertruppen sieht. Für Katharina war dies eine ganz neue Betrachtungsweise, die sie im Gedächtnis bewahren wollte. Dann ging sie zum *Esprit des lois* desselben Autors über, wo sie weitere Argumente für die Teilung der Gewalten im Staat fand. Ferner las sie Barres *Geschichte Deutschlands,* »acht oder neun Bände Quart – jede Woche einen Band«, und Péréfixes *Henri IV.,* der in seiner Jugend ähnlich unterdrückt worden war wie sie selber und später Frankreichs beliebtester König wurde. Sie las Plato, in dessen *Staat* sie der Forderung begegnete, die Könige müßten Philosophen oder die Philosophen Könige sein, doch auch dem Ideal eines Ständestaates, den Montesquieu mißbilligt hätte.

Vor allem aber liebte sie Voltaire, an dem sie den gesunden Menschenverstand, den Humor und den Kampf gegen Vorurteile und religiöse Intoleranz schätzte. Im Gegensatz zu Montesquieu hielt Voltaire die aufgeklärte Monarchie für die beste Regierungsform. Katharina las jedes Buch des Weisen von Fernay, dessen sie habhaft werden konnte, und lernte von ihm, an alles, auch an »heilige Kühe« den Maßstab der vernünftigen moralischen Ordnung zu legen und die Anschauungen anderer Menschen zu respektieren. »Seine Werke«, so schrieb sie später, »haben mein Gemüt und meinen Geist geformt.«

Gelegentlich las sie auch Romane. Einer der ersten, den sie nach ihrer Hochzeit vornahm, war *Tiran le Blanc* von Caylus, die französische Version eines katalanischen Ritterromans aus dem vierzehnten Jahrhundert. Tiran ist der Sohn von Blanche, der Herzogin der Bretagne, ein Ritter so tapfer wie stattlich, der nach England segelt, wo er sich in Turnieren und Schlachten hervortut, mit dem Hosenbandorden geehrt wird und der Königstochter gefällt, »die eine so feine Haut hatte, daß man den Rotwein durch ihre Kehle fließen sah, wenn sie trank«. Dieser Satz scheint Katharina besonderen Eindruck gemacht zu haben, denn sie hatte selber eine sehr weiße und zarte Haut.

Von England reist Tiran ostwärts, verjagt die Türken aus Rhodos und befreit vierhundert Sklaven in Alexandria. In Byzanz verliebt er sich in die Tochter des Kaisers, kniet vor ihr nieder und schwört, »sie solle stets die Herrin seines Schicksals sein, und er wolle sie immer als seine Souveränin betrachten«. Der Kaiser willigt in ihre Vermählung ein, aber – und das war in einem französischen Roman des achtzehnten Jahrhunderts ungewöhnlich – ihre Liebe ist so groß, daß sie schon vor der Hochzeitsnacht miteinander schlafen. Bald danach fällt Tiran in der Schlacht; die Kaisertochter kann ohne ihn nicht leben, sie legt ihr Hochzeitskleid an, drückt ein Kruzifix an die Brust und fällt leblos über Tirans Leiche. »Ein unermeßliches Licht erfüllte den Raum, als trügen Engel ihre und Tirans Seele ins himmlische Paradies.«

Dieser und ähnliche Romane, wenn auch nur zur Zerstreuung gelesen, beeinflußten doch ein wenig Katharinas Vorstellungswelt. Sie begann von einem ritterlichen und zärtlichen Helden zu träumen, für den die Liebe der Quell aller Taten ist. Gab es auch für sie einen Tiran le Blanc? Es sah ganz so aus, als solle er in ihr Leben treten. Den Sommer 1749 weilte das großfürstliche Paar in Rajawo, einem Landgut zwischen Moskau und dem Kloster Troitza. Es gehörte den Tschoglokows und war ein trübseliger Platz auf sumpfigem Boden zwischen dichten Wäldern; doch Nikolaj war der Ansicht, daß alles, was ihm gehörte – Weib und Kinder und Jagdhunde – das Beste von der Welt sei, und hielt Rajawo für den Garten Eden. Katharina verbrachte ihre Tage meist zu Pferde – sie ritt auf Hasenjagd oder galoppierte allein.

Eines Tages kam Kyrill Rasumowskij zu Besuch, der viel jüngere Bruder Alexejs, des Günstlings der Kaiserin. Er hatte in Königsberg und Straßburg studiert und war Präsident der Akademie der Wissenschaften geworden, konnte lange Abschnitte der *Äneide* rezitieren und schlug jedermann beim Schachspiel. Er war vier Jahre älter als Katharina, dunkel und sehr gut aussehend, wohlhabend dank seinem Bruder und hielt ein offenes Haus für arm und reich. Er war glücklich verheiratet, doch desungeachtet Hahn im Korbe bei den jungen Damen der Gesellschaft.

Katharina mochte ihn ebenfalls und genoß seine Unterhaltung, die um soviel geistreicher war als das Geschwätz der Höflinge. Auch er schien Gefallen an ihr zu finden, denn er kam regelmäßig zwanzig Meilen von seinem Gut herübergeritten, um den größten Teil des Tages bis zur Dunkelheit bei Katharina und Peter zu sein. Nikolaj Tschoglokow bildete sich ein, Kyrill käme der Schönheiten von Rajawo wegen, während seine Frau, wenn sie ihn lachen und scherzen sah, noch nichts von seinen wahren Gefühlen ahnte. Katharina ritt und jagte viel mit ihm und fühlte sich immer mehr von ihm angezogen, und nachdem sie wieder in St. Petersburg war, wechselten sie Briefe miteinander.

Die Beachtung, die Kyrill Rasumowskij der Großfürstin schenkte, war indessen der Kaiserin nicht entgangen. Sie sagte nichts, denn sie sprach nur noch selten unter vier Augen mit ihrer Schwiegertochter, aber Katharina schloß es aus dem, was sie tat. Obwohl Katharinas Verehrer weder soldatische noch Führerqualitäten besaß, ernannte ihn Elisabeth zum »Hetman der Ukraine«, ein Posten, der dem eines Oberbefehlshabers entsprach, und Kyrill mußte ins Land der Kosaken ziehen, womit er, vorläufig jedenfalls, aus Katharinas Gesichtskreis entschwand.

Nach St. Petersburg zurückgekehrt, traf sie Sachar Tschernyschew wieder. Sie erinnerte sich dieses schneidigen Gardeoffiziers, eines Vetters Andrej Tschernyschews, als eines ihrer Kammerherrn während ihrer Verlobungszeit und den ersten Monaten ihrer Ehe. Vor fünf Jahren hatte seine Mutter zur Kaiserin gesagt: »Er läßt die Großfürstin nicht aus den Augen, und wenn ich das sehe, zittere ich aus Angst vor den Torheiten, die er begehen könnte.« Deshalb war Sachar mit einem diplomatischen Auftrag nach Bayern gesandt und danach in sein Regiment zurückversetzt worden, von dem er nun mehrere Monate Urlaub erhalten hatte.

»Sie sind sehr schön geworden«, sagte Sachar zu Katharina; und sie, die noch nie ein solches Kompliment empfangen hatte, war jung genug, ihm zu glauben. Sie trafen sich auf den Hofbällen, wo Sachar seine Schmeicheleien fortsetzte. Dann sandte er ihr, in einer kleinen Schatulle, wie es damals Mode war, einen Sinnspruch, der seine zarte Wertschätzung ausdrückte; und Katharina antwortete mit einem freundlichen, aber zu nichts verpflichtendem Spruch in einem orangefarbenen Schächtelchen. Auch sein nächster Brief blieb nicht ohne Antwort.

Auf dem ersten Maskenball der Saison war Sachar der Partner der Großfürstin. Der stattliche, gut erzogene junge Mann, der sich schon als Oberst ausgezeichnet hatte und überdies angenehm zu plaudern verstand, besaß viel von den Eigenschaften eines Tiran le Blanc, wie Katharina fand, wenn er auch zur Selbstgefälligkeit neigte. Er flüsterte ihr zu, er habe ihr tausend Dinge zu sagen, die er nicht dem Papier anzuvertrauen wage – könnte sie nicht eine Gelegenheit finden, ihm zu erlauben, in ihr Appartement zu kommen – nur ein paar Minuten? Katharina erwiderte, das sei ganz unmöglich; niemand habe Zutritt zu ihrem Appartement, noch dürfe sie es eigenmächtig verlassen. Sachar schlug vor, sich als Diener zu verkleiden, und abermals wies sie ihn zurück.

Doch er blieb hartnäckig, und Katharina, die ihn von Tag zu Tag anziehender fand, gab schließlich nach. Einundzwanzig Briefchen, die sie ihm schrieb und die er sorgfältig aufhob, bekunden ihr Verhältnis. »Wenn Sie nicht zu müde sind«, schrieb Katharina gleich in einem der ersten, »und des Großfürsten Appartement zwischen elf Uhr und Mitternacht verlassen können, dann nehmen Sie einen Mantel aus Ihrem Wagen und kommen Sie über die kleine Treppe in mein Appartement; ich werde dafür sorgen, daß die Tür offen ist.« Und in einem anderen heißt es: »Ich dachte, wenn Sie zwischen fünf und sechs unter meinem Fenster vorbeikommen, könnten Sie vielleicht hineinschauen und den Abend bei mir verbringen, obwohl meine Zofe wahrscheinlich dabei sein wird.«

Im Verlauf solcher verstohlener Stelldicheins verliebten sich beide bis über die Ohren ineinander. Katharina schrieb ihm, daß sie ihn liebe, wie ihn keine andere Frau je geliebt hatte, und daß sie sich das Paradies ohne ihn nicht vorstellen könne. »Ich bin sehr froh, daß Sie Ihre Schnupftabaksdose in meinem Zimmer vergessen haben, denn das gibt mir den Anlaß, diesen Brief zu schreiben und Ihnen zu sagen, daß ich Sie sehr innig liebe, daß ich nichts als Ihr Glück im Sinne habe und daß ich bestimmt dazu beitragen werde; aber ich brauche ein wenig Zeit, um wenigstens den Schein zu wahren und es ihnen leichter zu machen, ein zweites Mal zu mir zu kommen. Vertrauen Sie mir; ich werde tun, was für uns nützlich und notwendig ist. Sie zeigen eine solche Leidenschaft mir gegenüber, daß es wahrhaftig sehr undankbar wäre, wenn ich Ihnen den Beweis schuldig bliebe, daß ich Ihre Neigung erwidere. Nur bitte ich Sie inständig, mich nicht zu quälen. Wir kommen schneller voran, wenn Sie alles mir überlassen, statt mich zu bedrängen, denn ich habe einen eisernen und sehr widerstandsfähigen Kopf. Sie mögen den Willen anderer brechen, doch nicht den meinen. Aber dieser Wille, wenn sich selbst überlassen, wird Wachs, sobald es darum geht, jemandem gefällig zu sein, den ich liebe. Und nun sagen Sie mir: liebe ich Sie nicht? Können Sie daran zweifeln?«

Während sich ihre Freundschaft mit Kyrill in der freien Natur entwickelt hatte, beim Duft des Laubes und dem Geruch ledernen Zaumzeugs, war der Schauplatz von Katharinas Liebesgeflüster und zärtlichen Blicken, die sie mit Sachar tauschte, die winterliche Stadt, manchmal der Ballsaal, zuweilen die Oper, doch immer unter vielen Menschen. Wenn sie »den Schein wahrte«, war er oft eifersüchtig und mürrisch, doch im ganzen ging alles glatt. Sie wurden jedoch beobachtet, und es war schwer, ein Rendezvous zu arrangieren. Katharina schien noch nicht das Stadium erreicht zu haben, wo ihr Wille zu »Wachs« wurde.

Als Sachar ihr eine Woche fernbleiben mußte, schrieb sie: »Am ersten Tag schien mir noch, als erwartete ich Sie, weil Sie mich so daran gewöhnt haben, Sie zu sehen. Am zweiten Tag war ich wie im Traum und bin allein geblieben; am dritten langweilte ich mich zu Tode; am vierten hatte ich Appetit und Schlaf verloren, alles wurde unerträglich, und es war mir gleich, was ich anzog. Am fünften Tag vergoß ich Tränen, was mich ein wenig erleichterte, denn alle Tage zuvor war mein Herz so schwer gewesen. Man sagt, ich sei dünner geworden, und ich bin in düsterer Stimmung. Soll ich es beim richtigen Namen nennen? Nun also – ich liebe Sie.«

Aber die Zeit verfloß. Ihre Liebe war eine Winterliebe, bestimmt zu enden, sobald der Karneval vorbei war; denn Sachar mußte zu seinem Regiment zurück, ohne Aussicht auf einen zweiten so langen Urlaub. Die junge Großfürstin und der junge Oberst sagten sich Lebewohl und trennten sich mit all dem Kummer, den scheidende Liebesleute empfinden. Katharina hatte keine Möglichkeit, den heimlichen Briefwechsel fortzusetzen, und so nahm die Affäre ein Ende. Neun Jahre vergingen, ehe sie Sachar wiedersah; und als er versuchte, die alte zärtliche Beziehung wieder aufzunehmen, mußte er erkennen, daß sie ihr Herz inzwischen einem anderen geschenkt hatte.

Ungefähr zur selben Zeit wie Sachar Tschernyschew trat ein ganz anders gearteter Anwärter für die Rolle des Tiran le Blanc in Katharinas Leben: Sergej Saltykow, der aus einer der ältesten und vornehmsten Familien Rußlands stammte, mit den Romanows durch die Mutter der Kaiserin Anna verwandt, die eine Saltykow aus einem anderen Zweig war. Ein schöner Mann, mit einem länglichen Gesicht, schmachtenden dunklen Augen und einem kleinen Mund mit vollen Lippen, in einer gewinnenden Art heiter und mit einem angeborenen Gespür für die Finessen des Hoflebens. Er war Kammerherr des Großfürsten, sechsundzwanzig Jahre alt und seit zwei Jahren mit einer oberflächlichen jungen Frau, einer Hofdame Katharinas, verheiratet, deren größtes Vergnügen darin bestand, Katharinas Pudel auf den Hinterbeinen gehen zu lassen, ihm Locken zu drehen und Wolljäckchen zu stricken.

Katharina benutzte Sergej dazu, Kyrill Briefchen zu überbringen, und als dieser in die Ukraine versetzt wurde und Sachar zu seinem Regiment zurückkehrte, strebte Sergej danach, ihren Platz in Katharinas Gunst einzunehmen. Er wußte, wie man Nikolaj Tschoglokow ablenken konnte. »Er entdeckte in dem schwerfälligen, jeder Phantasie baren und geistlosen Menschen«, schreibt Katharina, »eine leidenschaftliche Neigung zum Anfertigen von kleinen Liedchen, die im übrigen völlig sinnloses Zeug waren. Wenn wir ihn los sein wollten, brauchten wir ihn nur zu bitten, ein neues Liedchen zu dichten. Er zog sich dann bereitwillig in die Ofenecke zurück und fing an über seinem Liede zu brüten, was ihn für den Abend in Anspruch nahm. Inzwischen konnten wir uns ungestört im Zimmer unterhalten...«

Zuerst waren ihr Sergejs Aufmerksamkeiten willkommen. Es gefiel ihr, einen Bewunderer zu haben, und sie lauschte, anfangs mit Erstaunen, dann mit Genugtuung, die sie sorgfältig zu verbergen bemüht war, den wohlgesetzten Komplimenten, die ihrem Gatten nicht im Traum eingefallen wären. Bald stellte sich heraus, daß Sergej ernsthaft verliebt war. »Und Ihre Frau, die Sie vor zwei Jahren geheiratet haben?« fragte sie ihn. »Es heißt doch, Sie lieben sie und werden wahnsinnig wiedergeliebt! Was soll ich dazu sagen?« Er antwortete nur, es sei nicht alles Gold, was glänze, und er müsse einen Augenblick der Verblendung teuer bezahlen. Seine Gefühle für Katharina seien tiefer und beständiger, versicherte er.

Im Sommer wurden eines Tages Katharina und Peter mit ihrem Ge-

folge von Tschoglokow zur Jagd auf eine ihm gehörende Insel in der Ostsee eingeladen. Nachdem man die Pferde vorausgeschickt hatte, fuhr man in Booten hinüber. »Sogleich nach der Ankunft«, erinnerte sich Katharina später, »stieg ich zu Pferde, und wir ritten den Hunden nach. Sergej paßte den Augenblick ab, als die anderen hinter den Hasen her waren, und näherte sich mir, um von seinem Lieblingsthema zu sprechen, und ich hörte ihn geduldiger an als gewöhnlich. Er entwarf mir den Plan, den er sich zurechtgelegt hatte, um, wie er sagte, mit einem tiefen Geheimnis das Glück zu umgeben, das man in solchem Falle wohl genießen könne. Nicht ein Wort entgegnete ich; er nutzte mein Schweigen aus und beteuerte, daß er mich heiß liebe, und bat mich um die Erlaubnis, hoffen zu dürfen, daß ich ihm wenigstens nicht gleichgültig sei. Ich antwortete, ich könne ihn nicht daran hindern, seine Einbildung spielen zu lassen. Dann zog er Vergleiche zwischen anderen Mitgliedern des Hofes und sich, zwang mich zuzugeben, daß er denen vorzuziehen sei, und schloß sogleich daraus, er werde schon bevorzugt. Ich lachte über alles, was er sagte, aber im Grunde meiner Seele mußte ich eingestehen, daß er mir recht wohl gefiel.
Als wir uns anderthalb Stunden so unterhalten hatten, forderte ich ihn auf, sich zu entfernen, weil ein so langandauerndes Gespräch Verdacht erregen könne. Er aber weigerte sich, mich zu verlassen, wenn ich ihm nicht vorher sagte, daß er wohlgelitten sei. Ich antwortete: ›Ja, ja, aber gehen Sie nur!‹ Er rief: ›Das will ich mir gesagt sein lassen!‹ und gab seinem Pferde beide Sporen. Ich schrie ihm nach: ›Nein, nein!‹, doch er wiederholte: ›Ja, ja!‹ So trennten wir uns.«
Nach der Jagd während des Soupers kam ein heftiger Seewind auf, der das Wasser bis an die Treppenstufen des Hauses trieb. Die ganze Insel war von den Meeresfluten bedeckt, und sie mußten bis in die frühen Morgenstunden warten, bis sich Sturm und Flut gelegt hatten. »Sergej Saltykow sagte zu mir, der Himmel selbst begünstige ihn heute. Er glaubte sich schon sehr glücklich, aber ich war es kaum, denn tausenderlei Besorgnisse verwirrten mir den Kopf, und ich kam mir an diesem Tage höchst griesgrämig vor und war gar

nicht mit mir zufrieden. Ich hatte mir eingebildet, ihn und mich lenken und beherrschen zu können, doch jetzt verstand ich, daß das eine wie das andere schwer und vielleicht unmöglich sei.«
Zwei Tage später berichtete er Katharina, ein Kammerdiener des Großfürsten habe ihm gesagt, Seine Kaiserliche Hoheit habe bei sich im Zimmer geäußert, »Sergej Saltykow und meine Frau führen Tschoglokow an der Nase herum; sie reden mit ihm, was sie wollen, und dann lachen sie über ihn.« Katharina riet Sergej, in Zukunft vorsichtiger zu sein, aber sie sahen sich nach wie vor häufig; er erklärte ihr seine Liebe, während sie nicht umhin konnte, ihm zuzuhören, denn »er war schön wie der Tag, und sicherlich konnte sich niemand mit ihm vergleichen...«
Katharinas Beziehungen zur Kaiserin waren weiterhin so, daß sie oft nicht klug daraus wurde. Manchmal war sie freundlich zu ihr: als sich ihre Schwiegertochter in Rajawo das Gesicht verbrannt hatte, sandte sie ihr ein ausgezeichnetes Gesichtswasser aus Zitrone, Eiweiß und Franzbranntwein. Doch ein anderes Mal, als sie alle in Zelten kampierten und Katharina eine lila Robe mit Silber trug, ärgerte sich die Kaiserin, und sie sagte, als sie so alt gewesen, habe sie schlichte Kleider getragen, »das Überkleid von weißem Taffet und den Rock von schwarzem Grisette«. »Ich hatte keine Schulden«, fuhr sie fort und warf Katharina einen bösen Blick zu, »weil ich gottesfürchtig war und meine Seele nicht dem Teufel anheimfallen lassen wollte, falls ich sterben sollte, ohne meine Schulden bezahlt zu haben.« Katharina wurde vor weiterer Schelte bewahrt, als der Hofnarr eintrat und ein seltsames Tier in seinem Hut vorwies, das er gefangen hatte. Es war ein junges Stachelschwein, das den Kopf hob, als sich Elisabeth näherte. Sie stieß einen schrecklichen Schrei aus, denn sie fürchtete sich sehr vor Mäusen, und es kam ihr vor, als sähe der Kopf des Tieres dem einer Maus ähnlich.
In diesem Sommer war Katharina auf den Einfall gekommen, ihr ganzes Gefolge einschließlich Saltykow und Naryschkin, das vorher die Hoflivree in Schwarz und Silber getragen hatte, in neue elegante Reitjacken in Blau und Grau zu stecken; auch Peter und sie selber trugen diese Uniform. Auf diese Weise konnten sie und Ser-

gej sich unauffälliger innerhalb des Hofgesindes bewegen. Eines Tages kam die Kaiserin unerwartet und sah die Maskerade. Sie zog nicht Katharina direkt zur Rechenschaft, sondern hielt Madame Tschoglokowa eine fürchterliche Standpauke, weil sie zuließ, daß die Großfürstin ein so unpassendes Reitkostüm trug.

Mittlerweile verstand Katharina die Kaiserin besser. Sie wußte, daß Elisabeth die Dunkelheit fürchtete, spät zu Bett ging – jedesmal in einem anderen Zimmer – und stundenlang wach lag, während ihre Damen ihr Gesellschaft leisten und sie beruhigen mußten, indem sie ihr über die schönen Beine und kleinen Füße strichen. Diese Furcht vor der Dunkelheit war ein Reflex der Angst vor dem zwölfjährigen Zaren Iwan, der eingekerkert war und noch von vielen als der rechtmäßige Kronprätendent angesehen wurde. Eines Tages hatte man einen fremden Mann mit einem Messer im kaiserlichen Palast gefunden; und ein andermal war eine Verschwörung aufgedeckt worden, die das Ziel gehabt hatte, Elisabeth zu entthronen. Bei jedem neuen Alarm fühlte sich die Kaiserin mehr bedroht und dachte ungeduldiger daran, die Thronfolge zu sichern. Die unerfüllte Mutterschaft steigerte ihren Verfolgungswahn. Manchmal war sie herzlich zu Katharina, dann wieder eifersüchtig auf sie, und oft wurde sie zornig, daß sie Peter noch keinen Sohn geboren hatte. Und weil bei Elisabeth Kleider eine große Rolle spielten, wandte sich ihr Unwille häufig gegen Katharinas Garderobe. Hinter ihrer Verärgerung über das Reitkostüm stand der Glaube, den viele Ärzte teilten, daß es für die Schwangerschaft schädlich sei, im Herrensitz zu reiten.

Madame Tschoglokowa schien von der Gardinenpredigt der Kaiserin nicht wenig erschüttert. Sie nahm Katharina beiseite und sagte: »Hören Sie, ich muß sehr ernstlich mit Ihnen reden.« »Ich war natürlich ganz Ohr«, berichtete Katharina. »Sie begann nach ihrer Art mit einer langen Rederei über ihre Anhänglichkeit an ihren Gemahl, ihre Ehrbarkeit und all das, was für gegenseitige Liebe und die Erleichterung oder Erschwerung der ehelichen Bande nötig oder nicht nötig sei. Dann erklärte sie plötzlich, es gäbe zuweilen Situationen von höherer Wichtigkeit, welche eine Ausnahme von der Regel be-

dingten. Ich ließ sie reden, ohne sie zu unterbrechen; denn ich sah nicht, wohin sie zielte, und war mir nicht im klaren darüber, ob sie mir eine Falle stellte oder aufrichtig mit mir sprach.
›Sie werden sehen‹, fuhr die Tschoglokowa fort, ›wie groß meine Liebe zu meinem Vaterlande ist und wie aufrichtig ich es meine. Ich zweifle nicht, daß Sie jemand bevorzugen, und lasse Ihnen die Wahl zwischen Sergej Saltykow und Leo Naryschkin. Irre ich nicht, so ist es der letztere.‹ Ich aber rief rasch: ›Nein, nein!‹ Und sie erwiderte: ›Nun gut, wenn er es nicht ist, dann ist es sicher der andere.‹ Darauf antwortete ich kein Wort, und sie sprach weiter: ›Sie sollen sehen, daß nicht ich es bin, die Ihnen Schwierigkeiten machen wird.‹ Ich aber stellte mich so einfältig, daß sie mich deswegen oft schalt, sowohl in der Stadt als auf dem Lande, wohin wir nach Ostern übersiedelten.«
Madame Tschoglokowa kehrte immer wieder zu diesem Thema zurück, bis kein Zweifel mehr bestehen konnte, was gemeint war. Katharina glaubte nicht, daß ein so unorthodoxer Vorschlag von der musterhaften Ehefrau kommen könne, sondern daß er vielleicht von der Kaiserin stammte, zu deren heimlicher Furcht er gut passen würde.
Katharina war in einem argen Dilemma. Sie fühlte sich sehr zu Sergej hingezogen, der sie unzweifelhaft liebte, und sehnte sich nach Zärtlichkeiten und Küsen, die ihr lange vorenthalten worden waren. Wenn sie sich jedoch Sergej ergab und vielleicht sogar ein Kind von ihm bekam, würde sie ihren Gatten betrügen. Doch es war ja er, der ihr Unrecht antat, konnte man sagen. Tat er es wirklich? Konnte man ihm zur Last legen, daß er eine Waise war und eine so unheilvolle Erziehung gehabt hatte? Sollte sie nicht noch eine Weile Geduld mit ihm haben und versuchen, doch noch seine Liebe zu erringen?
Aber wenn sie ihn betrachtete, wie er jetzt war, sah sie keine Anzeichen dafür, daß er sich je ändern würde; eher schien das Gegenteil der Fall. Kürzlich war er aufgefordert worden – er war ja noch immer Herzog von Holstein – sein geliebtes Heimatland im Austausch gegen Oldenburg an Dänemark abzutreten, und die Kaiserin unter-

stützte dieses Vorhaben. Das machte ihn jedoch nur noch störrischer und reizbarer gegen seine Mutter und die Frau, die sie für ihn als Gemahlin gewählt hatte, so daß sein Benehmen immer wunderlicher wurde.

»Als ich eines Tages«, erzählt Katharina, »das Zimmer des Großfürsten betrat, fiel mein Blick auf eine große Ratte, die er mit der ganzen, zu einer Hinrichtung gehörenden Umständlichkeit, in der Mitte eines durch eine Bretterwand abgeteilten Kabinetts hatte aufhängen lassen. Ich fragte, was das zu bedeuten habe, und er antwortete, die Ratte habe ein Verbrechen begangen und verdiene die härteste Todesstrafe. Sie sei über die Wälle einer Festung geklettert, welche in dem Kabinett auf dem Tische stand, und habe zwei Schildwachen aus Stärkemehl aufgefressen, die auf den Wällen Dienst taten. Er habe daher den Verbrecher nach den Kriegsgesetzen zum Tode durch Erhängen verurteilen lassen.«

Wenn sie alles in Betracht zog, fand Katharina, daß ihre persönlichen Beziehungen zu ihrem Gatten nur sehr locker waren. Eine sexuelle Beziehung bestand nicht, und was die gesellschaftlichen Rücksichten betraf, so kam ihr zugute, daß in Rußland außereheliche Verhältnisse sehr nachsichtig behandelt wurden, weil es keine Scheidung gab und die Kirche ihren Bannfluch anderen Verbrechen vorbehielt. Sogar die fromme Kaiserin hatte in ihrer Jugend mehr als einen Liebhaber gehabt.

Was Katharina viel stärker zurückhielt, war der moralische Imperativ des Luthertums. In Zerbst vergaß eine Ehefrau nicht so leicht ihr Treuegelöbnis. Doch als Sophie zum russischen Glauben übergetreten war, hatte sie die sittlichen Maßstäbe ihrer Kindheit weitgehend hinter sich gelassen. Und so verengte sich das Problem für sie auf die eine Frage: war es zu ihrem eigenen Vorteil, wenn sie den fortgesetzten Einflüsterungen der Tschoglokowa nachgab? Es konnte natürlich eine Falle sein. Doch wenn es keine Falle war und wenn sie ein Kind bekäme, das nach außen hin Peters Kind sein würde, könnte sie wenigstens zwei Punkte ihres Programms erfüllen – war es ihr schon nicht gelungen, Peter zu gefallen, so würde sie doch die Kaiserin und das russische Volk zufriedenstellen.

Es mußte auch in Erwägung gezogen werden, was ihr blühen konnte, wenn sie das Spiel nicht mitmachte. Der Ton der Kaiserin wurde täglich härter. Auf einer Tischgesellschaft beobachtete sie, daß Peter einer Dame namens Martha Schafirowa große Aufmerksamkeit widmete, und meinte, die Dame habe einen Schwanenhals. »Diese Art von Hals«, fügte sie hinzu, »ist bequem zum Hängen.«

Und Katharina traf ihre Wahl. Sie würde sich Sergej ergeben, wenn er sie darum bäte. Er mußte Oranienbaum für einige Sommerwochen verlassen, weil seine Mutter im Sterben lag, doch nach seiner Rückkehr war er bezaubernder und stürmischer als zuvor. In seiner blauen und grauen Jacke schien er Katharina so schön wie Tiran le Blanc – und hatte nicht auch die Kaisertochter Tiran ihre Gunst geschenkt, ohne Trauung und kirchlichen Segen, nur aus Liebe? Und in jenem Herbst, als die Birkenblätter sich gelb färbten, gab sich die dreiundzwanzigjährige Katharina nach sieben Jahren einer nicht vollzogenen Ehe Sergej Saltykow hin.

In den Wochen, die folgten, war sie zweifellos sehr glücklich. Endlich erlebte sie die Erfüllung als Frau, und endlich konnte sie einen Mann beglücken. Sergej mochte aus einer Familie kommen, die ihre Glanzzeit überschritten hatte, doch Katharina fand in ihm einen aufmerksamen und feurigen Liebhaber. Sie war sich aber auch bewußt, daß sie sich auf ein gefährliches Spiel eingelassen hatte, und es gab sicher in diesem Herbst Gelegenheiten, wo sie sich fürchten mußte, der Kaiserin unter die Augen zu treten.

Während sich dieses wichtige Ereignis in Katharinas Leben zutrug, sollte Nikolaj Tschoglokow im großfürstlichen Haushalt eine aktivere Rolle spielen als vorher. Ungefähr zur gleichen Zeit, als die Kaiserin Maria Tschoglokowa den Kopf gewaschen hatte, ließ sie Nikolaj wissen, daß sie tief enttäuscht sei von seinen Bemühungen, den Großfürsten in einen guten Ehegatten zu verwandeln. Seit seiner unglücklichen Affäre mit Katharinas Hofdame war Nikolaj ängstlich bestrebt, sich bei der Kaiserin in ein besseres Licht zu setzen, und erwog drastischere Maßnahmen als die bisher ergriffenen. Er sagte seiner Frau nichts davon, teils weil sich ihre Beziehungen abgekühlt hatten, teils weil er jedermann in Erstaunen setzen wollte, wenn er plötzlich ein As auf den Tisch legte.

In vertraulichen Gesprächen mit den Hofärzten kam Nikolaj Tschoglokow zu dem Schluß, daß Peters Scheu vor Frauen nur überwunden werden könne, wenn er, zur rechten Zeit und unter günstigen Umständen, sozusagen »verführt« würde von einer jungen Frau, die in der Liebe erfahren und ihm zugleich gesellschaftlich unterlegen sein müsse. Nach langem Suchen fand man eine solche Frau, die junge Witwe eines Malers aus Stuttgart, die am kaiserlichen Hof beschäftigt war.
Die unbekannte Größe in dieser Rechnung war der Großfürst selber. In den letzten beiden Jahren hatte er sich besonders halsstarrig gezeigt, als er der Kaiserin und dem Kanzler Widerstand leistete, die ihn zu bereden versuchten, sein geliebtes Holstein dem Erzfeind Dänemark, dem Räuber Schleswigs, zu überlassen. Mit der moralischen Unterstützung Katharinas, die ihrem Gatten jedes Recht zuerkannte, an seinen angestammten Ansprüchen festzuhalten, blieb Peter hartnäckig bei seiner Weigerung, und im Herbst 1752 errang er zu jedermanns Überraschung, und vielleicht sogar zu seiner eigenen, einen Sieg. Die Kaiserin ließ von ihrer Forderung ab, und der dänische Gesandte mußte mit leeren Händen heimkehren.
Sein Erfolg gab Peter das Selbstvertrauen, das ihm vorher gemangelt hatte. Er war keine Puppe mehr in den Händen seiner Tante. Und als die zweite »schöne Witwe« sich aufmerksam und bewundernd zeigte, fühlte er sich, in einer warmen Atmosphäre von Musik, Wein und guter Laune, imstande, ihre Empfindungen zu erwidern. Er überwand seine Hemmungen, ging mit Madame Grooth ins Bett und erwies sich als Mann. Sobald die Initiation vollzogen war, ließ der beglückte Tschoglokow die Dame wieder in der Versenkung verschwinden.
Das folgende Jahr, 1753, verbrachte die Kaiserin mit ihrem Hof in Moskau. Die Stadt, mittelalterlich und asiatisch, schien Katharina voller dunkler Leidenschaften und seltsamer dramatischer Geschehnisse fähig, und in der Tat war der Hof der Schauplatz eines wunderlichen Spieles. Mit mehr Selbstvertrauen und stärker an Frauen interessiert als bisher, fühlte sich der Großfürst noch immer nicht bereit für eine so ungewöhnliche Frau wie Katharina, und er

verbrachte seine Zeit mit Violinspielen und handgreiflichen Annäherungsversuchen bei den Hofdamen. Katharina setzte ihr Liebesabenteuer mit Sergej fort und gehorchte damit der geheimnisvollen Botschaft, mochte sie nun oder mochte sie nicht von der unnahbaren und schlaflosen Kaiserin kommen, die jeden Dienstag ihrer Neigung für Männerkleidung frönte und auf den Hofbällen als Kosak oder Gardeoffizier erschien. Wenn Peter und Katharina abends zu Hause blieben, ließ Nikolaj Tschoglokow sich von Sergej überreden, ein neues Chanson zu schreiben, das Leo Naryschkin in Musik setzte. Hinter den Kulissen verwandte Madame Tschoglokowa, von der jeder glaubte, sie bemühe sich, die jungen Eheleute zusammenzubringen, die ganze Erfahrung einer Frau, die gerade ihr achtes Kind geboren hatte, darauf, Sergej in die Arme Katharinas zu führen.

Zu dieser Treibhaus-Atmosphäre paßte es, daß mehrere Angehörige der Hofhaltung tatsächlich wahnsinnig wurden, darunter ein Mönch des Woskresenskij-Klosters, »der sich mit einem Rasiermesser seiner Männlichkeit beraubte«, und ein Gardemajor vom Semionowskij-Regiment, der den Schah Nadir von Persien für den lieben Gott hielt. Die Kaiserin ließ die Geisteskranken bei Dr. Boerhaave unterbringen, so daß geradezu ein kleines Irrenhaus bei Hofe entstand.

Als ob dies nicht genug wäre, brach am 1. November 1753 ein Brand aus. Katharina saß bei Madame Tschoglokowa, »als wir plötzlich Lärm in einer kleinen Kapelle hörten, die in der Nähe lag. Jetzt kamen einige Herren mit der Meldung zurück, sie könnten nicht durch die Säle des Schlosses hindurch, weil dort Feuer ausgebrochen sei. Sogleich lief ich in mein Zimmer; als ich aber in ein Vorzimmer trat, sah ich, daß schon die Balustrade an der Ecke des großen Saales brannte.« Ihr erster Gedanke galt ihren Büchern, die in Rußland schwer zu ersetzen waren, und sie beeilte sich, vor allem Bayles *Dictionnaire* zu retten, den sie zur Hälfte gelesen hatte. Inzwischen waren Bediente und Soldaten zusammengelaufen, die ihre Möbel hinausschleppten. Wegen des Mangels an Gerätschaften und weil die wenigen vorhandenen sich gerade unter dem brennenden

Saal befanden, büßte die Kaiserin fast ihre ganze ungeheure Garderobe ein, die sie nach Moskau mitgebracht hatte, annähernd viertausend Kleider. Das Bild, das in Katharinas Erinnerung am stärkten haftete, war »eine erstaunliche Menge von Ratten und Mäusen, die in langen Reihen, ohne sich sonderlich zu beeilen, die Treppen hinunterliefen«.

Nach dem Brande blieb Katharina sechs Wochen bei den Tschoglokows und zog dann in ein altes primitives Holzhaus, welches das Bischofshaus genannt wurde, weil die Kaiserin es einmal von einem Bischof gekauft hatte. Saltykow nahm sich eine unauffällige Wohnung in der Nähe, und dies erleichterte ihre Rendezvous. Vor dem nächsten Hofball gab Katharina vor, unwohl zu sein, und was sich daraus ergab, schilderte sie später einem Freund, wobei sie sich in der dritten Person anführt: »Sobald sie hörte, daß alle zum Hofball gegangen waren, stand sie auf, kleidete sich an und fuhr in einer Mietkutsche zu Saltykows Quartier. Der Geliebte dankte ihr dreimal für die Ehre, die sie ihm angetan hatte, und sie gelangte heil zurück in ihre Wohnung, ehe der Ball zu Ende war.«

Im neuen Jahr zeigten sich die ersten Zeichen der Schwangerschaft. Im vergangenen Sommer hatte Katharina nach zwei Monaten eine Fehlgeburt gehabt, doch jetzt fühlte sie sich kräftiger und nahm ihre Gesundheit in acht. Die Kaiserin, von der Tschoglokowa ins Bild gesetzt, atmete auf, erleichtert und zufrieden; und ohne nach den näheren Umständen zu fragen, ordnete sie an, Katharina im Schritttempo nach St. Petersburg zu fahren und bestellte eine Hebamme, die Tag und Nacht um sie sein mußte. Dann lud sie ihre Schwiegertochter auf ihr an der See gelegenes Landgut Peterhof ein, wo der Baumeister Rastrelli die kasernenartigen Häuser Peters des Großen mit einer breiten Barockfassade verkleidet hatte. Peterhof hatte einen schönen Park, mehrere Springbrunnen und eine Kaskade mit einem Glockenspiel; hier verbrachte Katharina einen friedlichen Sommer, machte lange Spaziergänge, genoß die kaiserliche Fürsorge und hoffte mit ganzen Herzen, daß ihr Kind ein gesundes Kind und ein Knabe werden würde.

Der Großfürst wußte natürlich, daß das Kind nicht von ihm stammte. Wahrscheinlich ahnte er, wer der Vater war, aber er schwankte, wie er sich verhalten sollte. Keine von zwei Möglichkeiten schien ihm verlockend. Er konnte Krach schlagen, doch würde er damit nur sein Versagen als Ehemann unterstreichen. Und er konnte die Situation so hinnehmen, wie sie war, so daß man glauben konnte, er sei der Vater, und dafür die Belohnung in Form größerer Freiheit und Aufmerksamkeit seitens der Kaiserin erhalten. Dies war der Weg, für den er sich entschied.

Im August kehrte Katharina in das Sommerpalais zurück, in ihre Wohnung, von der man nach Osten und Norden auf das Meer schauen konnte und die sie mit ihren eigenen geschmackvoll ausgesuchten Möbeln behaglich gemacht hatte. Am 19. September, als die Wehen begannen, wurde sie umquartiert. »Wie ein tödlicher Schlag traf es mich, als ich erfuhr, daß man für meine Niederkunft Zimmer herrichtete, welche an die Gemächer der Kaiserin stießen. Ich sah zwei Zimmer wie alle anderen im Sommerpalais, düster und nur mit einem Ausgang, schlecht in rotem Damast ausgestattet, fast ohne Möbel und jeder Bequemlichkeit bar.« Elisabeth, in einem gefütterten blauen seidenen Morgenrock, wachte nachts an Katharinas Bett, denn das Zimmer war kalt.

Gegen Mittag des folgenden Tages, nach schweren Wehen, schenkte Katharina einem gesunden Kind das Leben. Es war ein Knabe. Sie fand ihn wunderschön. Er wurde gewickelt und sogleich von Elisabeths Beichtvater auf den Namen Paul getauft, auf Wunsch der Kaiserin, die damit die vermeintliche Abstammung von Peter dem Großen hervorheben wollte, der den ältesten Sohn aus seiner zweiten Ehe Paul genannt hatte. Als Katharina die Kirchenglocken läuten hörte, als die Menschen auf den Straßen sangen und tanzten, und als sie am Abend das Feuerwerk vor ihrem Fenster sah, da wußte sie, daß es ihr endlich gelungen war, wenigstens zwei Punkte ihres Programms zu erfüllen – die Kaiserin und das russische Volk zufriedenzustellen.

9

Unbesonnenheiten

Nach der Geburt des Sohnes ließ ihn die Kaiserin sofort in ihre eigenen Gemächer bringen, und Katharina fand sich in der ungewohnten Umgebung alleingelassen, noch immer auf dem nackten, harten Kreißbett, in dem sie das Kind zur Welt gebracht hatte. Hinter ihr waren zwei große Fenster und an den Seiten zwei Türen, die beide nicht ordentlich schlossen. Die zugempfindliche Katharina spürte, daß sie eine Erkältung bekam, und bat, umquartiert zu werden, doch niemand wollte die Verantwortung auf sich nehmen, ohne die Kaiserin zu fragen, die vollauf mit dem Kind beschäftigt war. Erst am späten Nachmittag durfte Katharina in ihr eigenes Zimmer umgebettet werden; doch da hatte sie schon Rheumatismus in der linken Hüfte.

Die Schmerzen ließen sie nachts nicht schlafen, und ihre Tage waren einsam und unglücklich. Elisabeth erkundigte sich nach ihrem blauen Morgenrock, den sie verlegt hatte, doch nicht nach Katharinas Befinden. Peter verbrachte einen einzigen Abend bei ihr; und Sergej, als der Kammerherr des Großfürsten, konnte sie zwar häufig, doch notwendigerweise immer nur für wenige Minuten besuchen. Und was den kleinen Paul betraf, so war er ganz von der Kaiserin mit Beschlag belegt.

Am sechsten Tag nach der Geburt empfing Paul die Immersions-Taufe, und die Kaiserin schenkte Katharina ein Schmuckkästchen. »Es enthielt ein ärmliches kleines Kollier mit Ohrgehängen und zwei elende Ringe, die ich mich geschämt hätte, meiner Kammerfrau zu schenken.« Sie erhielt aber auch die übliche Donation von hunderttausend Rubeln, und das bedeutete ihr viel, denn sie konnte davon die siebzigtausend Rubel Schulden bezahlen, die ihre Mutter hinterlassen und die sie übernommen hatte. Peter forderte den gleichen Betrag und erhielt ihn auch – und nach vier oder fünf Tagen ließ der Schatzmeister Katharina bitten, das Geld leihweise zurückzugeben, denn die Kasse sei leer. Im Januar erhielt sie es wieder. Noch immer bekam sie nichts von ihrem Sohn zu sehen; nur heimlich konnte sie Nachricht über ihn erhalten. Elisabeth, kinderlos doch kindernärrisch, widmete sich ihm von morgens bis nachts. Aus Angst, er könne sich eine Erkältung zuziehen, wurde er in einem sehr heißen Zimmer ganz in Flanell gewickelt und in einer mit schwarzem Fuchspelz ausgeschlagenen Wiege mit einer wattierten Atlassteppdecke zugedeckt; darüber kam eine mit Fuchspelz gefütterte rote Samtdecke. »Ich selbst«, berichtete Katharina, »habe ihn später oft so liegen sehen: der Schweiß lief ihm über das Gesicht und den ganzen Körper herab. Das ist auch der Grund, weshalb er sich, als er älter war, beim geringsten Luftzug erkältete und krank wurde.«

Als sie wieder aufstehen konnte, erkundigte sich Katharina vorsichtig, wann man ihr wohl gestatten würde, ihr Kind zu sehen. Die spärlichen Antworten, die aus den Gemächern der Kaiserin drangen, waren unbestimmt und ausweichend, bis sie schließlich die volle Wahrheit erfuhr. Nachdem sie den Thronerben geboren hatte, war ihre Arbeit getan. Der Knabe gehörte Rußland und würde von der Kaiserin erzogen werden. Einige Male im Jahr würde seine Mutter ihn sehen dürfen, mehr hatte sie nicht zu erwarten.

Gleichzeitig versetzte man Katharina einen zweiten Schlag: Sergej Saltikow, dessen Besuche in dieser dunklen Zeit ihr einziger Trost gewesen, wurde von der Kaiserin beauftragt, sich nach Stockholm einzuschiffen, um dem König von Schweden die Kunde von der Geburt des russischen Thronerben zu überbringen.

Katharina fühlte sich höchst ungerecht behandelt. Den ganzen Winter hindurch bemühte sie sich zu erreichen, daß Sergej zum Karneval zurückberufen werde, doch als er am Fastnachtsdienstag endlich bei Hofe erschien und sie versuchte, die alten Fäden wieder aufzunehmen, merkte sie bald, daß er alles andere war, als der Held, den sie in ihm gesehen. »Eine Fliege, die in einen Milchtopf gefallen ist« – so hatte er sich einmal spöttisch selber bezeichnet, als er einen silberbestickten Rock trug; und nun sah Katharina, wie treffend das Bild war. Sergej hatte in Stockholm geflirtet, und nach seiner Rückkehr zog er unverbindliche Liebschaften mit Hofdamen seiner nun gefährlich gewordenen Verbindung mit Katharina vor. Außerdem fürchtete er die Kaiserin. Katharina sah ihn immer weniger, und seine Berufung zum Ministerresidenten in Hamburg beendete das dahinsiechende Verhältnis.

Katharina litt sehr in diesen schweren Monaten. Es schmerzte sie, daß Sergej sich als unzulänglich erwiesen hatte, und es schmerzte sie noch mehr, ihn davongehen zu sehen. Ihr Kind war ihr genommen worden, und jetzt verlor sie auch den Geliebten. Sie fühlte sich verzweifelt einsam, und erst beim Anbruch der warmen Jahreszeit und bei der Übersiedlung nach Oranienbaum lebte sie wieder auf.

Dort durfte Peter zum ersten Mal mit Soldaten aus Fleisch und Blut spielen. Ein holsteinisches Bataillon war aus Kiel herübergeholt worden, und der Großfürst war im siebenten militärischen Himmel, denn er konnte die Deutschen in blauen Uniformen nach Herzenslust exerzieren und manövrieren lassen. Abends saß er lange mit den Offizieren zusammen und trank mit ihnen englisches Bier.

Eines Morgens kam Peter, nicht ganz sicher auf den Füßen, in Katharinas Zimmer, von einem Herrn Zeitz begleitet, seinem Sekretär für die holsteinischen Angelegenheiten, der einige Schriftstücke in der Hand hielt. »Dieser Mann verfolgt mich mit seinen Papieren und Rechnungen«, sagte Peter mit schwerer Stimme. »Ich bin noch benebelt von gestern, und er kommt mir sogar in Ihr Zimmer nach.«

»Ich habe alles bei mir«, erklärte Herr Zeitz. »Es benötigt nur ein Ja oder ein Nein. Das Ganze dauert nicht länger als eine halbe Stunde.«

Katharina überflog die Papiere; dann bat sie Herrn Zeitz, die Fragen, auf die es ankam, laut vorzulesen, und antwortete nach bestem Wissen und Ermessen mit Ja oder Nein. »Sehen Sie, Hoheit«, sagte Herr Zeitz zu dem Großfürsten, der sichtlich beeindruckt zuhörte,

»wenn Sie geruhten, dies zweimal in der Woche zu tun, würde alles glatt gehen. Es handelt sich nur um Bagatellen, aber man muß sich damit befassen; und die Großfürstin hat mit sechs Ja und ebensoviel Nein alles erledigt.«

Peter war einverstanden, und von nun an wurde Katharina regelmäßig mit den holsteinischen Angelegenheiten betraut. Es machte ihr Freude, Ordnung in das Chaos zu bringen, und sie zeigte eine wirkliche Begabung für schnelle und vernünftige Entscheidungen. Ihr Gatte war entzückt, denn er konnte nun seine ganze Zeit seinem geliebten Exerzierplatz widmen, und nannte Katharina bewundernd »Madame la ressource«.

Das ferne Herzogtum Holstein, das neun Jahre lang das junge Paar getrennt hatte, brachte sie nun zusammen. Peter, der stolz seine eigenen holsteinischen Truppen kommandierte, sah dankbar, daß seine Frau geschickt Holsteins Staatsgeschäfte führte; er fühlte, daß sie endlich aktiv auf seiner Seite stand, und in diesem Sommer erlaubte er sich zum ersten Mal intime Beziehungen zu ihr.

Katharina gewährte sie ihm. Nach Sergejs erfahrenen Liebeskünsten mußten ihr Peters Annäherungsversuche bestürzend plump vorkommen. Er war immer noch gehemmt und alles andere als ein feuriger Liebhaber, und seine spärlichen Umarmungen bereiteten ihr wenig Vergnügen. Zwar empfand sie eine gewisse Genugtuung, daß sie endlich Ehefrau im vollen Sinne des Wortes geworden war, doch das stärkere Erlebnis dieses Sommers war für sie die Freude, die sie an der Politik und Verwaltung Holsteins hatte.

Sie hatte mit einem bloßen Ja oder Nein begonnen; doch bald übernahm sie die Initiative, besonders wenn es darum ging, ungerechte Urteile richtigzustellen. Sie fand zum Beispiel heraus, daß ein älterer Beamter namens Homer seit sechs Jahren in einem Gefängnis in Holstein saß, ohne daß ihm ein Prozeß gemacht worden war; nachdem sie die Akten geprüft und sich überzeugt hatte, daß nichts gegen ihn vorlag, veranlaßte sie seine Freilassung.

Aber Holstein war klein, und seine Angelegenheiten füllten ihre Tage nur zu einem geringen Teil aus. Ohne Liebhaber und ohne Kind hatte sie viel freie Zeit; doch durch die Mutterschaft gereift, genügten ihr Bälle und Gesellschaften nicht mehr. Sie brauchte gehaltvollere Nahrung. Von Holstein ging sie zu den weitaus größeren Problemen Rußlands über, und sie begann, russische Geschichte zu studieren. Die Bücher, die sie darüber erhalten konnte, waren unzulänglich, und so studierte sie in den Staatsarchiven viele Originaldokumente, wie zum Beispiel den Vertrag Iwans des Schrecklichen mit Elisabeth von England. Je mehr sie las, desto größer wurde ihr Interesse, und sie sah schon mit Ungeduld dem Tag entgegen, wo sie ihrem Gatten helfen würde, Rußland zu regieren. Sie war jetzt sechsundzwanzig, und in diesem Sommer wurde aus ihrem alten Traum, eine Krone zu tragen, nur um der Krone willen, der reifere und würdigere Wunsch, die Früchte ihrer Lektüre – sie trug stets ein historisches oder politisches Buch bei sich – zum Wohle Rußlands und des russischen Volkes zu verwenden.

Dieser bedeutsame Wandel in Katharinas Leben traf zusammen mit einer nicht weniger wichtigen Veränderung bei der Kaiserin. Etwa seit der Zeit, da sein Haus eingestürzt war, ging es auch mit Alexej Rasumowskij abwärts. Durch zu häufiges Wodka-Trinken war aus dem sanften Chorsänger ein streitsüchtiger Raufbold geworden, aus dem bezaubernden jungen Liebhaber ein reizbarer, alternder morganatischer Ehegatte. Elisabeth wurde seiner überdrüssig. Er blieb Hofjägermeister, aber die Rolle des »nächtlichen Kaisers« wurde einem jungen Edelmann aus einer armen, doch vornehmen Familie übertragen.

Iwan Schuwalow war ein Vetter von Peter und Alexander Schuwalow, die seinerzeit der Kaiserin zum Thron verholfen und viel Macht erworben hatten: Peter besaß das Salz-, Tabak- und Thunfisch-Monopol; Alexander das für Champagner und außerdem die Leitung der Geheimen Staatskanzlei, der die geheime politische Polizei unterstand. Iwan war zweiundzwanzig, als er Elisabeths Günstling wurde, kein so auffallend schöner Mann wie es Alexej gewesen – seine Bildnisse zeigen ihn mit schmalen, schrägen Augen und einem herabgezogenen, eigensinnigen Mund – doch weitaus intelligenter und belesener. Die Kaiserin war in vielen Dingen unwissend und ungebildet. Als sie einmal Statuen für ihren Sommergarten bestellte, ließ sie sich einen alten bärtigen Mann als Sappho und eine alte Frau mit Hängebrüsten als Avicenna aufschwatzen. Aber sie liebte das französische Theater und französische Eleganz, und da Iwan Schuwalow in der französischen Literatur bewandert war, ergaben sich gemeinsame Interessen, die ihre erotischen Beziehungen ergänzten.

Die Brüder Schuwalow waren ehrgeizig und energisch. Sie wollten die Günstlingsstellung ihres Vetters dazu benutzen, sich noch mehr politischen Einfluß zu sichern. Peter war ein Hans Dampf in allen Gassen – er hatte sogar eine Haubitze konstruiert – und als Nicolaj Tschoglokow starb, wurde Alexander zum Leiter des großfürstlichen Haushaltes bestellt. Die Brüder unterhielten Geschäftsbeziehungen mit Frankreich, und um dort mehr russischen Tabak absetzen zu können, waren sie für eine russisch-französische Allianz. Da sich die Kaiserin nach ihren Erfahrungen mit de la Chétardie dafür nicht erwärmen konnte, waren die Brüder Schuwalow besonders darauf erpicht, den Großfürsten für dieses Bündnis zu gewinnen. Katharina stand dem im Wege. Ihr Vater hatte in ganz Europa gegen Frankreich gekämpft, dem traditionellen Feinde Preußens und der kleinen deutschen Fürstentümer; doch vor allem sah sie selbst, daß die Macht Frankreichs im Sinken war, daß Ludwig XV. und seine Diplomaten schwach waren, so daß ihr eine Verbindung Rußlands mit Frankreich nur unheilvoll vorkommen konnte.

Als sie merkten, daß Katharinas Überzeugung in dieser Angelegenheit nicht zu erschüttern war, und daß sie ihren neugewonnenen Einfluß auf den Großfürsten benutzte, ihn ebenfalls dafür zu gewinnen, beschlossen die Schuwalows, Katharina mattzusetzen. Der britische Botschafter beschreibt einen ihrer ersten Schachzüge. »Madame (Alexej) Schuwalow, von der Zarin begünstigt und in alle ihre Amouren eingeweiht, hielt den jungen Prinzen (Paul) auf den Armen und fragte (aus Bosheit gegenüber der Großfürstin): ›Wem sieht er ähnlich?‹ ›Dem Vater natürlich‹, erwiderte die Kaiserin, und ›Das kann nicht sein‹, sagte die Schuwalowa, ›denn er ist ja ganz braun, und der Vater ist blond.‹ ›Also dann dem Großvater‹, meinte die Zarin, und die Schuwalowa sagte wieder ›Durchaus nicht‹, und diese Antwort machte die Kaiserin wütend, und sie sagte ›Hüten Sie Ihre Zunge, Sie Hexe; ich weiß, worauf Sie aus sind, Sie wollen andeuten, daß er ein Bastard ist, aber wenn er einer ist, dann wäre er nicht der erste in meiner Familie.‹« Denn die Kaiserin war selbst vor der Vermählung ihrer Eltern geboren worden.

Die Schuwalows wurden von diesem ersten Fehlschlag nicht entmutigt. Sie ließen nicht nur unwidersprochen, daß der Großfürst nicht der Vater des kleinen Paul sei, sondern überboten es mit einem noch kompromittierenderen Gerücht. Wer, so fragten sie, konnte beweisen, daß Paul der Sohn Katharinas war, die sich neun Jahre lang als unfruchtbar erwiesen hatte? Das Kind wuchs in den Gemächern der Kaiserin auf und wurde Tag und Nacht von ihr gehegt und gepflegt – war es nicht wahrscheinlicher, daß es ihr eigener Sohn war? In jedem Fall, so deuteten sie an, sei Katharina entbehrlich. Schon von dem Augenblick an, da sich Katharina entschlossen hatte, Peter zu helfen, Rußland zu regieren, wenn es soweit sein würde, erkannte sie, daß sich die Schuwalows dieser Absicht widersetzten. Es war nicht zu übersehen, daß sie seit dem Aufstieg Iwan Schuwalows die Gunst der Kaiserin verloren hatte. Am Jahrestag ihrer Krönung, als die Kaiserin in einsamer Pracht auf ihrem Thron im Kreml saß und weder Peter noch Katharina beim Staatsdiner neben sich sitzen ließ, wurde diese Handlungsweise von einigen Beobachtern als öffentliche Herabsetzung des Großfürsten und der Großfürstin gedeutet.

Katharina hatte die *Annalen* des Tacitus gelesen, und unter dem Eindruck dieses meisterhaften Berichtes über die Intrigen im frühen römischen Reich, begann sie, wie sie schreibt, »viele Dinge schwärzer zu sehen und tiefere und eigennützigere Motive in allem zu suchen, was sich um mich begab«. In ihrer Unsicherheit sah sie die Schuwalows in den düstersten Farben, sie bezeigte ihnen die tiefste Verachtung »und machte andere auf ihre Schlechtigkeit und Dummheit aufmerksam. Ich machte sie lächerlich, wo ich nur konnte...« Alexander litt an einer Zuckung der rechten Gesichtshälfte, und seine Frau, die Nachfolgerin der Tschoglokowa, die Katharinas Freiheit einzuschränken versuchte, wo immer sie dazu Ge-

legenheit fand, war eine steife Person, die niemals lächelte. Katharina nannte sie »die Salzsäule« und war überzeugt, daß sie, ihr Mann und ihr Schwager es darauf abgesehen hatten, sie zu vernichten. Bisher hatte sie sich bei Hofe stets gesittet benommen und sich bemüht, zu gefallen und Freunde zu gewinnen. Aber nun, in der Furcht verdrängt zu werden und von ihren trüben Vorstellungen gequält, ließ sie sich zu Unbesonnenheiten hinreißen. Sie machte überall sarkastische Bemerkungen über die Schuwalows, wies darauf hin, daß Madame Schuwalow trotz ihres Reichtums an ihren Kleidern knauserte, die stets zu eng und zu kurz waren; und am Spieltisch brachte sie jedermann durch eine gelungene Nachahmung von Alexanders Gesichtszucken zum Lachen. Sogar Peter, der die Schuwalows nicht besonders mochte, fand, sie ginge zu weit, und empfahl ihr, sich in ihrer beider Interesse zu zügeln. Doch Katharina hörte nicht auf ihn. Sie betrachtete die Schuwalows als ihre Todfeinde, die unschädlich gemacht werden mußten, wenn sie nicht selber ihr Opfer werden wollte.
Auf der Suche nach einem Bundesgenossen begann sie, sich Alexej Bestuschew-Rjumin zu nähern. Er war jetzt dreiundsechzig, seit elf Jahren Großkanzler, mit einer exzentrischen Frau und einem mißratenen Sohn gestraft, ein starker Trinker, aber noch immer ein ehrgeiziger und arbeitsamer Staatsmann. Er hatte Katharinas Mutter unfreundlich behandelt und die strengen Regeln für den großfürstlichen Haushalt aufgestellt, die von den Tschoglokows befolgt worden waren. Doch im Laufe der Jahre lernte Katharina seine Klugheit schätzen und seine Politik der Freundschaft mit Österreich, Frankreichs Gegner, anerkennen. Bestuschew seinerseits fühlte sich von den jungen Schuwalows und deren Freund, dem franzosenfreundlichen Vizekanzler Michael Woronzow, bedroht, und als Katharina andeutete, sie könnten in Zukunft einander unterstützen, stimmte er vorsichtig zu.
Kurz nach dieser Annäherung traf ein neuer britischer Botschafter ein, und auch dies erregte Katharinas Interesse. Sie wußte, daß Rußland seit langem Handelsbeziehungen zu England hatte, nur einmal unterbrochen, als 1649 Zar Alexej mißbilligte, daß die Engländer

ihren König Karl umbrachten; und durch Montesquieu war sie eine Bewunderin von Englands konstitutioneller Monarchie geworden. Charles Hanbury-Williams gewann sofort die Sympathie Katharinas, denn er war freimütig, originell und amüsant, und als sie erfuhr, daß er den Auftrag hatte, eine Allianz zwischen Rußland und England, dem traditionellen Feinde Frankreichs, auszuhandeln, kam er ihr noch näher. Sie hörte ihn mit Interesse von seinem letzten Gesandtenposten in Berlin erzählen und war schockiert, wie König Friedrich seine hübsche junge Frau drangsalierte. Und nach und nach und sehr vertraulich deutete sie an, daß auch sie Schwierigkeiten hatte.

Er wußte bereits, daß sie mit Bestuschew befreundet und daher ein wertvoller potentieller Bundesgenosse war. Als er von der Mißachtung hörte, die ihr zuteil wurde, behandelte er sie mit zarter Aufmerksamkeit, und Katharina fand in dem Engländer die anziehende Offenheit und Wärme, an der es Bestuschew mangelte. Sie fühlte sich sehr einsam und stets von den Schuwalows bedroht; und so begann sie, Sir Charles Briefe zu schreiben, und vertraute ihm ihre Befürchtungen an, als sei er ihr Beichtvater. Sie suchte Trost bei einem unabhängigen Mann, der ihr sympathisch war; doch dies wurde zu ihrer zweiten Unbesonnenheit. Denn für eine Großfürstin von Rußland war eine geheime politische Korrespondenz mit einem ausländischen Botschafter ein Verbrechen, das mit dem Herausschneiden der Zunge oder der Verbannung nach Sibirien bestraft werden konnte.

Katharina wunderte sich, weshalb sich die Kaiserin weniger und weniger sehen ließ. Elisabeth hatte sich stets einer guten Gesundheit erfreut; trotz ihres Gewichtes litt sie selten an etwas Schlimmeren als an Verstopfung oder Magenverstimmung. Aber das Zucken an den Augenwinkeln war ein warnendes Zeichen, daß Peters des Großen Blut in ihren Adern floß, und jetzt, in ihrem siebenundvierzigsten Jahr, begann Elisabeth wie ihr Vater an Krämpfen zu leiden. Manche betrachteten es als Hysterie, andere sprachen von Apoplexie oder sogar Epilepsie. Aber die Krämpfe, was immer sie sein mochten, machten sie stundenlang bewußtlos. Im Sommer

1756 wurde ihr Zustand beängstigend, so daß ihre Ärzte meinten, sie würde nicht mehr lange leben.

Anders als der kranke Ludwig XV. empfand die Kaiserin keine Reue über ihren Günstling und Liebhaber. Iwan Schuwalow hatte Tag und Nacht Zutritt zu ihrem Schlafzimmer, und durch ihn erfuhren die beiden Vettern Peter und Alexander, was sie zu wissen wünschten. Der Großfürst und die Großfürstin jedoch wurden nicht vorgelassen.

Katharinas Sorge um die Thronfolge wuchs sich zu einer panikartigen Angst aus. Durch ein Gesetz Peters des Großen bestimmte der Monarch allein seinen Nachfolger, der keineswegs der nächste Blutsverwandte zu sein brauchte. Die Kaiserin hatte ihren Neffen zu ihrem Erben erklärt, als sie ihn adoptierte; aber das lag jetzt fünfzehn Jahre zurück, und sie hatte seitdem nichts unternommen, um diese Entscheidung zu bekräftigen. Und Katharinas Stellung war noch unsicherer als die ihres Gatten. Peter der Große hatte seine Frau zugleich mit seiner eigenen Thronbesteigung krönen lassen, doch das war kein gutes Omen für sie, falls der Großfürst je zur Herrschaft gelangen sollte. Als sie sich verlobten, hatte ihre Mutter vorgeschlagen, Katharina zur *nasledniza* zu machen – das bedeutete, sie würde ihrem Gatten auf den Thron folgen, wenn er vor ihr stürbe – aber die Kaiserin hatte nicht zugestimmt.

Katharina wußte, daß ihr Hauptanspruch, nämlich die Mutter von Peters Sohn zu sein, nicht unangefochten war. Was lag näher, als daß die Schuwalows die Schwäche der Kaiserin ausnutzen würden, um Katharina, ihre Feindin, und vielleicht auch Peter, förmlich von der Thronfolge auszuschließen? Katharina hörte Gerüchte, daß der entthronte, jetzt sechzehnjährige Zar Iwan VI. in den Palast gebracht worden sei und die Kaiserin ein geheimes Gespräch mit ihm geführt habe. Vielleicht sollte Iwan ihr Nachfolger werden, mit den Schuwalows als Regenten; oder, was noch wahrscheinlicher war, der kleine Paul, ebenfalls unter der Regentschaft der Schuwalows.

In dieser Krise handelte Katharina mit großer Tatkraft. Sie veranlaßte Bestuschew, ein Geheimdokument aufzusetzen, kraft dessen sie Peters Mitregentin werden würde. Dann wandte sie sich an

Hanbury-Williams. Sie brauche dringend Geld, erklärte sie ihm, um die Kammerfrauen der Kaiserin zu bestechen, damit sie über deren Gesundheitszustand auf dem laufenden gehalten werde, und um einflußreiche Freunde zu gewinnen, die sie nötig haben würde, wenn die Kaiserin nicht mehr am Leben sei. »In Rußland«, sagte sie, »geht nichts ohne Geld.« Wenn der König von England ihr ein Darlehn gewährte, würde sie ihm einen eigenhändigen Schuldschein geben und es zurückzahlen, sobald sie dazu in der Lage wäre. »Wieviel brauchen Sie?« fragte Sir Charles. Ohne mit der Wimper zu zucken, antwortete sie: »Zehntausend Pfund!«

Das war in der Tat ein enormer Betrag. Aber Sir Charles überzeugte den britischen Finanzminister, daß es kein zu hoher Preis sei, um zu verhindern, daß die anglophile Großfürstin von der Macht ausgeschlossen werde, und um ihn, wie sie versprach, dabei zu unterstützen, den Plan der Schuwalows für eine französisch-russische Allianz zu blockieren.

Katharina bekam ihre zehntausend Pfund. Und das war ihre dritte Unbesonnenheit – von einer fremden Macht Geld zu nehmen, um damit die russische Politik zu beeinflussen. Einen Teil davon gab sie sofort für Bestechungen aus. »Wenn die Vorkehrungen, die ich treffe«, schrieb sie an Hanbury-Williams, »um zu gegebener Zeit informiert zu werden, nicht fehlschlagen, und wenn nur eine von acht Personen mir einen Wink gibt, dann müßte ich schon einen großen Fehler begehen, wenn sie [die Schuwalows] die Oberhand gewinnen. Seien Sie versichert, daß ich niemals so schwach und leichtsinnig handeln werde wie der König von Schweden, und daß ich entweder herrschen oder untergehen werde.« Worauf Sir Charles erwiderte: »Sie sind zum Befehlen und Herrschen geboren, und nur das Alter wird Sie auslöschen.«

Dann arbeitete sie in allen Einzelheiten einen Plan aus, für den Fall, daß die Kaiserin sterben würde: sich des kleinen Paul bemächtigen und ihn in ihr Zimmer tragen; Bestuschew und einen anderen Freund, General Apraksin kommen lassen; in das Schlafzimmer der toten Kaiserin gehen und den Hauptmann der Leibwache nicht nur auf Peter als Zaren, sondern auch auf sich als Zarin zu vereidigen.

Katharina war stark genug, diesen gewagten Plan durchzuführen, doch nicht stark genug, ihn bei sich zu behalten. Sie mußte sich einfach jemandem anvertrauen. Und so schrieb sie alles, was sie vorhatte, ihrem neuen Freund, und er antwortete mit klugen Verbesserungsvorschlägen: »Wenn ein Testament gefunden wird und es nicht ganz und gar vorteilhaft für Sie ist, wäre es am besten, es verschwinden zu lassen. Berufen Sie sich auf keinen Rechtsanspruch, sondern auf die Abstammung von Peter dem Großen.«

Inzwischen mußte Katharina ihren Verpflichtungen aus diesem Geschäft nachkommen. Unter anderem hatte Hanbury-Williams von ihr verlangt, einen Gesandten-Austausch zwischen Rußland und Frankreich zu verhindern – es hatte einen solchen seit La Chétardies Fauxpas nicht mehr gegeben. Als man Peter einen Kabinettsentwurf zur Unterschrift vorlegte, der die Wiederaufnahme gesandtschaftlicher Beziehungen befürwortete, empfahl ihm Katharina in ihrer Rolle als »Madame Ressource«, nicht zu unterzeichnen. Peter stimmte ihr zu. »Man wird mich niemals«, sagte er, »zwingen können, unehrenhaft zu handeln, indem ich etwas unterschreibe, das ich nicht gutheiße.«

Dies berichtete Katharina Sir Charles. Aber die Kaiserin machte ihrem Neffen Vorhaltungen, und drei Tage später mußte Katharina ihrem englischen Freund schreiben: »Der Großfürst gab heute morgen seine Unterschrift und sagte zu Alexander Schuwalow, er täte es, um der Kaiserin einen Gefallen zu tun und keineswegs, weil er es billige.« Peter hatte vor allem die Thronnachfolge im Sinn.

Die Franzosen überschwemmten St. Petersburg mit Agenten. Makkenzie Douglas, ein königstreuer schottischer Emigrant und vorgeblicher Bergbau-Ingenieur, und der Chevalier d'Eon, ein Transvestit, der sich leicht in Frauenkleidern tarnen konnte, waren die rührigsten; und Katharina war von Hanbury-Williams gebeten worden, ihre Arbeit zu unterbinden. Eines Tages erschien ein berühmter französischer Miniaturist namens Sampçoi, um dem Großfürsten seine Arbeiten zu zeigen. Er begann eine Konversation, und nach einigen sarkastischen Bemerkungen sagte er in fragendem Ton: »Man sagt, Ihre Kaiserliche Hoheit sei sehr beunruhigt über einen französischen Botschafter, und befürchte, der Mann, der kommen soll, werde gegen die Thronfolge intrigieren.« »Kümmern Sie sich um Ihre Angelegenheiten«, antwortete Peter; doch Katharina, die das Gespräch mitangehört hatte, fand die Erwiderung nicht stark genug. Sie war überzeugt, daß Sampçoi mit Douglas zusammenarbeitete, und nachdem sie den Franzosen in ihr Zimmer gebeten und die Tür geschlossen hatte, sagte sie:

»Kennen Sie die Gesetze des Landes, in welchem Sie sich in derartige Dinge einmischen?«

»Nein«, sagte der Franzose und wurde blaß.

»Nun«, fuhr Katharina in scharfem Ton fort, »dann sollten Sie sie kennen. Wer von solchen Dingen spricht oder sie nur erwähnt, wird auf Festung geschickt. Sagen Sie denen, die billigen, was Sie tun oder Sie geschickt haben, um solche Bemerkungen zu machen, daß man ihre Boten aus dem Fenster werfen wird.« Dann entließ sie Sampçoi und blieb fortan von französischen Spionen verschont.

Den ganzen Sommer und Herbst 1756 dauerte diese Krisis an. Die unsichtbare Kaiserin schien zu verfallen; am 14. Oktober wurde berichtet, »ihre Füße und Arme waren kalt wie Eis, die Augen ohne Sicht«. Iwan Schuwalow wachte an ihrem Bett, während Katharina mit dem englischen Geld den Plänen der Schuwalows hinsichtlich der Thronfolge und des Bündnisses mit Frankreich entgegenarbeitete. Die Spannung wuchs und wurde fast unerträglich: »Ich habe beinahe jeden Tag Migräne«, schrieb sie an Sir Charles, der selber an Diarrhöe und an Leberbeschwerden litt.

Er war mit Katharinas tatkräftiger Arbeit zu seinen Gunsten hoch zufrieden. Diese außerordentlich hübsche junge Dame erwies sich, im Gegensatz zu ihrer Mutter, als eine besonders tüchtige Geheimagentin. Katharina ihrerseits war Sir Charles zutiefst dankbar für das Darlehn und seine Ermutigung. Während die Gefahr sie einander näherbrachte, fühlte sie sich gedrängt, ihm ihre ganze Lebensgeschichte anzuvertrauen, und sie schüttete in einem vierzig Seiten langen Schreiben ihr Herz aus und offenbarte ihm ihre Prüfungen und Mißgeschicke am kaiserlichen Hof und ihre neunjährige eheliche Frustration.

Hanbury-Williams war geschmeichelt, gerührt und tief bewegt. Seine Bemerkungen über die Großfürstin in seinen amtlichen Berichten wurden unverkennbar wärmer und gaben in London zu Spekulationen Anlaß. Lord Holderness meinte: »Mir scheint, Sie haben mehr Waffen für den Dienst an ihrem König zur Verfügung als Ihre Zunge und Ihre Feder«; worauf Sir Charles antwortete: »In meinem Alter« (er war achtundvierzig) »kann man ein guter Freund sein, doch nur noch ein dürftiger Liebhaber. Mein Zepter regiert nicht mehr.«

Er unterschätzte Katharinas Anziehungskraft und seine eigene Empfänglichkeit dafür. Allein in seinem bewachten Hause an der Newa, zwischen seinen Goldfischen und seinem Dresdner Porzellan, unter der russischen Kälte leidend und entmutigt von der offenbar wachsenden Macht der Schuwalows, lebte Sir Charles mehr und mehr für Katharinas Briefe und die seltenen geheimen Zusammenkünfte mit ihr. Endlich ließ auch er seinen Gefühlen freien Lauf und schrieb ihr: »Mein Herz, meine Seele und mein Leben gehören Ihnen. Ich sehe Sie als ein Geschöpf, das mir ganz und gar überlegen ist. Ich verehre Sie, und meine Verehrung geht so weit, daß ich fest glaube, ich bin nichts ohne Sie.«

Es kam nicht alle Tage vor, daß eine Großfürstin von Rußland eine Liebeserklärung von einem ausländischen Gesandten empfing; doch in jenen spannungsgeladenen Monaten der verschlungenen Intrigen und Gegenintrigen, wo die Regeln des normalen Lebens aufgehoben schienen, wurde dieses ungewöhnliche Ereignis von einem noch ungewöhnlicheren übertroffen.

Hanbury-Williams hatte seinen Sekretär nach Rußland mitgebracht, Stanislaus Poniatowski, einen jungen polnischen Edelmann, der mütterlicherseits aus einer der mächtigsten Familien Polens stammte, den Czartoryski. Er war Adjutant des Marschalls von Sachsen gewesen und hatte seine Ausbildung in Paris vollendet, wo er von Madame Geoffrin protegiert wurde und durch seine geistvolle Konversation beliebt war. Jetzt, zweiundzwanzig Jahre alt, war er mit dem britischen Botschafter nach St. Petersburg gekommen, um Kontakte aufzunehmen, die für die rußlandfreundliche Familie Czartoryski von Nutzen sein konnten.

Er hatte ein hübsches herzförmiges Gesicht mit etwas kurzsichtigen haselnußbraunen Augen, die ihm einen leicht schwärmerischen Ausdruck gaben. Dies paßte zu seinem Charakter, denn er war ein Jüngling mit Grundsätzen, der seiner Mutter versprochen hatte, nicht zu spielen, nicht zu trinken und nicht vor seinem dreißigsten Lebensjahr zu heiraten. Er sprach sechs Sprachen und konnte klug und unterhaltend über Bücher und Bilder sprechen; alles in allem war er das Musterbild eines kultivierten Europäers.

Nicht lange nach seiner Ankunft lernte er Katharina kennen. Er beschreibt sie folgendermaßen: »Ein Teint von betörender Weiße, große blaue Augen, lange dunkle Wimpern, eine gerade Nase, ein Mund, der zum Küssen einzuladen schien; herrlich gemeißelte Arme und Hände, ein schlanker Wuchs, eher groß als klein, ein leichter und doch adliger Gang; die Stimme angenehm und ihr Lachen fröhlich; sie konnte gleicherweise die kindlichsten und tollsten Spiele spielen wie die schwierigsten Rechnungen vollziehen...«

Bald sah sich Katharina als Gegenstand seiner Aufmerksamkeit. Auf den Hofbällen tanzte er so oft mit ihr, wie es anging; in der Oper waren seine Blicke mehr auf ihre Loge gerichtet als auf die Bühne, und er begann, ihr verstohlene Komplimente zu machen. Sie wußte, daß Sir Charles sehr viel von Stanislaus hielt, und sie selber fand ihn nicht nur schön – besonders seine Augen –, sondern höchst interessant, denn gut erzogene junge Männer mit Pariser Manieren waren in Rußland selten. Sie genoß seine Gesellschaft, und als er für kurze Zeit nach Polen reisen mußte, stellte sie fest, daß sie ihn vermißte. Nach seiner Rückkehr, nunmehr bereits als sächsischer Gesandter für Rußland, unternahm sie mit ihrem neuen Verehrer nächtliche Schlittenfahrten. Und zur gleichen Zeit, als Sir Charles Katharina sein Herz öffnete, empfing sie die Liebeserklärung Stanislaus Poniatowskis.

Zwischen dem Älteren, den sie hoch schätzte, doch mehr als Beichtvater denn als Liebhaber, und dem schönen jungen Stanislaus mit dem polnischen Hauch von Poesie über allem, was er sagte und tat, zögerte Katharina nicht lange. Sie war bereits dem Zauber des Fremden verfallen, von dem sie später sagen sollte: »Ich schätze und liebe ihn mehr als die ganze übrige Menschheit.«

Als sie ihre Gefühle kannten und Stanislaus sie bedrängte, seine Geliebte zu werden, stand Katharina vor der Frage: was nun? Sie sah die Gefahr. Eine Affäre mit einem russischen Höfling mit Duldung oder gar auf Befehl der Kaiserin war das eine; ganz etwas anderes war jedoch die Liebe zu einem ausländischen Diplomaten, den noch dazu, keiner wußte genau warum, die Kaiserin nicht mochte – vielleicht weil seine Großmutter eine Gegnerin Peters des Großen gewesen war. Eine solche Beziehung einzugehen zu einer Zeit, da die Kaiserin schon im Sterben zu liegen schien und Katharina alle ihre Nerven anspannen mußte, wenn sie die Thronnachfolge sichern wollte – das war gefährlich bis zur Tollheit.
Wenn sie ihrem Drei-Punkte-Programm treu geblieben wäre, das sie zur Zeit ihrer Vermählung aufgestellt hatte, dann hätte sie Stanislaus zurückgewiesen, als er ihren Mund küssen wollte, der ihn zum Küssen einzuladen schien. Aber sie war nicht nur eine vernünftig kalkulierende Frau. Sie fühlte sich einsam, unsicher und suchte Liebe, und so entschied sie, daß es Zeiten gäbe, wo eine Frau ihren Gefühlen nachgeben müsse. »Man kann nicht«, schrieb sie, »sein Herz in den Händen halten und es das eine Mal bezwingen und ein anderes Mal gewähren lassen.«
Katharinas Aussichten, auf den Thron zu gelangen, hingen vor allem davon ab, wieweit sie »russisch« war. Doch nun, im kritischen Augenblick, während des Winters von 1756, beschloß sie, ihrem Herzen zu folgen und in Stanislaus Poniatowski sich einen nichtrussischen Geliebten zu nehmen. Das war ihre vierte und gefährlichste Unbesonnenheit.

10

In Ungnade

In ihrer Kindheit hatte Katharina jeden Tag die preußische Armee vor Augen gehabt, Truppen blau-uniformierter, exakt gedrillter Soldaten, die von ihrem Vater kommandiert und regelmäßig von dem strengen, seinen Stock schwingenden König Friedrich Wilhelm inspiziert wurden. Die Paradetruppen jener ruhigen Tage hatte Friedrich II. zum Schrecken Europas gemacht. Dieser neue König, ein Monarch, wie ihn die Welt bisher noch nicht gesehen, der sieben Tage der Woche für Preußens Macht und Größe arbeitete, hatte bereits der österreichischen Kaiserin Schlesien entrissen; im August 1756 begann er den dritten Eroberungskrieg und ließ seine geschulten Grenadiere in Sachsen einmarschieren.

Preußen war mit England, Österreich mit Frankreich verbündet. Rußland hatte einen zehn Jahre alten Defensiv-Vertrag mit Österreich und war nicht verpflichtet einzugreifen, als Österreich, und später Frankreich, Sachsen zu Hilfe kamen. Katharina zum Beispiel hätte es für einen Fehler gehalten. Aber die Kaiserin haßte Friedrich – »er macht alles Heilige lächerlich und geht nie zur Kirche« – und von den Schuwalows ermutigt, trat sie im Januar 1757 an die Seite Österreichs und Frankreichs gegen Preußen, in dem Kriege, der als der Siebenjährige bekannt wurde.

In St. Petersburg sprach man nur noch von Truppen, Geschützen, Munition und Proviant; und Peter Schuwalow als Kommandant der Artillerie tat sich noch mehr hervor als bisher. Er erhielt die Erlaubnis, dreißigtausend Rekruten auszuheben, die unter seinem direkten Befehl standen und das Reservecorps genannt wurden. Das war schlimm für Katharina, die sich im Notfall nur auf fünf Gardeoffiziere, die 250 Mann befehligten, stützen konnte. Sie schrieb Hanbury-Williams über Peter Schuwalow: »Man nennt ihn einen zweiten Godunow.« Boris Godunow war 1598 Zar geworden, nachdem er den Thronfolger hatte umbringen lassen.

Was sollte sie tun? Unter den Männern, deren Freundschaft sie seit mehreren Jahren gepflegt hatte, war Graf Stepan Apraxin. Er gehörte zum alten Adel, hatte sich im Türkischen Krieg von 1737–39 bei der Belagerung von Otschwakow ausgezeichnet und wurde russischer Gesandter in Persien. Er war reich, lebte großzügig und besaß eine große Sammlung von Schnupftabaksdosen, eine für jeden Tag des Jahres. Sir Charles beschreibt den jetzt Vierundfünfzigjährigen als »sehr korpulent, träge und sicher nicht sehr tapfer«. Er hatte jedoch großen Einfluß als enger Freund des Großkanzlers Bestuschew, und er mochte Katharina.

Sie fragten beide Apraxin, ober er es mit Peter Schuwalow aufnehmen könne, falls dieser sein Reservekorps ins Treffen führen würde, um die Macht zu ergreifen. Apraxin sagte nach einiger Überlegung zu, und Katharina konnte wieder freier atmen. Aber ihre Seelenruhe dauerte nicht lange. Die Kaiserin ernannte Apraxin zum Oberbefehlshaber im Range eines Generalfeldmarschalls und befahl ihm, unverzüglich zur preußischen Front aufzubrechen.

Katharina und Bestuschew merkten, daß die Schuwalows hierbei ihre Hand im Spiel gehabt hatten. Sie glaubten, daß für Rußland nichts zu gewinnen war, wenn es für Österreich kämpfte, und daß sie selber alles verlieren konnten, wenn Apraxin abreiste. Dieser schien es jedoch nicht eilig zu haben, es mit Friedrichs kriegserprobten Grenadieren aufzunehmen; und Katharina nötigte ihn mit Bestuschews Billigung, seinen Aufbruch hinzuzögern. Um es zu tarnen, schrieb sie Bestuschew für seine Akten: »Ich habe mit Vergnügen gehört, daß unsere Armee sich anschickt, unsere Kriegserklärung in die Tat umzusetzen – es wäre eine Schande für uns alle, wenn Rußland seinen Verpflichtungen nicht nachkäme. Ich bitte Sie, unseren gemeinsamen Freund [Apraxin] zu ersuchen, den König von Preußen, sobald er ihn geschlagen hat, in seine alten Gren-

zen zurückzuverweisen, damit wir nicht ständig auf dem *qui vive* sein müssen.«
Apraxin vertrödelte das Frühjahr 1757 in St. Petersburg unter dem Vorwand, daß sein Reisezuschuß nur sechstausend Rubel betrüge, den vierten Teil dessen, was ihm seinem Range nach zukäme. Doch nachdem dies und andere Dinge geregelt waren, mußte er schließlich dem kaiserlichen Befehl gehorchen, und Mitte Mai verließ der stattliche Marschall die Hauptstadt, von fünfhundert Pferden begleitet, die sein persönliches Gepäck trugen. Sobald er Pulver roch, schien er wieder aufzuleben; es gelang ihm, die Preußen aus der Festung Memel zu vertreiben und am 10. August 1757 bei Großjägersdorf glänzend zu schlagen. Ostpreußen lag offen vor ihm, und der russische Hof erwartete, er würde unverzüglich die ganze Provinz erobern. Statt dessen zögerte er volle zwei Wochen und kehrte in die Sicherheit der Festung Memel zurück.
Als die Kaiserin von Apraxins Rückzug erfuhr, taumelte sie aus der Dorfkirche, wo sie die Messe gehört hatte, und brach bewußtlos auf dem Rasen zusammen. Sie wurde zur Ader gelassen, in den Palast getragen, und als sie wieder Besuch empfangen konnte, kamen der neuernannte französische und der österreichische Botschafter und beklagten sich bitter über Apraxins »Flucht«, die in beschämendem Widerspruch zu den glorreichen Siegen von Elisabeths Vater in der gleichen Gegend stand.
Katharina war insgeheim von Apraxins Rückmarsch befriedigt, da der Feldmarschall von Memel aus ihr im Notfall besser helfen konnte. Als sie später ihre Memoiren schrieb, bestritt sie, Apraxin dazu veranlaßt zu haben, und dies mag stimmen, denn der akute Anlaß zu dem Rückzug scheint ein Versagen des Versorgungs-Nachschubs gewesen zu sein. Aber vermutlich hat Katharina, in Übereinstimmung mit Bestuschew, Apraxin davon zu überzeugen gewußt, daß die Thronnachfolge wichtiger war als ein Sieg über Friedrich. Jedenfalls soll er, wie sie Hanbury-Williams mitteilte, vor der Abreise aus St. Petersburg zu ihr gesagt haben: »Wenn der König von Preußen mich angreift, werde ich kämpfen; wenn nicht, werde ich abwarten.« Und Katharina hat an den Feldmarschall mehr als

einen Brief gerichtet. Als sie von seinem Rückzug nach Memel hörte, hielt sie es freilich für klug, ihm in einem anderen Ton zu schreiben, um sich zu decken. Sie warnte Apraxin vor den bösartigen Gerüchten, erklärte ihm, daß es seinen Freunden schwer falle, die Schnelligkeit dieses Rückzuges zu rechtfertigen, und bat ihn, sich wieder an die Front in Bewegung zu setzen.

Die Kaiserin, gedrängt von den Schuwalows und dem französischen Botschafter, befahl, den Generalfeldmarschall Apraxin seines Kommandos zu entheben, zu arretieren und vor ein Kriegsgericht zu stellen. Das war zu viel für den korpulenten General; am gleichen Tag, an dem er ins Kreuzverhör genommen werden sollte, erlitt er einen Schlaganfall und starb – nicht ohne vorher Peter Schuwalow seine persönlichen Papiere und Briefe auszuhändigen, darunter auch die, welche ihm Katharina geschrieben hatte.

Das war ein vernichtender Schlag für sie. Gern hätte sie sich ihrem englischen Freund anvertraut, aber Hanbury-Williams, dem es nicht gelungen war, die französisch-russische Annäherung zu verhindern, war nach London zurückberufen worden. Katharina schrieb ihm: »Ich liebe Sie wie meinen Vater, und ich schätze mich glücklich, Ihre Zuneigung erworben haben zu können«; und sie weinte den ganzen Tag, als er abreiste. Das Beunruhigende an der Sache war, daß die Kaiserin Sir Charles einen »Betrüger, Verräter und Ränkeschmied« nannte – Worte, die vermuten ließen, daß sie mehr wußte, als Katharina lieb war. Sich in militärische Angelegenheiten gemischt, von einem Verbündeten Preußens Geld genommen zu haben – in Anbetracht dessen, daß Rußland Krieg führte, lief eine solche Handlungsweise auf Hochverrat hinaus, wofür die Todesstrafe verhängt werden konnte.

Zur gleichen Zeit erlebte Katharina die ersten aufregenden Stadien ihrer neuen Liebe. In Männerkleidung schlich sie sich an der »Salzsäule« vorbei und eilte zu einem Rendezvous, oft in die Wohnung von Leo Naryschkin, der den Kuppler spielte. Oder Stanislaus Poniatowski kam, mit einer blonden Perücke über seinem dunklen Haar, als einer der großfürstlichen Musikanten über die Dienstbotentreppe in ihr Schlafzimmer. Er war mehr als Sergej bereit, die

Gefahren auf sich zu nehmen, an denen Katharina Vergnügen hatte; war auch aufrichtiger, und wenn er ihr sagte, er würde sie immer lieben, wußte Katharina, daß sie ihm glauben konnte. Dann hatte er auch so viel Interessantes zu erzählen; er war in London gewesen und wußte Geschichten über den König, dessen Geld sie geliehen hatte; er war ein Kunstkenner und kannte die französischen Autoren, deren Werke sie gelesen hatte, persönlich.

Katharina behandelte ihr Liebesabenteuer mit Diskretion, denn sie wollte ihre Stellung nicht noch mehr erschweren, und sie setzte die ehelichen Beziehungen zu Peter fort, wenn er, selten genug, geruhte, sie aufzusuchen. Im Frühling 1757 fühlte sie sich zum zweiten Mal Mutter. Sie war ziemlich sicher, daß das Kind von ihrem Liebhaber war, hoffte jedoch, ihr Gatte würde glauben, es sei von ihm. Peter hingegen, dem Katharinas häufige nächtliche Eskapaden nicht entgangen waren, sagte: »Ich habe keine Ahnung, woher meine Frau ihre Schwangerschaft nimmt... ich weiß nicht, ob ich das Kind als das meine anerkennen soll.«

Als Katharina dies zu Ohren kam, entschied sie, daß die beste Verteidigung der Gegenangriff sei, und sie sagte zu Naryschkin: »Fragen Sie den Großfürsten, ob er schwören kann, nicht mit seiner Frau geschlafen zu haben. Und wenn er es beschwört, dann sagen Sie ihm, daß Sie unverzüglich Alexander Schuwalow als Chef der Geheimpolizei unterrichten werden, damit er entsprechende Schritte unternimmt.« Als Peter diese Antwort hörte, sagte er zu Naryschkin: »Scheren Sie sich zum Teufel und reden Sie nicht mehr darüber.«

Das Kind, diesmal ein Mädchen wurde am 9. Dezember 1757 geboren. Katharina schlug vor, es Elisabeth zu nennen, doch die Kaiserin lehnte die Ehrung ab und ließ es Anna Petrowna taufen. Wieder wurde es, wie drei Jahre zuvor der kleine Paul, der Mutter weggenommen und in die Gemächer der Kaiserin gebracht, wo Flanell und Pelzdecken auf es warteten. Diesmal, darauf vorbereitet, nahm es sich Katharina weniger zu Herzen, und Peter bekannte sich glücklicherweise zur Vaterschaft, ordnete in Holstein einen öffentlichen Feiertag an, während Katharina die Besuche des schönen Stanislaus in ihrem Schlafzimmer empfing.

So schien alles gut zu gehen, bis Katharina durch Naryschkin einen Brief erhielt, in dem ihr Stanislaus Poniatowski mitteilte, daß am Abend zuvor Graf Bestuschew seiner Ämter enthoben und verhaftet worden sei. Zuerst wollte sie es nicht glauben. Der Großkanzler von Rußland, zwölf Jahre lang die Säule des Reiches – verhaftet! Ihr einziger verläßlicher Freund in hoher Stellung – seiner Ämter beraubt! Aber es war leider nur zu wahr.
»Mit einem Dolch im Herzen« ging sie zur Messe und anschließend zur Hochzeit ihres Freundes Leo Naryschkin. Sie zwingt sich zu einem unbekümmerten Auftreten und fragt den Fürsten Trubetzkoj, ein Mitglied der Dreierkommission, die Bestuschew verhört hatte: »Was gibt es Neues? Haben Sie mehr Verbrechen als Verbrecher oder mehr Verbrecher als Verbrechen gefunden?«
Worauf Trubetzkoj erwiderte: »Wir haben nur getan, was uns befohlen wurde. Was die Verbrechen betrifft, so suchen wir noch.«
Die Untersuchungen gingen um Haaresbreite an Katharina vorbei. Der italienische Juwelier Bernardi, der Briefe für sie vermittelt hatte und ihre Korrespondenz mit Hanbury-Williams kannte, war gleichfalls festgenommen worden, außerdem ihr Freund Adodurow, bei dem sie Russisch gelernt und der sich inzwischen als Verfasser mathematischer Abhandlungen einen Namen gemacht hatte. Was diese unter der Folter aussagen mochten, daran wagte sie nicht zu denken. Unter Bestuschews Papieren befand sich auch der Entwurf für die Thronfolge; doch Katharina kann aufatmen, als es ihm gelingt, ihr eine kurze Mitteilung zukommen zu lassen, daß er »alles ins Feuer geworfen« habe. Auch sie verbrennt alles und verschont dabei nicht einmal ihre privaten Aufzeichnungen.
Es sieht ganz so aus, als sei sie verloren. Bei Hof wird sie gemieden; niemand will die Freundin des gestürzten Großkanzlers kennen, niemand mit der »Ausländerin« gesehen werden, die mit dem Verräter Apraxin im Einverständnis gewesen war. Katharina schließt sich in ihr Zimmer ein; ihre einzige Gesellschaft, nachdem man ihr die Kinder genommen, sind ihr Hund und ein Papagei.
Auch der Großfürst blieb von dem Kriegsgeschehen nicht unbeeinflußt. Als der große militärische Experte, für den er sich hielt,

hatte er einen Sitz im Kriegsrat oder ein Kommando an der Front für sich erwartet. Statt dessen wurde er ignoriert, bis schließlich die Schuwalows, die vielleicht seine Dankbarkeit zu gewinnen hofften, ihm die Leitung des Petersburger Kadetten-Korps anboten. Peter nahm an, doch mit Kadetten zu exerzieren, war ein Kinderspiel, und im Herzen fühlte er sich erniedrigt.
Als Knabe war er einmal in Berlin gewesen und tief beeindruckt von den dortigen Militärparaden: schnurgerade Reihen von untadelig gedrillten Soldaten, die sich wie Automaten bewegten. Er bewunderte den König Friedrich und dachte wehmütig, daß er jetzt vielleicht Oberst in seiner Elite-Armee sein könnte, wenn ihn seine Tante nicht nach Rußland geholt hätte. Je mehr ihm sein eigenes Leben verfehlt vorkam, desto mehr steigerte er sich in die Verehrung des Preußenkönigs hinein. Er hoffte sogar, daß Friedrich siegen möge und so der Kaiserin, die ihn demütigte, einen Denkzettel erteilen – der Hure des Nordens, wie Friedrich sie verächtlich nannte.
Über Großjägersdorf und die weiteren Rückschläge, die Preußen erlitt, war Peter insgeheim verzweifelt. Er schrieb an Iwan Schuwalow Briefe in schlechtem Französisch, in denen er sich als »krank und in höchstem Grade niedergeschlagen« bezeichnete und den Günstling der Kaiserin bat, er möge sie dazu überreden, ihn für einige Jahre ins Ausland reisen zu lassen.
In diesen Wochen hätte der Großfürst den Beistand seiner Gattin gut gebrauchen können. Aber die Kaiserin hatte Katharina untersagt, sich mit den holsteinischen Angelegenheiten zu befassen, und der Mann, der ihr dabei geholfen, ein Herr von Stambke, wurde heimgeschickt. So war ihre Rolle als »Madame la Ressource« ausgespielt; an den Abenden schien sie immer Kopfweh zu haben; Peter wurde mißtrauisch, und dies trug nicht dazu bei, seine Stimmung zu heben. So verfiel er darauf, bei einer Hofdame Katharinas Trost zu suchen. Es war Elisabeth Woronzow, die Nichte (Tochter?) des Vizekanzlers Michael Woronzow, des Nachfolgers Bestuschews, ein Freund der Schuwalows und Liebhaber alles Französischen – seine Möbel hatte er von Ludwig XV. bekommen. Elisabeth war

ziemlich häßlich, doch wegen ihres Onkels nicht ohne Einfluß bei Hofe, und von ihr fühlte sich Katharina in einem Maße bedroht, wie es bei anderen Liebschaften Peters nicht der Fall gewesen war. Besonders wurmte es sie, daß Peter sitzenblieb, statt aufzustehen, wie es die Höflichkeit erforderte, wenn er der Woronzowa gegenübersaß und sie vorüberging.

Obwohl man sie bei Hofe schnitt, setzte Katharina ihr Verhältnis mit Stanislaus fort; ja, sie war so verliebt in ihn, daß sie eigentlich keinen Grund gehabt hätte, sich zu beklagen, daß ihr Gatte sich mit ihrer Hofdame tröstete. Doch ihre Nerven waren in einem solchen Zustand, daß sie sich bitter bedauerte. Zu dem Schmerz über ihren Sturz, den sie zum Teil selbst verschuldet hatte, kam der Zorn über Peters Liebschaft mit der Woronzowa, die sie durch ihre Beziehung zu Stanislaus gefördert hatte, und dies trieb sie in einen Gemütszustand, der ihr bisher fremd gewesen war: sie verfiel in Wehleidigkeit und Selbstgerechtigkeit. Sie wiederholte vor sich selber und vor ihrem Papagei, daß man sie mit barbarischer, unerträglicher Grausamkeit behandele. Keine Frau mit Selbstachtung könne solche Qualen, wie man sie ihr auferlegte, länger ertragen. Die Kaiserin, die Schuwalows, Peter, die Woronzowa – sie alle und was sie taten, klagte Katharina in der Einsamkeit ihres Zimmers an.

Inzwischen setzte die Dreierkommission ihre Untersuchungen über Bestuschew fort. Die kurzen und schneidend kalten Tage, die Spaziergänge und Ausritte verhinderten, machten Katharina doppelt zu einer Gefangenen. Bald würde die Fastenzeit beginnen, mit der mageren Kost und ohne jedes Vergnügen. Statt vorsichtig zu sein, wie es ihre gefährliche Lage erfordert hätte, fühlte sie das übermächtige Verlangen, sich vor ihren Feinden zur Geltung zu bringen.

Ihr einziger Freund war der schöne Pole. Wie auch die anderen alle über sie denken mochten, Stanislaus verehrte sie. Und so faßte Katharina in diesen quälenden ersten Wochen des Jahres 1758 einen Entschluß. Sie wollte am Fastnachtsabend überraschend aus ihrem Exil entweichen, ihr prächtigstes Kleid anziehen und mit ihren Damen ins Theater fahren, wo man ein russisches Stück spielte – Peter,

den russische Stücke nicht interessierten, würde zu Hause bleiben – und sie würde der Vorstellung von der großfürstlichen Loge aus zuschauen, mit Stanislaus an ihrer Seite. Und danach, auf dem Hofball, würde sie in seinen Armen die ganze Nacht hindurch tanzen.
Der Fastnachtsdienstag kam. Kaum hatte sie begonnen, sich umzukleiden, als Peter eintrat. »Er war schrecklich zornig, kreischte wie ein Adler und behauptete, es mache mir Vergnügen, ihn in Wut zu versetzen, und ich wolle nur deshalb in die Komödie gehen, weil ich genau wisse, er liebe diese Vorstellungen nicht, und er werde verbieten, mir einen Wagen zu geben. Ich entgegnete ihm, ich würde dann eben zu Fuß gehen. Nachdem wir lange und laut gestritten hatten, entfernte er sich zorniger als je.«
Und Katharina fährt in ihren Memoiren fort: »Kurz vor Beginn des Schauspiels ließ ich Graf Schuwalow fragen, ob die Wagen bereit wären. Er kam und sagte mir, der Großfürst habe verboten, mir einen Wagen zu geben. Jetzt wurde ich wirklich ärgerlich und erklärte, ich würde mich schriftlich bei der Kaiserin über den Großfürsten beschweren.
Darauf sagte er: ›Was wollen Sie ihr sagen?‹ Ich antwortete: ›Ich werde ihr schreiben, wie man mich behandelt und daß Sie, um dem Großfürsten ein Zusammensein mit meinen Hofdamen zu ermöglichen, ihn darin bestärken, mich an dem Besuch des Schauspiels zu hindern, wo ich das Glück haben kann, Ihre Kaiserliche Majestät zu sehen. ... Ich werde sofort schreiben und Sorge tragen, daß Sie selbst ihr meinen Brief überreichen!‹ Er erschrak über meinen entschiedenen Ton und ging hinaus.
Ich schrieb meinen Brief an die Kaiserin in russischer Sprache und zwar so ergreifend wie möglich. Zuerst dankte ich ihr für alle ihre Gnade und Güte, mit der sie mich seit meiner Ankunft in Rußland überhäuft hatte, und fügte hinzu, die Ereignisse bewiesen leider, daß ich dieselben nicht verdient habe, denn ich hätte mir den Haß des Großfürsten und die ausgesprochene Ungnade Ihrer Kaiserlichen Majestät zugezogen. Mit Rücksicht auf mein Unglück und weil ich in meinem Zimmer vor Langeweile umkomme, wo man mich selbst des unschuldigsten Zeitvertreibes beraube, bäte ich sie

inständig, meinen Leiden ein Ende zu machen und mich auf eine ihr passend scheinende Art zu meinen Verwandten zurückzuschicken. Meine Kinder bekäme ich fast nie zu sehen, obwohl ich mit ihnen in demselben Hause wohne; und so bliebe es sich doch ganz gleich, ob ich an demselben Ort wäre oder ein paar tausend Meilen entfernt...«

Als der Brief fertig war, gab sie ihn Alexander Schuwalow und sagte, er könne den Damen und Herren, die sie nicht ins Theater begleiten wollten, mitteilen, daß sie sie davon entbinde. Schuwalow sagte, die gewünschten Wagen stünden bereit, und als sie, zufrieden, ihren Willen durchgesetzt zu haben, das Haus verließ, sah sie die Woronzowa mit Peter am Kartentisch sitzen, und beide standen auf, als sie vorüberging.

Im Theater wurde sie von Stanislaus erwartet. Nach dem Kampf mit Peter und Alexander Schuwalow wußte sie die Aufrichtigkeit und innere Stärke ihres Geliebten doppelt zu schätzen. Sie verbrachte einen wundervollen Abend mit ihm, zuerst in der Loge und dann auf dem Ball, wo sie nach Herzenslust mit ihm Menuetts und Polonaisen tanzte, flüstern und lachen konnte und ihre Freude vor dem kalten Hof unbekümmert und Stolz zur Schau trug.

Katharina war zufrieden mit ihrem Brief an die Kaiserin und dachte, sein demütiger Ton würde Ihre Majestät besänftigen. So traf ein neuer Angriff auf ihre bedrohte Stellung sie unvorbereitet. In der zweiten Fastenwoche wurde Madame Wladyslawa, seit neun Jahren ihre vertrauenswürdigste Kammerfrau, entlassen. Als Alexander Schuwalow ihr die Nachricht überbrachte, brach sie in Tränen aus – was sie bisher in Gegenwart eines Mannes stets vermieden hatte.

Es waren Tränen über ihre traurige Lage, aber auch Tränen der Reue über ihre Unbesonnenheiten. Sie hatte unbedachte Schritte unternommen, um nicht von der Thronfolge ausgeschlossen zu werden, und nun, da die Kaiserin sich von ihrer Krankheit zu erholen schien, mußte Katharina fürchten, sich selber eine Grube gegraben zu haben, indem sie sich in die Kriegsangelegenheiten gemischt und mit Stanislaus eine Liebschaft angefangen hatte. Der nächste

Schlag, dessen war sie sicher, würde sie persönlich treffen, und in der Tat ging bereits das Gerücht, daß der Großfürst die Absicht habe, Elisabeth Woronzow zu heiraten.

Sie beschloß, unbedingt mit der Kaiserin zu sprechen. Es würde ihr schaden können, gewiß, es könnte Maßnahmen gegen sie beschleunigen, die von der Kaiserin vielleicht schon geplant waren, wie einen Prozeß wegen Hochverrats. Andererseits könnte es von großem Nutzen sein, und auf jeden Fall lag es in Katharinas Natur, nicht untätig abzuwarten, sondern zu handeln.

Sie ersuchte durch Alexander Schuwalow die Kaiserin um eine Unterredung. Nichts geschah. Sie wurde dringlicher und erhielt nur vage Versicherungen. Die Fastenzeit ging vorüber, Ostern kam, der Monat April. Dann entschloß sie sich zu einer drastischen Maßnahme. Sie sagte, sie sei krank, legte sich zu Bett, täuschte Fieber und niedrigen Pulsschlag vor, sagte den Ärzten, was sie brauche, sei geistlicher Beistand, und ließ ihren Beichtvater Theodor Dubjanskij kommen. Er war zugleich der Beichtvater der Kaiserin, und so war Katharina sicher, daß alles, was sie sagte, der Kaiserin zu Ohren kommen würde. Sie sprach anderthalb Stunden mit dem schwarzgewandeten, bärtigen Mann: »Ich berichtete ihm über den früheren und jetzigen Stand der Dinge, über das Verhalten des Großfürsten mir gegenüber, über das meine gegen ihn, den Haß der Schuwalows, der mir die Ungnade Ihrer Kaiserlichen Majestät zugezogen hatte, sowie über die ständigen Verbannungen und Entlassungen mehrerer meiner Leute, und immer gerade solcher, die mir am meisten ergeben waren. Diese Verhältnisse hätten mich veranlaßt, der Kaiserin einen Brief zu schreiben, in welchem ich sie um meine Heimsendung ersucht hatte. Ich bat ihn, mir doch eine baldige Antwort auf meine Bitte zu verschaffen.«

Schon am nächsten Tag meldete Alexander Schuwalow, daß die Kaiserin die Großfürstin noch an diesem Abend empfangen würde, vorausgesetzt, ihr Gesundheitszustand lasse es zu. Katharina erwiderte, sie fühle sich sehr viel besser, und entwarf einen Kriegsplan. Sie hatte keine Trümpfe in der Hand, also mußte sie auf die schwachen Karten ihrer Partnerin spielen. Diese würde, vom Krieg bedrängt, ihren Feinden im Ausland keinen Vorteil bieten wollen – die Spannung zwischen Europa und Asien, das war die schwache Stelle, auf die Katharina ihre Strategie richten wollte.

Um zehn Uhr abends war sie angekleidet, doch die Kaiserin ließ, wie es ihre Gewohnheit war, auf sich warten. Um halb zwei Uhr morgens schließlich wurde sie durch die langen Korridore und Vorzimmer des nächtlichen Palastes geführt. »Als ich endlich im Gemache Ihrer Kaiserlichen Majestät angelangt war, fand ich den Großfürsten schon vor. Sowie ich die Kaiserin erblickte, warf ich mich zu ihren Knien nieder und bat sie unter Tränen aufs inständigste, mich zu meinen Angehörigen zurückkehren zu lassen. Die Kaiserin wollte mich aufheben, doch ich blieb zu ihren Füßen. Sie schien mehr bekümmert als zornig und sagte mit Tränen in den Augen: ›Wie können Sie wünschen, daß ich Sie fortschicke? Denken Sie daran, daß Sie Kinder haben?‹ Ich antwortete: ›Meine Kinder sind in Ihren Händen und könnten nirgends besser aufgehoben sein; ich hoffe, Sie werden sie nicht verlassen.‹ Darauf sagte sie: ›Aber welchen Grund soll ich der Welt angeben, wenn ich Sie fortsende?‹ Ich erwiderte: ›Eure Kaiserliche Majestät wird, wenn Sie es für richtig halten, einfach sagen, weshalb ich mir Ihre Ungnade und den Haß des Großfürsten erworben habe.‹

Die Kaiserin forderte mich jetzt zum zweiten Male auf, mich zu erheben; und als ich es getan hatte, entfernte sie sich nachdenklich von mir.

In dem Zimmer, in dem wir uns befanden, war niemand weiter als die Kaiserin, der Großfürst, Alexander Schuwalow und ich. Den Fenstern gegenüber standen zwei große Wandschirme, vor die man ein Sofa gestellt hatte. Ich argwöhnte sofort, daß sich dahinter sicherlich Iwan Schuwalow und vielleicht auch sein Vetter Graf Peter versteckten. Später erfuhr ich, daß ich richtig geraten hatte und daß Iwan Schuwalow tatsächlich dort gewesen war. Ich stellte mich neben den Toilettetisch, welcher der Tür, durch die ich eingetreten war, am nächsten stand, und bemerkte, daß in dem Waschbecken zusammengefaltete Briefe lagen.

Die Kaiserin trat wieder zu mir und sagte: ›Gott ist mein Zeuge, wieviel ich geweint habe, als Sie nach Ihrer Ankunft in Rußland todkrank waren; und wenn ich Sie nicht liebgehabt hätte, würde ich Sie nicht hierbehalten haben!‹ Ich antwortete und dankte Ihrer Kaiserlichen Majestät für alle Gnade und Güte, die sie mir damals und später erwiesen hatte, und sagte, die Erinnerung daran würde nie aus meinem Gedächtnis schwinden, und stets würde ich es als mein größtes Unglück ansehen, mir ihre Ungnade zugezogen zu haben. Jetzt trat sie noch näher an mich heran und sagte: ›Sie sind allzu stolz! Erinnern Sie sich, daß ich Sie im Sommerpalais einmal fragte, ob Sie Halsweh hätten, weil ich gesehen hatte, daß Sie mich kaum grüßten und rein aus Stolz nur mit dem Kopf nickten?‹ Ich erwiderte: ›Mein Gott, Madame, wie können Sie glauben, daß ich Ihnen gegenüber hätte stolz scheinen wollen! Ich schwöre Ihnen, es ist mir nie in den Sinn gekommen, daß diese Frage, die Sie vor vier Jahren an mich richteten, sich auf etwas Derartiges beziehen könnte.‹ Darauf fuhr sie fort: ›Sie bilden sich ein, niemand sei klüger als Sie!‹ Und ich antwortete: ›Wenn ich diesen Glauben hätte, so wäre nichts geeigneter, ihn mir zu nehmen, als meine gegenwärtige Lage und diese Unterredung; denn ich sehe, daß ich bis jetzt aus Dummheit etwas nicht verstanden habe, was Sie mir vor vier Jahren zu sagen geruhten.‹

Während die Kaiserin mit mir sprach, flüsterte der Großfürst mit Graf Alexander Schuwalow. Sie bemerkte das und trat zu ihnen. Sie standen ungefähr in der Mitte des Zimmers, und ich verstand nur wenig von dem, was zwischen ihnen gesprochen wurde. Schließlich hörte ich, wie der Großfürst mit erhobener Stimme sagte: ›Sie ist schrecklich bösartig und sehr eigensinnig.‹

Ich merkte also, daß es sich um mich handelte, wandte mich an den Großfürsten und sagte: ›Wenn Sie von mir sprechen, so sage ich Ihnen mit großem Vergnügen in Gegenwart Ihrer Kaiserlichen Majestät, daß ich allerdings schlecht bin gegen die, welche Ihnen Ungerechtigkeiten zu begehen raten, und daß ich eigensinnig geworden bin, seit ich sehe, daß meine Gefälligkeit zu nichts anderem als zu Ihrer Feindschaft führt.‹ Er wandte sich an die Kaiserin und sagte: ›Eure Kaiserliche Majestät ersieht selbst aus dem, was sie sagt, wie bösartig sie ist.‹

Aber auf die Kaiserin, die unendlich viel klüger war als der Großfürst, machten meine Worte einen anderen Eindruck. Ich sah deutlich, daß sie im Verlauf unserer Unterhaltung gegen ihren Willen und ihre Absichten allmählich milder gestimmt wurde, obwohl man ihr empfohlen oder sie sich selber vorgenommen hatte, mir Strenge zu zeigen. Jetzt trat sie wieder zu mir und sagte: ›Sie mischen sich in viele Dinge, die Sie nichts angehen. Wie zum Beispiel konnten Sie es wagen, Befehle an den Feldmarschall Apraxin zu senden?‹
Ich antwortete: ›Ich? Nie ist es mir in den Sinn gekommen, ihm Befehle zu schicken!‹
›Wie können Sie leugnen, daß Sie ihm geschrieben haben? Ihre Briefe liegen da in dem Becken.‹ Sie wies mit dem Finger auf das goldene Waschbecken.
›Es ist wahr, ich habe dieses Verbot übertreten und bitte Sie deshalb um Verzeihung. Aber ich habe Apraxin niemals Befehle geschickt. In einem Brief teilte ich ihm mit, was man von seiner Handlungsweise halte.‹
›Bestuschew behauptet, es seien noch viele andere Briefe.‹
›Wenn er das sagt, so lügt er‹, entgegnete ich.
›Nun wohl‹, erwiderte sie, ›wenn er über Sie lügt, werde ich ihn foltern lassen.‹ Sie glaubte mich damit zu erschrecken, aber ich antwortete ihr ruhig, sie habe die volle Macht zu tun, was ihr gut dünke, ich hätte jedoch nur diese drei Briefe an Apraxin geschrieben, von denen die beiden anderen Neujahrsgratulationen und einen Glückwunsch zur Geburt seines Sohnes enthielten.
Der Großfürst zeigte während der Unterhaltung viel Galle, Gehässigkeit und Aufgebrachtheit und suchte die Kaiserin nach Möglichkeit gegen mich einzunehmen. Weil er das aber höchst dumm anfing und mit mehr Zorn als Gerechtigkeit vorging, verfehlte er seinen Zweck. Ihre Klugheit und ihr Scharfblick brachten die Kaiserin auf meine Seite.
Mit besonderer Aufmerksamkeit und einer Art ungewollter Billigung hörte sie meine festen und gemäßigten Antworten auf die maßlosen Redereien meines Herrn Gemahls, aus denen deutlich hervorging, daß er beabsichtigte, mich aus meiner Stellung zu ver-

drängen, um, wenn angängig, seine jetzige Mätresse diese einnehmen zu lassen. Aber dies konnte weder nach dem Geschmack der Kaiserin sein, noch hätte es den Berechnungen der Herren Schuwalow entsprochen, die Grafen Woronzow zu ihren Herren zu machen. Doch das ging über die Denkfähigkeit Seiner Kaiserlichen Hoheit hinaus, der immer alles glaubte, was er wünschte, und jeden Gedanken, der dem ihn gerade beherrschenden entgegenstand, beiseite schob.«

Dennoch bekam es Katharina mit der Angst zu tun. Sie hätte sich nur überzeugend verteidigen können, wenn sie in die Einzelheiten ihres Ehelebens gegangen wäre. Aber es vor Alexander Schuwalow und demjenigen, der hinter dem Wandschirm stand, zu tun, wäre für ihren Gatten so demütigend gewesen, daß es ihre Ehe unrettbar ruiniert hätte. Die Kaiserin schien den Grund von Katharinas Schweigen zu ahnen, denn während noch ihr Neffe in seinen Anklagen fortfuhr, trat sie nahe an Katharina heran und sagte: »Ich hätte Ihnen noch vieles zu sagen, aber ich kann nicht sprechen, weil ich Sie beide nicht noch mehr in Unfrieden bringen will, als Sie es schon sind.« Und mit einer Bewegung der Augen und des Kopfes gab sie zu verstehen, daß die Gegenwart der anderen sie hindere. Dieses Zeichen ihres innerlichen Wohlwollens rührte Katharina, und sie sagte gleichfalls ganz leise: »Auch ich kann mich nicht aussprechen, obwohl ich den dringenden Wunsch hätte, Ihnen mein Herz und meine Seele zu eröffnen.«

Sie sah, daß ihre Worte einen günstigen Eindruck auf die Kaiserin machten. Tränen waren Elisabeth in die Augen getreten, und um zu verbergen, wie bewegt sie war, entließ sie den Großfürsten und die Großfürstin mit dem Bemerken, es sei schon sehr spät. In der Tat war es beinahe drei Uhr morgens geworden.

So endete die Unterredung. Alles in allem konnte Katharina zufrieden sein: ihre Drohung, nach Deutschland heimzukehren, hatte die gewünschte Wirkung erzielt, und dafür, daß sie bei Apraxins Rückzug die Hand im Spiele gehabt, war kein Beweis erbracht worden. Doch auf Peters Anklagen über ihre »Untreue« durfte sie die Antwort nicht schuldig bleiben.

Ein zweites Gespräch folgte im Mai, diesmal zwischen der Kaiserin und Katharina allein. Ihre Memoiren brechen mit dem Satz ab: »Dann fragte sie [die Kaiserin] mich nach Einzelheiten über das Leben des Großfürsten...« Offenbar wollte sich Katharina gründlich überlegen, wie sie diesen kritischen Punkt ihrer Beziehungen zu Papier bringen sollte, denn die Kaiserin schien bis zu dieser Unterredung keine Ahnung gehabt zu haben, warum die Ehe ein Fehlschlag war und hatte den Grund vermutlich in Katharinas Liebschaften gesehen.

Wie das zweite Gespräch vor sich ging, ist lange der Gegenstand widersprüchlicher Spekulationen gewesen; doch heute wissen wir es mit Sicherheit, dank einem bisher unveröffentlichten Brief, den Hanbury-Williams' Nachfolger, Robert Keith, an Lord Holderness für den jungen König Georg III. abfaßte, der solche »Anekdoten« liebte.

»Die Großfürstin«, schrieb Keith, »hatte sicher einen schweren Stand, denn die Kaiserin war gegen sie eingenommen wegen ihrer Jugend, Schönheit und anderer Vorzüge, welche die Eifersucht ihrer Majestät erregten.« Dieses Elementes im Charakter der Kaiserin scheint sich Katharina nicht bewußt gewesen zu sein; wahrscheinlich weil sie selber kaum jemals an Eifersucht gelitten hatte.

Die Kaiserin, so berichtet Keith, kam ohne Umschweife auf den Kernpunkt: Stanislaus Poniatowski. Katharina »hatte den Mut, auf einige Vorwürfe der Kaiserin, ihren Liebhaber betreffend, zu antworten und nicht nur die Tatsache offen zu gestehen, sondern sich auch zu rechtfertigen, indem sie darstellte, was für ein ›Ehemann‹ der Großfürst war, wie wenig Trost und Liebe sie von ihm empfangen und was sie von ihm zu erdulden hatte. Dies tat sie auf solche Weise, daß die Kaiserin, die selber zärtlichen Herzens war, Mitleid mit ihr empfand, sie zu verstehen suchte und ihre Schwachheit entschuldigte.«

Das war der Augenblick, auf den Katharina gehofft hatte. Endlich wußte die Kaiserin von dem Elend dieser Ehe, und nachdem sie es verstanden, würde sie zweifellos die Fortsetzung einer Liaison gestatten, die der ähnlich war, die sie mit Iwan Schuwalow führte.

Aber darin irrte sich Katharina. Soviel Verständnis und Mitleid die Kaiserin für Katharinas unglückliche Ehe hatte – bei Stanislaus war sie unnachgiebig. Nicht weil er Pole war oder der Gesandte eines anderen Landes, nicht weil er der Sohn des Feindes ihres Vaters war, sondern weil er dem katholischen Glauben anhing, und dies war allen gläubigen Mitgliedern der orthodoxen Kirche ein Greuel. »Der Kaiserin« fährt Keith fort, »war ein Dorn im Auge, daß der Liebhaber der Großfürstin ein Ketzer war. Das mag Eurer Lordschaft seltsam und sogar unglaubwürdig erscheinen, aber ich kann Ihnen versichern, daß ich es von der Großfürstin selber gehört habe.«

Katharinas Stellung war nach dieser zweiten Unterredung gefestigter als nach der ersten. Die Kaiserin wollte lieber verzeihen, daß sich Katharina in die auswärtige Politik eingemischt hatte, als sie außer Landes gehen lassen, und sie gab sogar Anweisungen, die Großfürstin respektvoller zu behandeln. Und da sie nun die Wahrheit über die Ehe Peters und Katharinas erfahren hatte, war sie geneigt, gelegentliche Liebesaffären zu übersehen. Doch in einem Punkt – und damit schmerzte sie Katharina allerdings am tiefsten – weigerte sich die fromme Kaiserin, nachzugeben. Die Großfürstin durfte Stanislaus Poniatowski nicht mehr sehen. Und es wurde veranlaßt, ihn unverzüglich nach Polen zurückzuberufen.

11

Auf dem Wege zur Macht

Katharinas Ächtung – sie hatte drei Monate gedauert – war beendet. Aber noch zitterten ihre Nerven. Als sie Stanislaus Lebewohl sagte, entschloß sie sich, einen neuen Anfang zu machen und ihrem Drei-Punkte-Programm wortgetreu zu folgen.
Dazu mußte sie vor allem versuchen, ihr Verhältnis zu Peter zu verbessern. Aber er stand noch immer unter dem Zauber von Elisabeth Woronzow. Zwar war sie pockennarbig und einfältig, wusch sich selten und speichelte beim Sprechen – ein Gesandter verglich sie mit einem ordinären Schankmädchen –, doch offenbar gefiel sie Peter durch eine gewisse militärische Grobheit – sie konnte fluchen wie ein Landsknecht – und durch ein Paar sehr großer Brüste. Wie konnte Katharina eine solche Frau für sich gewinnen? Offenbar nicht mit einem Gespräch über Voltaire.
Katharina liebte Hunde und Papageien und hatte ein glückliches Talent, Tiere nachzuahmen, ihre Stimme wie ihren Gang. Sie konnte ein lustiges »Katzenkonzert« veranstalten, wobei sie miaute und gestikulierte wie zwei sich streitende Katzen. Schlichte Gemüter wie die Tschoglokows bogen sich vor Lachen bei solchen Vorführungen, und wahrscheinlich hat sie damit auch versucht, die Feindseligkeit der Woronzowa zu überwinden – deren Schwester jedenfalls vermerkt das Katzenkonzert mit Bewunderung.
Auf der anderen Seite war sie entschlossen, sich keine Respektlosigkeiten mehr gefallen zu lassen. Ein Beispiel dafür ist, wie sie Leo Naryschkin behandelte. Aus dem früher so heiteren und liebenswürdigen Leo war ein mürrischer Querkopf geworden – vielleicht

war er auf Stanislaus Poniatowski eifersüchtig. Er wurde grob und unverschämt zu Katharina und machte ihre Freunde schlecht. Eines Tages sah sie ihn, als sie ihr Zimmer betrat, sich auf ihrem Sofa rekeln; er tat, als bemerke er sie nicht, und summte ein albernes Liedchen. Katharina beschloß, ihm eine Lehre zu erteilen; sie pflückte mit zwei Hofdamen lange Brennesselstiele, schlich sich leise wieder ins Zimmer und schlug ihm fröhlich mit den Nesseln auf die Hände, die Waden und ins Gesicht. Die roten Quaddeln hinderten Naryschkin am nächsten Tag bei Hofe zu erscheinen, und sie heilten ihn auch von seiner Grobheit. Von diesem Tage an benahm er sich Katharina gegenüber untadelig.

Es ist nicht bekannt, mit welchen Mitteln sie die Woronzowa für sich gewann, doch vermutlich beruhte ihre Methode auf ihrer Doppelbegabung, die Leute lachen zu machen und sie gleichzeitig in Respekt zu halten, unterstützt von ihrer Willensstärke, die sie an jenem Abend gezeigt hatte, als sie ohne ihren Gatten ins Theater gefahren war.

Im Sommer 1758 kam Katharina mit Elisabeth zu einem Arrangement. Sie wolle, so sagte sie, die Jüngere als Peters Geliebte dulden, wenn diese ihr dabei helfen würde, wieder Peters Frau zu werden. Es lag wohl an Katharinas geschickter Taktik, daß ihre Rivalin diese Bedingung akzeptierte, und es ist in der Tat Elisabeth zu verdanken, wie Keith vermerkt, daß sich Katharina mit dem Großfürsten aussöhnte; und im September konnte der Botschafter berichten: »Die Großfürstin und Seine Kaiserliche Hoheit leben in der größten Eintracht.«

Nach diesem verheißungsvollen Beginn galt es, Peter auf den Thron vorzubereiten. Katharina war nicht die einzige, die seine vielen Fehler sah, und daß sie verbessert werden mußten, wenn er anständig regieren sollte. Er hatte die Gewohnheit, die Garde, die er als Spielsoldaten betrachtete, bei jeder Gelegenheit anzubrüllen und herunterzuputzen; und Katharina, die daran dachte, daß sie sich später einmal auf die Loyalität der Garde würde verlassen müssen, veranlaßte ihn, wenigstens zu den Offizieren freundlicher zu sein. In der Kirche blieb Peter bei seiner lutheranischen Art des Gottesdienstes;

Katharina bat ihn, einflußreiche Würdenträger nicht vor den Kopf zu stoßen und sich einige Male mehr zu bekreuzigen. Sie sagte ihm, seine Verehrung des Preußenkönigs sei, wenn Tausende Russen von Friedrichs Truppen getötet würden, zumindest ein Zeichen von schlechtem Geschmack, und sie beredete ihn, stärker den russischen Patrioten herauszukehren und an den Sitzungen des Kriegsrates teilzunehmen.
Um sich für seine verhinderte militärische Laufbahn zu entschädigen, liebte Peter es, Soldatengeschichten aus seiner Kindheit aufzuwärmen. Katharina hörte sie nicht gern, denn sie nährten nur seine unglückseligen Wachträume von Holstein. Eines Tages war sie dabei, wie er einem Freunde erzählte, er sei von seinem Vater an der Spitze einer Gardekompanie ausgeschickt worden, eine Zigeunerbande gefangenzunehmen, die in der Nähe von Kiel Straßenräubereien verübt hatte. Peter beschrieb seine Heldentat in allen Einzelheiten – welche Kriegslist er angewandt und wie er sie umzingelt und überwältigt und schließlich die ganze Bande nach Kiel ins Gefängnis geführt hatte.
»Wie lange vor dem Tod Ihres Vaters ist dies geschehen?« fragte Katharina.
»Drei bis vier Jahre.«
»Dann müssen Sie sehr früh angefangen haben. Sie können damals höchstens sechs oder sieben gewesen sein. Wollen Sie uns glauben machen, Ihr Vater hätte seinen einzigen Sohn in einem solchen Alter ausgeschickt, um gefährliche Räuber zu bekämpfen?«
Peter wurde zornig und sagte, sie wolle ihn unglaubwürdig machen.
»Ich nicht, sondern der Kalender«, antwortete sie; und danach bekam sie weniger von Holstein zu hören.
Im ganzen jedoch war sie mit ihrem neuen Verhältnis zu ihrem Gatten zufrieden. Es war nicht schön, daß die Woronzowa mit von der Partie war; doch Katharina hatte wenigstens erreicht, daß Peter nicht mehr gegen sie arbeitete. Auch die Kaiserin war erfreut über die Versöhnung und die Veränderung in ihrem Neffen, und als Belohnung durfte Katharina von nun an ihre Kinder einmal in der Woche sehen und in einem sehr bescheidenen Maße Mutterfreude ge-

nießen. Sie sah, wie der vierjährige Paul im Schloßgarten spielte und die kleine Anna, fast ein Jahr alt, zu krabbeln begann.
Das nächste Jahr, 1759, als sie dreißig wurde, war mehrfach ein Unglücksjahr. Im März erkrankte die kleine Anna und starb in wenigen Tagen. Katharina, Peter und die Kaiserin betteten die winzige Leiche im Newskij-Kloster in St. Petersburg zur Ruhe. Es war ein schmerzlicher Verlust für Katharina, aber es wäre schlimmer gewesen, wenn sie Paul verloren hätte, die Hauptstütze ihres Nachfolgeanspruchs.
Auch von Hanbury-Williams kamen schlechte Nachrichten. Einst hatte sie ihm versprochen, »wenn ich zur Macht komme, werde ich Ihnen Standbilder errichten, damit die ganze Welt sieht, wie hoch ich Ihre Verdienste schätze.« Nach seiner Heimkehr war der arme Sir Charles erschreckend exzentrisch bis zur Verrücktheit geworden und bald darauf gestorben. Als eifriger Diener seines Staates wurde er in der Westminster-Abtei beigesetzt, ein ergebener Freund Katharinas, die ihn tief betrauerte.
In ihrer ersten Unterredung mit der Kaiserin war auch zur Sprache gekommen, daß Katharinas Mutter, die Fürstin von Zerbst, im Exil in Paris lebte. Prinz Heinrich von Preußen, der ihr seinerzeit den Hof gemacht hatte, war in Anhalt-Zerbst eingefallen und hatte ihren Bruder, der auf der Seite Österreichs stand, und Johanna vertrieben. In Paris beschäftigte sich die Fürstin mit törichten alchemistischen Versuchen, dann bekam sie die Wassersucht, Katharina schickte ihr chinesischen Tee und Rhabarber, das neue russische Allheilmittel. Aber es vermochte Johanna nicht zu retten, und sie starb im Alter von siebenundvierzig Jahren. Trotz großer Wesensunterschiede hatte Katharina ihre manchmal etwas flatterhafte Mutter geliebt. Johanna hinterließ Schulden in Höhe von einer halben Million Franc, und die Kaiserin entschloß sich zögernd, sie zu bezahlen – nicht aus Freundschaft, sondern damit die Fürstin von Zerbst nicht als säumige Schuldnerin in die Hölle käme.
Erschüttert von den drei Todesfällen und der Verwüstung ihres Heimatlandes, machte sich Katharina eine Art stoischer Philosophie zu eigen. Sie dachte nicht mehr in den Begriffen der politischen

Intrige – das lag hinter ihr, denn Bestuschew war des Majestätsverrats schuldig gesprochen und auf sein Landgut verbannt worden. Es wurde zu ihrer Maxime, zu ertragen, was ertragen werden mußte, und ihre Pflicht zu tun, wenn auch die Umstände dagegen schienen; dann würde sie, zu einem Zeitpunkt, den keine irdische Macht bestimmen konnte, erreichen, was die Vorsehung ihr bestimmt hatte. Sie las wieder viel und begann mit kritischen Augen zu sehen, wie Rußland regiert wurde. Die Kaiserin hatte in ihren fast zwanzig Regierungsjahren nichts getan, um die Lebensbedingungen ihrer Untertanen zu verbessern. Ihre Politik war, wie die der Kirche, Unveränderlichkeit. Sie hatte sich in den Siebenjährigen Krieg drängen lassen, aber sie nahm so gut wie nie an dem jede Woche tagenden Kriegsrat teil. Elisabeth konnte entscheiden, welche Kleider sie tragen wollte, doch bei den Regierungsgeschäften war sie von einer kläglichen Unentschlossenheit. Die Unterzeichnung des britisch-russischen Bündnisvertrages wurde aus allen möglichen Gründen immer wieder hinausgezögert, wie Hanbury-Williams berichtete. Katharina wünschte, daß Rußland kraftvoll und gerecht regiert würde. Zutiefst erschrocken über die Grausamkeit, mit der die wohlhabenden Familien in Moskau ihre Dienstboten behandelten, dachte sie an neue Gesetze zur Verhinderung von Unmenschlichkeiten und zur Verbesserung des Loses der Leibeigenen. Sie wollte neue Schulen, neue Universitäten schaffen – Hunderte von Verbesserungen, die ihr einfielen, während sie Montesquieu und die Mitarbeiter der *Encyclopédie* las.

Sie kam zu diesen Autoren als Deutsche, und das ist bemerkenswert. Die modernen französischen Staatsrechtler, und noch mehr die englischen, auf denen sie basierten, glaubten, daß der Mensch Rechte besitze, die man gegen eine ungezügelte Staatsmacht schützen müsse; während die deutsche Tradition die Pflichten des Untertanen gegen Autorität und Staat betonte. Und so las Katharina Bayle und Montesquieu sozusagen mit deutschen Augen: sie interessierte sich weniger für die Theorie der Teilung der Gewalten in Legislative und Exekutive, sondern mehr für Gesetze, die unmittelbar dem Menschen dienten, und für praktische Maßnahmen zur Hebung der allgemeinen Wohlfahrt.

Als sie sich über ihre eigenen Vorstellungen eines guten Staates klar wurde, erkannte sie, daß diese in mancher Hinsicht von denen des Großfürsten abwichen. Peter meinte, Rußland sei zu lange von »Unterröcken« regiert worden. Was nottue, sei der Stock Friedrich Wilhelms, der Parademarsch des alten Dessauer und der eiserne Wille Friedrichs von Preußen, dessen Bildnis Peter an einem Ring trug. Katharina war anderer Meinung. Sie stimmte Sir Charles' Urteil über das preußische Volk zu: »Alle gleich elend, alle gleichermaßen vor dem König zitternd, und alle gleichermaßen im Herzen seine eiserne Herrschaft verabscheuend.« Als der Großfürst für die Wiedereinführung der Todesstrafe eintrat, sprach sich Katharina heftig dagegen aus; sie konnte jedoch ihren Gatten nicht überzeugen.

Was die Zukunft betraf, so schienen ihre Ansichten unvereinbar. »Ich beschloß daher«, schreibt Katharina, »in der bisherigen Weise, soweit möglich, fortzufahren und ihm die Ratschläge zu geben, die ich für gut erachtete, doch nie darauf zu bestehen, um ihn nicht gegen mich aufzubringen... ihm die Augen zu öffnen für seine wahren Interessen, wann immer sich die Gelegenheit dazu bot, und sonst den Mund zu halten; auf der anderen Seite meine eigenen Vorstellungen hinsichtlich des Wohles des russischen Volkes zu verfolgen, damit es mich gegebenen Falles als den Retter der Nation betrachte.«

Sie machte jedem, der es wissen wollte, klar, daß sie den preußischen Kurs des Großfürsten ablehnte, dessen Unbeliebtheit sie schon als Kind erfahren hatte. Unter denen, die auf sie hörten, war die junge Fürstin Daschkowa, die Gattin eines Gardeoffiziers und Schwester von Elisabeth Woronzow – doch kaum hätten sich zwei Frauen unähnlicher sein können. Katharina Daschkow war dunkel, mit einer hohen und breiten Stirn, tiefliegenden, intelligenten Augen, und eine der ersten in jener langen Kette von Rußlands »ewigen Studenten«, die nach der reinen Wahrheit suchten. Sie kümmerte sich nicht um Kleider und trug nicht Puder und Rouge, wie es bei Hofe beinahe Vorschrift war; sie interessierte sich für Bücher und besaß schon mit sechzehn eine Bibliothek von neunhundert Bänden, die sie alle gelesen hatte. Ihre Lieblingsautoren waren Bayle, Montesquieu und Voltaire. Von ihnen hatte sie die große Achtung vor Toleranz, den Menschenrechten und die Republik der Niederlande. Als Peters Patenkind sprach sie manchmal mit ihm über Politik; und als er die Todesstrafe befürwortete, widersprach sie ihm lebhaft, und seine Antwort bestand darin, daß er ihr die Zunge herausstreckte. Dies schockierte die aufrichtige Wahrheitssucherin, und sie schloß sich desto enger an die Großfürstin an. »Katharina«, schreibt die Fürstin Daschkow, »hielt von nun an meinen Geist und mein Herz gefangen und flößte mir eine begeisternde Verehrung ein.« Wenn Katharina im Sommer von Oranienbaum nach Peterhof fuhr, um den Prinzen Paul zu sehen, machte sie jedes Mal vor dem Hause der Daschkows halt. Dort diskutierten die dreißigjährige Frau, die praktische Erfahrung in der Politik hatte, und der sechzehnjährige Blaustrumpf, was für Aufgaben die nächste Regierung Rußlands erwarteten. Während dieser Gespräche kam die junge Fürstin zu der Überzeugung, daß nicht Peter, sondern Katharina »der Retter der Nation« werden würde, und daß ihr allein der Thron gebühre. Katharina war geschmeichelt von dieser Idee und von einer Lobeshymne, die ihre Freundin an sie schrieb, aber sie zögerte, vorschnelle Entschlüsse zu fassen. Sie wollte als Peters Gattin zur Macht kommen und ihn beeinflussen, gut zu regieren.

Das ganze Jahr 1759 hindurch und in das neue Jahr hinein legte sich Katharina Zurückhaltung auf. Noch immer liebte sie Stanislaus, und die einzige Unbesonnenheit, die sie sich erlaubte, betraf ihn. Wiederum ist Robert Keith unsere Quelle: »Über alles in der Welt möchte sie ihren Freund aus Polen zurückhaben, was ihr freilich nicht gelingen wird, und sie verzettelt sich in tausend kleinen Intrigen, welche die Eifersucht einer mächtigeren Dame erregen und ihr zahllose Demütigungen auferlegen, die ihr großen Verdruß bereiten. Als kürzlich ihr Töchterchen starb, durften alle Damen des kaiserlichen Hofes ihr aufwarten und sie trösten; doch nach wenigen Tagen kam eine Anordnung von höchster Stelle, welche diese Besuche verbot und sie ersuchte, sich auf ihre eigenen Hofdamen zu beschränken.«

Mittlerweile hatte Katharina gelernt, mit den Schikanen der Kaiserin zu leben. Sie praktizierte ihre stoische Philosophie und bewahrte Haltung. Sie korrespondierte mit Stanislaus, rief sich die gemeinsame schöne Zeit in Erinnerung und versprach sich, sie würden sich wiedersehen. Keiner in Rußland, fand sie, konnte sich mit Stanislaus messen.

Anfang 1760 stand sie eines Tages an ihrem Fenster im Winterpalast und bemerkte unten auf dem Weg einen Offizier in Gardeuniform. Er sah gut aus, war groß – über sechs Fuß – und hielt sich gerade, doch den Kopf geneigt. Er blickte auf, und ihre Augen trafen sich. Katharina erfuhr, daß es einer der fünf Brüder Orlow war, die alle so groß waren und als zähe, unbekümmerte Kämpfernaturen bekannt, eine ungestüme Sippschaft, die auf die Bärenjagd ging, Hahnenkämpfe und Boxmatches veranstaltete. Ihre Späße waren rauh und herzhaft – Alexej trank einmal einem Freund zu: »Mögst du niemals sterben – es sei denn, von meinen Händen!«

Es war Grigorij, der zweite der Brüder, der Katharina aufgefallen war. Er hatte bei Zorndorf mitgekämpft, wo zwanzigtausend Russen gefallen waren. Obwohl dreimal verwundet, weigerte er sich, sein Regiment zu verlassen, und in Anerkennung seiner Tapferkeit wurde ihm die Ehre zuteil, einen ranghohen preußischen Gefangenen, den Grafen Schwerin, nach St. Petersburg zu eskortieren; sodann beförderte ihn Peter Schuwalow als General der Artillerie zu seinem Adjutanten. Sein neuer Posten nahm ihn wenig in Anspruch; er war gleichermaßen erfolgreich im Dienste der Venus wie in dem des Mars; es gelang ihm sogar, seinem Vorgesetzten die Geliebte auszuspannen, die schöne Prinzessin Helena Kuarakin.

Für Katharina war das ein ganz neuer Typ. Er besaß eine Dimension, die Sergej und Stanislaus gefehlt hatte: er hatte dem Tode in die Augen geblickt. Er roch nach Pulver, Leder und Bier und erschien Katharina ungeheuer männlich, »ein Held wie ein Römer aus der goldenen Zeit der Republik, voller Mut und Großherzigkeit«. Als er auf sie aufmerksam wurde und sie zu hofieren begann, fühlte sie sich sofort zu ihm hingezogen.

Sie war fest entschlossen, ihr untadeliges Benehmen beizubehalten.

Es würde kaum der Kaiserin noch dem russischen Volk mißfallen, wenn sie sich in einen Kriegshelden verliebte; aber Peter würde es übelnehmen, und so betrieb sie ihre geheimen Zusammenkünfte mit Grigorij mit der größten Vorsicht – und darin besaß sie nun schon einige Übung. Die Affäre entwickelte sich rasch; bald nannte er die fünf Jahre ältere Großfürstin Katinka oder Katjuschka; und Ende 1760 oder Anfang 1761 wurde sie seine Geliebte.
Grigorij Orlow war zu schlichter Herkunft, um bei Hof eine Figur zu machen; aber als Kriegsheld war er *persona grata* für die Kaiserin. Sie war nun von dem Krieg völlig absorbiert und betrachtete ihn als ihren persönlichen Kreuzzug gegen den atheistischen Friedrich von Preußen. »Ich bin fest entschlossen, den Krieg fortzusetzen«, sagte sie zu dem österreichischen Botschafter, als sein Land zu ermatten schien, »selbst wenn ich die Hälfte meiner Diamanten und Kleider verkaufen müßte.« Elisabeth hatte inzwischen ihre durch das Feuer vernichtete Garderobe ersetzt und besaß nun ungefähr fünfzehntausend Kleider, von denen viele mit Perlen und Edelsteinen besetzt waren.
Doch die prächtigsten Ballkleider trug sie weniger und weniger. Von ihrer Krankheit in den Jahren 1756 und 57 hatte sie sich nie ganz erholt; sie litt an häufigem Nasenbluten und dann auch an Wassersucht. Ihre übermäßige Leidenschaft für Trüffel, die der französische Botschafter eigens für sie aus Périgord kommen ließ, machte die Sache nicht besser; der majestätische Leib schwoll und schwoll wie bei der Königin im Märchen. Mitte Dezember 1761 litt die Kaiserin an Krämpfen, denen ein Blutsturz folgte; und die Ärzte erklärten, sie habe nur noch wenige Tage zu leben.
Im Winterpalast sprach man jetzt statt von Munition von Medizin, und die Generäle machten den Ärzten Platz. Wie zuvor blieb Iwan Schuwalow am Krankenbett seiner Geliebten, unterstützt von Alexej Rasumowskij und dessen Bruder Kyrill, der von der Ukraine zurückgeeilt war. Nur Peter Schuwalow fehlte diesmal; er hatte eine Herzattacke erlitten und lag selber krank zu Bett.
Am 20. Dezember, es war schon nach Mitternacht, erhielt Katharina in ihrem Schlafzimmer den überraschenden Besuch der Fürstin

Daschkow. Obwohl im Pelzmantel, zitterte sie und glühte vor Fieber. »Kommen Sie zu mir ins Bett und wärmen Sie sich auf«, sagte die erstaunte Katharina. Dann sagte das junge Mädchen, weshalb es gekommen sei.
»Es läßt mir keine Ruhe, wenn ich sehe, wie sich das Unheil über Ihrem Haupt zusammenzieht«, sagte sie. »Sie müssen auf Ihre Sicherheit bedacht sein. Bitte sagen Sie mir – haben Sie irgendwelche Pläne?«
Katharina erwiderte, sie habe keine. »Mir bleibt nichts übrig, als mit Mut dem zu begegnen, was über mich verhängt ist.«
»Dann müssen Ihre Freunde für Sie handeln!«
»Um Himmels willen, Fürstin«, beschwor Katharina das junge Mädchen, »setzen Sie sich meinetwegen keinen Gefahren aus! Zudem – was kann man tun?« Fürst Daschkow würde fünfzig Gardisten aufbieten können, Grigorij Orlow vielleicht die doppelte Zahl; aber wozu, wenn kein Plan vorlag? Eine halbe und übereilte Sache würde alles zerstören, konnte die Kaiserin veranlassen, Katharina von jeder künftigen Regierung auszuschließen. Und so gebot die besonnene Katharina ihrer ungestümen Freundin Einhalt.
Der Beichtvater wurde in das Krankenzimmer der Kaiserin geführt, und in den Geruch der Arzneien mischte sich nun der Duft des Weihrauchs, als die Sterbende die Letzte Ölung empfing. »Heiliger Vater«, betete der Geistliche, »erlöse Deine Dienerin Elisabeth von den Leiden, die sie befallen haben.«
Die Stunden vergingen. Katharina wartete besorgt und versuchte die Tapferkeit zu zeigen, der sie sich gerühmt hatte. Endlich ließ man Peter und sie in das kaiserliche Schlafzimmer, zum ersten Mal, und sie blickten in das bleiche Antlitz auf dem Kissen, schmerzverzogen und vom Tode gezeichnet.
Dann sprach die Kaiserin, und ihre Stimme schien von weither zu kommen. Sie ließ Peter geloben, mit väterlicher Liebe für den kleinen Paul zu sorgen, und ermahnte ihn, keinen Groll für altes Unrecht zu hegen und ihre Diener und Untertanen als Freunde zu behandeln. Für Katharina hatte sie keine besondere Botschaft, aber sie gestattete ihr, an ihrem Bett zu bleiben.

Katharina blieb zwei Nächte. Es war eine harte Prüfung, eine schöne Frau, die absolute Macht besessen, als entstellte, wassersüchtige Kranke zu sehen, die nach Atem rang. Katharina vergaß die Unbill, die ihr angetan worden war, und dachte an die Frau, die sie nach Rußland gerufen, die sie gepflegt, als sie selber krank gewesen, und in den letzten zwei Jahren mit Verständnis behandelt hatte. Die Kaiserin hatte keine neuen Wünsche hinsichtlich der Thronfolge geäußert, und so war die Berufung Peters vor zwanzig Jahren noch gültig. Es war unwahrscheinlich, daß die Schuwalows versuchen würden, sie anzufechten. Elisabeth, wie auch immer ihre Fehler und Unterlassungen als Monarchin gewesen sein mochten, war von der Kirche und der Garde geliebt worden; Peter hatte keinen Anstoß erregt, und so würde zweifellos ihren Wünschen entsprochen werden.

Am Nachmittag des Heiligabend 1761 saß Katharina noch immer am Sterbebett. Eine Zofe trat zu ihr und sagte ihr leise eine Botschaft der Füstin Daschkow ins Ohr: »Sie brauchen nur den Befehl zu geben, und wir rufen Sie zur Kaiserin aus.« Katharina überlegte einen Augenblick und flüsterte zurück: »Sagen Sie der Fürstin, sie soll uns nicht ins Chaos stürzen.«

Wenige Minuten später, kurz nach vier Uhr, wurden die Türen zum Sterbezimmer geöffnet, und Fürst Nikita Trubetzkoj, der älteste Senator, verkündete den versammelten Höflingen und Standespersonen: »Ihre Kaiserliche Majestät, Jelisaweta Petrowna ist im Herrn entschlafen. Gott erhalte unseren gnädigen Herrscher, den Zaren Peter den Dritten!«

Katharina verließ das Zimmer, um ihren Gatten zur Palastkapelle zu begleiten. Dort wurde vor dem Erzbischof von Nowgorod die Erklärung des Jahres 1742 verlesen, in dem die Kaiserin ihren Neffen zum wahren und gesetzlichen Erben des Thrones ernannt und ihn ermahnt hatte, dem Vorbild seines Großvaters zu folgen. Der Erzbischof segnete den neuen Kaiser als Alleinherrscher, ohne Katharina oder den Prinzen Paul zu erwähnen. Dann schworen die Senatoren und die älteren Würdenträger, die Hand auf der Bibel und dem Kreuz, dem Monarchen den Treueid. Peter Schuwalow war ans Bett gefesselt.

Als Peter den Treueid der drei Garderegimenter empfing, zog Katharina sich in ihr Schlafzimmer zurück. Alles hatte sich reibungslos entwickelt, beinahe nach der Vorsehung. Sie war am Ziel ihrer Wünsche angelangt, war Gemahlin des Kaisers von Rußland. Doch als die langen Trauerfeiern begannen, dachte sie an die Schwierigkeiten, die sie erwarteten. Sie trug – seit fünf Monaten – Grigorij Orlows Kind unter dem Herzen.

12

Der neue Kaiser

Der Leib der toten Kaiserin wurde gewaschen, eviszeriert, einbalsamiert und in Silberbrokat und Spitzen gehüllt – noch im Tode war Elisabeth die bestgekleidete Frau im Palast. Auf ihr Haupt wurde eine goldene Krone gesetzt, neben ihr stand der herkömmliche Teller mit Reis und Rosinen, und in ihre rechte Hand legte Theodor Dubjanskij die Schriftrolle, in welcher der Beichtvater dem heiligen Petrus eine abgeschiedene Seele empfahl.

Die tote Kaiserin lag in ihrem Schlafzimmer unter einem Baldachin, während Priester die Evangelien lasen und Soldaten mit gesenkten Köpfen und auf den Rücken gelegten Armen Wache standen. Nach drei Tagen wurde die erste Requiem-Messe abgehalten; die Leiche kam in einen offenen Sarg, wurde in ein Staatszimmer getragen und lag nun auf einer Estrade unter einem mit Hermelin behängten und dem Doppeladler gekrönten Baldachin. Hier defilierte eine Woche lang das Volk von St. Petersburg, um seiner Herrscherin, die ihm nun gegenwärtiger war als zu ihren Lebzeiten, die letzte Ehre zu erweisen.

Katharina wußte, daß die Russen und die russische Kirche großen Wert auf die gewissenhafte Einhaltung der Trauerzeremonien legten. Nachdem sie drei erfahrene Hofdamen um Rat gefragt hatte, kniete sie viele Stunden lang vor dem kaiserlichen Leichnam, sprach die vorgeschriebenen Gebete, ließ ihre Zimmer schwarz drapieren und trug nur Kleider von tiefstem Schwarz – eine Farbe, die für ihren derzeitigen Zustand vorteilhaft war.

Einen Monat nach ihrem Tod trat die Kaiserin ihre letzte Reise an, über die Newa zur Peter-und-Pauls-Kathedrale, um dort neben ihrer Mutter Katharina I. und ihrer Schwester Anna beigesetzt zu werden. Bei diesem Staatsbegräbnis benahm sich der neue Kaiser ungebührlich: er blieb im Trauerzug absichtlich zurück, um dann plötzlich eilig hinter dem Sarg herzulaufen und dadurch die greisen Höflinge, die seine schwarze Schleppe trugen, in Verlegenheit zu bringen. Katharina hingegen ging gemessenen Schrittes und ließ ihre Tränen sehen.

Sofort nach der Feier zog Peter in die Gemächer der verstorbenen Kaiserin und begann, die Funktionen seines neuen Amtes auszuüben. Katharina wollte bis zur Geburt ihres Kindes an keiner öffentlichen Amtshandlung teilnehmen und blieb in ihren alten Räumen. Sie schützte nacheinander Husten, eine geschwollene Wange und Zahnschmerzen vor; doch sie beobachtete, wie sich Peter entwickelte.

Der neue Herrscher stand um sieben Uhr auf und ließ sich schon während der Morgentoilette Bericht erstatten. Um acht empfing er in seinem Arbeitszimmer neben anderen hohen Beamten Michael Woronzow, den er in seinen Ämtern als Großkanzler, Polizeipräsident von St. Petersburg und Kriegsminister beließ. Die Schuwalows hatten ihre Rollen ausgespielt: Peter starb zwei Wochen nach der Kaiserin, und Alexander mußte sich mit dem Rang eines Obersten der Garde begnügen. Der Kaiser ließ sich nur von einem beraten, von Dimitrij Wolkow, dem ehemaligen Kabinettssekretär Elisabeths, einem fähigen Mann, der sich aus allen Zwistigkeiten und Intrigen herauszuhalten verstanden hatte.

Dann kontrollierte Peter die Kanzleien und überzeugte sich, daß jeder, vom Präsidenten bis zum Schreiber, seine Pflicht tat. Es folgten zwei Stunden auf dem Exerzierplatz, dann speiste er zu Mittag, wozu er diejenigen einlud, deren Ansichten er hören wollte. Der Nachmittag war den Besuchen staatlicher Manufakturen oder anderer öffentlicher Einrichtungen wie der Feuerwehr gewidmet, denn seit Peter dem Großen wurde von dem Zaren erwartet, daß er sich um die Bekämpfung des Feuers kümmere. Er stellte Fragen, hörte sich Nöte an und empfahl Verbesserungen. Dieser arbeitsreiche Tag endete um neun Uhr mit dem Abendessen, wozu er Gäste nicht nach dem Rang, sondern nach Belieben einlud; danach rauchte er eine Tonpfeife und trank Bier mit einigen engeren Freunden.

Der neue Anfang war verheißungsvoll: die Salzsteuer wurde ermäßigt und damit den Armen eine drückende Last genommen. Die politischen Verbannten, außer Bestuschew, wurden amnestiert; zu denen, die nach mehr als zwanzig Jahren zurückkehren durften, gehörten Graf Münnich und Ernst von Biron – weißhaarig, in altmodischen Anzügen, wie Figuren in der letzten Szene eines Maskenspiels. Peter ließ auch religiöse Dissidenten, die seine Tante verbannt hatte, heimkehren und ihre Glaubensriten ausüben, »da Bitterkeit oder Gewalt nicht der richtige Weg ist, sie zu bekehren«. Er begann Verhandlungen, den ungeliebten Krieg zu beenden, der Rußland hunderttausend Mann und den größten Teil seiner kleinen Flotte gekostet hatte. Einmal war es den russischen Truppen, gemeinsam mit den Österreichern, gelungen, Berlin zu besetzen und Charlottenburg zu plündern, aber England hatte zu verstehen gegeben, es würde Rußland keine territorialen Eroberungen in Ostpreußen gestatten, und so wurde auf der Grundlage der Vorkriegsgrenzen verhandelt.

Obwohl die russische Infanterie keiner anderen in Europa nachstand, hatten ihre Vorgesetzten versagt. Apraxin mit den Hunderten Schnupftabaksdosen war von Peter Saltikow abgelöst worden, der die bucklige Katharina von Biron geheiratet hatte. Er erwies sich als ein so unfähiger Heerführer – Friedrich von Preußen nannte ihn »den dümmsten aller russischen Idioten« –, daß er seines Kommandos enthoben werden mußte.

Nachdem er über diese und ähnliche Fehler nachgedacht hatte, beschloß der Kaiser, dem Übel auf den Grund zu gehen. Peter der Große hatte den ganzen Adel – die Besitzer von Land und Leibeigenen – zum Dienst in der Armee oder in öffentlichen Ämtern verpflichtet. Die Söhne wurden im Alter von zehn Jahren registriert; später wurden sie geprüft und machten eine vierzehnstufige Laufbahn durch, einen Staatsdienst, der fünfundzwanzig Jahre dauerte. Da die Armee mehr Posten bot als der noch dürftige Zivildienst, stiegen die meisten Adligen, auch wenn sie körperlich oder charakterlich nicht dafür geeignet waren, zu hohen Kommandoposten auf.

Peter III. entschied, der beste Weg, zu einer tüchtigen Offiziersklasse zu kommen, sei die Beschränkung auf ausgewählte Berufssoldaten. Er gab daher einen Ukas heraus, der den obligatorischen Dienst für die Angehörigen des Adels beendete. Zwar zogen es wegen der guten Bezahlung und den Aufstiegsmöglichkeiten weiterhin die meisten vor, dem Staat zu dienen; doch es wurde begrüßt, daß der Zwang aufhörte. Fürst Daschkow, der anfangs Peters Thronbesteigung heftig mißbilligt hatte, sagte zu Katharina: »Der Kaiser verdient, daß man ihm ein Standbild von Gold errichtet.«

Die Stunden des Tages, denen Peter die größte Bedeutung beimaß, waren die von elf bis ein Uhr vormittags. In voller Uniform, mit Schaftstiefeln und Dreispitz, begab er sich forsch auf den Exerzierplatz vor dem Winterpalast und inspizierte das aufmarschierte Regiment, wobei er sich persönlich vergewisserte, daß die Knöpfe geputzt waren und das Leder glänzte. Dann ließ er das Regiment exerzieren und gab die Befehle selber: »Gewehr über!«, »Gewehr bei Fuß!«, »Präsentiert das Gewehr!«, ließ die Truppe marschieren, langsam und schnell, vorwärts und zurück, und alle jene Übungen ausführen, die denen, die sich dem militärischen Kult verschrieben haben, die Faszination einer Fuge von Bach zu haben scheinen. Das Regiment, dem Peter die größte Mühe widmete, war das von Preobraschenskij; nachdem er es nach Herzenslust gedrillt hatte, ließ er jedem Mann ein Glas Wodka geben. Dann schritt er die Parade ab, und an besonders bedeutsamen Tagen marschierte er selber an der Spitze des Regiments und ließ dazu alle Kanonen der Zitadelle und der Admiralität Salut schießen, so daß die ganze Stadt erzitterte. Der Kaiser zeigte sich als folgsamer Schüler Friedrichs von Preußen und dessen Vaters, des Soldatenkönigs. Wie diese sah er in der Armee das Symbol und Muster eines neuen, starken und männlichen Staates.

Katharina konnte mit ihres Gatten verheißungsvollen Anfängen zufrieden sein. (Über seine Soldatenspielerei sah sie nachsichtig hinweg.) Sie empfand die Genugtuung eines Regisseurs, der Monate über Monate viele Stunden des Tages damit verbracht hat, einen unbegabten Schauspieler für die Hauptrolle in einem Drama zu trainieren, das er sein ganzes Leben lang würde spielen müssen und dessen übrige Besetzung Millionen umfaßte. Jeden Tag schien sich Peter mehr auszuzeichnen, heute eine Geschützgießerei besichtigend, morgen die Münze, und dann wieder an der Spitze eines Feuerlöschtrupps, um einen der vielen Brände zu bekämpfen, von denen die Holzhäuser der Hauptstadt so oft heimgesucht wurden. Dabei machte er zahlreiche Verbesserungsvorschläge, wenn es sich auch oft nur um Kleinigkeiten handelte. Aber durch seine Maßlosigkeiten stellte er alles wieder in Frage.

Wenn ein wohlgesinnter Berater für den neuen Herrscher ein langfristiges Drei-Punkte-Programm aufgestellt hätte, dann hätte es wahrscheinlich so gelautet: Versuche die Kirche, die Garden und das russische Volk zufriedenzustellen. Zweifellos hätte Katharina ein solches Programm entworfen. Aber ihr Gatte war trotz allen Eifers der gleiche Mann geblieben, der ihre zarten Annäherungsversuche zurückgewiesen hatte. Er war bereit, Katharinas Rat – jedermanns Ratschläge – bis zu einem gewissen Grad zu beherzigen. Doch den weiteren Weg wollte er allein gehen, wollte allein entscheiden und handeln.

Die Kaiserin Elisabeth hatte sich bald nach ihrer Machtergreifung nach Moskau begeben, um sich salben und krönen zu lassen. Man erwartete, daß ihr Nachfolger ihrem Beispiel folgen würde; statt dessen zögerte er seine Krönung hinaus. Er gab Geldmangel vor; doch war sein eigentlicher Grund vermutlich die Befürchtung, daß sein Idol, der König von Preußen, einen solchen Mummenschanz nicht gutheißen würde. Doch in jedem Falle beleidigte Peter die Kirche.

Die orthodoxe Kirche ehrte zwar die Zehn Gebote, jedoch am wenigsten das der Barmherzigkeit. Auf den Klostergütern wurden die überarbeiteten Leibeigenen grausam geknutet. Die fromme Elisabeth hatte nichts getan, um diesen Unterdrückten zu helfen. Ihr

Nachfolger indessen handelte sofort und gab einen Ukas heraus, wonach alle Klostergüter verstaatlicht wurden. Es war eine gute Reform, aber Peter ließ sie überstürzt ausführen und mit dem gleichen Mangel an Takt, mit dem er, als er Pferde für seine Kavallerie brauchte, die Pferde der Bischöfe requirieren ließ, was zur Folge hatte, daß die Bischöfe nicht mehr bei Hof erschienen. Die Beschlagnahmungen, zusammen mit dem bekannten Luthertum des Kaisers und seiner Verzögerung der Krönung, brachte die Kirche gegen ihn auf.

Den Garden gegenüber nahm Peter eine zwiespältige Haltung ein. Während er die älteren Regimenter privilegierte, betrachtete er andere als überflüssige Pfefferkuchensoldaten und löste die Leibwache auf. Er stellte Offiziere und Manschaften vor die Wahl, entweder in der regulären Armee weiterzudienen oder sich mit halbem Sold verabschieden zu lassen; von der ersten Möglichkeit sollen nur sechs Offiziere Gebrauch gemacht haben. Zu gleicher Zeit ersetzte er die grasgrünen und roten Uniformen Peters des Großen durch blaue nach preußischem Muster. Das kränkte die traditionsreiche Preobraschenskij-Elite, und sie fürchtete, eines Tages zu einem gewöhnlichen Regiment degradiert zu werden.

Sechs aufreibende Jahre lang hatten die Russen im Krieg gegen Friedrichs Armeen ihr Blut vergossen. Sie waren erleichtert, als Peter III. Frieden schloß, und wollten auch glauben, daß die Allianz, die er mit Preußen schloß, zu Rußlands Vorteil war. Was die Russen vor den Kopf stieß, war der ungewöhnliche Ton ihres neuen Herrschers. Er schrieb dem preußischen König überschwengliche Briefe, nannte ihn »einen der größten Helden aller Zeiten«, und taufte ein russisches Schiff *Fridericus Rex.* Er erbat und erhielt das orangefarbene Band des preußischen Schwarzen-Adler-Ordens und trug es fortan am liebsten. Bei allen Gelegenheiten nannte er Friedrich »unseren Meister«, und auf einem Bankett zur Feier des Friedens brachte er bei einer Salve von fünfzig Kanonen einen Trinkspruch auf ihn aus und sagte zu dem preußischen Botschafter: »Sie können unserem Meister, dem König, melden, daß er nur den Befehl zu geben braucht, und ich erkläre mit meinem ganzen Reich sogar der

Hölle den Krieg.« Und der Preußenkönig spöttelte: »Ich bin seine Dulcinea. Er hat mich nie gesehen und sich in mich verliebt wie Don Quijote.«

Diese Heldenverehrung hätte man als jugendliche Überspanntheit entschuldigen können. Aber Katharina wußte von einer noch gefährlicheren Laune ihres Gatten. Zwanzig Jahre lang hatte er hartnäckig darauf bestanden, daß er vor allem Herzog von Holstein war und dann erst Großfürst von Rußland. Jetzt erhob sich die Frage, ob er nach seiner Thronbesteigung diese Rangfolge ändern würde. Im Januar 1762 unternahm der Kaiser etwas, was damals wenig bemerkt wurde, jedoch große Folgen haben sollte. Er berief zwei holsteinische Vettern nach St. Petersburg. Den einen, den Prinzen von Holstein-Beck, machte er zum Statthalter von Estland und Ingermanland; den anderen, Prinz Georg von Holstein-Gottorp, Katharinas Onkel, der ihr den Heiratsantrag gemacht hatte, als sie noch ein Kind war, ernannte er zum Generalfeldmarschall der russischen Armee und schenkte ihm Bestuschews luxuriöses Stadthaus. Beide berief er darüber hinaus in das Kriegskabinett, und damit waren von den neun Mitgliedern in Rußlands höchstem militärischen Gremium zwei Ausländer.

Peter konnte sagen, daß seine Vettern sich als sehr wertvoll für die militärische Ertüchtigung Rußlands erweisen würden, und das war vermutlich richtig. Aber er übersah Rußlands Feindseligkeit gegen Europäer, speziell gegen Deutsche, oder er wollte geflissentlich nichts davon wissen. Es kränkte den Russen, nach Hilfe von außen zu rufen, es verletzte seinen Stolz, und er fürchtete, seine Identität zu verlieren, wenn er Ausländern nachäffte. Und die Herren vom Adel waren neidisch, als sie erfuhren, daß Prinz Georg viertausend Rubel im Monat bekam und, nach den Worten des dänischen Gesandten, behandelt wurde »wie ein Orakel oder ein Richter, gegen dessen Urteil es keine Berufung gab«.

Hätte er es damit bewenden lassen, wäre ihm möglicherweise die Gunst seines Volkes erhalten geblieben. Aber wie seinem berühmteren Vorgänger und Namensvetter mangelte es ihm an weiser Zurückhaltung. Noch immer spukte ihm im Kopf, was fünfzehn Jahre

vor seiner Geburt geschehen war: Dänemarks Raub von Schleswig, das vorher Holstein gehört hatte. Peter der Große hatte Peters Vater versprochen, für die Rückgabe dieses nebligen Ländchens zu sorgen, sich jedoch dann nicht mehr darum gekümmert. Was konnte ihn, Peter III., den Sohn und den Enkel der beiden Männer, die es betraf, daran hindern, dieses Versprechen jetzt einzulösen?
Am Tage vor Ostern zog der Kaiser aus dem alten zugigen Winterpalast in das neue Steingebäude, das seine Tante vor acht Jahren bei dem Baumeister Rastrelli in Auftrag gegeben hatte und das erst jetzt fertiggeworden war. Der neue Winterpalast, größer und großzügiger als der bisherige, scheint Peter zu Kopf gestiegen zu sein. In seinem funkelnagelneuen Arbeitszimmer, mit üppigen Teppichen und goldbeschlagenen Möbeln ausgestattet, griff er zur Feder und verlieh seinen Worten einen neuen majestätischen Ausdruck. »Mein Stolz«, so schrieb er an Friedrich, »gebietet mir, Genugtuung von den Dänen zu erzwingen für die Schande, die sie mir und vor allem meinen Vorfahren angetan haben.« Er bat um eine Operationsbasis, und wie in einer sonderbaren Ironie bot ihm Friedrich Stettin an, Katharinas Geburtsstadt.
Bald sprach es sich herum, daß der neue Kaiser einen Krieg gegen Dänemark plane, einem Bundesgenossen Peters des Großen, der Rußland nie ein Leid zugefügt hatte, und daß er es auf Veranlassung seiner holsteinischen Berater im Interesse Holsteins tue. Er schlug, bildlich gesprochen, den Russen die silberne Nessel seines Heimatlandes ins Gesicht. »Er ist verrückt«, sagte Stanislaus Poniatowski und erinnerte daran, daß Peter in Uniform und Dreispitz teils einem bramarbasierenden Räuberhauptmann, teils einem Stutzer aus der italienischen Komödie ähnelte. Wäre er nur verrückt gewesen, so hätten ihn die Russen ertragen, denn sie hatten mehr als einen sonderbaren Zaren über sich ergehen lassen. Aber ihr jetziger Herrscher war, von ihrem Standpunkt aus, schlimmer als verrückt. Er war Europäer in dem Maße, daß er europäische Interessen vor die russischen setzte.
Katharina blieb vorerst in ihrem Zimmer im alten Palast, und was sie von ihrem Gatten hörte, kam indirekt zu ihr. Grigorij Orlow

erzählte ihr von dem Ärger in seinem Regiment, von dem verwundeten Patriotismus der Gardisten, von dem steigenden Haß gegen den Zaren, der lieber Deutsch als Russisch sprach. Die Fürstin Daschkow sprach davon, daß Schulen und Bibliotheken wichtiger seien als Kanonen und Uniformen, während Graf Panin, der ehemalige Erzieher des Großfürsten, über Rußlands leere Staatskasse klagte und über die seit zwei Monaten nicht bezahlten Truppen, die noch in Preußen standen. Und alle sagten zu Katharina: »Tun Sie etwas, um Ihrem Gatten Einhalt zu gebieten.«

Theoretisch konnte Katharina freier handeln als zu Lebzeiten der Kaiserin. Praktisch war sie jedoch von dem Kind abhängig, das sie unter dem Herzen trug. Bevor es zur Welt kam, war sie unfähig, etwas zu unternehmen. Außerdem sah sie Peter jetzt wenig. Und so sagte sie zu ihren Freunden: »Wartet. Wir wollen sehen, wie sich die Dinge entwickeln.«

Am 11. April 1762 schenkte Katharina ihrem dritten Kind, einem Knaben, das Leben. Die beiden ersten hatte man ihr sofort weggenommen; so hätte man denken können, sie würde sich nun an dieses klammern. Doch Vernunftgründe sprachen dagegen. Es war ja nicht einfach ihr Kind, es war ein Bastard der Zarin, und wenn seine wahre Herkunft bekanntwürde, konnte es eine gefährliche Waffe in den Händen ihrer Feinde werden. So gab Katharina, nachdem sie ihm den Namen Alexej Grigorowitsch gegeben hatte, den Knaben zu Pflegeeltern. Weil sie ihn in einen Biberpelz wickelte – das russische Wort dafür ist *bobjor* – wurde er später Alexej Grigorowitsch Bobrinskij genannt.

Jetzt erst zog Katharina in den neuen Winterpalast um. Elisabeth Woronzow war bereits dort zu Hause; aber der Kaiser und sie stritten sich häufig, und Katharina war ihrer Rivalin stets überlegen. Sie ging sogar so weit, Elisabeth zum Bleiben zu bewegen, als sie in einem Wutanfall die Absicht äußerte, aufs Land zu gehen. Sie wußte, daß sie von diesem unschönen und dummen Mädchen, die sich von Peter anschnauzen lassen mußte, wenig zu fürchten hatte.

Katharina vergaß nicht, was ihr ans Herz gelegt worden war. Jetzt, da sie den hohen Rang ihres Gatten für sich ausnutzen konnte, sah sie, daß er in der Tat viel Haß und Mißtrauen erregt hatte. Sie wußte, daß er sie, trotz der Geburt von Grigorijs Kind, immer noch hochschätzte, sie nach wie vor als »Madame la Ressource« ansah – er hatte sogar alle ihre Schulden, insgesamt sechshunderttausend Rubel, bezahlt. Daher beschloß sie, ihn bei der ersten Gelegenheit wissen zu lassen, daß sie sein jüngstes Gehabe mißbilligte.

An ihrem dreiunddreißigsten Geburtstag erschien sie zum ersten Mal wieder in der Öffentlichkeit. Sie empfing mit Vergnügen einen Glückwunschbrief des neuen jungen Königs von England, Georg III., der als Sohn der Prinzessin von Sachsen-Coburg-Gotha ihr Vetter dritten Grades war; doch ihre wärmste Aufmerksamkeit galt dem Grafen Mercy, dem österreichischen Botschafter. Wohl wissend, daß er die russisch-preußische Allianz fürchtete, sagte sie, mit betonter Deutlichkeit vor dem Hof und dem diplomatischen Korps: »Ich versichere Ihnen, daß meine Gunst gegenüber Ihrem Land unverändert bleibt.« Das sollte, in einfacher Sprache ausgedrückt, heißen: »Ich glaube, der Kaiser wird guttun, Rußlands langjährige Freundschaft mit Österreich fortzusetzen, statt sich in diese neue Allianz mit einem verhaßten Angreifer zu stürzen.«

Ihr zweiter Protest war die Einladung an einige ältere Priester, eine kleine Kapelle in dem neuen Palast einzuweihen. Die Feier fand mit gebührendem Pomp in der zweiten Maihälfte statt. Die Geistlichkeit war beglückt, doch der Kaiser bekam einen Wutanfall. Er sandte allen seinen Adjutanten, die teilgenommen hatten, einen vorwurfsvollen Brief und ließ Katharina durch einen gewissen Melgunow mitteilen, daß er sie in ein Kloster sperren werde, wenn sie noch einmal so etwas tun würde, ohne ihn zu fragen. Katharina weinte, entschuldigte sich und bat Melgunow, ihren Gatten zu versöhnen. Als er zurückkehrte und dem Kaiser berichtete, glaubte dieser, sein Auftrag sei nicht ordnungsgemäß ausgeführt worden, sandte Prinz Georg, die Vorwürfe energisch zu wiederholen, und ließ drei Adjutanten vor der Tür horchen und ihm berichten.

Den dritten Protest richtete Katharina an Peter direkt und wieder vor aller Öffentlichkeit. Am 11. Juni feierte der Kaiser die Unterzeichnung des Bündnisses mit Preußen mit einer Parade und einem anschließenden Bankett in einem Prachtsaal des neuen Palastes. Auf seinen Wunsch wurden die Plätze ausgelost, und Katharina fand sich fern ihrem Gatten am entgegengesetzten Ende des Saales, mit einem unterhaltsamen Höfling, dem Grafen Stroganow, hinter ihrem Stuhl. Alles, was zählte, war zugegen: die Herren in Galauniformen, die Damen in Abendkleidern mit Diamanten, das diplomatische Korps und Peters Lieblingsvettern, der Prinz von Holstein-Beck und Prinz Georg von Holstein-Gottorp.

Zu Beginn des Banketts erhob sich der Kaiser und brachte die Trinksprüche aus. »Auf die Gesundheit der kaiserlichen Familie!« rief er und hob sein Glas, während, wie er es liebte, draußen eine Kanonensalve abgefeuert wurde. Jedermann stand auf, ihm zuzutrinken; nur Katharina blieb sitzen. Peter sah es sofort und sandte seinen Adjutanten, um Katharina zu fragen, warum sie sich nicht erhoben habe. »Die kaiserliche Familie«, gab Katharina zur Antwort, »besteht aus Ihnen, mir und meinem Sohn, der nicht anwesend ist. Selbstverständich bin ich sitzengeblieben.« »Und meine Vettern?« fragte Peter zurück und zeigte auf die Prinzen. Katharina fand es überflüssig, hierauf zu antworten, denn dadurch, daß sie nicht aufgestanden war, hatte sie bereits zu verstehen gegeben, daß sie, nunmehr ganz Russin, keine verwandtschaftlichen Bande mehr mit Deutschland anerkenne und von dem Kaiser erwarte, daß er diese Bande gleichfalls verleugne. Peter war wütend und rief nur ein Wort durch den Saal: *»Dura!«*, was »dummes Frauenzimmer« bedeutet.

Hierauf herrschte betretenes Schweigen, dem ein eifriges Stimmengewirr folgte, als die Gäste über dieses ungewöhnliche Verhalten zu tuscheln begannen. Katharina mußte gewußt haben, daß ihr Protest, wenn er Peter nicht zur Vernunft brachte, ihr seinen Ärger einbringen würde; und so war es nicht aus verwundetem Stolz, sondern aus Enttäuschung, daß sie sich an Graf Stroganow wandte und ihn bat, eine lustige Geschichte zu erzählen, damit sie ihre Fassung wiedererlangte. Dann wurde aufgetragen, und irgendwie kämpfte sich Katharina durch das lange Festmahl.

Offenbar ließ Katharinas Protest den Kaiser unberührt, denn er sprach davon, sie verhaften zu lassen, so daß sich Prinz Georg ins Mittel legen mußte, der, obwohl inzwischen verheiratet, für seine Nichte eine warme Zuneigung bewahrt hatte. Zugleich betrieb Peter eifrig Vorbereitungen, selber eine russische Armee gegen Dänemark zu führen, und verkündete zum allgemeinen Verdruß, daß während seiner Abwesenheit – »länger als zwei Monate werden mich diese blöden Dänen nicht in Anspruch nehmen« – alle in Rußland verbleibenden Truppen unter dem Befehl des Prinzen Georg stünden.

Am Tage nach dem Bankett wurde Katharina abermals von denen aufgesucht, die sie gedrängt hatten, dem Kaiser Einhalt zu tun. Jetzt waren sie noch dringlicher. Grigorij Orlow sagte, daß er, seine Brüder und mehrere gute Freunde Peters holsteinische Politik ablehnten; und die Fürstin Daschkow berichtete, daß Kyrill Rasumowskij und Michail Wolkonskij, Rußlands bester Kavallerie-Offizier, für ihre Sache gewonnen worden seien. Immer mehr einflußreiche Leute waren überzeugt, daß der Kaiser abdanken müsse, und zwar schnell. Katharina solle an seine Stelle treten. Wenn sie sich nicht dazu bereit erklärte, würde man nichts zu unternehmen wagen.

Katharina sah sich in einer schwierigen Lage. Einerseits war es möglich, daß Peter einlenken würde – König Friedrich hatte zur Vorsicht gemahnt und versucht, zwischen dem russischen Kaiser und Dänemark zu vermitteln. In diesem Falle entfiele der unmittelbare Anlaß, Peter zu stürzen. Auf der anderen Seite durfte man den russischen Fremdenhaß nicht unterschätzen – er hatte schon Anna Leopoldowna den Thron gekostet. Wenn sie es unterließ, sich von Peter deutlich zu distanzieren, und es käme zu einer Revolte gegen ihn, dann könnte sie mitgerissen werden. Schließlich war sie nicht weniger als Peter eine Ausländerin; der verhaßte Prinz Georg war ihr Onkel, und Stettin, von wo der Feldzug gegen Dänemark geführt werden sollte, ihr Geburtsort.

Als man sie aufforderte, sich an die Spitze des Staatsstreichs zu stellen, gab es für sie drei Möglichkeiten. Sie konnte, erstens, zu ihrem Gatten halten, ihn an der Achtung, die sie in den höchsten Kreisen genoß, teilnehmen lassen und ihn vielleicht in einem solchen Grade stärken, daß kein Komplott mehr erfolgreich sein würde. Zweitens konnte sie neutral bleiben, sich in ihre Gemächer zurückziehen und mit Näharbeiten und Lektüre beschäftigen. Und drittens konnte sie dem Drängen ihrer Freunde nachgeben und die Verschwörung leiten.

»Meine Natur ist so beschaffen«, hatte Katharina einmal geschrieben, »mein Herz ganz und vorbehaltlos einem Gatten zu schenken, der mir seine Liebe gibt.« Hätte Peter sie geliebt und sie ihn, dann wäre sie wahrscheinlich dem ersten Weg gefolgt. Aber Peter hatte ihr Liebe vorenthalten, und sie, die ihn nie geliebt hatte, haßte ihn jetzt, denn nachdem er sie jahrelang dem Elend ausgeliefert und ihre Ehe zerbrochen hatte, sah es jetzt ganz so aus, als wolle er auch ihr Leben zerstören; jedenfalls hatte er ihr Leben – und auch das seine – schweren Gefahren ausgesetzt.

So verwarf sie die erste Möglichkeit und, da sie tatkräftig und eine Führernatur war, auch die zweite. Die dritte, die noch blieb, barg ungeheure Gefahren. Daß sie, eine im Ausland geborene kleine Prinzessin, nur mit einer Handvoll ergebener Freunde, einen Aufstand gegen ihren eigenen Gatten, Peters des Großen Enkel, anführen sollte – selbst für russische Verhältnisse war ein solches Unterfangen unerhört. Doch es blieb kein anderer Weg; und Katharina wurde von einem doppelten Motiv getrieben: sie wollte regieren, denn sie beherrschte diese Kunst, und sie mußte ihren Untergang abwenden, der unvermeidlich war, wenn sie nicht handelte. Und so traf Katharina am 12. Juni, als der Kaiser plötzlich nach Oranienbaum ging und seiner Gattin sagen ließ, sie solle ihm sechs Tage später nach Peterhof folgen, eine der großen Entscheidungen ihres Lebens. Sie sagte ihren Freunden, daß sie bereit sei, sich an die Spitze eines Staatsstreiches zu stellen.

Die Führung war nötig, denn die Komplizen bildeten eine bunte Mischung. Grigorij Orlow war ein Haudegen und tüchtiger Offizier, mehr auf dem Kasernenhof zu Hause als auf dem glatten Hofparkett; doch er liebte Katharina und handelte aus Liebe. Sein noch verwegenerer Bruder, Alexej mit dem Narbengesicht, haßte

den Möchtegern-Soldatenzar und schloß sich teils aus Liebe zu seinem Bruder an, teils weil er Katharina für eine gute Befehlshaberin hielt. Die belesene Fürstin Daschkow sah Katharina als Friedensfürstin, als Philosophin auf dem Thron, und wäre enttäuscht gewesen, wenn sie gewußt hätte, daß ihr Idol die Geliebte eines Mannes wie Grigorij war. Nikita Panin war ein gewiegter Staatsmann, der Soldaten, auch tapferen, mißtraute und über die Naivität der jungen Daschkowa lächelte. Er und der Mann, den er für die Revolte verpflichtet hatte, Kyrill Rasumowskij, wollten den Prinzen Paul zum Zaren machen und Katharina zur Regentin; und sie ließ sie vorläufig in diesem Glauben.
Die Verschwörer trafen sich in allen möglichen, immer anderen Räumen, nur nicht in Katharinas Zimmern. Nach vielen Besprechungen einigte man sich auf einen Plan: sie würden den Kaiser in seinem Zimmer einschließen und ihn für regierungsunfähig erklären, während die Garden, von den Orlows entsprechend bearbeitet, sich versammelten, um den Nachfolger auszurufen. Um des Sieges sicher zu sein, wäre es nützlich, die öffentliche Meinung noch mehr gegen Peter zu beeinflussen und Geld zu beschaffen, um die noch unschlüssigen Gardisten zu gewinnen.
So wurden teils wahre, teils falsche Geschichten über den Monarchen verbreitet. Er plane, so sagte man, die alten Gardisten durch holsteinische Soldaten zu ersetzen und eine Anzahl von russischen Mädchen in einer lutherischen Kirche mit Deutschen zu verheiraten. Peters Privatleben wurde ebensowenig verschont wie sein öffentliches Auftreten. Er trank zuviel, sank regelmäßig unter den Tisch und mußte ins Bett getragen werden. Er befahl, daß sechzig Hochzeiten bei Hofe vollzogen werden sollten – ein englischer Agent griff diese Geschichte auf und berichtete sie George Grenville, dem Leiter der Abteilung Norden des Foreign Office – »und vier mit Gaze verhängte Betten für die, welche die stärksten Beweise ihrer Tüchtigkeit lieferten«.
Katharina nahm wieder Verbindung mit England auf, um Geld zu leihen, was ihr erst nach vielen Schwierigkeiten gelang, denn Keith, der britische Botschafter, stand auf des Kaisers Seite und hielt Ka-

tharina für erledigt. Inzwischen waren die Orlows unablässig für sie tätig, und wurden nicht müde, unter ihren Kameraden für die Kaiserin zu werben. In nur fünf Tagen hielt Katharina alle Fäden in der Hand und konnte ein Datum für die Nacht der Gefangennahme des Kaisers festsetzen: sobald er nach St. Petersburg zurückkehrte. Am 18. Juni verabschiedete sich Katharina von Grigorij und der Fürstin Daschkow, deren Gatten – es sah verdächtig aus – der Kaiser zum Gesandten in der Türkei ernannt hatte. Dann, Peters Weisung folgend, fuhr sie nach Peterhof und am nächsten Tag neun Meilen weiter nach Oranienbaum zu ihrem Gatten.

Peter ließ sich Zeit und wartete auf einen befriedigenden Abschluß der Konferenz über Schleswig, die Friedrich in Berlin einberufen hatte, doch ohne seine Kriegsvorbereitungen zu unterbrechen, die er in dem ihm eigenen exzentrischen Stil traf. Admiral Talysin hatte berichtet, daß ungewöhnlich viel Soldaten auf der Krankenliste stünden, worauf Peter einen ungehaltenen Ukas erließ, die Männer sollten schleunigst gesund werden, denn Krankheit gehöre nicht zu ihren Dienstpflichten. Als der preußische König ihm riet, »alle diejenigen mitzunehmen, die Ihnen während Ihrer Abwesenheit gefährlich werden könnten«, lachte der Kaiser und sagte, »er habe nichts zu fürchten, die Russen liebten ihn.«

Den Kopf voll wichtiger Dinge, mußte Katharina an den oberflächlichen Sommervergnügungen teilnehmen und versuchen, Elisabeth Woronzow zu unterhalten, die von der Tätigkeit ihrer Schwester keine Ahnung hatte. An dem Abend des Tages, wo sie nach Oranienbaum gekommen war, wohnte sie einer Opernaufführung bei, in der ihr Gatte, den sie zu entthronen beabsichtigte, im Orchester saß und fröhlich die Violine spielte. Es würden Gartenfeste folgen, und am 29. Juni, Peters Namenstag, ein Kostümball und ein Galadiner. Dann endlich würder er nach St. Petersburg zurückkehren – und gestürzt werden.

Am 24. Juni kam die Nachricht, daß zwölftausend dänische Soldaten die freie Stadt Hamburg besetzt und eine Anleihe von einer Million Taler erzwungen hatten, die Dänemark dringend zur Bestreitung der Verteidigungskosten brauchte. Es war ein ungewöhnlicher, völlig unerwarteter Schlag. »Der Kaiser«, berichtet Keith, »betrachtete es als direkte Aggression seitens Dänemarks«. Peter ließ den Plan, nach St. Petersburg zurückzukehren, fallen; statt dessen »erklärte er öffentlich seinen Entschluß, von hier aus aufzubrechen... um sich an die Spitze seines jetzt in Pommern stehenden Heeres zu stellen«. Nach seinem Namenstag wollte er sich auf den Weg machen, und er befahl dem Regiment Preobraschenskij, sich für den Abmarsch mit ihm vorzubereiten.

Sobald Katharina hörte, daß Peter nicht in die Hauptstadt zurückkehren würde, benachrichtigte sie ihre Komplizen, daß der Staatsstreich verschoben werden müsse.

13

Der Staatsstreich

Die Nacht war sehr kurz gewesen und so hell, daß man ohne Kerze hätte lesen können. Um sechs Uhr morgens am Freitag, dem 28. Juni, als die Sonne schon warm an einem wolkenlosen Himmel schien, fuhr eine Mietkutsche vor dem Park von Peterhof vor, und ein Mann mit einem narbigen Gesicht stieg aus. Er trug die grasgrüne und rote Uniform eines Hauptmanns der Preobraschenskij-Garde. Der Offizier betrat den Park mit raschen Schritten, durchquerte ein Lärchenwäldchen und ging durch den Garten, an der Kaskade, den Springbrunnen und dem gewaltigen Schloß mit den kürzlich neu vergoldeten Dachfiguren vorbei bis zu einem Pavillon aus Ziegelsteinen dicht am Meer – bekannt als »Monplaisir«. Er klopfte, nannte dem Mädchen seinen Namen und wurde in ein Schlafzimmer geführt.

Katharina, von dem Mädchen geweckt, erkannte den Offizier als Alexej Orlow. »Alles ist fertig für die Proklamation«, sagte er. »Sie müssen aufstehen.«

Alexej berichtete, am Vortage habe ein Gardist seines Regimentes ein Gerücht gehört, wonach der Kaiser seine Gemahlin festgenommen habe und gefangen halte. Der Soldat hatte seinen Vorgesetzten, Hauptmann Passek, aufgesucht und bekümmert gesagt: »Das dürfte das Ende für unser Mütterchen sein.« »Durchaus nicht«, hatte der Hauptmann erwidert und versucht, den Mann zu beruhigen. Dieser jedoch war zu einem anderen Offizier gegangen, hatte wiederholt, was ihm zu Ohren gekommen, und gemeldet, was Passek gesagt hatte. Dieser Offizier war nicht in der Verschwörung;

und erschreckt, daß Hauptmann Passek die Unbotmäßigkeit gegen den Kaiser angehört hatte, ohne den Mann zu arretieren, erstattete er seinem Vorgesetzten, Major Wojkow, Meldung. Nachdem der Major den Gardisten selber befragt hatte, verhängte er über Passek Arrest. Als Alexej Orlow davon hörte, suchte er Nikita Panin auf, der sofort befürchtete, daß Passek, wenn man ihn peinlich verhörte, die Verschwörung verraten könnte, und einverstanden war, als Alexej sagte, er wolle sofort nach Peterhof fahren.
Katharina hörte aufmerksam zu und stellte befriedigt fest, daß Alexej die Ruhe bewahrt hatte. Sie hielt es für wahrscheinlich, daß man den Kaiser, der die Nacht in Oranienbaum verbrachte, über Passeks Arretierung informiert hatte, und so war keine Minute zu verlieren. Den Staatsstreich zu führen, ohne als erstes Peter festzunehmen, würde die Schwierigkeiten zwar vermehren, doch Katharina sah, daß es keinen anderen Weg mehr gab.
Während Alexej zu seinem Wagen zurückging, um auf sie zu warten, schlüpfte Katharina schnell in ein schwarzes Kleid, denn sie trug noch immer Trauer, um vor dem Volk die Verbundenheit mit der verstorbenen Kaiserin zu demonstrieren. Von ihrem Mädchen, einem Lakaien und einem Reitknecht begleitet, eilte sie aus dem Haus und durch den Park in der von Alexej angegebenen Richtung. Aber sie verirrte sich und brauchte eine ganze Stunde, um den Wagen zu finden. Dann stieg sie ein, und Alexej auf dem Kutschbock trieb die Pferde an.
Unterwegs – es waren dreißig Meilen bis St. Petersburg – machte Katharina ihre Pläne. Zuerst würde sie die Garden aufsuchen. Diese bestanden großenteils aus gebildeten Männern und hatten eine Bedeutung wie kaum eine andere Körperschaft in Rußland. Wenn die Garden sie als Herrscherin wollten – woran sie nicht zweifelte, würden sie Katharina zur Kaiserin ausrufen. In St. Petersburg wie im alten Rom war es Volkstümlichkeit, die zählte, nicht die erbliche Nachfolge. Sie würde den Garden sagen, daß ihr Leben in Gefahr sei – was zwar nicht ganz genau zutraf, jedoch, wie sie hoffte, die ritterlichen Gefühle der Männer erregen würde.
Die Kutsche klapperte über die holperige Straße und begegnete ei-

ner anderen. Darin saß der Friseur, der von Katharina nach Peterhof bestellt worden war, um ihr Haar für die morgigen Festlichkeiten zu machen. Jetzt ließ sie ihm sagen, sie brauche ihn nicht mehr, er könne umkehren.

Fünf Meilen vor St. Petersburg wurde sie von Grigorij erwartet. Auch er trug die Uniform der Preobraschensker. Sie stiegen in seinen Wagen um und fuhren zu dritt zur Kaserne des Regiments Ismailowskij in einem Außenbezirk der Stadt. Grigorij ließ zum Antreten trommeln, und die Gardisten eilten aus den Häusern. Ihr Oberst, Kyrill Rasumowskij, hatte aus seiner Unzufriedenheit mit dem Kaiser kein Hehl gemacht, doch auf Katharinas Anraten zunächst seine Hand aus dem Spiel gelassen, um keine Protestaktion zu provozieren, so daß die Gardisten auf Katharinas Morgenbesuch nicht vorbereitet waren. Doch alsbald drängten sie sich zu ihr, um ihr die Hände und den Rocksaum zu küssen.

Sie sprach zu den Soldaten in den einfachen, konkreten Worten, die ihr geläufig waren. Der Kaiser, so sagte sie, hat vor, mich und meinen Sohn umbringen zu lassen, aber ich bin nicht sosehr meinetwegen zu euch gekommen, als vielmehr um Rußlands und des wahren Glaubens willen.

In solchen Situationen ist Selbstvertrauen das wichtigste, und das besaß Katharina. Die Soldaten versprachen eifrig ihre Hilfe, holten den Kaplan, und unter freiem Himmel küßten die Gardisten des Regiments Ismailowskij das Kruzifix des Priesters und schworen der Großfürstin den Treueid.

Sie stieg wieder in den Wagen, und nachdem sich auch Kyrill Rasumowskij zu ihnen gesellt hatte, waren es nunmehr drei beliebte Gardeoffiziere, die sie begleiteten, als sie zur Kaserne des zweiten der vier Garderegimenter fuhren, den Semjonowskijs. Einige der Ismailowskijs waren vorausgeeilt, um Katharina anzumelden, und andere eskortierten ihren Wagen.

Durchschnittlich zehn Offiziere in jedem Regiment hatten Katharina ihre Unterstützung zugesagt, und die von Semjonowskij hatten ihre Arbeit gut gemacht. Als sie ankam, warteten schon Dutzende von Gardisten in ihren charakteristischen roten Tuniken und schwarzen Gamaschen, um sie zu begrüßen. »Lang lebe unsere Kaiserin!« riefen sie.

Jetzt konnte sich Katharina auf zwei Garderegimenter fest verlassen. Es waren zwar die weniger wichtigen der vier; doch sie beschloß demungeachtet, in die Stadt hineinzufahren. Vor ihr die Kreuze tragenden Regimentskapläne, hinter ihr die begeisterten Gardisten – so fuhr sie zur Kathedrale der Muttergottes von Kasan. Katharina wußte, daß sie die Bestätigung der Kirche brauchte, wenn die Akklamation durch die Garden mehr sein sollte als eine bloße Sympathiekundgebung. Sie hatte sich von Peters Aktionen gegen die Geistlichkeit distanziert und zu der verstorbenen frommen Kaiserin bekannt; und so konnte sie zahlreiche ältere Geistliche für sich gewinnen, darunter Benjamin, den Metropoliten von St. Petersburg, der sie jetzt erwartete. Sie betrat mit ihren Begleitern die Kirche, die noch keine dreißig Jahre alt war, doch ehrwürdig durch die Ikone der Muttergottes, die in ihrer goldenen und edelsteingeschmückten Pracht auf dem Altar leuchtete. Hier waren Katharina und Peter getraut worden; und hier las nun der Metropolit mit lauter Stimme die kurze Proklamation, die Katharina selber aufgesetzt hatte, und die Jekaterina Alexejewna zur Alleinherrscherin und ihren Sohn, den Großfürsten Paul, zu ihrem Nachfolger erklärte.

Aus der dämmerigen Kathedrale trat Katharina in den hellen Sommer-Sonnenschein. Die Glocken läuteten, die Soldaten jubelten. Aber sie war nicht zufrieden. Das wichtigste Regiment, das Preobraschenskij, war nicht zu sehen. Erst als sie im Winterpalast eintraf, der schon von den zwei anderen Regimentern umringt war, beruhigte sie sich. Die Preobraschensker entschuldigten sich, daß sie so spät gekommen waren. »Unsere Offiziere wollten uns arretieren, aber wir sind ihnen zuvorgekommen und haben vier festgenommen und mitgebracht, um Ihnen unsere Ergebenheit zu zeigen. Wir wollen, was unsere Kameraden wollen.«

Katharina stationierte die Preobraschensker im Palast, wo sie alle den Treueid leisteten. Zuletzt kam die berittene Garde, von ihren Offizieren angeführt. Unter ihnen war der einzige, dem man ein

Haar krümmte – Prinz Georg von Holstein. Als Zielscheibe des Ausländerhasses wurde er von den berittenen Garden unsanft behandelt, und sein Haus wurde geplündert, ehe Katharina eingreifen konnte.

Die Senatoren, eine kleine, aber geachtete gesetzgebende Körperschaft, warteten, wahrscheinlich von Panin eingeladen, im Inneren des Palastes, mit Ausnahme von Nikita Trubetzkoj, der in Oranienbaum war. Konservativ gesonnen, mißbilligten sie das Benehmen des Kaisers, und als Katharina in ihrer Mitte erschien, begrüßten sie ihre neue Kaiserin. Und die heilige Synode tat ein gleiches.

Nachdem sie der Hauptstadt sicher war, wandte sich Katharina dem übrigen großen Rußland zu. Sie schrieb ein Manifest, unterstrich darin die Gefahr, die dem Vaterland und der orthodoxen Religion drohe, und erklärte, daß sie, den Wünschen ihrer Untertanen nachkommend, den Thron besteigen würde. Das Blatt wurde im Keller der Akademie der Wissenschaften gedruckt und in Hunderten von Exemplaren nach Moskau und vielen anderen Städten geschickt, in die Ukraine und nach Sibirien. Katharina sandte Kuriere an die Armeen einschließlich der in Pommern stehenden und befahl den Kommandeuren, den Soldaten den Treueid abzunehmen. Admiral Talysin in dem Kriegshafen Kronstadt erhielt die gleiche Aufforderung.

Am Abend sah sich Katharina an der Macht. Sie war Herrin von St. Petersburg, von den wichtigsten zivilen und militärischen Gremien zur Kaiserin ausgerufen – und kein Tropfen Blut war geflossen. Vielleicht wäre sie nun am liebsten in der Sicherheit ihres Palastes geblieben, im Vertrauen darauf, daß Peter keinen Widerstand leisten würde. Oder, falls er sich zur Wehr setzte, einen tapferen und vertrauenswürdigen Offizier wie Grigorij an der Spitze von tausend Mann entsenden, um den abgesetzten Kaiser festzunehmen.

Katharina beschloß einen gewagteren Schritt, bei dem sie im Mittelpunkt des Geschehens blieb. Sie ernannte sich selber zum Oberst der Preobraschenskij-Garde. In der grünen und roten Uniform, dem schwarzen Dreispitz, den sie mit Eichenblättern schmückte, dem Zeichen des Sieges, bestieg sie einen Apfelschimmel und ritt den Garderegimentern voran, die durch reguläre Kampftruppen ergänzt wurden; und um zehn Uhr abends zog diese gewaltige Kohorte – vierzehntausend Mann – von St. Petersburg nach Oranienbaum. Es war ein prächtiges Schauspiel, von Malern festgehalten: die schlanke Katharina, achtzehn Jahre lang unterdrückt und gequält, selbstsicher auf dem Pferd an der Spitze zahlloser Kompanien, deren Stiefel auf dem Straßenpflaster dröhnten.

Der Mann, gegen den sie marschierten, war an diesem Morgen mit einem Katzenjammer aufgewacht. In den Morgenstunden versuchte er, ihn auf dem Exerzierplatz auszuschwitzen, und durch seine Holsteiner in bessere Stimmung gebracht, machte er sich nach Peterhof auf den Weg, wo er zu Mittag speisen wollte.

Kurz nach zwei langte er mit seinem Gefolge in sechs Wagen vor Monplaisir an. Er trug die blaue preußische Uniform, denn sein Freund König Friedrich hatte ihn kürzlich zum Obersten eines Regiments ernannt. Als er den Pavillon betrat, sah er zu seinem Erstaunen weder Katharina noch eine ihrer Damen. Er suchte in allen Zimmern, sah sogar unter den Betten und in den Schränken nach, fand jedoch nirgends eine Spur seiner Gattin.

Peter nahm an, sie sei nach St. Petersburg gefahren, vielleicht in einer harmlosen Angelegenheit, vielleicht aber – und hier mußte er an Hauptmann Passek denken – mit bösen Absichten. Deshalb sandte er Nikita Trubetzkoj, Alexander Schuwalow und den Großkanzler Woronzow in die Stadt, um Erkundigungen einzuziehen und ihm Bericht zu erstatten.

Um drei wurde auf der Ostsee eine Barkasse gesichtet, die sich dem Ufer näherte und an dem Steg des Schlosses festmachte. Ihr entstieg ein gewisser Leutnant von Bernhorst, ein Artillerist, der sich auf Feuerwerke spezialisiert hatte und nun gekommen war, um seine Vorbereitungen für das Fest zu treffen. Der Kaiser befragte ihn ängstlich, doch der Leutnant war entweder sehr verschwiegen oder ein schlechter Beobachter. Alles, was er berichten konnte, war, daß es am Morgen bei den Garden ein eifriges Kommen und Gehen gegeben hätte und daß die Gemahlin des Kaisers in der Stadt eingetroffen sein sollte.

Peter ging in großer Erregung im Park auf und ab. Außer den tausend Holsteinern in Oranienbaum hatte er keine Soldaten. Die nächste Truppe war auf der Insel Kronstadt stationiert, fünf Meilen über die Bucht, und das erste, was der Kaiser tat, war, einen Oberst zu entsenden, um dreitausend Mann aus Kronstadt herüberzuholen.

Was sollte er tun, wenn das Regiment hier war? Feldmarschall Münnich schlug vor, er solle per Schiff nach St. Petersburg, sich den Garden zeigen und sie an ihren Treueid erinnern, den sie ihm geleistet hatten. Der preußische Botschafter von der Goltz riet ihm, sich nach Narwa, siebzehn Meilen westlich, zu der für Dänemark bestimmten Armee zu begeben. Andere meinten, er solle selber nach Kronstadt gehen, oder nach Holstein fliehen, in die Ukraine, nach Finnland...

Peter verbarg seine Befürchtungen hinter einer planlosen Geschäftigkeit und diktierte vier Sekretären gleichzeitig mehrere belanglose Befehle und Erlasse; und als sie geschrieben waren, legte er sie vor sich auf die Steinbalustrade des Gartens, um sie zu unterzeichnen. Fast eine Stunde brauchte er, um eine Entscheidung zu treffen. Er würde bleiben und kämpfen, nicht in Peterhof oder Oranienbaum, die schwer zu verteidigen waren, sondern in Kronstadt. Um vier Uhr widerrief er seinen vorhergegangenen Befehl und sandte General Devier und Fürst Barajatinskij nach Kronstadt; der erstere sollte dort das Kommando übernehmen, der letztere ihm Bericht erstatten, sobald die Loyalität des Hafens sicher war.

Drei Stunden vergingen. Woronzow und die anderen ließen nichts von sich hören – der Kaiser wußte noch nicht, daß sie von ihm abgefallen waren. Es kam auch keine Nachricht von einem Boten, den er zu zwei ihm, wie er glaubte, treu ergebenen Regimentern in St. Petersburg geschickt hatte. In immer größerer Unruhe befahl er den Holsteinern, sich in dem Teil des Parks zu verschanzen, der als Menagerie diente. Er vertauschte seine preußische Uniform mit der des Regiments Preobraschenskij mit dem blauen Band des Andreas-Kreuzes, des höchsten russischen Ordens, der nur dem Kaiser zustand.

Um zehn Uhr abends erhielt er die erste erfreuliche Nachricht: Barajatinskij kam zurück und meldete, Kronstadt stünde seiner Kaiserlichen Majestät zur Verfügung. Mit Elisabeth und denen aus seinem Gefolge, die bei ihm geblieben waren, schiffte er sich auf drei Booten ein und näherte sich kurz vor Mitternacht den kanonengeschützten Wällen Kronstadts.
In dem milchigen Licht sah er, daß der Hafen gesperrt war. Er stieg mit General Münnich in ein Beiboot und ließ sich zur Hauptfestung rudern. Als sie sich näherten, wurden sie von einem Marineleutnant angerufen: »Kehren Sie um, oder ich lasse feuern!«
Peter stand in dem Boot auf, schlug den Mantel zurück und zeigte das blaue Band des Andreasordens. »Kennen Sie mich nicht?« rief er. »Ich bin Ihr Kaiser!«
Der Leutnant rief zurück: »Wir haben keinen Kaiser mehr. Es lebe Katharina die Zweite!«
Ohne Widerspruch, ohne Antwort zu geben, kletterte Peter in die Galeere zurück, wo er auf einer Bank niedersank, so verstört, daß er kein Wort hervorbrachte. Der große Feldherr und militärische Experte, der Mann, der ein zweiter Friedrich sein wollte, brach zusammen – nicht vor einer Kanone auf dem Schlachtfeld, sondern nach dem Zuruf eines Leutnants auf der weit entfernten Festungsmauer.
Barajatinskij hatte nicht gelogen. General Devier hatte das Kommando über den Hafen übernommen. Doch nachdem der Fürst nach Oranienbaum zurückgefahren war, traf Admiral Talysin ein, und als dieser von dem Staatsstreich berichtete und einen von Katharina unterzeichneten Befehl vorzeigte, gewann er mühelos die Truppen und ihre Offiziere für die neue Kaiserin.
Peters Zusammenbruch war vollständig. Er gab alle Pläne auf, sogar die Absicht zu fliehen; kehrte nach Oranienbaum zurück, schrieb einen Brief an Katharina und beauftragte den Vizekanzler Fürst Golizyn, ihn zu überbringen.
Katharina und ihre Soldaten waren fünfzehn Meilen marschiert und machten Rast in der St.-Sergius-Eremitage. Dort empfing Katharina den Brief ihres Gatten, in welchem er sie um Verzeihung bat

und sich bereit erklärte, den Thron mit ihr zu teilen. Katharina beantwortete den Brief nicht, sondern sagte nur zu Golizyn, das Wohl des Staates erfordere andere Maßnahmen; und Golizyn, statt zu seinem Herrn zurückzukehren, versicherte ihr seine Ergebenheit. Nachdem Peter vergebens auf die Rückkehr des Vizekanzlers gewartet hatte, schrieb er einen zweiten Brief, in dem er auf alle seine Rechte verzichtete und nur bat, sich mit Elisabeth Woronzow nach Holstein begeben zu dürfen. Katharina ließ den Überbringer, den Adjutanten Ismailow, eine Abdankungsurkunde aufsetzen und schickte ihn, in der Begleitung Alexej Orlows, damit zurück.
Die nächste Szene sollte in Peterhof über die Bühne gehen, dem Schloß, das an Peter den Großen und die Kaiserin Elisabeth erinnerte. Dort erhielt Katharina die Abdankungsurkunde: »Ich, Peter, entsage aus meinem eigenen freien Willen dem Throne Rußlands bis zum Ende meiner Tage«; und als sie sich der eigenhändigen Unterschrift ihres Gatten vergewissert hatte, ließ sie das Dokument sorgfältig verwahren, nachdem sie vorher eine Abschrift für den Senat hatte anfertigen lassen.
Eine Stunde später langte Peter an und wurde von Alexej Orlow, den Katharina zum Offizier seiner Leibwache ernannt hatte, in einen Flügel des Schlosses geführt. Katharina sah ihn nicht; ihre letzte Begegnung war vor zwei Tagen gewesen, als er mit ihr das Festessen zur Feier seines Namenstages besprochen hatte.
Nun war sein Namenstag gekommen, doch statt Feuerwerk und Festbankett erblickte Peter Gesichter von Soldaten, aus denen Haß sprach, und aufgepflanzte Bajonette. Er hatte geglaubt, nach bestem Wissen und Gewissen regiert zu haben, der Knabe aus Kiel in der blauen Uniform, und nun war sein Lohn, daß man ihn in eine Dienstbotenkammer sperrte, ihm die Uniform der Preobraschensker auszog, des Regimentes, dem er preußischen Schliff beigebracht und Wodka spendiert hatte.
Dann suchte ihn Nikita Panin auf und fragte, wo er zu wohnen wünsche, bis über seine weitere Zukunft beschlossen sei. Als Großfürst war Peter öfter in einem Landhaus gewesen, das der Krone gehörte; es hieß Ropscha und lag nicht weit von Peterhof. Das schlug er vor.

Katharina wußte noch nicht, was sie mit ihrem Gatten anfangen sollte. Zar Iwan VI., als Kind abgesetzt, war einundzwanzig Jahre lang in Gefangenschaft gewesen; es sah ganz so aus, als müsse man Peter auch in Gewahrsam nehmen. Vorläufig war sie mit Ropscha einverstanden, doch unter strenger Bewachung. Immerhin hatte Peter einige begrüßenswerte Reformen durchgeführt; sein Bild war auf allen russischen Münzen, und er konnte leicht zum Brennpunkt von Ärgernissen werden. Katharina empfand kein Mitgefühl mit ihm und sogar auf der Höhe ihres Triumphes keine Nachsicht. Es durfte ihm kein Haar gekrümmt werden, doch nachdem Rußland von ihm an den Rand des Chaos gebracht worden war, hatte er ihre Gnade verspielt. Noch war er für Rußland eine Bedrohung; und deshalb bestellte sie den härtesten ihrer Freunde, Alexej Orlow, zu seinem Wärter. Um sechs Uhr abends nahm ein Detachement der berittenen Garde Aufstellung; eine vermummte Gestalt wurde hastig in eine Kutsche mit heruntergezogenen Vorhängen gestoßen, die unverzüglich, von den berittenen Gardisten eskortiert, davonratterte.

Am nächsten Morgen kam Grigorij Orlow zu Katharina. Er war glücklich über den erfolgreichen Ausgang des Staatsstreichs; doch nachdem er Katharina zum Throne verholfen hatte, fühlte er, daß ihm die Geliebte entglitten war. Er war nicht für das Hofleben geschaffen, und er glaubte, in Zukunft für Katharina ein Hindernis zu sein. Und so bat er, sich aufs Land zurückziehen zu dürfen.

Katharina verstand seine Gefühle. Er war großherzig, sein Anerbieten war selbstlos, und in gewisser Beziehung hatte er recht. Sie wußte, daß Panin und die Daschkowa und noch andere über den ungehobelten Grigorij die Nase rümpften. Aber sie liebte ihn. Und so gebot sie ihm zu bleiben. Es würde seine Arbeit zunichte machen, wenn er ihr erlaubte, sich dem Manne gegenüber undankbar zu erweisen, der ihr am meisten geholfen hatte. Dann heftete sie ihm das rote Band des Alexanderordens an, einer der höchsten russischen Auszeichnungen, und übergab ihm den goldenen Schlüssel des Haushofmeisters, womit der Rang eines Generalmajors verbunden war.

Inzwischen hatte man Peter in Ropscha ein mittelgroßes Zimmer im Erdgeschoß zugewiesen. Die grünen Fensterläden waren geschlossen, so daß die draußen Wache haltenden Soldaten ihn nicht sehen konnten. Er litt unter seinem Stubenarrest, denn ihm fehlte die Bewegung, und er litt, puritanisch erzogen, darunter, daß er seine Notdurft nur unter Bewachung verrichten durfte. Über beides beschwerte er sich, doch es wurde nichts geändert. Dann schrieb er an Katharina: »Wenn Sie einen Mann, der schon unglücklich genug ist, nicht umbringen wollen, so haben Sie Mitleid mit mir und geben Sie mir meinen einzigen Trost, Elisabeth Woronzowa.« Diese Bitte wurde von Katharina abgelehnt.

Vielleicht hat Peter seinen Wärter gefragt, was man mit ihm vorhatte. Dann hätte Alexej ihm wahrscheinlich gesagt, daß ihn die Festung Schlüsselburg erwartete, und das Entsetzen hätte ihn gepackt, denn ihm stand das Schicksal des Zaren Iwan vor Augen, der in lebenslanger Kerkerhaft wahnsinnig geworden war. Er hegte noch immer die Hoffnung, nach Holstein gehen zu dürfen.

Die Furcht vor Schlüsselburg, die Furcht, im Gefängnis den Verstand zu verlieren – Peter hatte nicht die Kraft, es zu ertragen. Am dritten Tag seiner Gefangennahme erkrankte er. Er litt an Diarrhoe, vermutlich aus Angst, und sein Geist begann sich zu verwirren.

Alexej informierte Katharina brieflich, wobei er Peter nicht den ehemaligen Kaiser, nicht einmal den Häftling nannte, sondern »das Ungeheuer«. Offenbar war diese Bezeichnung zwischen Katharina und den Rebellen üblich; sie bezeugt einen tiefen Haß und impliziert auf bestürzende Weise, daß man Peter die grundlegendsten Menschenrechte absprach.

»Wir und das ganze Detachement befinden uns wohl, aber unser Ungeheuer ist erkrankt und hat einen unerwarteten Kolikanfall erlitten. Ich fürchte, er kann heute Nacht sterben, und noch mehr fürchte ich, daß er am Leben bleibt. Das erstere, weil er nur noch Unsinn redet, worüber wir lachen; das letztere, weil er eine Gefahr für uns ist, denn er spricht oft so, als wäre er noch in seiner früheren Stellung.«

Am Mittwoch abend erschien Peters Leibarzt Dr. Lüders in Rop-

scha, untersuchte den Gefangenen und gab ihm eine Arznei. Donnerstag früh zog er den Stabsarzt Paulsen hinzu, und am Nachmittag erklärten beide Ärzte, der Zustand des Kranken habe sich gebessert; es bestünde keine unmittelbare Gefahr mehr. Und als ob sie diese Diagnose bekräftigen wollten, verließen beide Ropscha.
Alexej war überzeugt gewesen, daß Peter sterben würde. Er hatte fest damit gerechnet, denn er war es müde, den Mann zu bewachen, den viele noch als Kaiser betrachteten, und wollte in die Hauptstadt zurück. Zweifellos empfand er so etwas wie Betrug bei dieser angeblichen Rekonvaleszenz, und sein Haß auf das Ungeheuer wuchs. Es konnte nach wie vor Katharina gefährlich werden, und noch immer mußte St. Petersburg im Kriegszustand gehalten, mußten Brücken, Plätze und Straßenkreuzungen bewacht werden. Wäre es nicht geradezu eine patriotische Tat, Peter zu beseitigen?
Unter den Offizieren in Ropscha war ein gewisser Grigorij Teplow, Sohn eines Heizers, aber intelligent und gut erzogen und seit Jahren Kyrill Rasumowskijs rechte Hand. Alexej Orlow zog ihn ins Vertrauen, und die beiden bildeten eine eigene Verschwörung innerhalb der Verschwörung.
Am Samtag morgen, seinem siebenten in Ropscha, schlief Peter in seinem Bett, das man ihm auf seine Bitte aus Oranienbaum gebracht hatte, als sein Diener, der hinausgegangen war, um frische Luft zu schöpfen, plötzlich gepackt, geknebelt und in einen verschlossenen Wagen geschleppt wurde, der sofort davonfuhr. Um zwei Uhr setzte sich Peter zum Essen. Vielleicht hatte er wieder seinen majestätischen Ton angenommen, als sei er noch rechtmäßiger Kaiser, der seine Wärter so erbitterte. Bei dieser Mahlzeit scheint Alexej Gift – möglicherweise arsenhaltiges Rattengift, das leicht verfügbar war – ins Essen oder den Kaffee geschüttet zu haben. Jedenfalls bekam Peter Magenkrämpfe, und Alexej ließ einen Arzt kommen.
Über die Vorgänge bis zu diesem Augenblick hat ein guter informierter dänischer Gesandter berichtet; die Fortsetzung stützt sich auf Lord Buckingshamshire, den Nachfolger Keiths.
Der Arzt traf »den unglückseligen Gefangenen bei hohem Fieber und in Krämpfen [an], doch so weit bei Bewußtsein, daß er ihn er-

kannte. Als er Symptome von Gift zu erkennen glaubte, befahl er, Milch zu bringen. Orlow und Teplow schickten mit scheinbar großen Eifer nach Milch; doch nach langem Warten sagten sie dem Arzt, es sei keine aufzutreiben, und schickten ihn fort.«

Alexej sandte Katharina die Mitteilung, er glaube nicht, daß Peter den Abend erleben würde und fügte hinzu, »er befürchte ihren Unwillen, daß er seinen Gefangenen habe sterben lassen oder daß Sie denken, wir seien schuld am Tode des Ungeheuers, eines Ungeheuers für Sie und für ganz Rußland«.

Noch lebte Peter. Vielleicht würde das Gift ihn nicht umbringen; Alexej würde dadurch in eine schwierige Lage kommen. So hat er wohl, allein oder gemeinsam mit Teplow, beschlossen, das traurige Geschäft mit anderen Mitteln zu Ende zu führen. Das ist jedenfalls Buckinghamshires Meinung. »Der Kaiser ist vermutlich zuerst vergiftet und dann erdrosselt worden, wie später die Untersuchung zu ergeben schien.« Als Peter tot war, eilte Alexej nach St. Petersburg, um die Kaiserin zu informieren.

Es ist nicht überliefert, was Katharina empfand; man kann es nur mutmaßen. Vielleicht war ihre erste Reaktion Bestürzung, denn Peter war erst vierunddreißig und bis zum Staatsstreich von ausgezeichneter Gesundheit gewesen. Ihre zweite Reaktion könnte Freude gewesen sein. Es war gut, von einem Manne befreit zu sein, der sie als Frau gehaßt hatte und ihr als Kaiserin gefährlich gewesen war. Aber als sie die Umstände seines Todes erfuhr – und Alexej berichtete sie in allen Einzelheiten – war sie zweifellos auch sehr ungehalten. Oft mag sie von Herzen seinen Tod ersehnt haben; aber jemandem den Tod wünschen ist etwas anderes als ein Mord.

Nun stand sie einem Dilemma gegenüber. Sollte sie die Wahrheit bekanntmachen? Dann müßte sie Alexej ins Gefängnis stecken und damit indirekt ihren eigenen Namen beflecken – ein verhängnisvoller Anfang des goldenen Zeitalters, das sie für Rußland herbeizuführen erhoffte. Wenn sie schwieg, würde sie ihre Regierung mit einer Lüge beginnen. Es war das klassische Dilemma eines Herrschers in allen Jahrhunderten – was kommt zuerst: Gewissen und die Pflicht zur Wahrheit oder das öffentliche Wohl, die Pflicht dem Staate gegenüber?

Katharina zögerte nicht lange und wählte den zweiten Weg, so wie sie in einem früheren Zwiespalt zum orthodoxen Glauben übergetreten und Peters Gemahlin geworden war. Sie beschloß den Mord zu vertuschen, ließ von einem Arzt, dem sie vertrauen konnte, die Leiche sezieren und ein Gutachten unterschreiben, das eine natürliche Todesursache bestätigte. Um ihn auch noch im Tode lächerlich zu machen, wie er es so oft im Leben gewesen, gab sie an, der Kaiser sei an einer Hämorrhoidalkolik gestorben, die das Gehirn angegriffen und zu einem Schlaganfall geführt habe.

In einem Brief an Stanislaus Poniatowski (der 1764 auf ihr Betreiben König von Polen wurde), worin sie den Staatsstreich schildert, bemerkt Katharina: »Beachten Sie wohl, daß alles seinen Grund im Haß gegen die Fremden hatte; Peter III. selbst gilt als ein solcher.« Sie behauptet auch – es ist nicht bewiesen –, daß Peter, als er seinen Tod nahen fühlte, nicht nach einem orthodoxen, sondern einem lutherischen Priester verlangte. Sie ließ dem Toten die blaue holsteinische Uniform anziehen, mit Stiefeln und Handschuhen, den zerquetschten Hals mit einer Binde umhüllt, und nicht in der kaiserlichen Gruft beisetzen, sondern in dem Alexander-Newskij-Kloster. »Aus Gesundheitsgründen« wohnte sie der Totenfeier nicht bei.

Es war ein unglückseliger Anfang. Katharina konnte die Wahrheit vor den Russen verbergen, aber nicht vor dem übrigen Europa. Die Zeitungen in Paris und London, in Dresden und Leipzig sprachen von der Wiederkehr der grausamen Zeit Iwans des Schrecklichen, während eine englische Zeitung Ropscha mit Berkeley Castle verglich und Katharina mit der Königin Isabella von England, die den Mord an Edward II. auf dem Gewissen hatte.

Das waren Mutmaßungen aus der Ferne. Möglicherweise empfand Katharina ein wenig Schuld, weil sie den Tod ihres Gatten gewünscht hatte, und sie konnte nicht behaupten, daß es auch geschehen wäre, wenn sie anders gehandelt hätte; doch dafür, daß sie direkt oder indirekt an dem Mord beteiligt war, gibt es nicht die Spur eines Beweises, während sehr viel dagegen spricht. François Pictet, ein ehrenwerter Schweizer, Grigorij Orlows und später Katharinas

Sekretär, meinte, sie habe nichts damit zu tun. Jahre danach, als eines Tages Leo Naryschkin sich mit ihr und dem Fürsten de Ligne einen dummen Spaß erlaubte, sagte die Kaiserin scherzend zu dem Fürsten: »Kommen Sie, wir wollen ihn erdrosseln«, und de Ligne sieht in dem unbefangenen Gebrauch eines so starken Wortes ein Zeichen ihrer Unschuld. Wir haben auch das Verdikt Friedrichs II., der sich über die menschliche Natur wenig Illusionen machte. Auf sich allein gestellt, meinte er, hätte Katharina ihren Gatten leben lassen, teils weil sie meinte, man könne dafür sorgen, daß er keinen Schaden anrichtete, teils weil sie sah oder zu sehen glaubte, welche Wirkung es auf die öffentliche Meinung in Rußland und im Ausland haben werde, wenn man ihn aus der Welt schaffte. Er schloß daraus, daß sie weder direkt noch indirekt bei der Ermordung Peters ihre Hand im Spiele hatte. Und schließlich kam vierunddreißig Jahre später ein überzeugendes Beweisstück zutage. Kurz nach Katharinas Tod stellte ihr Sohn Paul, so hören wir von dessen Freund Rostoptschin, unter ihren Privatpapieren eine eifrige Suche nach einem Dokument an, das ihre Mitschuld beweisen oder widerlegen könnte. Er fand tatsächlich einen Brief in Alexej Orlows Handschrift, den er ihr unmittelbar nach dem Vorfall aus Ropscha gesandt hatte, und interpretierte den Inhalt als Entlastung seiner Mutter.
Noch an demselben Tag, als sie von Peters Tod hörte, ging Katharina an den zweiten Teil ihres Programms – ihre Krönung. Sie wußte, daß sie im Herzen des Volkes noch nicht vollgültige Kaiserin war, bevor sie nicht von den Vertretern der Kirche gesalbt wurde und sich mit der Zarenkrone zeigte.
Am 1. September verließ Katharina mit ihrem ganzen Hofstaat St. Petersburg, ein gewaltiger Zug, der neunzehntausend Pferde erforderte. Nikita Trubetzkoj war mit fünfzigtausend Rubel – das war alles, was sie aufbieten konnte – vorausgeschickt worden und empfing die Kaiserin in Moskau mit Triumphbögen und Girlanden. Im allgemeinen mochte Katharina das engstirnige und pfäffische Moskau nicht; doch bei dieser Gelegenheit genoß und nutzte sie seine alte Tradition, die allein ihr Macht und Würde verleihen konnte. Sie wohnte mit ihrem siebenjährigen Sohn Paul im Kreml. Er galt

als Romanow und würde eine nützliche Figur bei der Krönung abgeben, denn er verband Katharina mit dem ersten Romanow, Michael I., der 1613 in Moskau zum Zaren gekrönt worden war.
Sie ließ die Zeremonien mit großem Ernst über sich ergehen; nachdem sie die Geschichte der Krönungen gelesen und sich hatte beraten lassen, war sie entschlossen, den priesterlichen Charakter des Herrschers zu unterstreichen, der in Rußland das Haupt der Kirche wie des Staates war. Sie wußte, wie angreifbar sie als Ausländerin war und wollte diese wunde Stelle mit dem Mantel der vollen Autorität bedecken.
Zwei Wochen lang fastete sie und lebte abgeschlossen in dem großen Palast. Am 23. September 1762 um fünf Uhr morgens feuerten einundzwanzig Kanonen einen Salut, damit die ganze Stadt an der Feier teilnehmen könnte. Um acht läuteten die Kirchenglocken, und auf dem Platz vor der Kathedrale nahmen Soldaten Aufstellung. Um zehn verließ Katharina, unter dem Lärm der Trompeten und Kesselpauken, ihre Gemächer und begab sich in einem Kleid von hermelinbesetztem Seidenbrokat, dessen Schleppe sechs Kammerherren trugen, langsam und würdevoll in den Audienzsaal, wo sie von den älteren Höflingen und Geistlichen begrüßt wurde. Von ihrem Beichtvater geführt, der ihren Weg mit Weihwasser besprengte, schritt sie die Stufen der Schönen Treppe hinab – sie wurde nur bei Krönungen benutzt – und zu der anstoßenden Himmelfahrts-Kathedrale hinüber.
Das war ein kleiner, rechtwinkliger Bau mit fünf Kuppeln – im Westen hätte man sie Kapelle genannt – doch so angefüllt mit goldenen und silbernen Ornamenten, juwelengeschmückten Ikonen, kerzenschimmernden Altären, Gemälden auf Goldgrund an Wänden und Pfeilern und einem von der Mittelkuppel herabhängendem riesigen, über eine Tonne schweren Leuchter, daß sie durch Pracht ersetzte, was ihr an räumlicher Größe mangelte.
Katharina nahm Platz auf einem mit Diamanten und Rubinen verzierten Thronsessel, der auf einem Podium in der Mitte der Kirche stand. Der Erzbischof von Nowgorod begrüßte sie und sagte: »Möge Ihre Kaiserliche Majestät geruhen, gemäß der Sitte der alten

christlichen Monarchen, vor Ihren treuen Untertanen die heiligen orthodoxen Glaubensartikel zu verlesen.« Und Katharina las laut das Credo.
Wäre der Schauplatz der Zeremonie Westminster oder Wien gewesen, so hätte Katharina sie passiv über sich ergehen lassen – hier in Moskau spielte sie eine aktive Rolle. Sie selber legte sich den kaiserlichen Pupurmantel um die Schultern, sie selber hob die Krone, eine Replika nach einer verlorengegangenen Krone aus dem zwölften Jahrhundert, als Krone des Wladimir Monomachos bekannt, und setzte sie sich aufs Haupt; sie nahm den Reichsapfel in die linke, das Zepter in die rechte Hand und stand kerzengerade da, mit allen sichtbaren Emblemen ihrer Macht versehen, während draußen die Geschütze Salve auf Salve abfeuerten.
Dann kniete sie und betete laut: »Mein Herr und Gott, unterweise mich in dem Werk, das Du für mich bestimmt hast, und gib mir Führung und Verständnis in diesem großen Dienst. Laß mir die Weisheit, die vor Deinem Throne weilt, zuteil werden.« Ein russischer Monarch legte keinen Eid ab, daß er grundlegende Gesetze beachten würde, und gab Adel und Volk keine Versprechungen. Die Krönung war ein Pakt zwischen Katharina und Gott, und nachdem sie gekrönt worden war, hatte ihre Macht nur in der göttlichen eine Grenze.
Der Erzbischof begann die Messe zu zelebrieren. Zwischen der Epistel und dem Evangelium kniete Katharina, und nach der Konsekration tat sie etwas, das nicht einmal die fromme Elisabeth getan hatte: sie schritt durch die Mitteltür der Ikonostase, die den Altarraum von der übrigen Kirche trennt und den Priestern vorbehalten ist. In diesem Allerheiligsten kniete sie abermals, während der Erzbischof ihre Stirne, Brust und beide Hände salbte. Dann stand sie auf, ging zum Altar und vollzog eine Handlung, die ihr als Monarchin zustand, die aber noch keine weibliche Herrscherin vor ihr ausgeübt hatte. Sie nahm mit eigenen Händen den Kelch und aß von dem geweihten Brot, das mit dem geweihten Wein getränkt war.
Die letzten Gebete wurden intoniert, die lange Feier ging zu Ende. Vor achtzehn Jahren war Sophie von Anhalt-Zerbst, unbedeutend

und arm wie eine Kirchenmaus, nach Rußland gekommen – jetzt war sie durch Gottes Gnaden Katharina die Zweite, Kaiserin aller Reußen, von Moskau, Kiew, Wladimir, Nowgorod; Zarin von Kasan, von Astrachan und Sibirien, Herrin von Pskow, Großfürstin von Smolensk, Fürstin von Estland, Livland, Karelien, Twer, Perm, ... und zahlloser anderer Länder, Provinzen und Städte; Alleinherrscherin, ohne Gatten zur Seite, eines Reiches, das beträchtlich größer war als das römische Imperium in seiner Blütezeit.

14

Reformen

Um mit den Regierungsgeschäften beginnen zu können, mußte die neue Kaiserin einige grundlegende Fakten kennen. Sie fragte den Senat, das Kollegium von dreißig hervorragenden Männern, dem auch die Minister angehörten: »Wieviel Städte hat Rußland?« Keiner wußte es. Katharina schlug vor, auf einer Landkarte nachzusehen. Der Senat besaß keine Karte von Rußland; Katharina ließ eine aus der Akademie der Wissenschaften holen, legte sie dem Senat vor, und die Städte wurden gezählt.

In diesem Augenblick und mit dieser Maßnahme verließ Katharina die behütete und zivilisierte Welt des Hofes und betrat Rußland, so wie es wirklich war: unwissend, abergläubisch und störrisch; oft von Hungersnöten und Krankheiten heimgesucht und für einen Europäer erschreckend rückständig. Um die Lage zu verbessern, brauchte Katharina Geld, und wieder fragte sie den Senat: »Wie ist die finanzielle Lage?« Hier konnte man ihr Auskunft geben, wenigstens ungefähr. Durch den Siebenjährigen Krieg war das Land schwer verschuldet und sein Kredit so schlecht, daß die Niederlande ein Darlehn von zwei Millionen Rubel, das die Kaiserin Elisabeth hatte aufnehmen wollen, abgelehnt hatten. Im laufenden Jahr würde der Staatshaushalt einen Fehlbetrag von sieben Millionen aufweisen.

Katharina erschrak über das enorme Defizit und erkannte, daß ihre vordringliche Aufgabe darin bestehen müsse, Rußlands Wohlstand zu mehren. Und da Rußland in erster Linie ein Agrarstaat war, mußte sie mit dem Land beginnen. Sie schickte Fachleute in weit entfernte Regionen, um den Boden zu prüfen und die geeigneten Anbauten zu empfehlen; sie gewährte Gutsbesitzern Zuschüsse (wovon?), damit sie die verbesserten Techniken, die man in England erprobt hatte, lernen konnten, wobei Rüben, Klee und Roggen mit Weizen wechselten, und um die neuen landwirtschaftlichen Maschinen aus England zu kaufen. Sie regte die Zucht von Seidenraupen und Bienen an; sie ließ die Tabakplantagen in der Ukraine vergrößern und bot Prämien für hohe Erträge; sie führte neue Methoden für die Schaf- und Rinderzucht ein; und Alexej Orlow, der sich darauf verstand, kreuzte erfolgreich arabische und friesische Pferde.

Es war wichtig, einen Sammelpunkt des praktischen Wissens zu schaffen. Katharina wußte von solchen Institutionen und Publikationen in westlichen Ländern; nach deren Vorbild gründete sie eine freie wirtschaftswissenschaftliche Genossenschaft, wo sich Landwirte treffen konnten, um sich Informationen zu holen und ihre Probleme zu besprechen. In der Zeitschrift der Gesellschaft, die Katharina finanzierte, wurden Fachartikel veröffentlicht und in Berichten Ratschläge mitgeteilt. Ein britischer Beobachter, der Erzdiakon Coxe, schrieb darüber: »Kein anderes Land kann sich rühmen, in so kurzer Zeit eine solche Anzahl von vortrefflichen Publikationen über seine inneren Verhältnisse herausgebracht zu haben.«

Aber das unterbevölkerte Land hatte zu wenig Arbeitskräfte. Katharina bildete unter der Leitung von Grigorij Orlow eine Kommission deren Aufgabe es war, die Einwanderung zu fördern. In ausländischen, vornehmlich deutschen Zeitungen erschienen Anzeigen, in denen Siedler zu vorteilhaften Bedingungen gesucht wurden: sechs Monate freies Quartier, Saatgut, Vieh und Gerät; Steuerfreiheit für fünf, zehn oder dreißig Jahre, je nach der Tüchtigkeit. Das Echo war gewaltig: Tausende packten ihre Habseligkeiten in Planwagen und zogen auf derselben Straße, auf der Sophie von Anhalt-Zerbst mit ihrer Mutter zwanzig Jahre zuvor in die unbekannte Ferne gefahren war, nach Rußland, um den reichen schwarzen Boden zu bebauen. Diese Siedler spielten eine wichtige Rolle in der

Ernährung einer Bevölkerung, die sich in den nächsten dreißig Jahren beständig vermehrte.
Auch dem Reichtum unter der Erde wandte die Kaiserin ihre Aufmerksamkeit zu. Sie ließ auch in scheinbar öden Gebieten Rußlands Gesteinsproben durch Geologen entnehmen, zum Beispiel durch Samuel Bentham, dem Bruder des Philosophen Jeremy Bentham, der aus Sibirien eine halbe Tonne Mineralien mitbrachte, vor allem Kupfer, Eisenerz und das wertvolle Magnetit, und in seinem Bericht an Katharina empfahl, die Erze nicht durch Schießpulver, sondern durch Maschinen zur Zerkleinerung des Muttergesteins zu gewinnen (?).
Wenn neue Lager gefunden wurden, überließ man sie Unternehmern zur Ausbeutung; aber diese wurden nicht mehr wie bisher nur aus dem Landadel genommen. Um Ingenieure auszubilden, gründete Katharina in St. Petersburg die erste russische Bergbauakademie, die auch über ein Bergwerksmodell mit Schächten und Stollen verfügte, an dem die Studenten ihren Beruf unter realistischen Bedingungen erlernen konnten.
An Silber hatte Katharina besonderes Interesse, denn dieses Metall gehörte nach dem Gesetz der Krone, und bei ihrer Thronbesteigung hatte sie einen empfindlichen Mangel an Silberrubeln angetroffen – nur vier Stück pro Kopf der Bevölkerung. Sie hatte Glück: 1768 fanden ihre Prospektoren reiche Silbervorkommen an der mongolischen Grenze; wenige Jahre später füllte sich ihr Budget aus den Vorräten dieser dreitausend Meilen entfernten Minen, und sie konnte während ihrer Regierungszeit den Geldumlauf um dreißig Prozent auf dreizehn Millionen Rubel erhöhen.
Ein wichtiger Bestandteil an Rußlands natürlichem Reichtum waren seit langem Pelze gewesen. Schon im dreizehnten Jahrhundert hatte Nowgorod mit der Hanse einen lebhaften Pelzhandel getrieben. Katharina förderte den bestehenden Pelzhandel besonders in Sibirien und sandte Jagdexpeditionen auf die neu entdeckten Aleuten-Inseln; eine von ihnen, von Dimitrij Bragin geleitet, brachte Pelze, hauptsächlich Seeotter, im Werte von zweihunderttausend Rubeln heim.

Nicht weniger wichtig als Rußlands natürlicher Reichtum war die Fabrikation. Unter der saumseligen Kaiserin Elisabeth hatten sich die Senatoren, besonders Peter Shuwalow, ein engmaschiges System von Privilegien und Monopolen geschaffen. Katharina, jeder Theorie abhold und ihrem gesunden Menschenverstand folgend, war für Handels- und Gewerbefreiheit, und eine ihrer ersten Taten nach der Regierungsübernahme war die Beseitigung der Monopole und Kontrollen. Schon im Oktober 1762 verfügte sie, daß außer in dem übervölkerten Moskau und in St. Petersburg, der Residenzstadt mit besonderen Bedürfnissen, jedermann eine eigene Manufaktur aufmachen konnte; jeder durfte einen Webstuhl betreiben und für den eigenen Gewinn arbeiten. Bald entstand eine ansehnliche Heimindustrie, in der nicht nur Wolle und Leinen, sondern auch Töpfer- und Lederwaren und Möbel angefertigt wurden.
Für kompliziertere Fabrikationsmethoden rief Katharina ausländische Fachkräfte herbei, und da sie ihre deutsche Herkunft in den Hintergrund rücken wollte, waren es vorwiegend englische. Sie ließ Admiral Knowles Werften und Kriegsschiffe bauen und zahlte ihm dreimal soviel wie einem russischen Admiral; und sie sandte Arbeiter aus den wichtigen Werken von Tula nach England, damit sie dort die neuesten Methoden der Anfertigung von Barometern, Thermometern, Brillen und mathematischen Instrumenten erlernten. Sie selber, da sie sehr kälteempfindlich war, hatte in allen ihren Zimmern und vor den Fenstern Thermometer, und da die Dienstboten diese kostbaren Instrumente häufig zerbrachen, kaufte sie fast die ganze Thermometer-Produktion der Tula-Werke.
Sie gründete Textilfabriken in der Umgebung von Moskau, Leinenwebereien in der Region von Jaroslaw, und Manufakturen für Lederwaren und Kerzen an der Mittelwolga. Innerhalb ihrer Regierungszeit stieg die Zahl der Manufakturen und Fabriken von 984 auf 3161. Auf ihr Geheiß kamen deutsche, österreichische und französische Handwerker zur Weiterentwicklung der kaiserlichen Porzellanmanufaktur; und auch die Produktion der kaiserlichen Tapisseriemanufaktur wurde verbessert und vergrößert. Wandteppiche gehörten zu einem wohlhabenden Haushalt und waren beliebte Geschenke.

Im Außenhandel erzielte Katharina beachtliche Erfolge, indem sie die Exportzölle abschaffte. Rußlands wichtigste Ausfuhren waren Holz für Schiffsmasten, Hanf, Flachs, Leinsamen und Öl, tierische Fette, Häute und Felle, Pelze, Leinen und Eisen; besonders das Eisen aus dem Ural war gefragt.
Seit den Zeiten der Tudors hatten englische Kaufleute besondere Handelsprivilegien genossen, und in ihren Händen lagen zwei Drittel von Rußlands Außenhandel. So freundlich sie England gesonnen war, so wenig dachte sie daran, diese Privilegien beizubehalten; und sie schloß auch eine Reihe von Handelsverträgen mit Spanien, Portugal, Dänemark, dem Königreich beider Sizilien und in ihrer späteren Regierungszeit mit Frankreich. Der freie Wettbewerb wirkte sich zu Rußlands Vorteil aus; der Außenhandelsumsatz stieg von 13,8 Millionen Rubel jährlich in den sechziger Jahren auf 43,2 Millionen in den achtziger Jahren, mit einem verdoppelten Reingewinn für Rußland in Höhe von 3,6 Millionen Rubel.
Ein Aspekt von Katharinas Außenhandel verdient besonderes Interesse. Als sie den Thron bestieg, hatte sich China gerade eines Gebietes am Amur bemächtigt, wo man Silbervorkommen vermutete und welches Rußland beanspruchte. Die neue Kaiserin verdoppelte ihre Armee in Sibirien auf elf Regimenter und sandte einen Sonderbotschafter aus, um den Streit zu schlichten und den Handel wiederaufzunehmen. Im Oktober 1768 war der Vertrag von Kijakta (?) unterzeichnet, und bald zogen Karawanen von und nach der Mandschurei. China exportierte Baumwolle, Seide, Tabak, Porzellan, Lackwaren, eingemachte und gelierte Früchte, Silber und Tee – dem Tee, wie man in Rußland sagte, den man in Europa trank, weit überlegen, da dieser sein Aroma in der Salzluft der langen Seereise verlor. Rußland lieferte Pelze, Leder, Leinen, im Ausland fabrizierte Kleidung und bengalisches und türkisches Opium nach China. Katharina korrespondierte zu Beginn ihrer Regierungszeit mit Voltaire, der auch ein guter Geschäftsmann war und auf seinem Gut Ferney unter anderem Uhren anfertigte. Er fragte Katharina, ob sie nicht auch seine Uhren auf den Markt bringen könne, und so wurden neben anderem auch Voltaires Schweizer Uhren an Mandarine

in Peking verkauft. Der russische China-Export, der bei Katharinas Regierungsantritt auf dem Nullpunkt angelangt war, belief sich 1781 bereits auf 1 806 000 Rubel und trug der Kaiserin an Zöllen und Akzisen rund 600 000 Rubel ein.
Diese Maßnahme, verbunden mit strengen Kostenkontrollen, erzielten bemerkenswert schnelle Ergebnisse. Schon 1765 hatte Katharina drei Viertel der von ihrer Vorgängerin hinterlassenen Schulden bezahlt und ein Haushaltsdefizit von sieben Millionen Rubel in einen Überschuß von fünfeinhalb Millionen verwandelt, während sich die Staatseinkünfte um drei Prozent jährlich vermehrten. Jetzt hatte Katharina den finanziellen Rückhalt, um an größere Reformen gehen zu können.
Damals war Rußland in elf Provinzen oder Gouvernements (Gubernijas) eingeteilt, verwaltet von Generalgouverneuren, die aus dem Offiziersstand kamen, keine Gehälter erhielten und nur einen winzigen Beamtenstab zur Verfügung hatten. Die Tätigkeit des Gouverneurs beschränkte sich darauf, mit Knute und Bajonett Ordnung zu halten, und gewöhnlich waren im Verlauf von drei Jahren soviel Bestechungsgelder in seine Tasche geflossen, daß er sich zur Ruhe setzen konnte.
Mehrere Gouvernements waren so groß, daß man sie nicht kontrollieren konnte. Katharina teilte einige der größten auf, so daß es fünfzehn wurden. Sie versuchte die Verwaltung zu vereinheitlichen, ersetzte den Hetman der Ukraine durch einen Generalgouverneur und erklärte, daß Livland, die baltische Provinz, die noch viele deutsche Eigentümlichkeiten behalten hatte, »auf sanfte Weise dazu gebracht werden müsse, sich der russischen Lebensweise anzupassen«. Sie ließ dem Gouverneur von Smolensk den Prozeß wegen Bestechung machen und ebenso dem Gouverneur von Belgorod, weil er eine illegale Wodka-Brennerei betrieben hatte, und ersetzte sie durch rechtschaffene Männer. Und alle Gouverneure erhielten nunmehr angemessene Gehälter.
Im April 1764 gab Katharina Richtlinien an die Generalgouverneure heraus. Sie sollten ihre Regierungsgeschäfte in aufgeklärter und vernünftiger Weise betreiben, eine Volkszählung vornehmen und

über die Bevölkerung, deren Lebensgewohnheiten und über Landwirtschaft und Handel berichten. Sie hatten nicht nur Ordnung zu halten, sondern auch Straßen und Brücken zu bauen, Brände zu bekämpfen und sich zu vergewissern, daß Gefängnisse und Waisenhäuser anständig geführt wurden. Dazu war mehr Personal erforderlich; und Katharina verdoppelte die Zahl der Zivilbeamten und verwandte 1767 fast ein Viertel ihres Budgets für die Verwaltung und Dienstleistungen der Provinzen.

Die zweite Phase der Modernisierung begann 1775, nachdem ein Kosakenaufstand, von dem noch die Rede sein wird, gezeigt hatte, daß die Verwaltung noch Mängel aufwies. Katharina verfaßte ein Grundgesetz für die Verwaltung der Provinzen, in dem sie den Umfang der Gouvernements weiterhin verkleinerte und ihre Zahl auf einundvierzig (später zweiundvierzig) erhöhte. In jeder Provinz wurde ein Amt für öffentliche Wohlfahrt eingerichtet, mit einem Anfangskapital von fünfzehntausend Rubel, zu welchem der Landadel seinen Mitteln entsprechend beizusteuern hatte. Die Aufgabe des Ausschusses, der sich aus örtlichen Vertretern zusammensetzte, bestand darin, die Schulen und Krankenhäuser, die Katharina zu bauen begann, zu beaufsichtigen, und dafür zu sorgen, daß die Rechtsprechung von Ortsansässigen, nicht von Verwaltungsbeamten, ausgeübt wurde. Richter und Beisitzer für Adlige, Bürger und Bauern wurden von nun an örtlich gewählt.

Die Kaiserin erinnerte sich noch gut an ihre Kindheit in Zerbst der umwallten kleinen Stadt mit ihrer Brauerei, ihren Handwerkern und einem stark ausgeprägten Gemeinschaftsgefühl. Und nicht weit von Zerbst gab es andere blühende Städte, wie Köthen, wo Bach Kapellmeister gewesen war und wo Gold- und Silberspitzen angefertigt wurden. Katharina wollte solche Städte auch in Rußland anlegen, wo richtige Städte so dünngesät waren, daß der Senat eigentlich ihre Zahl hätte wissen müssen.

1763 brannte die Mitte der Stadt Twer aus. Katharina ließ sie nicht so wiederaufbauen, wie sie gewesen war, mit kunterbunt zwischen Ställen und Schuppen hingesetzten Holzhäusern, die so leicht ein Raub der Flammen wurden, sondern übertrug die Angelegenheit einer Baukommission unter der Leitung des neunundfünfzigjährigen Fürsten Iwan Betzkoj, eines früheren Diplomaten, der viele Jahre in Europa verbracht hatte und ein enger Freund ihrer Mutter gewesen war. Die Kommission entwarf einen Plan, der auch für alle künftigen Städte dienen konnte: zwei große, mit einer Hauptstraße verbundene Plätze, der eine für Verwaltungsgebäude, der andere für Läden und Marktstände. Davon gingen, gitterförmig wie im klassischen Rom, die Seitenstraßen aus, die eine Breite von fünfundsiebzig Fuß haben mußten, um die Brandgefahr zu verringern. Die ganze Stadt maß vier Werst (2,6 Meilen) im Durchmesser. Nach diesem Plan, mit einer Stiftung Katharinas über hunderttausend Rubel und einer Staatsanleihe von zweihunderttausend Rubel, wurde Twer wieder aufgebaut. In den ersten acht Jahren ihrer Regierung brannten sechzehn weitere Städte nieder; sie alle erstanden neu nach dem Modell von Twer.

Im Jahre 1775 begann Katharina mit dem zweiten Teil ihres Modernisierungsprogramms und ließ neue Städte bauen als Verwaltungszentren für die neugeschaffenen Gouvernements. Kaufleute wurden bei der Vergabe von Grundstücken in der Stadtmitte bevorzugt, wo zweistöckige Ziegel- oder Steinhäuser entstanden. Die Inhaber erhielten ein zinsfreies Darlehn und waren für die ersten fünf Jahre von Abgaben befreit. Um das Zentrum herum wurde, in großzügigen Abständen, ein Ring von einstöckigen, mit Stuck verputzten Holzhäusern gelegt, und in der äußersten Zone Holzhäuser in geraden Straßen. Manufakturen und Handwerksbetriebe wurden an den Stadtrand verlegt; solche wie Gerbereien, die das Wasser verschmutzten, stromabwärts von den Wohngebieten.

Nicht alle neuen Städte freilich entstanden aus dem Nichts; manchmal erhielt ein Dorf ein paar Verwaltungsgebäude und hieß von nun an Stadt. Eine typische neue Stadt hingegen war Ostrachow im Westen der Provinz Kalinin; sie besaß gegen Ende von Katharinas Regierungszeit 293 neue Häuser, davon 73 aus Stein oder Ziegel, 132 Läden und eine stattliche Anzahl jener dem öffentlichen Wohl dienenden Gebäude, auf die wir gleich zurückkommen werden. Katharina, die selten prahlte, war stolz darauf, zwischen 1775 und 1785 in einem Lande, das abgesehen von Moskau und St. Petersburg keine städtischen Traditionen besaß und Stein als Baumaterial kaum kannte, 216 neue Städte geschaffen zu haben.

Sie selber hatte eine vernünftige Erziehung genossen, und mehr als die meisten in ihrem Jahrhundert glaubte sie an die Kraft der Erziehung zum Wohle des Volkes. In Rußland hingegen war sie in ein Land geraten, in dem es so gut wie überhaupt keine Schulen gab, außer einigen kirchlichen Seminaren und den von Peter dem Großen gegründeten technischen Lehranstalten für zukünftige Armee- und Seeoffiziere. Überall stieß sie auf erschreckende Unwissenheit, gepaart mit einer Selbstgefälligkeit, die John Perry, ein Ingenieur Peters des Großen, den Hemmschuh des Fortschritts genannt hatte. In Zusammenarbeit mit Fürst Betzkoj schrieb sie schon 1764 ein »Generalstatut für die Erziehung der Jugend beiderlei Geschlechts«. Es ist nur ein kurzer Aufsatz, stellt jedoch einige wichtige Grundsätze auf, nach denen die neue Kaiserin zu handeln gedachte: der Staat ist für die Erziehung verantwortlich, die schon mit fünf oder sechs Jahren beginnen muß, nicht nur aus Buchwissen, sondern auch aus Charakterschulung bestehen soll und – dies war verblüffend neu – nicht nur für Knaben, sondern auch für Mädchen zu gelten hat.

Sie begann mit den Mädchen und wandelte ein von Elisabeth gegründetes Kloster in ein Internat um nach dem Muster von Saint-Cyr der Marquise von Maintenon. In diesem Smolny-Institut, wie es genannt wurde, blieben die Mädchen vom fünften oder sechsten bis zum achtzehnten Lebensjahr. Es gab zwei »Züge«: die Töchter des Adels lernten Religion, Russisch, Fremdsprachen, Rechnen, Erdkunde, Geschichte, Heraldik, juristische Grundbegriffe, Zeichnen, Musik, Nähen und Handarbeiten, Tanzen und Umgangsformen. Der andere Zug, die Töchter des Bürgertums, hatten viele der gleichen Fächer, doch die Fremdsprachen wurden durch Haushaltkunde ersetzt. Katharina ordnete an, daß von Zeit zu Zeit etwa hundert arme Frauen zum Essen in die Schule kommen durften, damit die Mädchen sich ihrer Verantwortung für die weniger vom Glück Begünstigten bewußt wurden und sie mit Liebesgaben beschenkten. Die Kaiserin besuchte die Schule häufig und schaute den Schüleraufführungen zu; im Jahre 1773 war Diderot Zeuge, wie die Mädchen – es waren 440 – sie umdrängten und umhalsten; »ein Anblick, der einen zu Tränen rühren konnte«.

Aber solche Schulen wie das Smolny-Institut waren nur in St. Petersburg möglich. Noch wichtiger waren staatliche Grund- und Mittelschulen, von denen jede Provinzhauptstadt eine haben sollte. Katharina ließ sich von englischen und österreichischen Pädagogen beraten und gab im Dezember ihr wichtiges Schulstatut heraus, den ersten Erziehungs-Erlaß, der für ganz Rußland galt. Es sollte in jeder Bezirksstadt eine Grundschule mit zwei Lehrern und in jeder Provinzhauptstadt eine höhere Schule mit sechs Lehrern eingerichtet werden. Dort wurden Mathematik, Physik, Naturwissenschaft, Erdkunde, Geschichte und Religion gelehrt – letzteres nicht durch Geistliche sondern durch Laien – und in den Oberklassen folgten Latein und neuere Sprachen als Vorbereitung auf das Universitätsstudium.

Der Schulbesuch war freiwillig und kostenfrei. Das neue System sollte allen zugute kommen, und »die neuen Schulen werden Volksschulen genannt«, wie in der Zeitung zu lesen war, »weil alle Untertanen Ihrer Kaiserlichen Majestät eine Erziehung erhalten können, die ihrem Stande gemäß ist«. Bald gab es in fünfundzwanzig Provinzen eine höhere Schule, und 1792 hatte jede Provinz außer dem Kaukasus eine solche. 1781 zählte Rußland neben dem Smolny-Institut ganze sechs Staatsschulen, mit 27 Lehrern für 474 Knaben und 12 Mädchen; 1796 bereits 316 Schulen, in denen 744 Lehrer 16220 Knaben und 1121 Mädchen unterrichteten. 22 Prozent der Schüler kamen aus dem Mittelstand, 30 Prozent waren Bauernkinder, wie aus wenig später veröffentlichten Zahlen hervorgeht.

Wäre ihr daran gelegen gewesen, Europa zu verblüffen, dann hätte Katharina mehr Universitäten gegründet. Doch sie wußte, daß es Rußland an akademischen Lehrkräften mangelte; und so beschränkte sie sich darauf, Richtlinien für künftige Universitäten abzufassen, konzentrierte ihre Mittel auf die Grunderziehung, die Rußland am meisten nottat, und erhöhte beträchtlich die Zahl der

Stipendien für begabte junge Leute, die im Ausland studieren wollten. Jurastudenten sandte sie nach Leipzig, angehende Prälaten (?) nach Oxford und Cambridge, damit sie »zum Nutzen des Staates« ihr Wissen erweiterten.

Im Gesundheitswesen herrschten die gleichen finsteren Zustände wie in der Erziehung. »Wenn man in ein Dorf kommt und einen Bauern fragt, wieviel Kinder er hat, wird er sagen zehn, zwölf oder vielleicht sogar zwanzig. Und wie viele davon leben? Dann sagt er, einer, zwei oder drei, selten vier. Diese erschreckend hohe Sterblichkeit muß bekämpft werden.«

Sie begann den Angriff auf einen der schlimmsten Mörder von Kindern: die Pocken; sie lud englische Spezialisten nach Rußland, ließ sich selber impfen, und ihrem Beispiel folgten hundertvierzig Mitglieder des Petersburger Adels, an der Spitze Grigorij Orlow, und sechs Jahre später sogar der junge Louis XVI. von Frankreich. Katharina kaufte Häuser in St. Petersburg und Moskau und ließ sie zu Impfstationen herrichten.

1763 gründete sie Rußlands erste medizinische Hochschule mit einem Direktor, einem Präsidenten (wozu?) und acht Dozenten. Sie wurde mit 470000 Rubel im Jahr dotiert, zuzüglich einem Prozent der Löhne der Militär- und Zivilbeamten, die dafür freie ärztliche Behandlung erhielten. Das Ziel der Hochschule war, praktische Ärzte, Chirurgen und Apotheker auszubilden, um alle Gouvernements damit zu versorgen und medizinische Forschung zu betreiben. 1778 veröffentlichte die Hochschule die erste *Pharmacopeia Russica;* 1789 Richtlinien für Apotheker und Hebammen und eine Gebührenordnung für Ärzte. 1795 erhielt sie eine eigene Druckpresse.

Peter der Große hatte für gute Lazarette für seine Soldaten gesorgt; Kaiserin Katharina schuf Krankenhäuser für die Zivilbevölkerung. Als ihr die Gründungsurkunde der medizinischen Hochschule zur Unterschrift vorgelegt wurde, schrieb sie hinzu: »Das Collegium darf nicht vergessen, mir Pläne für den Bau von Krankenhäusern in den Gouvernements vorzulegen.« 1775, als die Provinzen reorganisiert wurden, verfügte sie, daß jede Provinzhauptstadt ein Krankenhaus haben müsse, jeder Bezirk (zwanzig- bis dreißigtausend Einwohner umfassend) einen praktischen Arzt und einen Chirurgen mit je einem Assistenten. In den entfernteren Gouvernements waren die Gehälter höher, und die Ärzte, die ja im Dienste des Staates standen, durften auch Privatpatienten behandeln. Da es noch nicht genügend russische Ärzte gab, zog Katharina zahlreiche Deutsche mit dem Angebot einer Alterspension von 800 Rubel ins Land.

Im Namen ihres Sohnes Paul gründete Katharina ein kleines Muster-Krankenhaus, von dem der Philantrop und Gefängnisreformer John Howard, als er Rußland besuchte, sagte, es würde jedem Lande zur Ehre gereichen. Ein anderer Besucher, Francesco de Miranda, der spätere Befreier Venezuelas, war von der russischen Sitte beeindruckt, Patienten im Sommer auf das Land zu schicken, damit die Winter-Krankenhäuser gereinigt und desinfiziert werden konnten, ehe die kalte Jahreszeit einsetzte. Er vermerkt auch, daß die meisten Patienten an Skorbut oder Geschlechtskrankheiten litten; in diesem Zusammenhang gründete Katharina 1783 ein Krankenhaus ausschließlich für Geschlechtskranke. Von den sechzig Betten war je die Hälfte für Männer und Frauen bestimmt. Die Patienten blieben anonym, es war nicht gestattet, sie nach dem Namen zu fragen.

Katharinas Beispiele feuerten ihren Adel zu gleichen Bemühungen an. Baron von Keichen zum Beispiel gründete in St. Petersburg am Fontanka-Kanal ein Krankenhaus mit dreihundert Betten, einen Backsteinbau, dem 1790 die Hochschule für Medizin Anbauten aus Holz mit 250 weiteren Betten hinzufügte.

Die Kaiserin wandte ihre Aufmerksamkeit auch den Waisen, Findlingen und unerwünschten Kindern zu. Sie ließ in Moskau ein fünfstöckiges Findelhaus bauen, das in Europa nicht seinesgleichen hatte, mit einem Entbindungsheim, einer Kirche und einer Milchfarm mit achtzig Kühen. Mütter, die ihr Kind dort unterbringen wollten, brauchten nur am Tor zu klingeln; es wurde ein Körbchen herabgelassen, in das die Mutter das Kind legte, mit einem Zettel, auf dem der Name stand und ob es getauft war; dann wurde das Körbchen wieder hochgezogen. Jedes Kind hatte sein eigenes Bett; begabte Kinder konnten, wenn sie das Alter erreicht hatten, die Schule kostenfrei bis zur Gymnasialreife besuchen. Das Findelhaus in Moskau nahm jährlich zweitausend Kinder auf und wurde das Modell für ähnliche kleinere Häuser in St. Petersburg, Tula, Kaluga, Jaroslaw und Kasan.

1797 veröffentlichte Storch (wer ist das?) folgende Zahlen für die Kindersterblichkeit: London 32 %, Berlin 27,6 %, St. Petersburg 18,4 %. Natürlich waren die Zustände in der Hauptstadt besser als im übrigen Rußland; doch Storchs Zahlen sprechen nichtsdestoweniger für Katharinas Arbeit auf dem Gebiet der Kinderfürsorge.

Soviel über Katharinas inländische Reformen. Es wird von weiteren Leistungen die Rede sein. Doch die bereits erzielten waren grundlegend für die Zivilisierung eines Landes: Erhöhung der Ertragsfähigkeit des Bodens, Mehrung des Handels, Ersetzung des Militärrechts durch das bürgerliche Recht, Gründung neuer Städte und Schaffung von Schulen, Gerichtshöfen und Krankenhäusern.

15

Humanität

Diese Leistungen, und die vielen anderen, die folgten, führte Katharina aus eigener Machtvollkommenheit aus. Als zu Beginn ihrer Regierung der Gedanke an eine ständige Ratsversammlung aufkam, verwarf sie ihn, nachdem sie vier enge Freunde befragt hatte; denn diese waren mit ihr der Ansicht, daß in einem so weiträumigen Lande mit schlechten Verkehrsverbindungen nur die Kraft und Schnelligkeit der Entscheidung einer einzelnen Persönlichkeit Wirkung haben konnte. Und so regierte die neue Kaiserin wie ihre Vorgängerin allein auf Grund ihrer Erlasse und Verordnungen, die sie selbst entwarf und von einem ihrer Sekretäre überarbeiten und formulieren ließ. Der Ukas hatte Gesetzeskraft, sobald er mit ihrem Namen unterzeichnet war, mit dem charakteristischen großen Doppelbogen des »E« von »Ekaterina«, dem sauber und gerade die kleinen Buchstaben folgten.

In den ersten Jahren ihrer Regierung wandte sich Katharina am häufigsten an Nikita Panin um Rat, wenn es sich um politische Entscheidungen handelte. Im Jahre 1762 war er vierundvierzig, ein beleibter kleiner Junggeselle mit kleinen Augen und einem Fischmund, häßlich, doch mit freundlichen Mienen und untadeligen Manieren. Er sprach durch seine kurze dicke Nase, hatte die Gewohnheit, ständig »hm, hm« zu sagen, war um seine und seiner Freunde Gesundheit besorgt und empfahl jedermann, der erhöhte Temperatur hatte, Chinin, »nichts als Chinin«. Er stand spät auf, verbrachte den größten Teil des Vormittags mit dem Betrachten seiner Sammlung von Kupferstichen oder neu eingetroffenen Büchern, und nach einem guten Mittagsmahl – er war ein Gourmet – legte er sich zur Ruhe oder spielte Karten. Panin war, kurz gesagt, träge, doch absolut verläßlich, eine Eigenschaft, die Katharina vor allem schätzte, und in seinem politischen Denken am Westen orientiert – zwölf Jahre in Schweden hatten ihn die konstitutionelle Monarchie achten gelehrt. »Könige sind ein notwendiges Übel«, pflegte er oft zu sagen; und wenn Katharina sich beklagte, daß dies oder jenes schlecht ginge, gab er zur Antwort: »Was wollen Sie? Wenn die Dinge gut gingen, brauchten wir keine Kaiserin.«

Auch ihren Liebhaber fragte sie öfter um Rat. Grigorij Orlow war ehrlich wie Panin, doch nicht langsam und behutsam; zu jedem Problem, so sagte Katharina, »flossen ihm die Lösungen von den Lippen, wie ein Strom, der ihn fast erstickte«. Durch und durch Russe und wenig gebildet, meinte Grigorij, die Regierung solle eine warme persönliche Angelegenheit zwischen einer allwissenden Mutter und ihren sie verehrenden Untertanen sein. Oft war er mit Panin uneins; doch auch diese Meinungsverschiedenheiten waren für Katharina nützlich.

Sie hatte ihre Regierung mit den dringendsten Aufgaben begonnen, den Staatshaushalt auszugleichen und in den Gouvernements Ordnung zu schaffen; doch insgeheim hegte sie einen weitaus größeren Ehrgeiz, und sie vertraute ihn weder Panin noch Orlow an, sondern dem Vorsatzblatt eines Buches, das sie besonders liebte, Fénelons *Télémaque:*

»Sei gütig«, schrieb sie, »menschlich, zugänglich, mitfühlend und freigebig: deine hohe Stellung soll dir nicht im Wege stehen, dich um die Armen und Niedrigen zu kümmern und dich in ihre Lage zu versetzen... Ich schwöre bei der Vorsehung, mir diese Worte ins Herz zu graben...«

Diese Sympathie mit den Benachteiligten war mehr als eine fromme Redensart, denn achtzehn Jahre lang hatte Katharina selber zu den Unterdrückten gehört. Sie hatte Demütigungen und Beleidigungen über sich ergehen und sich gefallen lassen müssen, daß man mindestens ein Dutzend ihrer Freunde und Diener ohne Erklärung entfernte. Unter der doppelten Verfolgung durch ihren Gatten und die

Kaiserin hatte sie zahllose Nächte durchweint, Krankheiten erlitten und oft gewünscht, sie wäre tot.
In vielen Moskauer Häusern waren damals Pranger, Ketten und dicke Lederknuten ebenso selbstverständlich wie der holländische Kachelofen – Katharina hatte sie oft genug gesehen. In dieser Stadt war die Grausamkeit so tief verwurzelt, daß die Kinder nichts dabei fanden, wenn Dienstboten für die geringste Unachtsamkeit ausgepeitscht wurden. Hier wollte die neue Kaiserin Wandel schaffen; sie wollte neue Umgangsformen einführen, und aus Rußland ein weniger grausames und mehr menschliches Land machen.
Sie gab mit einer kleinen, aber symbolischen Geste ein persönliches Beispiel ihres humanen Denkens. Man erwartete, daß sie ihre besiegten Gegner bestrafen würde, doch sie schonte sie. Katharina empfing den alten Marschall Münnich, der Peter geraten hatte, ihr mit einem bewaffneten Heer Widerstand zu leisten, und ließ ihn wissen, daß er nur seine Pflicht getan habe. Sie erlaubte Elisabeth Woronzow, die Peter wiederholt gedrängt hatte, Katharina zu verhaften, in Moskau zu wohnen und Peters Geschenke zu behalten – Juwelen im Wert von hunderttausend Rubel, von denen nicht wenige aus Katharinas eigner Schmuckkassette entwendet worden waren. Und als Elisabeth heiratete, machte sie ihr ein ansehnliches Hochzeitsgeschenk und war Patin ihres ersten Kindes.
Dann befaßte sie sich mit dem Fall einer reichen Dame, die dafür berüchtigt war, daß sie ihre Dienerschaft besonders schlecht behandelte. Daria Nikolajewna Saltikow – keine Verwandte ihres ersten Liebhabers – pflegte die Knute mit solcher Grausamkeit zu gebrauchen, daß mehr als einer in ihrem Hause daran gestorben war. Katharina beschloß, ein Exempel zu statuieren und ließ die Saltikowa vor Gericht stellen – eine bis dahin in Rußland unerhörte Maßnahme. Das Gericht sprach die Dame schuldig und verhängte eine Gefängnisstrafe über sie; der Fall erregte großes Aufsehen, und die Kaiserin hoffte, dadurch unmißverständlich demonstriert zu haben, wie sie solche Grausamkeit verabscheute.
Im Jahre 1763 erließ sie das erste ihrer humanen Edikte. Ein Übeltäter, sobald er sein Vergehen zugegeben hatte, durfte nicht gefoltert

werden, um Komplizen zu verraten oder weitere Verbrechen zu gestehen; und sie untersagte den Beamten in kleinen Städten, die Folter anzuwenden, weil sie zu oft zu persönlichen Racheakten unter dem Deckmantel der Justiz mißbraucht wurde.

Katharina wollte weitergehen und die Struktur der Gesellschaft verändern. Die russische Gesellschaft bestand, simpel ausgedrückt, aus dem Monarchen, dem Adel, der Kirche, den Pachtbauern und den Leibeigenen. Von den rund fünfzigtausend Adligen war ein geringer Teil sehr reich; doch drei Viertel waren kleine Gutsbesitzer, die ihr Land mit zwanzig oder noch weniger Leibeigenen bestellten. Die Bauern zählten, ohne ihre Familien, etwa 2,8 Millionen. Sie durften das Land nicht verlassen und entrichteten dem Staat eine jährliche Steuer von anderthalb Rubel. Die männlichen Leibeigenen, rund 3,8 Millionen, gehörten entweder der Kirche oder dem Adel. Einige zahlten ihren Herren *obrok,* Abgaben in Geld oder Naturalien; andere arbeiteten für ihre Herren drei Tage in der Woche, manchmal mehr.

Die Leibeigenschaft hatte sich zwischen 1550 und 1650 als Lösung eines besonderen Problems entwickelt: es gab zu wenig Bauern, um das Land zu bewirtschaften. Darum konnten kleine Landbesitzer nicht mit den großen wetteifern, und die ursprünglich nomadischen Bauern wurden an das Land gebunden, das sie bearbeiteten, und die Landherren wurden des Zaren Fiskalbeamte, die für ihn die Kopfsteuer der Leibeigenen eintrieben.

Viele Leibeigene hatten gerechte Herren. Ein schottischer Arzt in russischen Diensten namens Cook schrieb: »Es mag erstaunlich klingen, doch sie sind mit ihrer Sklaverei zufrieden. Sie leben gewöhnlich in guten warmen Häusern, haben soviel Land, wie sie bewirtschaften können und soviel Weide, wie sie für ihr Vieh brauchen.« Doch wenn ein Leibeigener einen grausamen Herrn hatte, konnte sein Leben zur Hölle werden; und wenn er auch nicht gesetzlich seinem Herrn gehörte wie ein Sklave auf den Baumwollplantagen Amerikas, so hatte der Staat kaum eine Möglichkeit, ihn zu schützen.

In Europa hatte man damals keine klar umrissene Haltung zur Leibeigenschaft, so daß Katharina hier vergebens nach einem Grundsatz suchte. Die französischen Enzyklopädisten verdammten sie; doch Rousseau meinte, man könne nicht alle Leibeigene auf einmal befreien, während das von Katharina bewunderte Großbritannien tief im Sklavenhandel steckte und jährlich zwanzigtausend Afrikaner nach Westindien verschiffte. Sie hingegen vertrat entschieden den Standpunkt, »es verstoße gegen jede Gerechtigkeit und die christliche Religion, Menschen, die frei geboren sind wie alle anderen, zu Sklaven zu machen«.

Ihre erste Maßnahme, die Unterdrückung der Leibeigenen zu mildern, traf sie schon zu Beginn ihrer Regierung. Peter hatte die Klostergüter mit ihren Leibeigenen verstaatlicht, und die Kirche, mit deren Hilfe die neue Kaiserin zur Macht gelangt war, erwartete von ihr die Rückgabe. Katharina wollte es nicht, weil die Kirche die grausamste Grundbesitzerin war, aber sie fühlte sich noch nicht sicher genug auf ihrem Thron. So erstattete sie zunächst die Güter der Kirche zurück, bestellte jedoch eine Kommission aus drei Geistlichen und fünf Laien zur Prüfung der Frage. Diese empfahl, die Hälfte der Güter zu verstaatlichen – diejenigen, auf denen die Unterdrückung am schlimmsten war – und Katharina folgte 1763 diesem Rat. Doch schon im Februar 1764 war sie ihrer Autorität sicher genug, um den Rest gleichfalls zu verstaatlichen und alle Leibeigenen der Kirche zu Pachtbauern zu machen. Durch diese Maßnahme gewann der Staat auf Kosten der Kirche jährlich eine Million Rubel hinzu. Zu den verärgerten Bischöfen sagte die Kaiserin: »Ihr seid die Nachfolger der Apostel, und das waren arme Leute.«

Die Staatsrechtler des achtzehnten Jahrhunderts betonten die Bedeutung guter Gesetze zur Veränderung der Gesellschaft, und Katharina teilte ihre Ansicht. Sie vertiefte sich in die zeitgenössische Literatur, darunter Montesquieus *Geist der Gesetze* und die kürzlich erschienene Schrift des jungen italienischen Juristen Cesare Beccaria *Von den Verbrechen und Strafen,* in der zum ersten Mal gegen die Vergeltung im Strafrecht polemisiert wurde. Als Folge ihrer Lektüre setzte sie sich zum Ziel, nicht nur die Unterdrückung einzudämmen, sondern die Leibeigenschaft überhaupt abzuschaffen.

Sie erzählte Grigorij Orlow von ihren Plänen. Der großherzige Kriegsheld, der sein Geld, wenn er welches besaß, mit seinen Brüdern teilte, so wie sie das ihre mit ihm, war sehr davon angetan. Doch Nikita Panin sagte zu ihr: »Mit solchen Grundsätzen stoßen Sie alles Bestehende um.«

Was meinte er damit? Zunächst, daß die direkte Besteuerung und die Rekrutierung von Soldaten auf der Leibeigenschaft basierten und ohne sie zusammenbrechen würden. Und nicht nur das – wenn man die Leibeigenen befreite, wovon sollten sie leben, da sie ja zu wenig oder überhaupt kein Land besaßen? Nahm man das Land vom Adel – woher sollte das Geld kommen, um ihn zu entschädigen, nachdem das Schatzamt noch immer davon in Anspruch genommen war, die Schulden der Kaiserin Elisabeth zurückzuzahlen? Panin, der nie ein Blatt vor den Mund nahm, hätte zu Katharina etwa Folgendes sagen können: »Also gut, unterzeichnen Sie einen Ukas, der allen Leibeigenen die Freiheit gibt. Man wird Sie in Westeuropa als Befreierin bejubeln, Ihr Ruhm wird beispiellos sein. Aber es wird ein ähnlicher Ruhm sein wie der Peters in Holstein. Sie werden Ihren Thron verlieren und – was für Sie schlimmer sein wird – Sie werden genau das tun, was Sie ablehnten, als die Botschaft des Fürsten Daschkow zu Ihnen ans Sterbebett der Kaiserin Elisabeth kam – Sie werden das von Ihnen so sehr geliebte Rußland ins Chaos stürzen – in ein Chaos, das dem von 1584 bis 1613 ähneln wird, als die Zentralregierung zusammenbrach und Anarchie, Hungersnot, Feindinvasion und Blutvergießen die Folge waren.«

Katharina konnte Panin getrost Vertrauen schenken. Er war keiner der großen Landbesitzer, die viele Leibeigene zu verlieren hatten, und grundsätzlich bejahte er ihre Reformpläne. Außerdem stand er mit seiner Ansicht nicht allein; auch andere, mit denen die Kaiserin von ihren Plänen sprach, bezeichneten sie als undurchführbar und unerwünscht. Bestimmt hatte sie Michail Lomonossow gelesen, den Sohn eines armen Fischers, der ein berühmter Dichter, Philologe, Historiker und Naturwissenschaftler geworden war. In seinem 1761 geschriebenen Essay *Über die Förderung des russischen Volkes* befürwortete er die Verbesserung von Landwirtschaft, Erziehung und Medizin – so wie es Katharina bereits in Angriff genommen hatte – aber es kam ihm nicht in den Sinn, die Beendigung der Leibeigenschaft zu empfehlen, die für ihn ein fester Bestandteil der natürlichen Struktur Rußlands war.

Als sie diese Gesichtspunkte erwog, sah Katharina ein, daß ein Ende der Leibeigenschaft nicht sofort und auch nicht bald möglich sein würde. Doch sie behielt es als Endziel für eine spätere Zukunft im Auge, denn die Leibeigenschaft blieb für sie eine ständige Ungerechtigkeit. Als ihr Sekretär Sumarokow in einem Bericht über ihren Plan bemerkte, die Leibeigenen hätten »bis jetzt keine edlen Empfindungen« gezeigt, setzte sie eigenhändig hinzu: »Und sie können es unter den obwaltenden Umständen auch nicht.«

In ihrem Vorhaben, die Unterdrückung gesetzlich einzudämmen, hatte sie den Beifall und die Unterstützung Panins und Orlows, doch das genügte ihr nicht. Sie wollte eine Abordnung des russischen Volkes zu Rate ziehen, ihre Klagen und Beschwerden anhören und sie ermutigen, Besserungsvorschläge zu machen. Diesem Zweck sollte ein Ausschuß gewählter Volksvertreter dienen. Das war an sich etwas Neues – seit hundert Jahren war kein Parlament mehr zusammengetreten –, und Katharina wollte damit ein Zeichen geben, daß sie nicht nur im Interesse, sondern auch mit dem Rat des russischen Volkes Gesetze zu erlassen beabsichtigte.

Im Gegensatz zur früheren Duma, die ein Rat der fürstlichen Gefolgsleute gewesen war, ließ Katharina die Bauern Vertreter entsenden – auch dies war neu –, von denen sie achtzig auswählte. Die Städte stellten 208, der Adel 160, und die Kosacken 60 Deputierte. Am 31. Juli 1767 traten alle in Moskau zusammen, und Grigorij Orlow begann die Sitzung mit der Verlesung der Leitsätze eines sechzigseitigen Dokuments, das Katharina vorbereitet hatte und *Instruktion* nannte.

Die Einleitungsworte wirkten wie ein Donnerschlag: »Rußland ist ein europäisches Land.« Das war Katharinas unzweideutiger Standpunkt, und daraus ergab sich alles Übrige. Als Bestandteil Europas müsse Rußland seinen Weg in Übereinstimmung mit dem besten europäischen Gedankengut gehen. Die Regierung beabsichtige

nicht, Veränderungen zu erzwingen; ihre Aufgabe war, das Volk zu erziehen und vorzubereiten, so daß das Volk selber in der Lage sei, Wandel zu schaffen. Mit einer Reihe von Zitaten, hauptsächlich von Montesquieu und Beccaria, unterstrich Katharina die Notwendigkeit religiöser Toleranz, der Pressefreiheit (in gegebenen Grenzen) und vor allem von gerechten und menschlichen Gesetzen. Bestrafung sollte nur für ausgeführte Taten erfolgen, nicht für Absichten oder Gedanken; sie dürfe niemals die Menschenwürde verletzen, und die Todesstrafe solle nach Möglichkeit vermieden werden.
Nachdem sie diese Leitsätze vernommen hatten, die den meisten äußerst revolutionär vorgekommen sein müssen, wurden die Abgeordneten von der Kaiserin empfangen, die jedem eine Kette mit einer Goldmedaille gab, auf der die Worte standen: »Für die Wohlfahrt des Einzelnen und der Gesamtheit«. Von nun an traten die Abgeordneten teils in Vollversammlungen, teils in neunzehn Ausschüssen zusammen. Sie brachten Beschwerdelisten mit, ähnlich den *carnets* der französischen Generalstaaten, die meist lokale Mißstände betrafen: Knappheit von Brenn- und Bauholz, mutwillig zerstörte Zäune, von Rindvieh zertrampelte Saaten; aber auch verzögerte Rechtsprechung und Gleichgültigkeit der Behörden. Diese Listen wurden verlesen und diskutiert. Zum ersten Mal in der Geschichte Rußlands konnten Delegierte öffentlich, freimütig und ohne Furcht vor Repressalien ihre Sorgen vortragen und die Sorgen derer, die sie vertraten.
Im Februar 1768 begab sich der Ausschuß nach St. Petersburg und begann über Katharinas Maßnahmen zur Milderung der Leibeigenschaft zu sprechen. Sie hatte sich der Unterstützung einiger aufgeklärter Adliger versichert. Koselskij und Korobin traten dafür ein, die Gewalt der Gutsbesitzer über die Leibeigenen gesetzlich einzuschränken und diesen eigenen Landbesitz zu gestatten, während Bibikow, den die Delegierten zum Marschall gewählt hatten, vorschlug, Landherren, die ihre Leibeigenen quälten, für geisteskrank zu erklären und ihre Güter zu beschlagnahmen.
Katharina erhoffte sich viel von Alexander Stroganow, dem Hofmann, der sie aufgeheitert hatte, als sie von Peter öffentlich be-

schimpft worden war, und den sie als gütig und menschlich kannte. Aber er verteidigte zu ihrer Überraschung mit Hartnäckigkeit und Eifer den Fortbestand der Leibeigenschaft, und Katharina wußte nicht, ob sie diese Haltung seiner Feigheit oder dem Einfluß seiner wohlhabenden Familie zuschreiben sollte.

Gefährlich für sie war Fürst Michail Scherbatow, ein steifer und anmaßender Herr, der den erblichen Adel als Gottes besonderes Geschenk an Rußland betrachtete, Grigorij Orlow haßte und überzeugt war, daß sein Land seit Peters des Großen Reformen unter westlichem Einfluß vor die Hunde ging. In einer eindringlichen und bestechenden Rede führte Scherbatow aus, weil Rußland ein kaltes Land sei, würden die Bauern nicht freiwillig arbeiten; man müsse sie dazu zwingen. Und da der Staat es nicht tun könne – dazu war Rußland zu groß –, müsse es der Adel tun – in der herkömmlichen Weise, ohne daß sich die Regierung einmischte.

Als Katharina sah, daß Scherbatow von einer starken Mehrheit, auch bei den Nichtadligen, unterstützt wurde, war sie tief enttäuscht. Sogar ihre flüchtige Bemerkung, die Leibeigenen seien »ebenso gut wie wir«, wurde ihr übelgenommen. Sie bezeichnet die meisten Abgeordneten als »unvernünftig und grausam. Ich glaube, es waren nicht zwanzig unter ihnen, die über das Thema wie Menschen, nämlich menschlich, nachdachten«.

Trotz des niedrigen Niveaus der Debatte – dreizehn Prozent der Delegierten waren Analphabeten – und ihrer Enttäuschung, daß sie für ihre durchgreifenden Maßnahmen keine Unterstützung gefunden hatte, betrachtete Katharina ihre Volksvertretung als relativ erfolgreich. Sie trat insgesamt 303mal zusammen und gab ein Beispiel für eine freie Diskussion, und in seinen Ausschüssen kamen zahlreiche wichtige Beschwerden zur Sprache, auf Grund derer Katharina spätere Maßnahmen traf, wie die Notwendigkeit kleinerer Verwaltungseinheiten, die Teilnahme des Adels an der Provinzialregierung und die Selbstverwaltung in den Städten. Was das Anliegen betraf, das ihr am meisten am Herzen lag, so beabsichtigte sie, zu gegebener Zeit und auf ihre Weise für menschlichere Gesetze zu arbeiten.

1768 erklärte die Türkei Rußland den Krieg, und da die meisten Abgeordneten zur Armee mußten, vertagte Katharina ihr Parlament auf unbestimmte Zeit und ließ nur einige Ausschüsse ihre Arbeit bis 1772 fortsetzen. Der Krieg beanspruchte ihre ganze Kraft, bis im Oktober 1773 sich etwas ereignete, das die Frage der Leibeigenschaft auf eine ganz andere und beunruhigende Weise erneut aufwarf.

Aus Orenburg, einer Garnisonstadt am Ural-Fluß, und aus Kasan, dreihundert Meilen nordwestlich von Orenburg gelegen, kamen Berichte, in denen von rebellierenden Kosaken die Rede war. Streit mit den Kosaken hatte es in Rußland seit jeher gegeben, doch dieser Aufstand unterschied sich von früheren erheblich. Es ging das Gerücht, daß Zar Peter III. ihn leitete.

Der tatsächliche Anführer war ein gewisser Jemeljan Pugatschew, geboren um 1740 am unteren Don. Er war Kosak, das heißt, er besaß in einer der etwa ein Dutzend über Südrußland verstreuten Siedlungen freier Wehrbauern einen kleinen Hof, heiratete ein Mädchen aus dem Dorf und hatte drei Kinder. Er wurde zum Kriegsdienst eingezogen und brachte es bis zum Fähnrich. Als er sich ohne Erlaubnis von der Truppe entfernt hatte, wurde er ausgepeitscht, desertierte gänzlich und führte ein abenteuerliches Leben, das ihn nach Polen, an die untere Wolga und schließlich zu den Jaik-Kosaken führte.

Die Jaik-Kosaken waren Fischer und Viehzüchter, und viele von ihnen waren Abkömmlinge von Zentralrussen (?), die als Altgläubige Zuflucht im Süden gesucht hatten, Mitglieder einer Sekte, die an den überlieferten Riten und Bräuchen festhielt und die Kirchenreform des Patriarchen Nikon im siebzehnten Jahrhundert ablehnte. Die Altgläubigen erteilten zum Beispiel den Segen mit zwei Fingern, die Christi Doppelnatur symbolisierten, nicht mit dreien, dem Zeichen der Dreieinigkeit, das Nikon eingeführt hatte.

Die Jaik widersetzten sich der Siedlungspolitik Katharinas, der Besteuerung und dem Heeresdienst, und ebenso den Bemühungen der orthodoxen Missionare, die sie bekehren wollten; und in diesem Zusammenhang ehrten sie das Andenken Peters III., der Elisabeths strenge Maßnahmen gegen ihre Sekte gelockert hatte.

Pugatschew war klein und stämmig, trug eine dunkle Locke über der niedrigen Stirn und einen kurzen dunklen Bart. Sein Gesicht war von Skrofeln entstellt, und einige Zähne waren ihm bei Raufereien ausgeschlagen worden. Er hatte keine Ähnlichkeit mit Peter III., doch ein Kosak, der den Großfürsten gesehen hatte, behauptete es, und Pugatschew machte es sich zunutze.
Er nannte sich Zar Peter und stellte sich an die Spitze einer Kosakentruppe, die ihm aus zweierlei Gründen anhing: sie sah in ihm den Soldaten, der ihre Unabhängigkeit verteidigen würde, und den fast christusartigen Heiligen, der demütig die Entthronung durch sein böses Weib hingenommen hatte und mit Gottes Hilfe die Verfolgung der altgläubigen Kosaken beenden würde.
Pugatschew, der sich jetzt auch Peter Fjodorowitsch nannte, rief Kosaken, Kalmücken und Tataren auf, ihm Gefolgschaft zu leisten, und versprach ihnen die Wolga und das Land und die Weiden an seinen Ufern, dazu Pulver, Blei und ausreichende Lebensmittel. Er würde das Leben der Kosaken, wie sie es gewohnt waren, schützen und gegen Katharinas neue Verwaltungsmaßnahmen verteidigen. Die Jaik-Kosaken waren hervorragende, wenn auch undisziplinierte Reiter. Von Pugatschew geführt und mit ihren langen Lanzen zustoßend, besiegten sie den ersten General, den Katharina ihnen entgegensandte, nahmen ein halbes Dutzend Forts ein, henkten die Offiziere und schändeten und erschlugen ihre Frauen. Und an der Spitze von zehntausend Kosaken begann Pugatschew, Orenburg zu belagern.
Die Stadt lag neben wichtigen Manufakturen und Gießereien, wo Mineralien aus dem Ural von Arbeitern bearbeitet wurden, deren Löhne und Lebensbedingungen sich unter der Kaiserin Elisabeth verschlechtert hatten. Katharina hatte ihre Beschwerden untersucht, aber noch keinen Wandel schaffen können. Die Arbeiter wurden von einem gewissen Afanasi Solokow geführt, der Pugatschew mit Nahrungsmitteln, Geld und Gewehren unterstützte. Pugatschew gelang es nicht, Orenburg einzunehmen, das von siebzig Kanonen verteidigt wurde, und er wurde von den Regierungstruppen unter General Golizyn geschlagen. Im Sommer 1774 zog er

nach Norden und eroberte Kasan, das er niederbrannte. Dann wandte er sich nach Nischni-Nowgorod und forderte die Leibeigenen auf, sich mit ihm zu vereinen, ein Appell, der ein weites Echo fand. Mit Messern und Sensen bewaffnet, verließen die Bauern die Güter, um dem Zar von eigenen Gnaden zu folgen. Mitte Juli befehligte dieser eine Armee von fünfundzwanzigtausend Mann, teils Kosaken, teils entlaufene Leibeigene. Dann verkündete er seine Absicht, auf Moskau loszumarschieren.

Jetzt trug er bei feierlichen Anlässen einen roten, mit Spitzen besetzten Mantel, in der einen Hand das Zepter, in der anderen eine silberne Streitaxt, während Bittsteller ihm die Hand küßten. Er diktierte seine Befehle, da er weder schreiben noch lesen konnte, signierte sie mit einem gefälschten Siegel, das den russischen doppelköpfigen Adler zeigte, und erklärte, er würde erst dann mit seinem Namen unterschreiben, wenn er den Thron bestiegen hätte. Er vergab Titel an seine Gefährten und Gefolgsleute, versprach ihnen Güter in den baltischen Ländern und beschenkte sie sogar mit Leibeigenen. Abends trank er mit seinen Leuten und sang Kosakenlieder. »Sobald ich Moskau eingenommen habe«, sagte er, »werde ich anordnen, daß jeder den alten Glauben annimmt und russische Kleidung trägt.«

Der Geist des armen ermordeten Peter, der sein Weib über die Steppe verfolgt – es hört sich fast wie eine antike Tragödie an; und zweifellos muß es Katharina kalt über den Rücken gelaufen sein bei dem Gedanken, daß ihr die Krone von Peter-Pugatschew in einem Akt kosmischer Gerechtigkeit entrissen werden könnte. Sie wußte, daß vor hundertfünfzig Jahren der »falsche Demetrius« behauptet hatte, der auf rätselhafte Weise verschwundene Sohn Iwans des Schrecklichen zu sein, und mit Hilfe von Kosaken des Thrones bemächtigt hatte; und sie wußte, daß ausländische Beobachter ihre Tage als Kaiserin für gezählt hielten. Und sie hörte, daß Pugatschew sie in ein Kloster sperren wollte, eine Maßnahme, die ganz und gar nicht nach ihrem Geschmack war.

Aber Katharina handelte geschwind und tatkräftig angesichts dieses plötzlichen Aufstandes Asiens gegen ihre Europäisierungspolitik.

Sie rief Truppen von der türkischen Front zurück, hob verläßliche Kosaken und Kalmücken aus und beauftragte General Michelson, den Weg nach Moskau abzuriegeln. Daraufhin wandte sich Pugatschew nach Süden, brachte die Leibeigenen im Wolgagebiet auf seine Seite und begann einen Marsch des Schreckens. In Seransk ließ er zweihundert Adlige hängen; in Penza brannte er das Haus des Gouverneurs nieder, in dem sich außer dem Gouverneur zwanzig Adlige befanden; und als er Lowitz, den Astronomen Katharinas gefangen hatte, henkte er ihn, damit er »den Sternen näher« sei. Insgesamt ermordeten Pugatschew und seine Leute über dreitausend Männer, Frauen und Kinder. »Seit Tamerlan«, schrieb Katharina, »hat keiner mehr Menschen vernichtet.«

Wie ein verfolgtes Raubtier strebte Pugatschew jetzt heimwärts. Aber bei sich zu Hause glaubte man keinem Betrüger. »Warum nennt er sich Zar Peter?« fragten die Don-Kosaken. »Es ist doch Jemiljan Pugatschew, der kleine Bauer, der seine Frau und seine Kinder im Stich gelassen hat.« Seine Anhänger fielen von ihm ab, und am 15. September 1774 wurde er von drei Männern seines Stabes in Fesseln dem Militärgouverneur der nächsten Stadt übergeben und in einem eisernen Käfig auf Rädern nach Moskau gebracht.

In ihrer *Instruktion* war Katharina für einen humanen Strafvollzug und für die tunliche Vermeidung der Todesstrafe eingetreten. Aber in der Notiz, die sie in ihr Exemplar des *Télémaque* geschrieben hatte, heißt es weiter: »Sieh aber zu, daß diese Güte deine Autorität nicht schwächt, noch den Respekt deiner Untertanen vermindert.« Wann immer die Autorität der Krone bedroht schien, konnte sich Katharina unnachgiebig zeigen. Als Pugatschew seine Schuld eingestanden und die Hoffnung auf Gnade geäußert hatte, schrieb sie an Voltaire: »Wenn er nur mir ein Leid angetan hätte, wäre ich imstande gewesen, ihn zu begnadigen; aber dieser Prozeß betrifft das Reich und seine Gesetze.«

Pugatschew wurde vom Senat abgeurteilt, für schuldig befunden und geköpft, mit ihm fünf seiner Gefolgsleute. Die Armee hatte die Aufgabe, mit seinen Anhängern im Süden abzurechnen; sie tat es streng und manchmal grausam. Katharina befahl, Pugatschews

Dorf niederzubrennen, um jede Erinnerung an ihn auszulöschen, und hielt bis zum Ende ihrer Regierungszeit seine Töchter in Gewahrsam.

In seiner fast einjährigen Rebellion hatte sich Pugatschew zum Führer zweier verschiedener Protestbewegungen gemacht, die er vereinte. Die erste war der Widerstand der Kosaken gegen den Niederlassungs- und Steuerzwang. Dem gab Katharina nicht nach; sie beschleunigte im Gegenteil die Einrichtung besserer Schulen und einer stärkeren Verwaltung. Aber sie hielt die Kirche zurück in ihrem Feldzug, die Altgläubigen zu bekehren und bedachte einzelne Kosaken mit besonderen Ehren: im Jahre 1774 wohnte sie einer wichtigen Feier mit einer Leibgarde von fünfundsechzig ausgewählten Kosaken bei. Damit begann die berühmte, fest verwurzelte Loyalität der Kosaken zur russischen Krone.

Der zweite Protest war der Widerstand der unterdrückten Leibeigenen, und den unterstützte Katharina. Obwohl Pugatschews Revolte eine Zeitlang die Haltung des Adels verhärtete, setzte Katharina ihre Maßnahmen zur Beseitigung von Mißständen fort. Sie übernahm die am schlechtesten geführten Manufakturen in eigene Regie und bemannte sie mit Bauern, die fortan feste Löhne erhielten. Sie sorgte dafür, daß die Kinder von Arbeitern in privaten Manufakturen Schulunterricht erhielten, und wenn sie im arbeitsfähigen Alter waren, die Eltern dafür Entschädigung erhielten. Diese Bedingungen wurden in dem Erlaß vom 21. Mai 1779 festgelegt, wonach es hierüber keine Zweifel und Fragen mehr gab.

Um die Unterdrückung auf breiter Basis zu bekämpfen, beschritt Katharina zwei Wege. Zuerst ordnete sie an, daß als Mittel zur Erziehung der öffentlichen Meinung ihre *Instruktion* dreimal im Jahr vor jedem Gericht und in allen Amtsstellen verlesen wurde. Einige der grundlegenden Sätze lauten:

Das Gesetz muß sicherstellen, daß kein Bürger den anderen fürchtet, sondern daß jedermann nur das Gesetz fürchtet.

Das Gesetz muß öffentliche Wohlfahrt schaffen, und diese soll dem Leibeigenen zu einem privaten Eigentum verhelfen.

Gleichheit besteht darin, daß jedermann dem gleichen Gesetz unterworfen ist.

Um Gleichheit sicherzustellen, muß ein Gesetz verhindern, daß die Reichen die Armen unterdrücken und aus ihrem Rang und Privileg, die ihnen nur in ihrer Eigenschaft als Regierungsbeamte zustehen, Nutzen ziehen.

Im Laufe der Zeit wurden diese Leitsätze zu einer Selbstverständlichkeit; doch in den siebziger Jahren des achtzehnten Jahrhunderts, als Einschüchterung und Bestechung herrschten, wirkten sie so revolutionär, daß die *Instruktion* in Frankreich verboten war. In Rußland trug sie zu einer menschlicheren Atmosphäre bei. »Die Leute lernten wenigstens den Willen des Gesetzgebers kennen«, schrieb Katharina, »und begannen danach zu handeln.«

Der zweite Weg, den sie beschritt, um die Unterdrückung zu lindern, war der Erlaß neuer Gesetze – Stück für Stück, um den Adel nicht vor den Kopf zu stoßen. Sie regelte gesetzlich, unter welchen Umständen ein Gutsherr Leibeigenen die Freiheit zu geben hatte, verbot, daß ein Freigelassener wieder zum Leibeigenen wurde, und sie hob ein Gesetz auf, wonach Waisen, Findlinge und uneheliche Kinder zu Leibeigenen derer wurden, die sie aufnahmen. Die neuen staatlichen Schulen standen fortan auch den Leibeigenen offen, die vorher keine Erziehung empfangen hatten, so daß am Ende der Regierungszeit Katharinas der Anteil der Leibeigenen elf Prozent betrug; und im Jahre 1787 ermöglichte sie ihnen den Zugang zur Universität, wobei sie erklärte: »Die Wissenschaften heißen frei, damit sie allen die Freiheit geben, sie zu erwerben, und nicht, damit dieses Recht nur dem schon Freien zusteht.«

Katharina hat die Leibeigenschaft in Rußland nicht abschaffen können; in der damaligen Zeit wäre dies nicht einmal einem gebürtigen Russen möglich gewesen. Aber sie hat die öffentliche Meinung dazu erzogen; sie hat, wo es möglich war, die Leibeigenschaft eingedämmt und gelindert und im allgemeinen für mehr Menschlichkeit gesorgt. Der Graf de Ségur ist als Zeuge hierfür besonders vertrauenswürdig, denn als Franzose war er dazu erzogen worden, Rußland in dunklen Farben zu sehen, und als künftiger Anhänger der Revolution hatte er ein offenes Auge für Ungerechtigkeit. Als er über den zweiten Teil von Katharinas Regierungszeit schreibt, bemerkt er, daß die Leibeigenen menschlich behandelt würden und daß er während seines fünfjährigen Aufenthaltes in Rußland nie von Grausamkeiten gegenüber Leibeigenen gehört habe.

16

Außenpolitische Erfolge

Katharina war in sehr jungen Jahren aus einem kleinen Land, in dem sie nur kurze Zeit gelebt hatte, nach Rußland gekommen, das schnell ihre große Liebe wurde. Als sie ihr Luthertum aufgab, übertrug sie die Verehrung, die sie vorher der Religion entgegengebracht hatte, auf das russische Land und Volk. Ihr Patriotismus war tiefer als der manches geborenen Russen.

Da sie aus Mitteleuropa kam, ward sie aber auch deutlicher als die Russen selber der Geringschätzung gewahr, die man im Westen für ihr Idol zeigte. Es schmerzte sie, daß man es im Ausland als eine Nation zweiter Klasse betrachtete, als Lieferanten von Truppen für die Kriege der europäischen Großmächte, die man nach Belieben hin- und herschieben konnte. Und es war das heftige Verlangen, ihr wundervolles Rußland von ihrem heimischen Europa bewundert zu sehen, das Katharina zu ihrem ersten außenpolitischen Grundsatz veranlaßte, nämlich den Staat so mächtig zu machen, daß er von seinen Nachbarn respektiert würde.

Als sie den Thron bestieg, war Rußland alles andere als mächtig. Land und Volk waren von fünfeinhalb Kriegsjahren müde und erschöpft, zwei Drittel des Heeres nicht bezahlt, und die Marine, wie Katharina sagte, wenig besser als eine Heringsflotte. Aber schon wenige Wochen nach ihrem Staatsstreich ließ sie zwei Schlachtschiffe vom Stapel, ohne dabei den Krieg im Sinne zu haben; denn ihr zweiter Grundsatz lautete: »Es ist der Frieden, der diesem weiten Land nottut; wir brauchen Bevölkerung, keine Zerstörung.«

Die ersten Maßnahmen der neuen Kaiserin waren daher Friedensaktionen. Sie machte Schluß mit Peters törichtem Krieg gegen Dänemark und bemühte sich, den Siebenjährigen Krieg zu beenden, den sie immer mißbilligt hatte. Es erforderte ein hohes Maß an diplomatischer Geschicklichkeit, die stolze Maria Theresia dahin zu bringen, mit dem König zu unterhandeln, der zweimal ihr Land überfallen hatte. Aber es gelang Katharina, beide Parteien an den Konferenztisch zu bringen, und im Februar 1763 wurde in Hubertusburg der Frieden zwischen Preußen und Österreich geschlossen. Doch bald nach diesem Erfolg sah sie sich vor ein weit schwierigeres Problem gestellt, nämlich der polnischen Frage.

Polen, zu dem auch Lettland gehörte, war damals zweimal so groß wie heute; es reichte von der Düna im Norden bis zu der türkischen Moldauprovinz im Süden. Zwölf Millionen Einwohner und eine neunhundert Meilen lange gemeinsame Grenze machten es zu dem beachtlichsten westlichen Nachbarn Rußlands. Einst war Polen sehr stark gewesen – im Jahre 1611 hatten polnische Truppen Moskau niedergebrannt – doch seine besondere Regierungsform, eine Republik mit einem Wahlkönig, hatte zur Schwäche, fast zur Anarchie geführt. Lange Zeit hatte der polnische Reichstag unter dem Druck von Österreich oder Frankreich einen Fremden zum König wählen müssen. Als 1733 der Thron wieder einmal unbesetzt war, standen der Kurfürst von Sachsen, der Sohn August des Starken und Kandidat Österreichs und Rußlands, und Stanislaus Leszczynski, unterstützt von seinem Schwiegersohn Ludwig XV., zur Wahl. Kaiserin Anna, damals Zarin von Rußland, schickte eine Armee aus, die Stanislaus in Danzig belagerte und ins französische Exil trieb, und der sächsische Kurfürst wurde als August III. König von Polen.

Als er 1763 starb, wünschten sich viele Polen seinen Sohn als Nachfolger und erwarteten Beistand von ihrem Freund, dem König von Frankreich. Doch Ludwig XVI. war zu der Zeit offenbar nicht mehr im vollen Besitz seiner Handlungsfreiheit; er sandte hinter dem Rücken seines Außenministers drei verschiedene Geheimagenten, die voneinander nichts wußten, mit drei verschiedenen Aufträgen nach Polen. Sie erreichten nur, sowohl den sächsischen

Thronkandidaten als auch die Polen selber zu verärgern, die daraufhin einen Landsmann zum König zu wählen beschlossen.
Katharina nahm die Gelegenheit wahr, den russischen Einfluß in Polen zu verstärken und schlug einen Kandidaten vor. Ihre Wahl fiel zuerst auf den Fürsten Adam Czartoryski, dessen Familie, eine der begütertsten Polens, als russophil galt. Aber er hatte einen Neffen, der ihr noch gelegener kam. Er hieß Stanislaus Poniatowski.
Drei Jahre lang, nachdem Stanislaus von Elisabeth aus Rußland verwiesen worden war, hatte Katharina ihm ihre Liebe bewahrt. Sie hatte dem Vater der kleinen Anna oft geschrieben und versucht, ihm die Rückkehr zu ermöglichen. Dann war Grigorij gekommen – weniger kultiviert, aber mit einer Kraft und Energie, der sie nicht widerstehen konnte – und die neue Liebe verdrängte die alte. Sie wußte, daß Stanislaus sie noch immer liebte, und es wäre gut, einen solchen Mann auf dem polnischen Thron zu wissen; wenn die Liebe eines Tages nachließe, würde sie ihn noch immer in der Hand haben, denn Stanislaus war so arm, wie Adam Czartoryski reich war; sein Rang als gewählter König Polens würde ihm nur ein Butterbrot einbringen und ihn stets von der russischen Kaiserin abhängig machen. Das scheint der Hauptgrund gewesen zu sein, weshalb sie sich für ihn entschied.
Eine Vereinbarung mit Friedrich von Preußen, dessen Wunsch es war, seine beiden Feinde Frankreich und Sachsen auszuschließen, war bald getroffen, und im Herbst 1763 bot Katharina Stanislaus die Krone Polens an.
»Mein Hauptgedanke war«, schreibt der treue und edelherzige Stanislaus, »daß die Kaiserin mich früher oder später heiraten würde, wenn ich König wäre, was sonst unwahrscheinlich gewesen wäre; außerdem ließ mich der despotische und unerbittliche Charakter meines Onkels befürchten, daß seine Regierung für Polen hart sein würde.« Und so ging er auf Katharinas Vorschlag ein.
In Polen wurde der König von einem Parlament des Feudaladels, dem Reichstag, gewählt. Sobald Stanislaus seiner Kandidatur zugestimmt hatte, sandte Katharina achttausend Soldaten nach Polen –

verhältnismäßig wenig im Vergleich zu den fünfzigtausend Mann, die Kaiserin Anna dreißig Jahre zuvor geschickt hatte – um ihrem Wunsch Nachdruck zu verleihen. Doch die Abgeordneten waren auch ohne die russische Pression willens, einen Landsmann zu wählen; sie stimmten einmütig für Stanislaus und erfüllten so unwissentlich eine Prophezeiung von Sir Charles Hanbury-Williams, der vor acht Jahren Katharina geschrieben hatte: »Ich gefalle mir in dem Gedanken, daß Sie eines Tages, mit Hilfe des Königs von Preußen, Stanislaus Poniatowski zum König von Polen machen werden.«
Diese Blitzdiplomatie war eine ganz andere als die Elisabeths, die manchmal drei Monate gebraucht hatte, um ihren Namen unter einen Vertrag zu setzen. In allen Gesandtschaftskanzleien Europas sprach man mit Überraschung, Bewunderung und auch mit Bestürzung über diesen bemerkenswerten Erfolg der früheren Prinzessin von Zerbst, die nicht nur sich selber zur Kaiserin, sondern jetzt sogar auch ihren früheren Liebhaber zum König gemacht hatte.
Wie war dieser König? Stanislaus hatte mit zweiunddreißig seine hohen Grundsätze beibehalten, doch seit den nächtlichen Petersburger Schlittenfahrten hatte er an Tatkraft eher verloren als gewonnen. Er sah sich gern als »Télémaque«, den bescheidenen und die Gerechtigkeit liebenden Fürsten aus Fénélons Erziehungsroman, der immer wieder seinen Mentor befragt – in seinem Fall Katharina – und sich »Geduld und Tapferkeit« als Devise gewählt hat, mit der Betonung auf »Geduld«. Nach Katharinas Vorbild begann auch er mit Reformen und berief sogar einen ihrer Berater zu sich, den Engländer Dumaresq, nachdem dieser seine Tätigkeit in Rußland beendet hatte. Ihm gegenüber schlug Stanislaus einen bescheidenen Ton an, der für ihn charakteristisch ist: »Ich tue, was ich kann, für die Schulen meines Landes, doch es wird mir weit besser gelingen, wenn Sie bereit sind, mir zu helfen.«
Alle zwei Jahre legte der polnische König dem Reichstag neue Gesetzentwürfe vor. Die adligen Abgeordneten waren stolz auf ihre blauen Jacken und ihre Sporen, aber oft so arm, daß die Sporen an den bloßen Füßen befestigt waren. Jeder Antrag mußte einstimmig angenommen werden; eine einzige Gegenstimme, das sogenannte

»liberum veto« brachte nicht nur den Antrag zu Fall, sondern führte auch zur Auflösung des Reichstages. Infolge des »liberum veto« waren von den bisherigen sechsundsechzig Reichstagen achtundvierzig unverrichteter Dinge auseinandergegangen, was Stanislaus wohl mit Recht als die Quelle der nationalen Schwäche bezeichnete. Unterstützt von zahlreichen ähnlich gesinnten Landsleuten, beabsichtigte er, dieses lähmende Veto abzuschaffen.

Katharina wollte für Polen einen guten, aber keinen starken König, und so ließ sie Stanislaus durch ihren Gesandten, den Fürsten Repnin, mitteilen, er würde, falls er auf seinem Standpunkt beharrte, seiner Privatschatulle, die sie versorgte, und jeder russischen Unterstützung verlustig gehen. Zugleich warnte Repnin die polnischen Magnaten, daß ihr König die Republik umzustürzen plane. Durch diesen doppelten Schritt erreichte Katharina die Beibehaltung des »liberum veto«.

Die nächste Angelegenheit, die Katharina am Herzen lag, war die der Minorität der Griechisch-Orthodoxen in Polen, die zusammen mit den Lutheranern als Dissidenten bezeichnet wurden. Jahrelang waren sie von der katholischen Majorität schändlich behandelt worden; man sprach ihnen die einfachsten bürgerlichen Rechte ab, verbot ihnen Kirchen zu bauen und schloß sie von der Beamtenlaufbahn aus. Die russische Kirche hatte diesen Zustand lange beklagt und ihre Monarchen dringend ersucht, ihm abzuhelfen, und nachdem die Kaiserin Stanislaus eingesetzt hatte, wurde ihr Appell dringender.

Katharina hatte gerade die Verstaatlichung des Kirchenbesitzes bestätigt, und wollte etwas tun, um die Kirche zu besänftigen. Außerdem war ihr religiöse Toleranz Herzenssache. Dazu kam noch ein weiterer, politischer Grund: sie fühlte einen wachsenden Nationalismus in Polen, der streng katholisch, anti-orthodox und daher möglicherweise auch anti-russisch war. Diesen Geist glaubte sie am besten dadurch bannen zu können, daß sie sich der Sache der Dissidenten annahm und sich so, wie es Panin in seinen Anweisungen an Repnin formulierte, »eine feste und verläßliche Partei [schuf] mit dem gesetzlich verankerten Recht, bei allen, Polen betreffenden, Angelegenheiten mitzuentscheiden«.

Daraufhin erhielt sie von Stanislaus einen Brief, in dem er sie, Racines *Athalie* zitierend, sanft darauf hinwies, daß es gefährlich sein würde, sich in religiöse Angelegenheiten zu mischen, bei denen seine Landsleute einen sehr festen Standpunkt verträten. Sie mißachtete seinen Rat und sandte Agenten zu den Dissidenten, die ihnen Hilfe versprachen, wenn sie gleiche Rechte verlangten; und als der Reichstag im Oktober 1767 zusammentrat, diese Forderung zu beraten, ließ sie abermals eine russische Armee aufmarschieren, mit geladenen Gewehren und aufgepflanzten Bajonetten.
Der Reichstag zeigte sich noch störrischer als sonst. Als der anwesende päpstliche Nuntius sich gegen die Gleichberechtigung der Orthodoxen wandte, erhielt er dröhnenden Beifall. Repnin erzwang sich Zutritt zu der Versammlung. »Hören Sie mit diesem Lärm auf!« rief er. »Aber wenn Sie Krawall haben wollen, werde ich auch einen machen, und meiner wird lauter sein als Ihrer!« Trotz dieser Drohung eiferten die Bischöfe von Krakau und Kiew gegen die Duldung der Orthodoxen, worauf Repnin beide festnehmen ließ und unter Bewachung nach Rußland schickte.
Stanislaus war in einem Dilemma. Viele der Delegierten erwarteten von ihm einen unzweideutigen Protest gegen die bewaffnete russische Intervention in ihrem Reichstag. Es hätte großen Mutes bedurft, diesen Einspruch zu erheben und, wenn Katharina ihn mißachten würde, abzudanken. Aber die Geduld war stärker als der Mut. Sich das Beste erhoffend, beschloß Stanislaus, seinem »Mentor« zu gehorchen; er duldete Repnins Intervention, und die Delegierten, ohne Führer, um den sie sich hätten scharen können, und die russischen Bajonette vor Augen, willigten in eine Sonderkommission ein, die Repnin aus ihren Reihen wählte und die folgsam für die Gleichberechtigung der Dissidenten stimmte.
Katharina erfreute sich nicht lange dieses neuen Sieges. Zwei Tage nach diesem Staatsstreich erwies sich Stanislaus' Warnung als richtig: als in der Stadt Bar nahe der türkischen Grenze sich *»pro religione et libertate«* Katholiken zusammenscharten, um die polnische Unabhängigkeit und den katholischen Glauben zu verteidigen. Diese »Barer Konföderation« erklärte Stanislaus für abgesetzt, er-

Sophies Eltern

Christian August, Fürst von Anhalt-Zerbst war preußischer Feldmarschall gewesen. (Staatsbibliothek Berlin)

Seine Gemahlin Johanna, von königlicher Abstammung, hatte Geschmack an höfischem Glanz. (Staatsbibliothek Berlin)

Sophie von Anhalt-Zerbst mit etwa fünfzehn Jahren.
(Russisches Staatsmuseum, Leningrad)

Großfürst Peter, Katharinas Gemahl.
(Schleswig-Holsteinisches Landesmuseum, Kiel)

John Atkinson, ein von Katharina geförderter britischer Künstler, schuf einige der frühesten Skizzen des russischen Alltags.

Oben: Ländliche Szenerie. (Radierung von J. A. Atkinson, London 1812)
Unten: Im Bauernhaus. Damit sie es wärmer hatten, schliefen die Hausbewohner im Winter auf dem Ofen; ganz links brennt eine Lampe vor Ikonen.
(J. A. Atkinson, London 1812)

Die Zarin Elisabeth, Tochter Peters des Großen.
(Gemälde von Virgilius Ericksen)

Oben: Katharinas erste Liebhaber; Sergej Saltykow und Stanislaus Poniatowski, der spätere König von Polen.
Unten: Gregorij Orlow und der Sohn, den ihm Katharina gebar, Alexej Bobrinski. (Portrait Poniatowski: Dulwich College, Gemäldesammlung; die übrigen Gemälde sind entnommen: »Russische Portraits« von Großfürst Nicholaj Michailowitsch, St. Petersburg, 1905.)

Die Krönung Katharinas in der Uspenskij-Kathedrale im Kreml; September 1762.
Katharina setzt sich die Krone selbst aufs Haupt.
(Mansell Collection)

Vier von Katharinas Freunden.
Oben: Sachar Tschernyschew und Nikita Panin.
Unten: Alexej Orlow und Sir Hanbury-Williams.
(Tschernyschew und Panin: aus »Russische Porträts«; Orlow: Victor Kennett; Hanbury-Williams: National Portrait Gallery, London.)

Das Meißener Zimmer im Pavillon von Oranienbaum; in Auftrag gegeben von Katharina und von Rinaldi entworfen. Die Farben sind Grün, Rosa und Gelb; einige der Konsolen haben Affenform.
(Victor Kennett)

Fürst Gregorij Potemkin, gemalt von G. B. Lampi.
(Aus: »Russische Portraits«)

Katharina, dargestellt von einem unbekannnten Maler ungefähr vier Jahre nach ihrer Thronbesteigung.
(Privatsammlung)

Das von Charles Cameron entworfene Schlafzimmer Katharinas in Zarskoje Selo. Es ist dies das erste der beiden von Cameron für Katharina entworfenen Schlafzimmer und das einzige, das nach den Zerstörungen des Zweiten Weltkrieges wiederhergestellt wurde. Insgesamt fünfzig schlanke Säulen aus pistaziengrüner Fayence tragen die Decke.
(Victor Kennett)

Katharina hatte Rinaldi mit dem Bau des Marmorpalastes beauftragt, den sie – vollständig mit Möbeln, Silber und Porzellan ausgestattet – Gregorij Orlow schenkte. Der Palast war das erste marmorne Haus in Rußland; der Bau war möglich geworden, als kurz zuvor im Ural Marmorbrüche ihre Arbeit aufgenommen hatten. (Victor Kennett)

Vier von Katharinas späteren Liebhabern.
Oben: Iwan Rimski-Korssakow und Alexander Lanskoi.
Unten: Alexander Mamonow und Plato Subow.
(Alle aus: »Russische Portraits«)

Katharinas Sohn Paul folgte der Kaiserin 1796 auf den Thron.
(Hillwood Museum, Washington, DC)

Katharina mit siebenundfünfzig Jahren; gemalt in Kiew von Schibanow, am Beginn der Krimreise zum silbernen Jubiläum der Zarin.
(Abgebildet mit der freundlichen Erlaubnis ihrer Majestät, der Königin von England.)

wirkte sich Hilfe von Österreich und Frankreich, die Geld und militärische Berater sandten, und begann einen erbitterten Partisanenkrieg.
Katharina sah sich vor die Notwendigkeit gestellt, mehr und mehr Truppen nach Polen zu entsenden. Die Stärke des polnischen Katholizismus unterschätzt zu haben, war ihr erster diplomatischer Fehler. »Die menschliche Natur bleibt sich doch immer gleich«, schrieb sie ärgerlich an Voltaire. »Die Sinnlosigkeit der Kreuzzüge hat die Geistlichkeit von Podolskij (?), vom päpstlichen Nuntius angespornt, nicht davon abhalten können, einen Kreuzzug gegen mich zu verkünden, und diese sogenannten konföderierten Narren haben das Kreuz in die eine Hand genommen und mit der anderen ein Bündnis mit dem türkischen Halbmond geschlossen und ihm zwei ihrer Provinzen versprochen. Warum? Um ein Viertel ihrer Landsleute von den gleichen Rechten auszuschließen.«
Aber es hatte wenig Zweck, auf die Polen zu schimpfen – es blieb die dringende Frage: wie konnte sie ihren Fehler wiedergutmachen?
Die Antwort kam nicht aus Polen, sondern aus dem Rokokoschlößchen Sanssouci bei Potsdam. Obwohl es auf deutsch »ohne Sorge« hieß, bedrückten seinen Bewohner noch manche Sorgen. Der jetzt fünfundfünfzigjährige Friedrich war nach wie vor um die Größe Preußens bemüht und hatte längst begehrliche Augen auf einen Streifen Land geworfen, das polnische Pommern, das Brandenburg von Ostpreußen trennte. Als er die russische Kaiserin in Schwierigkeiten sah, schlug er ihr einen Plan vor, der für sein machtpolitisches Denken bezeichnend war: Rußland sollte den orthodoxen Teil von Polen annektieren, Preußen würde das polnische Pommern einstreichen, während man Österreich einen Teil von Galizien anbieten würde.
Als sie Kaiserin geworden war, hatte Katharina Preußen als die stärkste Macht Europas erkannt und, ihrer eigenen militärischen Stärke nicht sicher, das Bündnis ihres Gatten mit Friedrich bestätigt. Sie liebte dessen Militarismus nicht, aber sie mußte sich damit abfinden. Und sein Plan paßte gut zu Rußlands traditioneller Haltung zu Polen. Schon Iwan III. hatte im fünfzehnten Jahrhundert

erklärt, es könne keinen dauerhaften Frieden mit Polen geben, bevor nicht die dortige orthodoxe Bevölkerung in das russische Reich eingebracht sei. Friedrichs Plan würde außerdem in Übereinstimmung mit Katharinas erstem Grundsatz stehen, Rußland stark zu machen, und mit ihrem zweiten – »wir brauchen Bevölkerung, keine Zerstörung.«

Sie ging nicht sofort auf Friedrichs Vorschlag ein; zuerst erwog sie Panins Meinung, Rußland solle Polen auch weiterhin indirekt kontrollieren, so wie es Schweden kontrollierte. Aber sie kam zu dem Schluß, daß eine friedliche Koexistenz zwischen Katholiken und Orthodoxen in Polen nicht möglich sei; und als Prinz Heinrich von Preußen 1770 nach St. Petersburg kam, wurde der Plan der Teilung Polens weiterbesprochen. Dann mußten die Skrupel der österreichischen Kaiserin beseitigt werden. Die fromme Maria Theresia erklärte weinend, sie würde niemals einem solchen machiavellistischen Plan zustimmen; aber »je mehr Tränen sie vergoß«, sagte Friedrich, »desto mehr wollte sie ergattern«. Doch erst im August 1772, als die russischen Truppen Warschau eingenommen hatten und die Barer Konföderation zusammenbrach, wurde die Teilung durchführbar.

Auf Maria Theresias Wunsch begann die Urkunde, mit welcher sich Rußland, Preußen und Österreich ein Viertel Polens aneigneten, mit der traditionellen Formel: »Im Namen der Heiligen Dreifaltigkeit...« was ausländische Beobachter zu spöttischen Bemerkungen veranlaßte. Friedrich erhielt das polnische Pommern (Westpreußen) außer Danzig und Thorn; Maria Theresia die Zips und Ostgalizien; Katharina 88000 Quadratkilometer Land, das spätere Weißrußland, dessen Bewohner überwiegend russischer Abstammung waren.

Diese erste Teilung Polens wurde im Januar 1773 vom Reichstag bestätigt. Durch sie konnte Katharina nicht nur ihren anfänglichen Fehler wettmachen, sondern erwarb auch wertvolle neue Provinzen und war in der Lage, durch König Stanislaus weiterhin die Innen- und Außenpolitik Polens zu kontrollieren. Vom Kriege erschöpft, durfte sich dieses glücklose Land nun einer Periode der Ruhe und des Aufbaus erfreuen, die bis in die zweite Hälfte von Katharinas Regierungszeit hineinreichte, als die polnische Frage erneut zur Sprache kam.

An seiner südwestlichen Grenze stand Rußland seinem stärksten Nachbarn gegenüber, dem Osmanischen Reich, das sich damals vom Adriatischen bis zum Kaspischen Meer erstreckte und das heutige Rumänien, Griechenland, die Türkei, Arabien und Ägypten umfaßte. Seit hundert Jahren herrschte Krieg zwischen Russen und Türken, dem Kreuz und dem Halbmond, und sogar Peter dem Großen war es nicht gelungen, der gefürchteten türkischen Reiterei Herr zu werden. Der derzeitige Sultan Mustafa III., Gelehrter, Dichter und Reformer, hatte seine Armee und Flotte modernisiert, mit Hilfe des französischen Artillerie-Experten Baron de Tott.

1768 hatten russische Soldaten einen Trupp konföderierter Polen über die Grenze bis zu der türkischen Stadt Balta verfolgt und in einer anschließenden Schießerei mehrere Türken getötet. Der Sultan, von seinem traditionellen Alliierten Frankreich gedrängt, war willens, den Grenzzwischenfall als einen schweren Übergriff anzusehen, und erklärte Rußland wieder einmal den Krieg.

Katharina hatte keinen Krieg gewollt, doch nun, da er da war, entschloß sie sich, ihn mit aller Kraft zu führen. Sie berief sofort einen Siebener-Ausschuß zu ihrer Beratung – darunter Panin, Grigorij Orlow, Graf S. Tschernytschew und Kyrill Rasumowskij – und saß zweimal in der Woche den Sitzungen vor. Mit der Billigung dieser Kommission sandte sie den Marschall Rumjanzew mit einer kleinen Armee in die Donauprovinzen, wo er einen guten Anfangserfolg mit der Einnahme von Jassy erzielte. In mehreren Briefen ermunterte ihn Katharina, neue Lorbeeren zu erringen: »Europa blickt auf Sie«, schrieb sie, und die Erwähnung Europas ist für Katharina bezeichnend. Zu ihrer großen Genugtuung besiegte Rumjanzew im Sommer 1770 zweimal die überlegene türkische Armee.

Inzwischen prüfte Katharina, wie sie ihre Flotte einsetzen könne. Sie war in einer Hafenstadt geboren, hatte lange in einer anderen gewohnt und liebte das Meer und wußte über Schiffe Bescheid. Sie hatte ihre »Heringsflotte« in eine starke Seestreitmacht verwandelt und die Marineoffiziere um dreißig Briten ergänzt. Das war im Hinblick auf die Ostsee geschehen, Rußlands traditionellem Meeres-Kriegsschauplatz; doch als sich der türkische Krieg hinzog, dachte sie daran, die Flotte auch gegen den Sultan auslaufen zu lassen. Wie stets mit einem Auge auf Europa und voller Bewunderung für England, ist sie sicherlich als die Urheberin des glänzenden kühnen Plans anzusehen, die russischen Schiffe über Westeuropa, durch den Ärmelkanal und die Straße von Gibraltar, in das östliche Mittelmeer zu schicken, um dort die Türken anzugreifen – ein Weg von über fünftausend Meilen. So etwas hatte sich niemand in Rußland zuvor träumen lassen, und der Traum wäre nicht in die Tat umgesetzt worden, wenn nicht ein energischer Autokrat, nämlich Alexej Orlow, das Kommando übernommen hätte.

Außerdem brauchte Katharina die Hilfe einer befreundeten Großmacht. Sie bat England um Beistand, und die Regierung in Whitehall gab ihre Zustimmung, in der Hoffnung, Rußland würde für England neue Märkte im östlichen Mittelmeer erschließen, die bis dahin von Frankreich beherrscht wurden, auch wenn Rußland, wie man annahm, nur geringe Erfolge erzielen würde.

Wochenlang beschäftigte sich Katharina mit Schiffsmasten, Segeln, Bugspriets, Ankern und nicht zuletzt mit den Mannschaften, die eine besonders gute Kost und Bezahlung erhielten; viermal in der Woche Fleisch und Gemüse, an den anderen Tagen Fisch, Schiffszwieback und Butter. Sie bekamen jeden Tag ein Glas Branntwein und einen Sold von acht Rubeln im Jahr.

Am 6. August 1769 sah die Kaiserin das erste russische Geschwader unter Admiral Spiridow in Kronstadt Segel setzen und sich auf die erste Etappe der langen Reise begeben. Ein zweites unter dem Kommando von John Elphinston folgte im Oktober. Spiridows Geschwader legte in Hull an und überwinterte in Minorca, das damals ein britischer Flottenstützpunkt war; Elphinston überwinterte in Spithead, stach im April erneut in See und erreichte am 20. Mai 1770 Kap Matapan im griechischen Peleponnes.

Katharina hatte Alexej Orlow den englischen Kapitän Samuel Greig als technischen Berater beigegeben. Der riesige pockennarbige

Russe ersetzte durch Mut und Tatkraft, was ihm an See-Erfahrung mangelte. Er ließ seine Schiffe im Ägäischen Meer manövrieren und hielt nach dem Feind Ausschau. Und am 7. Juli sah der türkische Admiral in den Gewässern von Chios, vor dem türkischen Anatolien, vierzehn schmucke, neugebaute Schiffe sich mit vollen Segeln nähern. Man kann sich sein Erstaunen vorstellen, als er am Heck die weiße Flagge mit dem blauen Andreaskreuz erkannte.

Orlow ließ sofort die türkische Flotte, dreizehn Linienschiffe vor der Tschesme-Bucht an der anatolischen Küste gegenüber von Chios angreifen. Admiral Spiridows Flaggschiff führte an, doch bald wurden ihm die Steuerbord-Großbrasse und das Backbord-Großbramsegel weggeschossen; es wurde manövrierunfähig und fiel mit der Breitseite auf die *Capitana Ali Bey*, die mit hundert Geschützen bestückt war. Russische und türkische Seeleute gerieten eine Viertelstunde lang auf den verklemmten Schiffen in ein Handgemenge, dann brach Feuer aus und beide Schiffe explodierten. Die anderen türkischen Schiffe flüchteten in die Tschesme-Bucht.

Der türkische Admiral dachte sich in der schmalen, flachen Bucht, die den Russen keinen Raum zum Manövrieren bot, in Sicherheit, doch am nächsten Morgen befahl Orlow den Großangriff. Greig führte drei Schiffe in die Bucht und beschoß ein türkisches Schlachtschiff mit sechsundneunzig Geschützen, während unter dem Schutze von Rauch und Verwirrung drei alte griechische abgewrackte Schiffe zu Feuerschiffen umgerüstet wurden. Das erste, unter dem Kommando von Leutnant Dugdale, lief auf einen Felsen auf, ohne Schaden zu erleiden; das zweite, unter Leutnant Mackenzie, segelte stracks in die türkische Flotte hinein, eine bewegliche Feuermauer. Es setzte ein feindliches Schiff in Flammen, die sich, von einer steifen Brise in dem engen Raum angefacht, ausbreiteten, während die russische Schiffsartillerie mit Kanonenkugeln, Granaten und kleinerem Kaliber hineinschoß. Ein türkisches Schiff nach dem anderen ging in die Luft; nur eins entkam, sonst wurde an diesem Tag die ganze türkische Flotte vernichtet. Neuntausend Türken, doch nur dreißig Russen verloren in dieser Seeschlacht ihr Leben.

Der Sieg in der Tschesme-Bucht war in jeder Hinsicht ein großer Erfolg, den Katharina bezeichnenderweise sogleich in historischer Perspektive sah – »der erste russische Seesieg in neunhundert Jahren«. Sie verlieh Orlow den St.-Georgs-Orden, den sie selber gestiftet hatte, und später baute sie ein Palais, dem sie den Namen Tschesme gab.
Die unmittelbaren Wirkungen des Sieges waren zweierlei: er entlastete die Schwarzmeerfront, wo starke türkische Streitkräfte einen schweren Druck auf die russischen ausgeübt hatten, und er gestattete Orlow, sich frei zu bewegen und den Widerstand gegen Sultan Mustafa nicht nur bei den Griechen, sondern auch weit hinunter bis nach Südarabien zu schüren. In Anerkennung der russischen Hilfe beschenkte der Sultan von Südarabien Orlow mit einem wertvollen fünfjährigen Vollbluthengst für sein Gestüt. Nachdem er seine Aufgabe erfüllt hatte, erhielt Orlow den Befehl, mit seiner Flotte heimzusegeln. Auf dem Rückweg legte er in Livorno an, wo ihn der Maler Philipp Hackert erwartete, den Katharina beauftragt hatte, vier Bilder von der Schlacht bei Tschesme zu malen. Da der Künstler noch nie eine Schiffsexplosion gesehen hatte, ließ Orlow für ihn ein altes Schiff in die Luft gehen, eine Erschütterung, bei der die Grundmauern der friedlichen toskanischen Hafenstadt erbebten.
Zu Lande wurde der Krieg an drei Fronten weitergeführt: am unteren Don um Asow; am Dnjepr, wo die Krimtataren – die Krim war damals türkisches Protektorat – sich erhoben hatten; und an der Donau, wo Rumjanzew seinen Siegen von 1770 keinen weiteren hatte hinzufügen können. 1772, von ihren polnischen Sorgen bedrückt, leitete Katharina Friedensgespräche mit Mustafa ein; doch da er auf ihre Bedingungen nicht einging, wurden die Verhandlungen abgebrochen. Nach der Teilung Polens sandte sie 1773 die Truppen, die gegen die Konföderierten gekämpft hatten, an die Donau, die wichtigste der drei Fronten, unter der Führung eines hervorragenden Generals.
Alexander Suworow, ein zierlicher, lebhafter Mensch mit einem Faunsgesicht, war ursprünglich von der Kadettenanstalt wegen seiner spärlichen Statur abgelehnt worden. Diese Zurückweisung

spornte ihn an: der Jüngling stählte seine Muskeln, meldete sich als Freiwilliger, erwarb das Offizierspatent und zeichnete sich bald durch seine spartanische Lebensweise und seine lakonische Sprache aus, mehr noch durch die Sorgfalt, die er seinen Truppen widmete, und seine Überzeugung, daß Schlachten mit dem Bajonett gewonnen werden. Er war noch jung, so alt wie sie selbst, als Katharina ihn beförderte. Sie übertrug ihm ein Kommando in Polen und sah ihr Vertrauen gerechtfertigt, als er Krakau einnahm.

Ohne Zeit zu verlieren, griff Suworow, sobald er die Donaufront erreicht hatte, den Feind an und schlug mit dreitausend Mann zwölftausend Türken. Im Juli 1774 unternahm er einen nächtlichen Bajonettangriff auf vierzigtausend Türken bei Kosludschi in dem heutigen Bulgarien. Damit durchbrach er die türkische Front und trug die russische Avantgarde bis zweihundertfünfzig Meilen vor Konstantinopel. Der Bruder und Nachfolger des Anfang des Jahres verstorbenen Mustafa erkannte die drohende Gefahr und beschloß, einen Krieg zu beenden, den er selber nicht begonnen hatte.

Im Frieden von Kütschük-Kainardschi, der im August 1774 geschlossen wurde, tauschte Katharina die russischen Eroberungen an der Donau gegen wichtigere Positionen am Schwarzen Meer ein. Die Türken auf der Krim waren lange eine Bedrohung gewesen; die Krim wurde für unabhängig erklärt, der alte Chan, ein türkischer Protegé, ins Exil geschickt und durch einen neuen ersetzt. Asow, Kertsch und weitere Küstenstädte kamen an Rußland, das sich nunmehr endgültig am Schwarzen Meer festsetzte und sich das Recht sicherte, Handelsschiffe durch den Bosporus und die Dardanellen ins Mittelmeer zu senden.

Katharina erlangte auch eine Reihe von Zugeständnissen, um die Kirche zufriedenzustellen: die Christenverfolgungen im Osmanischen Reich sollten aufhören; Katharina wurde »Schutzherrin« der orthodoxen Bevölkerung an der Moldau; und zwischen den Moscheen und Minaretten von Konstantinopel sollte eine russisch-orthodoxe Kirche gebaut werden, als sichtbares Zeichen, daß der Sultan die Ansichten der Kaiserin über religiöse Toleranz teilte.

Die außenpolitischen Erfolge Rußlands in der ersten Hälfte von Katharinas Regierungszeit seien kurz zusammengefaßt: Durch ihr energisches Eingreifen in Polen hatte sie ein großes, wertvolles Land mit sechshunderttausend Einwohnern hinzugewonnen; aber es hatte viele Menschenleben gekostet und indirekt zum Krieg mit der Türkei geführt. Durch ihre Siege über die Türken bei Tschesme und an der Donau hatte sie bewiesen, was bisher noch angezweifelt werden konnte – daß Rußland der Türkei zu Lande und auf dem Meer überlegen war –, und sie hatte die Achtung Europas für ihr Heer und ihre Flotte errungen. Und schließlich hatte Katharina am Schwarzen Meer erreicht, was Peter dem Großen an der Ostsee gelungen war: einen weiteren unmittelbaren Zugang Rußlands zu den europäischen Gewässern – und damit ihren Grundsatz bekräftigt, daß »Rußland ein europäisches Land« sei.

17

Porträt einer Kaiserin

Mit welchen Mitteln vollbrachte Katharina diese Leistungen auf so vielen Gebieten? Wie war es ihr gelungen, einen schlafenden Bären zu einer so langanhaltenden und mannigfachen Aktivität zu erwekken? Was für eine Persönlichkeit stand hinter ihren politischen Erfolgen?

Sie pflegte zu sagen, daß sie ohne Mitgift nach Rußland gekommen sei. Aber sie hatte etwas mitgebracht, das wertvoller war als eine noch so reiche Mitgift: ihren abendländischen Zeitsinn. »In der unendlichen Weite Rußlands«, schrieb sie einmal, »ist ein Jahr nicht mehr als ein Tag.« Ihr wurde ein Tag soviel wie einem Russen eine Woche, so gründlich füllte sie ihn aus. Sie stand um sieben Uhr auf und arbeitete zehn Stunden am Tag und sechs Tage in der Woche. Es war keine Affektiertheit, wenn sie zu ihrem Wappentier die Biene erwählte und zu ihrem Motto das Wort »Nützlichkeit« – für Rußland natürlich.

Die zweite Wurzel ihres Erfolges war die Gabe, fähige Menschen auszuwählen. »Suche nach dem wahren Verdienst«, schrieb sie in ihr Tagebuch, »und sei es am anderen Ende der Welt, denn meist ist es bescheiden und zurückgezogen.« Mit wahrem Verdienst meinte Katharina einen rechtschaffenen Menschen, der zu arbeiten verstand.

Ein solcher war zum Beispiel Alexander Wjasemskij. Als Sohn eines Marineleutnants 1727, zwei Jahre vor Katharina, geboren, in der Kadettenanstalt erzogen und im Staatsdienst tätig, wurde er 1763 von Katharina in die Manufakturen des Urals geschickt, um Frieden zwischen Eigentümern und den Arbeitern zu stiften. 1764 ernannte sie ihn zum Generalprokurator (?) des Senats mit dem Auftrag, die unter Elisabeth dort eingerissenen Mißstände zu beseitigen. Wjasemskij war ein stattlicher Mann mit einem runden Gesicht und einem kräftigen Kinn, zurückhaltendem Wesen und schlichten Neigungen – ein Feind von Luxus und Verschwendung. Was sie brauche, erklärte ihm Katharina, sei nicht Liebedienerei, sondern Ehrlichkeit und Festigkeit im Handeln. Sie versprach ihm, daß er seinen Posten so lange behalten würde, wie er seine Pflichten gewissenhaft erfüllte, was immer seine Verleumder von ihm sagen mochten.

1768 wurde er Mitglied des Kriegsrates und 1769 erhielt er den Auftrag, den ersten zentralisierten (?) Staats-Haushaltsplan aufzustellen. Später wurde er Direktor der Münze und der Staatsbank mit der Vollmacht, sogar Papiergeld herauszugeben.

Die Kaiserin, jung auf den Thron gelangt, bevorzugte jugendliche Mitarbeiter. Wjasemskij war sechsunddreißig, als er seinen ersten großen Posten erhielt, und auch die anderen, die Katharina mit wichtigen Aufgaben betraute, waren jung: Grigorij und Alexej Orlow, Nikita Panin, N. W. Repnin, Alexander Suworow. Dieses Element der Jugend war sicher mitbestimmend für ihre tatkräftige Regierungsweise.

Wie behandelte sie ihre Mitarbeiter? Giacomo Casanova, bestimmt ein Frauenkenner, führte 1765 vier Gespräche mit der Kaiserin und berichtet, sie sei freundlich und leutselig gewesen und zurückhaltend mit ihren Kenntnissen – »sie wußte mehr, als sie sich den Anschein gab«. Und der weltkundige Italiener fährt fort: »Mit diesen Eigenschaften und ihrer anspruchslosen Art konnte sie mehr verlangen als der König von Preußen, und sie erhielt es.« Katharina drückte das gleiche etwas anders aus: »Mein erster Grundsatz im Umgang mit Menschen ist, sie glauben zu machen, daß sie zu tun wünschen, was ich sie zu tun heiße.«

Wenn Katharina einen Mann ihres Vertrauens ausgewählt und erprobt hatte, gab sie ihm ziemlich freie Hand. In Geldangelegenheiten war sie besonders großzügig. Sie setzte für ihren eigenen Haushalt einen bestimmten jährlichen Betrag fest, und wenn Mahlzeiten, Theater und Reitställe ihren Anforderungen entsprachen, war sie zufrieden. »Es ist mir gleichgültig, ob Beamte knausern oder sich mit mehr oder weniger Geschick bereichern; worauf es mir ankommt, ist, daß ein bestimmter Betrag nicht überschritten wird.« Ähnlich großzügig verfuhr sie, wenn sie Kritik übte. Als einmal der Kammerherr Tschitschagow zu spät zum Dienst erschien, erging sich Katharina in Lobreden über dessen Vater, der für seine Pünktlichkeit bekannt gewesen sei. Tschitschagow glaubte, während er zuhörte, Gunstbezeugungen zu empfangen, doch später erklärte er, er habe sich in seinem ganzen Leben nicht so beschämt gefühlt. »Es ist meine Technik«, sagte Katharina, »laut zu loben und leise zu schelten.« Als sie erfuhr, daß Graf Woronzow, der Vater von Elisabeth Woronzow und der Fürstin Daschkow, als Provinz-Gouverneur hohe Bestechungsgelder einsteckte, sandte sie ihm ganz einfach als Geburtstagsgeschenk eine leere Geldbörse.

Wenn Sie jemand als tüchtig erkannt hatte, behielt sie ihn lange. Alexander Wjasemskij blieb trotz zahlreicher Hofintrigen sechsundzwanzig Jahre in ihren Diensten. »Wenn ich jemandem einen Posten gegeben habe, muß er schon ein Verbrechen begehen, um ihn zu verlieren. Sollte er sich als unfähig erweisen, arbeite ich mit seinem Vertreter; denn den ursprünglichen Fehler habe ja ich begangen, nicht er.«

Unter Elisabeth waren die kaiserlichen Anordnungen so träge befolgt worden, daß der Satz »Sie warten auf den dritten Ukas« fast sprichwörtlich war; denn man kam dem ersten und zweiten gar nicht erst nach. Katharina erleichterte ihren Mitarbeitern die Arbeit dadurch, daß sie den kaiserlichen Erlassen Respekt verschaffte. Sie mußten schnell und genau ausgeführt werden, und wenn sich dies als unmöglich erwies, behandelte sie ihre Beamten mit Nachsicht, so wie es Casanova bemerkt hatte.

Zu ihrem Erfolg als Herrscherin trug nicht unwesentlich bei, daß sie die Grenzen kannte, die ihr gesetzt waren. In solchen Fällen hütete sie sich, zu weit zu gehen. Der russische Kalender zum Beispiel, der julianische, lag elf Tage hinter dem in Europa gebräuchlichen gregorianischen Kalender zurück, der 1752 auch von Großbritannien übernommen worden war. Als man Katharina nahelegte, diesem Beispiel zu folgen, erklärte sie, das wage sie nicht. »Die Leute würden sich nicht laut beklagen, das ist hier nicht üblich; aber sie würden miteinander flüstern, daß ich eine Atheistin sei und die Unfehlbarkeit des Konzils von Nicäa in Frage stellen wolle.«

Ihr Alltagsleben hatte sich seit ihrer halben Gefangenschaft und dem erzwungenen Müßiggang als Großfürstin stark verändert. Als Kaiserin stand sie, wie schon bemerkt, um sieben auf, doch öfter auch schon zwei Stunden früher, wenn sie viel zu tun hatte, nahm zum Frühstück nur eine Tasse schwarzen Kaffee zu sich, sagte ihr Morgengebet und setzte sich an ihren Schreibtisch.

Manche Monarchen und Staatsmänner, zum Beispiel Napoleon, hatten das Bedürfnis, laut zu diskutieren; andere schrieben lieber ihre Gedanken nieder, und dazu gehörte Katharina. Sie war nie glücklicher, als wenn sie ihre Feder in das Tintenfaß tauchen konnte, und sie gestand: »Sooft ich eine neue Feder sehe, juckt es mich in den Fingern, sie zu gebrauchen.« In den frühen Morgenstunden, wenn ihr Geist am frischesten war, entwarf sie Erlasse, Anweisungen, Projekte, Memoranden, die sie einem Sekretär zur Reinschrift gab. Eigenhändig schrieb sie Briefe an Gouverneure, Generäle, Admirale und Gesandte. Einen großen Teil ihrer Außenpolitik betrieb sie im Schriftwechsel mit ausländischen Herrschern; Friedrich II. allein erhielt in vierundzwanzig Jahren hundertachtzig Briefe von Katharina. Und wenn sie keine Briefe zu schreiben hatte, dann brachte sie kleine Memoranden an sich selber zu Papier.

Am Vormittag empfing sie ihre Mitarbeiter, jeden an einem besonderen Tag, ließ sich Bericht erstatten und strittige Fragen vorlegen. Sie besprach die Schwierigkeiten, fragte ihren Gesprächspartner nach seiner Meinung und traf ihre Entscheidung. Ihr Sekretär Gribowskij berichtet, die Kaiserin »liebte einfache und rein russische Wörter – nicht solche, die aus dem Lateinischen oder aus westlichen Sprachen kamen – und sie kannte viele russische Ausdrücke«.

Um zwei wurde diniert, gewöhnlich mit einigen geladenen Gästen und in Gesellschaft Grigorij Orlows und ihres Sohnes Paul. Das Essen in St. Petersburg galt bei Ausländern als gut und kostspielig: es gab Kaviar und Austern, mehrere Sorten Fisch, Schnepfen, Enten, Wild und viel Früchte, und zu allem saure Sahne. Nur an Käse fehlte es. Katharina selber aß wenig und war nicht auf Delikatessen erpicht. Am liebsten mochte sie ein Gericht, das sie an ihre Kindheit erinnerte: Pökelfleisch mit Kohlsalat, und als Nachtisch saure Milch, mit Muskat gewürzt (!). Auch im Trinken war sie mäßig: manchmal ein Glas Wein mit Wasser, manchmal Johannisbeersaft. Ihre Gesundheit besserte sich, als sie Kaiserin wurde, und blieb gut während der ersten Hälfte ihrer Regierungszeit. Sie litt nur an schwerem Kopfweh zweierlei Art: das eine war von Krämpfen und Erbrechen begleitet – was sie Blähungen zuschrieb – und dem anderen folgte eine tiefe Lethargie. Vielleicht waren beide Kopfschmerzen die Folge einer Alkalose, verursacht von Mangel an Sonne und zu wenig Butter und Sahne in der Ernährung; dies hatte schon die Rückgratverkrümmung in ihrer Kindheit hervorgerufen.

Am Nachmittag kehrte Katharina entweder an ihren Schreibtisch zurück oder unterzog sich öffentlichen Verpflichtungen – der Besichtigung der staatlichen Porzellanmanufaktur oder Eröffnung einer neuen Einrichtung, einer Schule oder eines Kanals. »Ich habe eine entschiedene Vorliebe für das deutsche Wort ›schaffen‹«, erklärte sie Melchior Grimm, einem deutschen Literaten, der einer ihrer vertrautesten Briefpartner war. »Es ist eng verbunden mit ›Schöpfung‹ und die Schöpfung hat mir immer imponiert.« Sie liebe Rußland, sagte sie, weil es noch immer in der Entwicklung sei. »Nur in Rußland bin ich zu etwas gut; überall sonst gibt es keine *sancta natura* mehr, alles ist entstellt und gekünstelt.«

Ihr Schöpfertum ging, wie so oft, Hand in Hand mit einem einfachen Lebensstil. Katharina haßte das militärische Schaugepränge, das ihren Gatten so entzückt hatte, und wenn sie ausfuhr, begleiteten sie keine militärischen Eskorten, sondern nur die Lakaien hintenauf. Sie machte sich nichts aus prächtigen Bucheinbänden aus Leder und Gold; ihre Bücher waren so einfach wie möglich gebunden. Sie war eine Feindin von Perücken, die nunmehr bei Hofe verpönt waren, und gebrauchte wenig Kosmetika, so daß sie unter den

Hofdamen, deren Wangen nach russischer Sitte rot bemalt waren, durch ihre Blässe auffiel.
Ins Palais zurückgekehrt, machte sie einen Spaziergang durch den Garten. Dann kam das Abendessen, ein leichtes Mahl, das sie manchmal auch ausließ. Danach entspannte sie sich mit einigen Freunden, darunter Leo Naryschkin mit seiner Schwägerin Anna, für die sie besondere Sympathie hegte, da Annas Gatte sich weigerte, ihre Ehe zu vollziehen. Diese Abende sollten ganz ungezwungen sein, und Katharina stellte sogar einige spöttische Regeln für neue Gäste auf: »Ihre Rangordnung, Ihren Dünkel und andere derartige Eigenschaften – lassen Sie alles draußen. Seien Sie fröhlich – aber ohne die Möbel zu zerschlagen – sprechen Sie über alles, streiten Sie über alles, doch ohne Bitterkeit und schlechte Laune.«
Selbst nachdem sie Kaiserin geworden war, belustigte sie gern ihre Freunde mit der Nachahmung von Tierstimmen und ihrem berühmten Katzenkonzert. An diesen intimen Abenden war sie voll guter Laune und neckte ihre Freunde wegen irgendeines gezierten Benehmens oder Sprechens – Admiral Knowles wegen seiner Gewohnheit *»Il vente aujourdhui«* zu sagen, oder Melchior Grimm (»Gotha-Grimm«) wegen seines Snobismus; und nicht einmal Gustav III. von Schweden blieb verschont; als er bei einer Truppeninspektion vom Pferd gefallen war, bemerkte Katharina: »Man stelle sich vor – er schlägt einen Purzelbaum vor seinen eigenen Soldaten!«
Auch ihr schottischer Leibarzt John Rogerson, den sie gelegentlich mit diplomatischen Aufträgen betraute, bekam sein Teil. Für seine ärztliche Tätigkeit außerhalb des Hofes nahm er kein Honorar, doch war es Sitte, daß ihm jeder Patient eine silberne Schnupftabakdose schenkte. Diese wurde ihm regelmäßig von einem Juwelier im gleichen Hause abgekauft, der sie wieder an den nächsten Patienten verkaufte. Auf diese Weise kam Rogerson mit der Zeit auf hundertdreißigtausend Pfund, wovon er in seiner Heimat ein Gut erwarb und einen Landsitz erbaute. Katharina sagte, es sei immer die gleiche Dose gewesen.
Sie spielte gern Whist und veranstaltete häufig abendliche Whistpar-

tien. Ein Vorfall, den der britische Botschafter berichtet, bezeugt nicht nur ihr Interesse für das Spiel, sondern auch die Rücksichtnahme, die sie ihren Bediensteten zukommen ließ. An diesem Abend spielte sie nicht selber, sondern ging von Tisch zu Tisch und sah dem Spiel der anderen zu. Dann klingelte sie nach einem Pagen, und als er nicht kam, ein zweites und drittes Mal. Ärgerlich ging sie hinaus und fand den Pagen im Vorzimmer ebenfalls beim Whistspiel; er hatte ein so gutes Blatt, daß er es nicht über sich bringen konnte, es im Stich zu lassen. »Nun, was tat die Kaiserin?« fragte der Botschafter. »Sie gab dem Pagen ihren Auftrag; dann setzte sie sich seelenruhig an seinen Platz und hielt ihm so lange die Karten, bis er zurückkehrte.«

Kurz vor zehn wurde Schluß gemacht, und Katharina ging zu Bett. Sie war sehr auf ihren vollen Nachtschlaf bedacht, und wenn nicht eine wichtige Feier stattfand, wurde das Licht im Palais bald nach zehn gelöscht.

Am Sonntag ging sie zur Messe; sie stand wie jeder gewöhnliche Kirchgänger zwei Stunden, aber ihre Augen wanderten umher. Sie tauschte mit Grigorij Orlow und mit anderen Freunden Blicke aus; denn sie hatte mit den Jahren viel von ihrer früheren Frömmigkeit abgelegt. Sie glaubte, wie es für jenes Jahrhundert charakteristisch ist, an den Fortschritt, in erster Linie an den Fortschritt Rußlands, und daß die Vorsehung ihr beistehe, die Wohlfahrt des russischen Volkes zu fördern. Am liebsten waren ihr solche Priester, die nicht nur die Messe zu zelebrieren, sondern auch einen Pflug zu handhaben verstanden.

Auch an den Sonntagen fand Katharina Zeit für ihre Neigungen, worunter die Lektüre nach wie vor an erster Stelle stand. Aber sie hatte nun die historischen Werke mit zeitgenössischen Büchern vertauscht, aus denen sie für Rußland nützliche Informationen gewinnen konnte. So las sie landwirtschaftliche Abhandlungen, geologische Berichte, die letzten Tagebücher von Seefahrern und Entdekkern und sogar ein dänisches Gesetzbuch – so trocken, wie sie sagte, daß man damit den Vesuv zuschütten und zum Erlöschen hätte bringen können. Und auch wenn sie las, hatte Katharina die Feder in der Hand und machte sich Notizen.

Eine ihrer wenigen Wintervergnügungen in frischer Luft waren Rodelfahrten von einem von der Kaiserin Elisabeth künstlich errichteten Hügel in der Nähe von St. Petersburg. Einmal geriet ihr Schlitten aus der Bahn, und sie wäre gestürzt, wenn nicht Grigorij Orlow, der hinter ihr saß, den Schlitten gehalten hätte.
Auf ihren sonntäglichen Spaziergängen in den Gärten begleitete sie Sir Tom, ein englischer Whippet, dessen korrekter Name Tom Anderson lautete. Sie war ihm sehr zugetan, strickte ihm ein wollenes Mäntelchen und ließ ihn in ihrem Schlafzimmer schlafen. Als er Vater eines Wurfes junger Hunde wurde, kamen alle auf den Spaziergängen mit, doch nur Sir Tom durfte bei der Kaiserin schlafen.
In ihrem Tagesprogramm spielte natürlich ihr Sohn Paul eine wichtige Rolle. In seinen ersten sieben Lebensjahren war der kleine Prinz, von der Kaiserin Elisabeth verwöhnt und verzogen, ohne Vater und Mutter aufgewachsen. Als Katharina über ihn verfügen konnte, war er, klein für sein Alter, mit blonden Locken und braunen Augen, störrisch und wollte sich nicht in das geregelte, disziplinierte Leben schicken, das er nun führen sollte.
Sie wollte ihm die bestmögliche Erziehung angedeihen lassen und hätte gern Jean d'Alembert als seinen Lehrer gehabt, aber der Franzose lehnte ab. Dann bat sie ihren Freund Franz Aepinus, einen Naturwissenschaftler deutscher Abstammung, der ein Buch über die Pyroelektrizität des Turmalin geschrieben hatte, ihrem Sohn Unterricht in Mathematik, Physik, Astronomie und Geschichte zu erteilen. Sie selber wählte drei ihrer Lieblingswerke als Lehrbücher aus: Fénélons *Télemaque,* Voltaires *Philosophisches Lexikon* und Buffons *Naturgeschichte.* Diesen fügte sie noch Racines Dramen, William Robertsons *Geschichte* und Biographien hinzu, die ihr von Dr. Rogerson empfohlen worden waren.
Als er heranwuchs, verlor Paul sein gutes Aussehen. Er hatte einen kleinen, schwächlichen Körper, eine fliehende Stirn und ein fliehendes Kinn, eine vorstehende Unterlippe und eine kurze Stupsnase, was ihm das Aussehen eines Pekinesen gab. Die Nase muß Katharina täglich an seine Herkunft erinnert haben – es war die Nase der Saltykows, während Peter wie seine Eltern eine lange, gerade Nase gehabt hatte.

Katharina hatte Sergej Saltykow als Gesandten nach Frankreich geschickt und mit Geldgeschenken unterstützt. Aber er erwies sich als so untüchtig, daß er den diplomatischen Dienst aufgeben mußte. Und Paul war wie eine Karikatur seines Vaters, eine Erinnerung an Katharinas Ehebruch mit einem Manne, der sie rasch verlassen hatte und sich nun als Versager erwies. Aus diesem Grund empfand sie wenig Zuneigung zu ihrem Sohn.

Paul seinerseits erfuhr gewisse Fakten nicht aus seinen Lehrbüchern, vor allem, daß Peter III. – den er wie jederman außer Katharina und Sergej für seinen Vater hielt – nicht eines natürlichen Todes gestorben, sondern von Alexej Orlow erwürgt worden war, und daß seine Mutter, statt Witwenkleidung zu tragen und ihre Tage in Trauer und im Gebet zu verbringen, ihr Bett mit dem Bruder des Mörders ihres Gatten teilte.

Die Situation war ähnlich der in *Hamlet;* aber der junge Großfürst glich dem Prinzen von Dänemark in keiner Weise. Ihm fehlten zur Rache Kraft und Nerven. Statt dessen verfiel er in eine grämliche Verdrossenheit, und seine kleinen Gesichtszüge verdüsterten sich zunehmend in ständigem Groll und Haß gegen seine Mutter wegen ihrer Beziehungen zu den Orlows – nicht, weil sie ihn um den Thron betrogen hätte, denn ein Sohn besaß keinen legalen Anspruch auf die Nachfolge.

Katharina war betrübt über diese Entwicklung. Sie hätte sie nur ändern können, wenn sie ihrem Sohn gesagt hätte, wer sein wahrer Vater war. Aber dazu konnte sie sich nicht entschließen. Es würde ihre Stellung empfindlich schwächen; und es war ein Teil ihres politischen Programms, der künftigen Herrschaft des Urenkels Peters des Großen den Weg zu bereiten.

Sie bemühte sich, so gut wie möglich die Kluft zwischen ihr und Paul zu überbrücken; und zum Teil gelang es ihr. Denn als sie im Frühjahr 1772 nicht in St. Petersburg war, versuchten mehrere Offiziere des Regiments Preobraschenskij den jetzt achtzehn gewordenen Prinzen zu überreden, seine Mutter vom Thron zu verdrängen und sich zum Zaren zu machen. Paul wollte nichts davon hören, obwohl sie schworen, ihr Leben für ihn einzusetzen; er be-

nachrichtigte Panin, und die Offiziere wurden vor ein Kriegsgericht gestellt.
Dieser mißglückte Aufstand hatte paradoxerweise zur Folge, daß sich Katharinas Abneigung gegen ihren Sohn noch verstärkte. Statt Genugtuung darüber zu empfinden, daß er der Versuchung widerstanden hatte, fragte sie sich, wann die nächste Verschwörung angezettelt werden und wie Paul sich dazu verhalten würde; sie wurde argwöhnisch und verweigerte Paul die Handlungsfreiheit, die wahrscheinlich allein seinen Charakter verändert hätte. Und diese Haltung vermehrte wiederum Pauls Haß.
Katharina versagte ihrem Sohn die vertrauensvolle mütterliche Liebe, weil sie etwas in sich selber zum Schweigen bringen wollte: ihren Ehebruch mit Sergej und ihre Verschwörung gegen Peter. Die verkümmerte Beziehung zu Paul lag wie ein Schatten auf diesen ersten glanzvollen Jahren ihrer Regierung, und dieser Schatten sollte im Laufe der Zeit noch länger werden.
Im Gegensatz dazu war ihre Beziehung zu Alexej Bobrinskij, ihrem Sohn von Grigorij, offener und unkomplizierter. Alexej, der zwei Monate alt gewesen war, als sie den Thron bestiegen, genoß eine normale Kindheit bei seinen Eltern im Palast, empfing eine ausgezeichnete Erziehung und entwickelte sich zu einem gutaussehenden und offenherzigen Jüngling. Dann machte er Auslandsreisen, nahm schlechte Gewohnheiten an, überzog ständig das Taschengeld, das seine Mutter ihm aussetzte, und wurde ein Tunichtgut.
Der wichtigste Mensch in Katharinas Leben in diesen Jahren war und blieb Grigorij Orlow. Durch sein blendendes Aussehen und seine Großzügigkeit hatte er sie von Anfang an für sich eingenommen, und ihre Verbindung war vor dem Staatsstreich für beide glücklich gewesen. Der Kriegsheld hatte sich als ein starker Partner gezeigt; er hatte die Garde für sie gewonnen, und sie konnte sich auf ihn verlassen. Als sie Kaiserin wurde, fühlte Grigorij, daß das Gleichgewicht ihrer Beziehung leiden würde; bot er an, sich zurückzuziehen, und blieb auf Katharinas dringende Bitte.
Er war nicht zurückhaltend wie Alexej Rasumowskij oder Iwan Schuwalow; er fand es unmännlich, wie ein zweiter Windhund im

kaiserlichen Schlafzimmer herumzulungern. Seine Geliebte war jetzt frei; er wollte sie heiraten, und sobald die Krönungsfeierlichkeiten vorbei waren, drängte er um eine Entscheidung.

Sie hätte gern in eine Ehe mit Grigorij eingewilligt, aus Liebe und aus dem Wunsch, ihn glücklich zu machen. Aber sie stieß auf den Widerstand Panins, der wie gewöhnlich die Meinung des einflußreichen Adels zum Ausdruck brachte. Eine Zarin, gab er zu verstehen, heirate nicht aus Liebe, sondern mit Rücksicht auf Rußlands Außenpolitik.

Katharina hatte Grund zu der Annahme, daß Elisabeth sich heimlich mit Alexej Rasumowskij vermählt hatte. Wenn sie dafür Beweise erhielt, würde sie Panins Argument entgegentreten können und einen Präzedenzfall vorweisen können für das, was sie vorhatte. Sie beauftragte Michael Woronzow, der damals für kurze Zeit ihr Kanzler war, Alexej Rasumowskij den Titel einer Kaiserlichen Hoheit als verwitweter Prinzgemahl anzubieten, wenn er ihr seine Heiratsurkunde zeigen würde.

Der frühere Chorsänger war jetzt vierundfünfzig und lebte seit Elisabeths Tod bescheiden und zurückgezogen, doch er stand auf gutem Fuß mit deren Nachfolgerin. Sein ehemals hübsches Gesicht war furchig, sein Haar ergraut, er trank zuviel Wodka; doch ein bezeichnender Charakterzug war ihm geblieben. Nachdem er Woronzows Botschaft angehört hatte, stand er von seinem Platz am Kamin auf und holte ein Ebenholzkästchen, dem er ein Päckchen entnahm, das in rosa Seide gewickelt war. Er entnahm ihm einige Papiere, die er schweigend durchlas. Dann küßte er sie, legte sie zu den übrigen zurück, bekreuzigte sich und warf das Päckchen ins Feuer. Nachdem er eine Weile die Flammen betrachtet hatte, sagte er zu Woronzow: »Wie Sie sehen, besitze ich keinerlei Papiere. Ich bin weiter nichts gewesen als der ergebenste Diener der verstorbenen Kaiserin.«

Unfähig, den Beweis für die Liebesheirat Elisabeths zu erbringen, mußte sich Katharina einen zweiten, noch überzeugenderen Einwand von Panin sagen lassen. Es war bei Hofe allgemein bekannt, daß Alexej Orlow seine Hand bei Peters Tod im Spiel gehabt hatte;

wenn also Katharina seinen Bruder heiratete, würde sie den Mord gutheißen, und das wäre das Bekenntnis zu einer Greueltat, ein Schlag ins Gesicht der öffentlichen Meinung.
Sie war eine zu kluge Politikerin, um nicht die Triftigkeit dieses Arguments einzusehen. Zweifellos kam es ihr widersinnig vor, daß sie als Kaiserin von Rußland nicht den Mann heiraten durfte, den sie liebte; doch widerstrebend und bekümmert ergab sie sich darin, daß zwischen ihr und Grigorij wie zwischen Elisabeth von England und Leicester der Leichnam eines ermordeten Ehemannes stand.
Sie dachte jedoch nicht daran, sich von Grigorij zu trennen, dazu liebte sie ihn zu sehr. Sie behielt ihn als – die offizielle Bezeichnung lautete »Generaladjutant«. Sie ließ ihn in Zimmern wohnen, die mit ihren durch eine Privattreppe verbunden waren; sie befragte ihn in allen wichtigen Angelegenheiten und hatte ihn bei allen Staatshandlungen zur Seite; sie schenkte ihm große Ländereien, damit er finanziell unabhängig sei und berief ihn auf mehrere höhere Posten, wie zum Leiter des Artilleriewesens. Kurz, sie tat alles, was sie konnte, um ihn zufriedenzustellen.
Grigorij war nach Veranlagung und Ausbildung Soldat und ein Mann der Tat. Er wollte sich nicht in ein Leben der Bequemlichkeit schicken; er wollte etwas Positives leisten, etwas, das ihm Ehre und Achtung einbringen würde, und da er naturwissenschaftlich interessiert war, begann er, von Katharina ermuntert, auf diesem Gebiet zu arbeiten. Er baute ein Wagentor, dessen Fundament statt aus Zement aus Eis bestand. Katharina beschrieb es später Vortaire und hob stolz hervor, daß es vier Jahre lang fest gestanden habe. Grigorij richtete auch auf dem Dach des Palastes eine Sternwarte ein; und in den langen Winternächten teilte er seine Zeit damit, die Sterne zu betrachten und den »Stern des Nordens« zu lieben, wie ihre französischen Freunde Katharina nannten.
Aber Grigorij blieb bei allem ein Dilettant, weil seine Bildung nicht gediegen genug war, und ständig erregte er den Neid derer, über deren Köpfe hinweg er aufgestiegen war, und den schweigenden Groll solcher, die wie Panin die Begünstigung von Soldaten mißbilligten. Zeichen dieser Gehässigkeit kamen in sonderbaren Formen auf ihn

zu. So erhielt er eines Tages im Oktober 1763 aus Moskau ein Paket, von einem leeren Brief begleitet. Es enthielt einen großen ausgehöhlten Käse, der mit Pferdemist gefüllt und von einem Marschallstab durchbohrt war.

Grigorij nahm sich diese Feindseligkeiten sehr zu Herzen, und es trat eine latente Labilität seines Charakters zutage. Er wurde launenhaft und reizbar und ließ seinen Zorn über sein, wie er meinte, verpfuschtes Leben, an Katharina aus. Er behauptete, das Hofleben zu verachten, kündigte die Absicht an, sich weitab auf dem Lande niederzulassen und bildete sich ein, Rousseau würde zu ihm ziehen. Er schrieb dem Weisen in der Schweiz einen Brief, den er, als wolle er sein sonderbares Verhalten rechtfertigen, folgendermaßen begann: »Die Menschen neigen dazu, sonderbar zu sein.« »Die Leute auf seinem Gut«, fuhr Grigorij fort, »verstehen kein Englisch oder Französisch, geschweige denn Griechisch oder Latein... Sie werden ihr eigenes Wild schießen und ihre eigenen Fische fangen«. Diese Aussichten reizten den in den praktischen Dingen des Lebens unbeholfenen Rousseau gar nicht; er lehnte Grigorijs Einladung ab und antwortete: »Monsieur, Sie erwarten einen geistreichen Mann, doch ich bin nicht gesprächig; ich unterhalte mich schweigend mit Blumen und Bäumen.«

Grigorij ließ seinen Plan fallen, in ländlicher Abgeschiedenheit zu leben, und gab sich anderen Launen hin. Er begann eine Reihe von Affären mit verschiedenen Damen seiner Bekanntschaft und machte auch vor einer Hofdame der Kaiserin nicht halt.

Eine Frau vergißt solche Eskapaden leichter als ein Mann, wenn sie weiß, daß es nur eine Angelegenheit der Sinne, nicht des Herzens ist. Katharina zeigte Geduld, und auch als Grigorijs Liebeleien Hofgespräch wurden, blieb er ihr Günstling.

Im Jahre 1771 wurde Moskau von einer Epidemie heimgesucht, die von den Schlachtfeldern hereingetragen worden war. Sie tötete mehr Frauen als Männer, und Obduktionen ergaben Blutstauungen im Herzen und in der Lunge. Die Ärzte versuchten mit den verschiedensten Mitteln vergeblich, das Übel zu bekämpfen. Erzbischof Ambrosius, ein verständiger geistlicher Herr, versuchte die

Ansteckungsgefahr zu vermindern, indem er eine sehr beliebte »heilkräftige« Ikone der Muttergottes, welche die Moskauer in Scharen zu küssen pflegten, aus dem Kloster Donskoj entfernte. Aber das Volk hatte kein Verständnis dafür. Es stürmte das Kloster, bemächtigte sich des Erzbischofs und erschlug ihn. »Eine Tat, die diesem achtzehnten Jahrhundert zum Ruhme gereichen wird«, wie Katharina spöttisch und angewidert an Voltaire schrieb.

Sie beauftragte Grigorij, die Epidemie zu bekämpfen und vor allem, eine Panik zu verhindern. Das war eine Aufgabe, in der sich der Kriegsheld auszeichnen konnte. Er bewies große persönliche Unerschrockenheit, verordnete Notmaßnahmen, trennte rigoros die Kranken von den Gesunden und fand schließlich heraus, daß die einzig wirksame Behandlung war, die Infizierten in Tücher zu hüllen und ausgiebig schwitzen zu lassen. Bald hatte er die Epidemie gemeistert, und als er nach St. Petersburg zurückkehrte, ließ die Kaiserin ihm einen Triumphbogen errichten mit der Inschrift: »Dem Retter Moskaus von der Pest.«

Kurze Zeit erfreute sich Grigorij seines neu errungenen Ruhmes. Doch dann überkam ihn wieder und stärker seine alte Unruhe, und er fühlte, daß er mit seiner Geliebten nicht Schritt halten konnte. »Ich könnte sie binnen vier Wochen absetzen«, brüstete er sich Rumjanzow gegenüber; worauf der alte Soldat erwiderte: »Keineswegs, denn in zwei Wochen hätten wir Sie gehängt.« Grigorijs Launen, die im Alter immer unsinniger werden und schließlich in Wahnsinn enden sollten, zehrten mehr und mehr an Katharinas Kräften. Als er ihr gestand, er habe sich in seine dreizehnjährige Kusine Katharina Sinowjewa verliebt und beabsichtige, sie trotz des Widerstandes ihrer Familie zu heiraten, erkannte Katharina, daß der Augenblick gekommen war, sich von einem Manne zu trennen, der sie mit seinen Affronts und Szenen krank machte. Im Sommer 1772 sandte sie Grigorij nach dem fernen Foscani im heutigen Rumänien, wo er an Friedensgesprächen mit den türkischen Unterhändlern teilnehmen sollte.

Seine Abreise befreite sie von ihrer nervösen Spannung, ließ sie aber auch in schmerzlicher Einsamkeit zurück. Das Jahr 1772 war das bisher schwierigste ihrer Regierungszeit: das Land führte Krieg, die Lage in Polen war noch immer kritisch, und sie war tief erschüttert von dem Versuch der Preobraschenskij-Offiziere, ihren Sohn zum Zaren zu machen. Wenn es bekannt werden würde, daß sie Grigorij den Laufpaß gegeben hatte, wäre es durchaus möglich, daß er und seine Brüder, die eine starke Gefolgschaft hatten, sich gegen sie wenden und sogar versuchen würden, sie abzusetzen.

In einer solchen Situation hätte jeder eine Stütze gesucht; und Katharina, unverheiratet und ohne den Halt einer Familie, suchte natürlicherweise die Stütze eines Mannes. Der Verzweiflung nahe sehnte sie sich nach einem starken und unkomplizierten Mann, am liebsten einem Soldaten mit der ruhigen Sicherheit vor Gefahren, einem Mann, der würdig war, Grigorij zu ersetzen und ihr zugleich helfen würde, Grigorij Widerstand zu leisten, falls er auf der Wiederherstellung ihres alten Verhältnisses beharrte.

Als junge Frau war sie ziemlich dünn gewesen und ihr Gesicht hatte hager ausgesehen. Doch nun hatte es sich gerundet, und mit vierunddreißig Jahren stand sie in voller Reife. Mit dem Zauber der Monarchin erregte sie noch immer die Aufmerksamkeit der jungen Offiziere bei Hof. Viele waren bereit, Grigorijs Nachfolge anzutreten und warteten nur auf ein Zeichen der Kaiserin, um den entscheidenden Schritt zu tun.

Der Mann, den sie schließlich erwählte, war ein achtundzwanzigjähriger Offizier der berittenen Garde. Er kam aus einer vornehmen Familie, war gleichmütig – eine wünschenswerte Eigenschaft nach Grigorijs Launenhaftigkeit – und etwas schüchtern. Wenn er auch nicht geistvoll plaudern konnte, so hatte er doch soviel Geist, zur rechten Zeit schweigen zu können. Und im September 1772 wurde Alexander Wassiltschikow Katharinas vierter Geliebter.

Neben dem Bedürfnis nach Schutz und Kraft – wurde ihr Verhalten nicht auch von einem starken Element der Sinnlichkeit bestimmt? War Katharina nicht eine lebenslustige Frau, die Liebe suchte? Diese Frage wurde schon zu ihren Lebzeiten mehrfach gestellt. Die Antwort mag in ihrem Charakter gefunden werden, so wie er sich in anderen Aspekten ihres Lebens spiegelt. Sie pflegte früh aufzustehen, legte keinen Wert auf Bequemlichkeit und gewähltes Essen; in ihren Hunderten von Briefen gibt es keine bildhaften Wendungen, kaum einen Hinweis auf Erotik – dies sind nicht die Merkmale einer sinnlichen Frau. Sie hatte Freude an Büchern, am Zusammensein mit Freunden und vor allem am Regieren – Rußland aufzubauen, es zu modernisieren und gut zu verwalten – und auch dies ist nicht die Art von Vergnügen, das man mit einer sinnlichen Frau verbindet. Was man bei Katharina findet, ist ein weibliches Verlangen nach Zärtlichkeit und Schutz und eine, vorwiegend ästhetisch bestimmte, Vorliebe für das gute Aussehen dieses oder jenes Mannes, besonders für seine Augen als Charaktermerkmal. Es spricht alles dafür, daß sie in Alexander Wassiltschikow den Schutz und die Kraft eines unkomplizierten, hübschen jungen Offiziers suchte, der sie liebte und, aller Voraussicht nach, in seiner Liebe beständig sein würde.

Als Grigorij hörte, daß Katharina einen neuen Geliebten hatte, eilte er wütend von seinen Verhandlungen zurück. Sie bekam es mit der Angst zu tun und ließ alle Türschlösser ihrer Gemächer ändern, weil sie fürchtete, Grigorij und Alexej könnten versuchen, sie umzubringen. Doch da Grigorij von der Front kam, wo man den Ursprung der Epidemie vermutete, die Moskau heimgesucht hatte, mußte er sich für vier Wochen in Quarantäne begeben, ehe er St. Petersburg betrat, und dies kühlte ihn ab. Die Kaiserin erhob ihn in den Fürstenrang und veranlaßte ihn, sich nach Reval zurückzuziehen, während sie über seine weitere Zukunft nachdachte.

Sie sah ein, daß sie sich die Orlows nicht zu Feinden machen durfte, denn sie waren zu mächtig und hatten einen zu starken Einfluß auf die Garde. Daher rief sie im März 1773 den Fürsten Grigorij, der er jetzt war, zurück. Durch ihre neue Verbindung mit Wassiltschikow waren die letzten Funken ihrer Liebe zu Grigorij erloschen, und sie war imstande, seine Anwesenheit bei Hofe mit Gleichmut zu ertragen. Sie setzte ihn in seine früheren Posten wieder ein, erhöhte seine Bezüge, machte ihm Geldgeschenke und behandelte ihn mit Achtung. Er war wieder, was er vorher gewesen, doch nicht mehr ihr Geliebter.

Grigorij, unberechenbar wie immer, war tief gerührt und beschloß, seine Dankbarkeit in einer äußerst extravaganten Geste zu zeigen. Er nahm von dem Geld, das Katharina über ihn ausgeschüttet hatte, den stattlichen Betrag von vierhunderttausend Rubel und kaufte dafür von einem armenischen Juwelier in Amsterdam einen 199-karätigen Diamanten von bläulich-grüner Tönung, der in den Minen von Golkonda gefunden worden war und den der Schah Jehan in die Form einer Rosette von dreieinhalb Zentimetern Länge hatte schneiden lassen. Diesen einzigartigen Diamanten schenkte Grigorij seiner früheren Geliebten.

Wahrscheinlich hat keine Frau jemals ein kostbareres Geschenk von ihrem Liebhaber erhalten. Katharina war zweifellos tief gerührt und geschmeichelt. Aber bezeichnenderweise benutzte sie den »Orlow«, wie der Stein fortan genannt wurde, nicht zu ihrem persönlichen Gebrauch; sie trug ihn nicht an einer Halskette oder in einem Diadem, sondern übergab ihn dem Staat und ließ ihn in die Spitze des kaiserlichen Zepters setzen.

Die letzte Szene in dem stürmischen Drama zwischen Katharina und Grigorij ging im Jahre 1776 über die Bühne. Sie vermählte ihn mit seiner Kusine, obwohl die Kirche solche Heiraten im allgemeinen nicht erlaubte; und um jeder Feindseligkeit des Hofes Einhalt zu gebieten, machte sie die Braut zu ihrer Hofdame und verlieh ihr den Katharinenorden, der sonst königlichen Hoheiten vorbehalten war.

Wenn man Katharinas persönliches Leben im ersten Teil ihrer Regierungszeit zusammenfassend betrachtet, so könnte man sagen, daß sie eine glanzvolle und erfolgreiche Kaiserin war, doch als Mutter Fehlschläge erlitt, an denen sie zum Teil selber Schuld hatte. Sie erkannte, daß die Rolle der Kaiserin mit der einer liebenden Frau nicht immer vereinbar war, und aus diesem Widerstreit heraus verlor sie Grigorij. Aber sie war erst Anfang vierzig; es konnte wohl sein, daß es ihr noch gelingen würde, ihre Pflichten als Herrscherin mit ihren Neigungen als Frau in Einklang zu bringen.

18

Ein Mann namens Potemkin

Die Potemkins waren eine der Krone treu ergebene Familie und zugleich für ihre sonderbaren Launen bekannt. Peter Potemkin, 1617 geboren, ging als russischer Gesandter nach Kopenhagen. Als er hörte, daß König Christian, der unpäßlich war, ihn in seinem Schlafzimmer empfangen wollte, bat er, ihm gleichfalls ein Bett hineinzustellen, und erklärte, der Gesandte des Zaren könne nur auf der Ebene absoluter Gleichheit verhandeln. Seinem Wunsche wurde entsprochen, und die Besprechung wurde in dem königlichen Krankenzimmer geführt, unter dem Geruch der Arzneien, doch zur vollen Genugtuung Potemkins, der sich angekleidet auf einem Bett gegenüber dem des Königs ausgestreckt hatte.

Die Wunderlichkeit seines Sohnes Alexander Potemkin zeigte sich auf andere Weise. Nachdem er seinen Militärdienst als Oberst beendet hatte, zog er sich auf ein kleines Gut bei Smolensk zurück. Eines Tages, als er in der Nähe von Kiew unterwegs war, lernte er eine attraktive junge Witwe namens Darja Skuratowa kennen, die er, obwohl neunundzwanzig Jahre älter, heiratete. Alles ging gut, bis nach wenigen Monaten Darja, die guter Hoffnung war, entdeckte, daß ihr Gatte bereits verheiratet war. Sie warf sich der ersten Frau, einer schon älteren Dame, zu Füßen: was sollte aus ihr und ihrem ungeborenen Kind werden! Die erste Frau, die mit Potemkin nicht glücklich gewesen war, löste das Dilemma, indem sie in ein Kloster ging, während Darja bei Potemkin blieb, der sich zu einem eifersüchtigen Haustyrannen entwickelte, und ihm vier Töchter und einen Sohn schenkte.

Dessen Sohn, Grigorij Alexandrowitsch Potemkin, wurde 1739 geboren. Als er sechs Jahre alt war, starb sein Vater, und in der Erziehung durch eine zärtliche Mutter und der Bewunderung von vier Schwestern lernte er schnell, seinen Kopf durchzusetzen. Auf der Universität von Moskau erwarb er eine goldene Medaille, wurde jedoch relegiert, weil er die Vorlesungen schwänzte. Trotz der Goldmedaille wählte er die militärische Laufbahn und unterstützte als Quartiermeister bei der berittenen Garde Katharina bei ihrer Machtergreifung. Als Belohnung »seines Scharfblicks, seines Mutes und seiner Tatkraft« gab sie dem jungen Mann ein Geldgeschenk und das zusätzliche Amt eines Kammerherrn.
So stolzierte Potemkin an den kaiserlichen Hof: hochgewachsen, gut aussehend, braunhaarig und kräftig. Er tafelte gern spät nachts mit Austern und Champagner und besonderen, stark gewürzten Gerichten, die er selbst zubereitete, und lag bis Mittag im Bett; er liebte es, Diamanten und glänzende Orden zwischen seinen großen Fingern zu fühlen; er liebte Goldfische und dekorierte seinen Tisch mit kleinen Aquarien, wenn er Mittagsgäste hatte. Und er liebte schöne Frauen, besonders solche, die gelassen und majestätisch waren, und verband sie in seiner Phantasie mit dem bläulich-weißen Schimmer von Diamanten und seinen Lieblingsfarben Aquamarin, Lila und Blaßgrün. Er liebte überhaupt das Leben, wollte alles wissen und feuerte auf neue Bekannte Fragen ab, so schnell, wie er in Sommernächten auf Mückenschwärme schoß.
Als ihr dieser hübsche junge Kammerherr vorgestellt wurde, fragte Katharina ihn nach seiner Fähigkeit, Personen nachzuahmen, für die er bekannt war. Ob er ihr wohl ein Beispiel geben könne? Ohne einen Augenblick zu zögern, antwortete Potemkin der Kaiserin mit ihrer eigenen Stimme und kopierte geschickt den Tonfall und ihren leichten deutschen Akzent. Es war eine Frechheit; doch sie nahm es ihm nicht übel und lachte herzlich.
Sie entdeckte bald, daß ihr Kammerherr nicht nur ein lebhafter junger Mann und Spaßmacher, sondern tieferer Empfindungen fähig war. Als sie ihm eines Tages auf einem Korridor des Palastes begegnete, warf er sich ihr zu Füßen, ergriff ihre Hand, bedeckte sie mit Küssen und stammelte Worte der Bewunderung und Ergebung.

Damals liebte sie noch Grigorij Orlow. Wahrscheinlich war sie von Potemkins Gefühlsausbruch überrascht und geschmeichelt – kaum mehr. Aber Grigorij gefiel begreiflicherweise der strebsame Höfling nicht. Er bat ihn auf sein Zimmer, und dort verprügelten er und sein Bruder Alexej den ahnungslosen jungen Mann. Stühle flogen umher, Spiegel wurden zertrümmert, bis die Brüder von dem blutenden und zerschundenen Rivalen abließen.
Doch Potemkin behauptete sich und blieb. Erst später quittierte er den Hofdienst, als er nach einer Infektion sein linkes Auge verlor. Er betrachtete es als eine Entstellung; seine Eitelkeit war verletzt, und er verschwand, um ein Leben in der Einsamkeit zu führen.
Achtzehn Monate später berief Katharina die gesetzgebende Versammlung ein. Sie hatte erfahren, daß Potemkin religiös interessiert war und sich mit Rußlands konfesssionellen Minderheiten beschäftigt hatte; sie erinnerte sich seiner ergebenen Worte und ließ ihn durch Grigorij in den Ausschuß berufen, als Protektor der Tataren und anderer fremder Rassen im Reich, und zugleich in die zivile und geistliche Kommission. Obwohl er von Natur kein Theoretiker war, machte er sich in diesen Ausschüssen nützlich, und als der Türkenkrieg ausbrach, zeichnete er sich zuerst als Rumjanzews Adjutant und dann als Kommandeur in der Kavallerie aus, wo er schnell zum Rang eines Generalmajors aufstieg. Er schrieb an Katharina von der Front in demselben ergebenen Ton, den er bei ihrer Begegnung auf dem Korridor gebraucht hatte; sie antwortete, und bald tauschten sie Briefe aus. Jetzt war Katharina von seinem Verstand und seiner Einsicht beeindruckt. Als er im Dezember 1773 an der Belagerung von Silistria teilnahm, schrieb sie ihm einen sehr persönlichen Brief: »Herr Generalleutnant und Chevalier! Wahrscheinlich sind Sie so sehr davon in Anspruch genommen, nach Silistria hinüberzustarren, daß Sie keine Zeit haben, Briefe zu lesen. Und wenn ich auch nicht weiß, ob Ihr Bombardement erfolgreich war, so bin ich doch gewiß, daß alles, was Sie unternehmen, nichts anderem zuzuschreiben ist, als Ihrer Ergebenheit für meine Person und für das teure Vaterland, welch beiden Sie freudig dienen. Da ich

meinerseits aber ängstlich darauf bedacht bin, mir eifrige, tapfere, intelligente und tüchtige Leute zu erhalten, so bitte ich Sie, sich keiner Gefahr auszusetzen. Wenn Sie diesen Brief gelesen haben, werden Sie vielleicht fragen: in welcher Absicht wurde er geschrieben? Darauf will ich antworten: in der Absicht, Ihnen Gewißheit meiner Gedanken über Sie zu geben, denn ich bin immer Ihre Ihnen sehr wohlwollende Katharina.«

Inzwischen war Grigorij Orlow immer schwieriger geworden; Katharina hatte ihren körperlichen Beziehungen ein Ende gemacht und die Liaison mit Alexander Wassiltschikow angefangen. Aber der hübsche Offizier mit dem kleinen Horizont gab ihr nicht den Trost, den sie sich erhofft hatte; seine Beschränktheit war im Gegenteil für sie niederdrückend, und sie begann einzusehen, daß sie einen argen Mißgriff getan hatte. Später gestand sie Potemkin, mit begreiflicher Übertreibung: »Jede seiner Zärtlichkeiten ließ meine Tränen fließen, und ich glaube, seit meiner Kindheit habe ich nicht soviel geweint wie in diesen anderthalb Jahren.«

Sie hatte Potemkin in den letzten fünf Jahren nur einmal gesehen. Panin und andere warnten sie vor seinem schwierigen Charakter – er sei stolz und launenhaft –, doch Katharina liebte das Wenige von ihm, woran sie sich erinnern konnte, und was sie aus seinen Briefen und aus den Erzählungen von Freunden von ihm wußte. Sie glaubte Grund zu der Annahme zu haben, daß er sich zu ihr hingezogen fühlte; und im Januar 1774 hatte sie das lebhafte Bedürfnis, ihn wiederzusehen. Sie berief den Generalmajor Potemkin nach St. Petersburg zurück, »mit der geheimen Absicht jedoch, nicht blind zu handeln, nachdem er gekommen war, sondern mit dem Versuch, zu entdecken, ob er wirklich die Neigung hatte, die ich gern bei ihm gesehen hätte«.

Potemkin kam. Er war jetzt vierunddreißig und hatte an Gewicht zugenommen. Seine Wangen und Kiefer waren fleischig, sein Mund mit den kräftigen Zähnen war voll und sinnlich, die lange Nase berührte fast die Oberlippe, so daß er im Profil einer Kropftaube ähnelte. En face jedoch verlieh ihm das fehlende linke Auge ein rohes, fast wildes Aussehen. Noch immer in sich gekehrt und mit einer neuen Sicherheit, die er seinen Erfolgen verdankte, erschien er wie ein großes, mächtiges Raubtier.

Katharina liebte ihn, so wie er war; das geht aus einem der Namen hervor, die sie ihm gab: Löwe im Dschungel. Eine andere Eigenschaft, die sie ansprach, war seine Sinnlichkeit. Obwohl sie Wert auf Schicklichkeit bei Hofe legte und anstößige Stellen in den französischen Komödien, die von den jungen Damen in ihrem Smolny-Institut aufgeführt wurden, streichen ließ, war sie kein Hypokrit in Liebesdingen; sie hatte gesunde Anschauungen über die Freuden des Bettes, und ihre Unterhaltung konnte manchmal sogar schlüpfrig sein, wie der französische Diplomat Corberon berichtete.

Eines Nachmittags, nach einem festlichen Diner, bei dem jedermann Wein getrunken hatte und guter Laune war, besichtigte Katharina die Porzellanmanufaktur. Ein Herr ihres Gefolges, Fürst Repnin, nahm eine neue, noch ungebrannte Vase aus weichem Ton in die Hand, drückte die Öffnung zusammen, so daß sie ein schmales Oval ergab, und murmelte: »Wonach sieht dies aus?« Katharina hörte es und antwortete: »Dreierlei – ein Nachttopf, eine Haube, oder –« fuhr sie mit leiser Stimme fort »eine Scheide.« Der französische Töpfer, der die Vase angefertigt hatte, fragte Katharina, ob er etwas Besonderes für sie anfertigen solle. »Was befehlen Ihre Majestät?« fragte Repnin, und die Kaiserin erwiderte: »Nachdem er die Scheide gemacht hat, mag er auch den Degen machen, der hineinpaßt.«

Katharina war also alles andere als prüde, und sie fand Potemkin mit seinem Sinn für die Freuden des Lebens außerordentlich anziehend. Als er von der Front heimkehrte, verliebte sie sich schnell in ihn, doch obwohl sie fühlte, daß er sie auch liebte, wollte sie nicht den ersten Schritt tun; sie wollte, daß Potemkin, wie es ihm als Mann zukam, sich ihr endgültig erklärte.

Der erste, den Potemkin in St. Petersburg traf, war Grigorij Orlow, als er die Palasttreppe hinunterschritt. »Was gibt es Neues?« fragte Potemkin, worauf Orlow kühl erwiderte: »Nichts Besonderes – der eine steigt hinauf, der andere hinab.« Trotz dieser vielversprechenden Anspielung gefiel Potemkin nicht, was er bei Hofe sah: Grigorij Orlow noch immer in großer Gunst, Wassiltschikow Generaladjutant. Warum hatte ihn die Kaiserin vom Schlachtfeld zurückgeholt? Um die zweite, nein, die dritte Geige zu spielen? Sein Stolz war verletzt; er ging ins Alexander-Newskij-Kloster, zog eine Kutte an, ließ sich den Bart wachsen und tat seine Absicht kund, Mönch zu werden.

Wahrscheinlich war dies kein Bluff, denn Potemkin hatte eine starke religiöse Ader und konnte stundenlang über die Konzile von Nicäa, Chalkedon und Florenz diskutieren. Aber ob dieser demonstrative Schritt ernstgemeint war oder nicht – es war die starke, selbstsichere Handlungsweise, die Katharina liebte. Doch zugleich war sie auch bestürzt. Sie ließ Panin wissen, Potemkin sei als Diener des Staates zu nützlich, als daß er Mönch werden dürfe, und sandte eine Freundin, die Gräfin Bruce, zum Kloster mit der Nachricht an den »Novizen«, daß er mit ihrer »allergrößten Gunst« rechnen könne, wenn er sich zurückzukehren entschlösse.

Potemkins Stolz war Genüge getan. Er zog die Kutte aus, rasierte sich, kehrte mit der Gräfin zurück und schrieb Katharina einen Brief, in dem er bat, zum Generaladjutanten ernannt zu werden. Das war die Erklärung, auf die sie gewartet hatte. »Ich bin besonders davon angetan«, schrieb sie zurück, »daß Ihr Vertrauen in mich so beschaffen ist, daß Sie Ihre Bitte unmittelbar an mich gerichtet haben.« Wassiltschikow wurde mit einem ansehnlichen Geldbetrag und einem Landgut abgefunden, und am 1. März 1774 bezog Potemkin die Wohnung des Favoriten im Winterpalast, von der eine mit einem grünen Läufer belegte Privattreppe in die kaiserlichen Schlafzimmer führte.

Für Katharina begann ein neues Leben. Sie war von Liebe erfüllt und glücklich, obwohl Potemkin sonderbare Gewohnheiten entwickelte. Er kam zu ihr, nur mit einem, nicht immer ganz sauberen, Schlafrock bekleidet, zwischen dessen Aufschlägen die behaarte Brust zu sehen war, einen Rettich, einen Apfel oder eine Zwiebel kauend – er schien immer hungrig zu sein – und wenn er nichts anderes hatte, kaute er an seinen Nägeln. Dann warf er sich in einen

Sessel oder auf eine riesige Ottomane, groß genug für zwölf, die er eigens in Katharinas zierlich möbliertes Zimmer hatte bringen lassen; und dort rekelte er sich stundenlang, sprach selbstsicher über wichtige Probleme oder über Kleinigkeiten, seine Sätze mit plötzlichen Lachsalven unterstreichend. Bald war er zärtlich gestimmt und sang Katharina sentimentale Liedchen vor, die er geschrieben hatte, nachdem er sie zuerst gesehen; bald war er eifersüchtig und warf ihr vor, fünfzehn Liebhaber gehabt zu haben, worauf Katharina berichtigte, es seien nur vier gewesen – »bei dem ersten geschah es durch Zwang, bei dem vierten aus Verzweiflung« –, dann neckte er sie wieder und tat, als wolle er das kleine Wollmäntelchen, das sie für Sir Tom gestrickt hatte, auf seinen Riesenleib ziehen; und am häufigsten war er nichts weiter als das prächtige, gesunde Raubtier, das Lebenskraft ausstrahlte, doch in sich verschlossen bleibt.

Katharina betete ihn an; kein anderes Wort ist stark genug. Sie, die Tiervergleiche liebte, gab Potemkin eine ganze Reihe von absurden und zärtlichen Kosenamen – Löwe im Dschungel, goldener Tiger, Goldfasan, Täubchen, Papageichen, Hündchen, Kätzchen. Aber sie nannte ihn auch Kosak, Giaur (türkisches Schimpfwort für einen Christen), Väterchen, Zwillingsseele und liebes Herzchen.

Obwohl sie ihn täglich sah, strömten ihre Gefühle auch in brieflichen Herzensergießungen über:

> »Es gibt wenig Menschen, die einen so starken Willen haben wie Du; wenige sind so hübsch, gescheit und unterhaltsam wie Du. Es wundert mich nicht zu hören, daß Du so viele Eroberungen gemacht haben sollst... Wie seltsam! Worüber ich immer gelacht habe – genau dasselbe ist mir widerfahren – daß mich die Liebe zu Dir blind gemacht hat. Ich empfinde jetzt Gefühle, die ich früher für schwachsinnig, übertrieben und unvernünftig hielt. Ich kann meine blöden Augen nicht von Dir wenden; ich vergesse alles, was mir die Vernunft gebietet und bin ganz benommen, sooft ich bei Dir bin. Wenn ich es fertigbringe, darf ich Dich mindestens drei Tage nicht sehen, um wieder zu Verstand zu kommen; sonst wirst Du meiner überdrüssig, und mit Recht. Ich bin heute sehr ungehalten über mich und habe mich kräftig

gescholten; ich habe mir die erdenklichste Mühe gegeben, vernünftiger zu werden und die notwendige Festigkeit und Charakterstärke wiederzuerlangen – Eigenschaften, die Du im Überfluß besitzt.«

Und in einem anderen Brief heißt es:

»Mein Täubchen, mein kleiner Grischa, Du bist heute morgen sehr früh weggegangen, und ich habe die ganze Nacht kaum geschlafen. Mein Blut strömte wild durch meine Adern, und ich dachte sogar daran, nach einem Arzt zu schicken, damit er mich zur Ader ließe; doch gegen Morgen fühlte ich mich ein wenig besser und schlief endlich ein. Frage nicht, an wen ich denke – wisse, daß Du immer in meinen Gedanken bist. Ich sage ›immer‹, aber ich weiß gar nicht, ob Du überhaupt darin bleiben willst oder ob Du mich lieber mir selbst überlassen möchtest? Meine große Liebe für Dich erschreckt mich. Mach Dir nichts daraus; ich werde schon einen Weg finden, dieser Furcht zu widerstehen. Im Augenblick bin ich, wie Du so oft gesagt hast, Deine ›Feuerfrau‹. Ich werde versuchen, meine ›Flammen‹ zu verbergen, doch werde ich nicht verhindern können, daß ich sie spüre.«

Sie war von der Liebe zu Potemkin stärker hingerissen als von jeder anderen Liebe zuvor; sie war erstaunt, ja, wie sie schreibt, erschreckt über die Tiefe ihres Gefühls, über ihre Verrücktheit, die ihr solche Zeilen eingab: »General – liebst Du mich? Ich liebe General sehr.«

Und wie stand es um Potemkins Empfindungen? Gewiß liebte er sie: »Keiner«, so schreibt er, »hat Dich jemals so geliebt wie ich.« Sie war noch immer sehr anziehend, mehr, als aus ihren Bildnissen hervorgeht, von denen William Richardson sagte »in den meisten erscheinen ihre Züge zu streng und ihr Ausdruck zu männlich«, so daß Potemkin sie schon darum begehren mochte. Er liebte das fremdländische, und Katharina mit ihrer deutschen Herkunft könnte ihn auch deshalb angesprochen haben. Was außerdem einen sehr großen Teil von Potemkins Liebe ausmachte, war die Bewunderung für ihre Leistungen. Er sah in der Kaiserin die Persönlichkeit, die Rußland ebensosehr liebte wie er selber und das Land besser regierte als alle ihre Vorgänger. In seinem soeben angeführten Brief heißt es weiter, er wünsche, sie möge »in mir Trost und Zuspruch finden für das große Werk, das Du in Deinem hohen Beruf zu vollbringen hast«.

Dieser Soldat, dessen Kraft Katharina so liebte, hatte sonderbarerweise eine ausgesprochen russische Neigung zur Passivität. Er schreibt an sie – kein Deutscher oder Franzose jener Zeit hätte solche Worte gebraucht: »Ich bin das Werk Deiner Hände; ich wünsche mir, daß mein Frieden das Werk Deiner Hände sei und daß Du Freude darin findest, zärtlich zu mir zu sein.« Potemkin brauchte sie anders, als sie ihn brauchte, doch ebenso stark, und dieses wechselseitige Begehren war das Fundament ihrer Liebe.

Katharina war für Ordnung in ihrem Leben und hatte als Gesetzgeber Achtung für legale Formen. Der männliche und stolze Potemkin hingegen wollte mehr sein als ihr Favorit. Wahrscheinlich dachten beide sehr bald an eine Vermählung. Sie verschloß nicht die Augen vor der Gefahr, die in dem zehnjährigen Altersunterschied lag, doch war sie zu verliebt, um sich dadurch abschrecken zu lassen, ebensowenig wie von Panins Warnung vor Potemkins unerträglicher Arroganz. Doch 1774, nachdem der Türkenkrieg siegreich beendet und die polnische Frage befriedigend geregelt war, hatte sie eine weitaus stärkere Position als 1762 und konnte ihre eigene Entscheidung über eine Heirat treffen.

Wie diese Entscheidung ausfiel, muß hauptsächlich aus den Briefen geschlossen werden, die Katharina an Potemkin schrieb – seine Liebesbriefe sind, bis auf wenige, nicht erhalten. In zweiunddreißig Briefen nennt sie ihn, direkt oder indirekt, ihren Ehemann. Anreden wie »lieber Gatte« oder »mein zärtlicher Gemahl« kehren immer wieder, und einen Brief unterzeichnet sie mit »Dein ergebenes Weib«. In einem anderen Brief heißt es: »Warum Deinen Fieberphantasien mehr Glauben schenken als den Tatsachen, die alle die Worte Deiner Frau bestätigen? Ist sie Dir nicht nun schon seit zwei Jahren durch die heiligsten Bande verbunden?«

Diese Worte bedeuten zweifellos das, was sie meinen. Höchstwahrscheinlich wurden Katharina und Potemkin Ende 1774 in einer kleinen Kirche in einem Vorort von St. Petersburg getraut. Sie wollten die Vermählung nicht öffentlich bekanntmachen, denn es hätte Eifersucht und Zwietracht ausgelöst. Trauzeugen scheinen der Kammerherr Tschertkow und Potemkins Neffe Samoilow gewesen zu sein, die beide eine Abschrift der Heiratsurkunde erhielten. Ein Neffe Samoilows versicherte später, eine solche Urkunde sei seinem Onkel in den Sarg gelegt worden, als dieser 1814 starb.

Wenn Katharina tatsächlich Potemkin geheiratet hat – was für ein Gegensatz zu ihrer ersten Trauung muß es gewesen sein! Damals war die Kirche der Muttergottes von Kasan von russischen und ausländischen Würdenträgern zum Bersten voll gewesen und ganz St. Petersburg hatte Wein auf den Straßen getrunken; sie war gerade sechzehn und mit Zweifel im Herzen vor den Altar getreten; jetzt war sie fünfundvierzig und die Kirche war fast leer; kein Feuerwerk erleuchtete den nächtlichen Himmel, aber sie war voller Liebe und Vertrauen, als sie sich vor Gott dem Manne vermählte, den sie ihren Helden nannte.

Sie gewöhnte sich an ein Eheleben, das geheimgehalten werden mußte, doch darum nicht weniger glücklich war. Potemkin erschien nach wie vor zu jeder Stunde des Tages in seinem Schlafrock bei ihr, an einem Apfel oder Rettich kauend, und brachte sie mit seinem unberechenbaren Benehmen oder durch ausgefallene Redewendungen zum Lachen: »Mir ist so kalt, daß nicht einmal meine Zähne warm werden.« Wie eine Ehefrau war sie um seine Gesundheit besorgt und besonders um seine Anfälligkeit für Erkältungen. »Laß mich wissen«, schrieb sie, »ob ich zu Dir kommen kann, denn ich möchte nicht, daß Du Dich nach einem Dampfbad auf die kalten Korridore wagst.«

Aus dem glücklichen Zusammenleben mit Potemkin schöpfte Katharina neue Kraft, und das Jahr 1775 wurde das bisher produktivste ihrer Regierung. In den fünf ersten Monaten verfaßte sie das wichtige Grundgesetz über die Verwaltung der Provinzen, womit, wie wir sahen, ein Zivilisierungsprozeß eingeleitet wurde.

In ihren ersten leidenschaftlichen Liebesbriefen hatte Katharina von

ihrem unvernünftigen Betragen gesprochen und von ihren vergeblichen Versuchen, ihre Gefühlsausbrüche zu beherrschen. Nach den »Flitterwochen« mußte sie zwischen Potemkins Vorliebe für die späten Nachtstunden und ihrem eigenen Frühaufstehen eine Entscheidung treffen, zwischen nächtlichem Liebesgetändel und ihren Pflichten als Monarchin. Zuerst war sie »Deine Feuerfrau« gewesen, doch hatte sie, wie sie in einem Brief an Potemkin schrieb, »keine Neigung zur Zügellosigkeit«; und bald war sie wieder Herr über ihre Gefühle und wählte mit der ihr eigenen Willenskraft den zweiten Weg. Als Potemkin mehrere Nächte hintereinander bis nach Mitternacht bei ihr geblieben war, schrieb sie ihm: »Bitte sei so gut und verlasse mich früher; es ist wirklich nicht gut für mich, so lange aufzubleiben.« Ein andermal, als sie Potemkin in ihr Boudoir einlud, »das einzige Zimmer, in dem es nicht zieht«, schrieb sie – und wieder strafen ihre Worte die Behauptung Lügen, sie sei zügellos oder verbuhlt gewesen: »Wir werden gemeinsam ein Buch lesen und einander um halb elf Gute Nacht sagen.«
Vielleicht hat ihre Entschlossenheit in dieser Sache Potemkins Gefühle verletzt und ihn eifersüchtig auf Grigorij Orlow gemacht, der nach wie vor bei Hofe eine große Rolle spielte. Doch sie behandelte Potemkins aufkeimende Eifersucht mit der gleichen Festigkeit und mit einer bezeichnenden Loyalität Freunden gegenüber:

> »Ich bitte Dich, mich nicht gegen die Orlows einnehmen zu wollen, denn darin würde ich eine große Undankbarkeit von Dir sehen. Es gibt niemand in der Welt, von dem der Fürst [Grigorij] soviel Gutes zu reden pflegte und den er besser leiden konnte als Dich. Wenn der Fürst seine Fehler hat, so steht es nicht Dir oder mir zu, sie zu rügen und die Aufmerksamkeit der Leute auf sie zu lenken. Er ist Dir sehr zugetan gewesen, und was mich betrifft, so sind er und sein Bruder Alexej meine guten Freunde, und ich werde sie nie im Stich lassen.«

Potemkin zeigte auch Symptome einer anderen Schwäche, die William Richardson gut beschreibt: »Wenn er sehr gut gelaunt ist, kann ein Russe dir alles versprechen; er scheint sich in diesem Augenblick seiner Gefühle für dich ganz sicher zu sein; aber diese Gefühle lassen nach; andere Neigungen nehmen sein Herz gefangen; er hatte nicht die Absicht, dich zu betrügen, doch seine Versprechungen sind vergessen. Starre Tugend mag dies Falschheit nennen; aber der Russe hat niemals einen Betrug im Sinn, noch hält er sein Verhalten für betrügerisch.«

Potemkin konnte ohne weiteres Katharina versprechen, zu einer bestimmten Stunde bei ihr zu sein, und sie dann sitzenlassen; er konnte sagen, er würde sie in seinem Zimmer erwarten und seine Tür offenhalten, und wenn sie kam, fand sie die Tür verschlossen. Sie war oft durch seine nicht gehaltenen Versprechen irritiert, gewöhnte sich jedoch daran, sie wie Richardson als einen Bestandteil des russischen Charakters anzusehen. Für einen so ordentlichen Menschen wie sie hatte Potemkins Benehmen vielleicht die Anziehungskraft des Geheimnisvollen.

Eine dritte, ernsthaftere Schwierigkeit machte ihnen zu schaffen. Potemkins politische Ansichten stimmten in vieler Hinsicht mit Katharinas überein: er hatte in großem Maße Einsicht und Vorstellungsvermögen und vereinte seine Liebe zu Rußland mit der Achtung vor Europa. Aber ihm mangelte ihre Urteilskraft. Er hatte die damals in Mode gekommene Lehre Lavaters angenommen, den Charakter eines Menschen augenblicks an seiner Physiognomie zu erkennen; und dies verführte ihn zu vorschnellen politischen Entscheidungen. Auch in Geldangelegenheiten war er oft unbesonnen. Als der Krieg zwischen England und den nordamerikanischen Kolonisten ausbrach, versuchten die britischen Gesandten Robert Gunning und sein Nachfolger James Harris, russische Truppen anzuwerben. Potemkin war mit Harris befreundet und bemühte sich, die britischen Wünsche bei der Kaiserin durchzusetzen. Diese jedoch, bei aller Sympathie für einen König, der es mit »Rebellen« zu tun hatte, lehnte jede militärische Hilfe ab und handelte damit sicher im Interesse Rußlands.

Dann bat Potemkin einmal die Kaiserin in einem langen Memorandum, einem alten Freund, dem Heereslieferanten Falejew, die Erhebung der Salzsteuer zu übertragen. Eine ihrer ersten Reformen war nun gerade die Aufhebung der Salzsteuer gewesen, und sie er-

widerte: »So lange ich lebe, werden in Rußland keine Steuern mehr verpachtet.«
Wenn sie solche Entscheidungen traf, bemühte sich Katharina, Potemkins Gefühle nicht zu verletzen, um ihr neues Glück nicht zu gefährden. Trotzdem war er gekränkt, wenn seine Vorschläge nicht beachtet wurden. Wie sein Vorfahr, der Gesandte Peter Potemkin, hatte er ein starkes Gefühl für das ihm Zustehende, und als Katharinas Gatte betrachtete er es als sein Recht, an den Regierungsgeschäften aktiv teilzunehmen. Seine Männlichkeit und sein Stolz waren beleidigt, und er begann zu grollen, als habe er sagen wollen: du nennst mich Löwe des Dschungels, aber wenn ich einer sein will, hinderst du mich daran.
Er versuchte weiterhin, seine politischen Ansichten zur Geltung zu bringen, besonders über die englische Allianz; und Katharina hörte ihm zu, nahm manchmal eine gute Anregung auf und legte ihm die Schriftstücke vor, damit er ihr Russisch verbessern konnte. Aber sie wollte nicht, daß sich die Liebe in die Politik einmischte. Sie erklärte Potemkin, sie wisse seinen Rat zu schätzen, wolle jedoch ihre Entscheidungen allein treffen. Ähnliches hat Elisabeth von England zu Leicester gesagt: »Ich will einen Geliebten und keinen Herrn.«
Der gekränkte Potemkin begann zu streiten, und da er einen starken Willen hatte, stritten sie oft lange und bitter miteinander. Nach einem besonders heftigen Wortwechsel wartete Katharina zwei Stunden in der zugigen Bibliothek des Palastes, in der Hoffnung, er würde kommen und den Zwist beilegen. »Gegen elf Uhr«, schrieb sie ihm später, »bin ich traurig in mein Zimmer zurückgegangen, wo ich Deinetwegen schon vier Nächte gelegen hatte, ohne ein Auge zu schließen.«
Ein Streit führte zum anderen, als der verletzte Geliebte nun auch dazu überging, sie zu demütigen. Wie bei öffentlichen Gelegenheiten fühlte Katharina sich sicherer beim Schreiben als beim Sprechen, und sie schrieb ihm und bat ihn, eine solche Haltung zu unterlassen. In einem Brief erkennt sie an, wieviel Kraft sie ihrem Grischa verdanke; doch fügte sie hinzu: »Nachdem Du mich instand gesetzt hast, Kaiserin zu sein, nimmst Du mir alle Kraft, wenn Du mich mit

Deinen ständig wiederkehrenden unerträglichen Launen quälst.« In einem anderen Brief diagnostiziert sie ihren Kummer: »Um Gottes willen, bitte tue alles, um Streit zu vermeiden, denn die Anlässe unserer Zwistigkeiten sind immer unbedeutend. Es geht immer um die Frage der Macht, niemals um Liebe.«

Die Macht war in der Tat der Zankapfel zwischen ihnen. Er, mit vier ihn bewundernden Schwestern erzogen und in mancher Hinsicht ein Asiat in seiner Einstellung zu Frauen, wollte stets der Hahn im Korbe sein. Sie hingegen, ein frühes Beispiel der selbständigen und erfolgreichen Frau, war der Ansicht, es gäbe gewisse Bezirke ihres Lebens – ihre Regierungsgeschäfte wie ihre Schlafenszeit – über die er keine Kontrolle zu haben brauchte. Und so wurden ihre Kontroversen von Monat zu Monat schlimmer.

Sie kam zu der Einsicht, daß sie einander allmählich zugrunde richteten. Die ständigen Szenen mit dem Manne, den sie innig liebte, erschöpften sie; er wurde bitter, verkrampft und grausam. Was war zu tun?

In diesem Dilemma zeigte Katharina sich tatkräftig und erfinderisch. Sie wußte, daß Potemkin große Gaben besaß, Intelligenz und Führerqualitäten. Wenn er imstande wäre, diese Gaben fruchtbar zu machen, würde er Erfüllung finden. Sein größter Fehler war seine Trägheit; und um diese zu überwinden, brauchte er ein Motiv. Sie erinnerte sich seiner Ergebenheits-Beteuerungen auf dem Korridor des Palastes und in seinen Briefen, die er von der Front an sie geschrieben hatte – er hatte den Wunsch geäußert, »mein Blut für den Ruhm Ihrer Majestät zu vergießen«. Nun, das könnte die Triebfeder in seinem Charakter sein. In der Innen- und Außenpolitik wollte Katharina sich nicht dreinreden lassen, aber es gab andere Gebiete, in denen hervorragende Männer gebraucht wurden, zum Beispiel in der Frage der religiösen und völkischen Minoritäten. Dort konnte sie ihm freie Hand lassen.

Doch dann müßte Potemkin St. Petersburg verlassen; es war eine Bedingung zu seiner Selbsterfüllung als Mann. Die Entscheidung fiel ihr nicht leicht. Sie liebte Potemkin, und sich von ihm zu trennen war eigentlich das letzte, was sie sich wünschte. Aber sie erkannte, daß angesichts der Situation und bei ihren Charakteren ihre Liebe nur dauern konnte, wenn sie sich trennten. Nur wenn sie ihm eine gewisse Selbständigkeit zugestand, würde er sie weiterlieben. Sie machte ihm den Vorschlag so anziehend wie möglich. Er würde sich als eine Art reisender Vizekönig auf den Weg machen, zuerst in die polnischen Provinzen, dann an das Schwarze Meer. Er würde religiöse Minderheiten versöhnen und Häfen am Schwarzen Meer anlegen. Und überall würde er als ihr Sonderbeauftragter mit kaiserlichen Ehren empfangen werden.

Potemkin sah die gute Absicht in Katharinas Vorschlag. Er fühlte sich in der Tat in St. Petersburg eingeengt; im Grunde liebte er die große Weite, und er glaubte sich imstande, die Aufgaben, die sie ihm stellte, zufriedenstellend auszuführen. Er war erst siebenunddreißig und voller Ehrgeiz. Und mit der Begeisterung, die er neuen Unternehmungen entgegenzubringen pflegte, stimmte er den Plänen zu.

Der verlierende Teil bei dieser Vereinbarung war Katharina. Sie würde auf einen Schlag der Kraft beraubt werden, die er ihr verliehen hatte, und dies zu einer Zeit, da ihre Nerven von Streitigkeiten und Szenen zerrissen waren. In der anstrengenden Regierungsarbeit war es ihr zur Notwendigkeit geworden, den Halt und die physische Nähe eines Mannes zu haben. Nachdem sie den ganzen Tag Anordnungen getroffen und Befehle erteilt, Widerspruch und Trägheit gemeistert hatte, wollte sie am Abend als Frau behandelt werden, in den starken Armen eines Mannes liegen und spüren, wie ihre Nerven zur Ruhe kamen.

Ein letztes Gewicht mußte daher dem Mechanismus noch hinzugefügt werden, wenn das komplizierte Uhrwerk, das sie sich ausgedacht hatte, funktionieren sollte: ein Liebhaber, der die Stelle ihres abwesenden Gatten einnahm. Katharina hatte aus ihrem Mißgriff mit Wassiltschikow gelernt und wählte diesmal weise: einen gutaussehenden und intelligenten, zufriedenen Offizier aus einer ursprünglich polnischen, doch in der Ukraine beheimateten Familie, so alt wie Potemkin und ihr ebenso ergeben. Und im November 1776 nahm Katharina mit seiner Zustimmung Peter Sawadowskij zu ihrem sechsten Geliebten.

Es konnte keine Rede davon sein, daß er den abwesenden »Gatten« in ihrem Herzen ersetzen sollte, Sawadowskij spielte nur die Rolle des Mannes, den sie brauchte, um ihr seelisches Gleichgewicht wiederzuerlangen. Potemkin blieb ihr Held, die große Liebe ihres Herzens, dem sie weiterhin ihr Herz ausschüttete. Als er ihr aus dem Süden eine große Melone sandte, schrieb sie: »Ich danke Dir, mein Herz... Ich brenne vor Ungeduld, Dich wiederzusehen; es kommt mir wie ein Jahr vor, daß ich Dich zuletzt gesehen habe. Leb wohl und Gott segne Dich. Ich küsse Dich, mein Freund, kehre gesund und glücklich heim, und wir werden uns wieder lieben...«
Es war eine seltsam ersonnene Lösung des Problems, das in jeder Ehe zwischen einer bedeutenden Frau und einem begabten Manne verborgen liegt. Er ging daran, um die von seiner Frau entwickelten Pläne für Wohlstand und eine gute Verwaltung in die Praxis umzusetzen. Sie blieb zurück und gab ihm mit ihren Briefen Liebe und Ermutigung, mit Peter Sawadowskij an ihrer Seite, sie in ihrer Einsamkeit zu trösten. Beide, Katharina wie Potemkin, waren Spielernaturen, und dieser sonderbar Plan war etwas wie ein Spiel. Wir werden zu gegebener Zeit sehen, ob er gelang.

19

Die Schriftstellerin und Schirmherrin der Literatur

Die Reformen in der Verwaltung, der wachsende Wohlstand und das zunehmende Gefühl der Sicherheit, die sich in der Mitte von Katharinas Regierungszeit geltend machten, fanden ihre Ergänzung in den Leistungen auf den Gebieten der Künste und der Literatur. Ein neuer Geist der Zuversicht und des Wagemuts regte sich, und nirgends stärker als im russischen Schrifttum, sowohl in der Romanliteratur als auch in der wissenschaftlichen, und führte zu zum Teil hervorragenden Ergebnissen.

Wieder müssen wir zuerst einen Blick auf die russischen Verhältnisse werfen, wie sie zur Zeit von Katharinas Ankunft waren. In den vorangegangenen sechshundert Jahren war nur ein einziges Buch erschienen, dessen Verdienste unbestritten waren: die Selbstbiographie des Protopopen Awakum im siebzehnten Jahrhundert. Als Altgläubiger wurde Awakum unbarmherzig verfolgt, nach Sibirien verbannt, ins Gefängnis geworfen und schließlich auf dem Scheiterhaufen verbrannt. Seine Selbstbiographie, voller Masochismus und Fremdenhaß, ist typisch für die literarische Tradition, die Katharina in Rußland vorfand. Außer Gebet- und Meßbüchern wurden im Jahr etwa zwanzig Bücher veröffentlicht. Als Katharina Plutarchs Lebensbeschreibungen lesen wollte, gab es keine russische Übersetzung, und ausländische Bücher waren so knapp, daß es zwei Jahre dauerte, bis sie ein Exemplar von Amyots französischer Übersetzung bekommen konnte. Iwan Schuwalow gefiel sich als Gönner der Literatur, doch seine Tätigkeit beschränkte sich darauf, Voltaire zu bedrängen, eine Geschichte Peters des Großen zu schreiben –

wider seine bessere Einsicht, nachdem er erfuhr, daß Peter seinen Sohn Alexej hatte zu Tode foltern lassen. Und was die Kaiserin Elisabeth betraf, so hielt sie das Lesen für gesundheitsschädlich.

Die griechischen und römischen Klassiker waren in Rußland so gut wie unbekannt. Dort hatte es nie eine Renaissance gegeben – vielleicht ein Grund für seine Rückständigkeit. So gründete Katharina als erstes, mit einem Kapital von fünftausend Rubeln, eine Gesellschaft zur Übersetzung der Klassiker und anderer grundlegender Schriften, ein Schritt, der wenig beachtet wurde, doch von größter Wichtigkeit war.

Jetzt fanden Homer und Plato Eingang in Rußland; Virgil, von Katharinas Bibliothekar Petrow übersetzt, Horaz, Ovid und Cicero. Drei Jahrhunderte nach Italien erlebte Rußland, von einer Frau angeregt und gefördert, die Gärung einer Renaissance.

Schon dies war ein Ereignis von erheblicher Tragweite. Doch es traf zusammen mit einer nicht weniger bedeutenden Geistesströmung – der Aufklärung. Und auch diese wurde den Russen durch Katharina zugänglich gemacht. Sie förderte die Übersetzung der führenden Verfechter der Menschenrechte wie Montesquieu, Beccaria und die Enzyklopädisten in einer dreibändigen russischen Ausgabe. Während eine russische Übersetzung von Voltaires *Dictionnaire philosophique* in Vorbereitung war, ließ sie dreitausend Exemplare dieses Werkes einführen, die in einer Woche verkauft wurden. Auf einer Schiffsreise die Wolga hinunter im Jahre 1767 nahm Katharina mehrere Exemplare von Marmontels *Bélisaire* mit – Gespräche zwischen dem alten und blinden Heerführer Belisarius, dem Kaiser Justinian und dessen Sohn – und ermunterte die Herren ihres Gefolges, je ein Kapitel zu übersetzen. Sie selber übertrug das neunte Kapitel, in dem gelehrt wird, daß die einzige absolute Macht im Staate die der Gesetze sei.

Schließlich entstanden während Katharinas Regierungszeit Übersetzungen zeitgenössischer Romane wie Goethes *Werther,* Rousseaus *Nouvelle Héloïse,* von *Robinson Crusoe* und *Gullivers Reisen;* Übertragungen der Gedichte von John Milton, James Thomson und Edward Young. In den zehn Jahren bis 1778 erschienen nicht weniger als 173 Bücher in russischer Übersetzung, eine vorbildliche Auswahl der reichen europäischen Literatur.

Aber Katharina hatte nicht die Absicht, Rußland literarisch zu »europäisieren«. Besser könnte man sagen, daß sie Europa »russifizieren« wollte, in dem Sinne, daß sie an die literarische Kraft des russischen Volkes glaubte; und sie sagte einmal zur Fürstin Daschkowa, daß »unsere russische Sprache, die den Reichtum und die Kraft des Deutschen mit der Klangschönheit des Italienischen vereint, eines Tages die führende Sprache der Welt werden wird«.

Katharinas Initiative und die Anregungen, die sie aus den Übersetzungen empfingen, stachelten eine neue Generation russischer Schriftsteller an. Die Romanliteratur begann mit *Eine russische Pamela,* der Geschichte von der Liebe eines jungen Edelmannes zu einem schönen Bauernmädchen, offensichtlich Richardsons berühmtem Roman nachempfunden. Russische Dichter, von Youngs weltschmerzlichen *Nachtgedanken* beeinflußt, wurden ermutigt, der russischen Melancholie Ausdruck zu geben. Wahrscheinlich der bedeutendste Dichter jener Zeit ist Gawriil Derschawin, der, nachdem er sich von seinem jugendlichen Bombast befreit hatte, das Rußland seiner Tage und dessen berühmte Männer feierte, nicht zuletzt Potemkin, den er mit einem mächtigen Wasserfall verglich. Katharina ehrte Derschawin, indem sie ihn zu ihrem Sekretär machte; doch die Kaiserin und der sehr von sich eingenommene junge Dichter waren zu verschiedene Temperamente, so daß sie ihn wieder ganz seiner Muse überließ.

Wie ihr parodistisches Talent und ihre Freude an Potemkins Imitationskünsten vermuten lassen, liebte Katharina das Theater und tat viel zu seiner Förderung. Als eine englische Wanderbühne in einer Scheune Homes *Douglas* aufführte, besuchte sie die Vorstellung, war von den Schauspielern sehr angetan und verschaffte ihnen ein richtiges Theater. Sie gründete eine Schauspielschule für fünfzehn Jünglinge und fünfzehn Mädchen, die aus allen Schichten, sogar von den Leibeigenen, kamen; sie ließ die besten neuen Stücke an ihrem Hoftheater einstudieren und regte den Adel zu einem ähnlichen Patronat an, so daß man 1793 St. Petersburg acht Privattheater hatte. Besonders gern sah sie satirische Komödien, und sie ermutigte zwei Autoren in diesem Genre: Alexander Sumarokow und Denis Fonwisin. Beide verspotten in ihren Komödien Stutzer, Geizhälse und französisierte Aristokraten, wobei Fonwisin in seinem *Landjunker* ein kleines Meisterwerk gelang.

Auf dem Gebiet der Geschichte, ihrer Lieblingslektüre neben den Romanen, machte Katharina die kaiserlichen Archive, in denen sie selber manchmal arbeitete, Gelehrten und Studenten aller politischen Überzeugungen zugänglich, sogar einem Manne, den sie als ihren Gegner kannte, Fürst Michail Tscherbatschow, den Verteidiger der Leibeigenschaft. Auf ein gründliches Quellenstudium gestützt, schrieb er eine siebenbändige Geschichte Rußlands bis 1610, in der er die Günstlinge bei Hofe in den schwärzesten Farben schilderte – um auf diese Weise indirekt Orlow und Potemkin zu attakkieren, die er als seine Feinde betrachtete.

Die Ursprünge der politischen Institutionen Rußlands war eine Frage, die damals viel diskutiert wurde. Einige Autoren meinten, sie seien von einer Schar Wikinger herübergebracht worden, die aus einem Ort namens Rus irgendwo in Skandinavien, wahrscheinlich Schweden, gekommen waren. Nach anderen Gelehrten hätten die Wikinger nur bestehende Einrichtungen weiterentwickelt. Gerhard Müller, der in Leipzig studiert hatte, vertrat den ersten Standpunkt; Lomonossow den zweiten, womit er dem slawischen Nationalbewußtsein Ausdruck gab.

Katharina hütete sich, zu dieser Version des alten Europa-Asien-Konflikts Stellung zu nehmen. Sie zollte der Gelehrsamkeit Müllers Anerkennung, indem sie ihn zum Direktor der kaiserlichen Archive ernannte, und ließ gleichzeitig auf Staatskosten eine zweibändige Untersuchung von Iwan Boltin drucken, in der dieser die Theorie des skandinavischen Ursprungs angriff und außerdem – unzutreffenderweise – die russische Leibeigenschaft mit dem europäischen Feudalismus gleichsetzte.

Gab es schon in der russischen Geschichte soviel zu entdecken und an den Tag zu bringen, so blieb noch mehr im Hinblick auf das zeitgenössische Rußland zu tun, wobei sich Katharina gleichsam in der

Rolle einer Märchenfigur erblicken konnte: sie sandte Entdekkungsreisende aus, damit sie ihr über Gebiete berichteten, die ihr zwar gehörten, doch noch ganz unbekannt waren. Sie beauftragte Goldenstadt und Reinegg, den Kaukasus und Georgien zu erforschen; Johann Georgi, die Tier- und Pflanzenwelt des Urals zu studieren; sie ließ Dr. Samuel Gmelin aus Tübingen in die Länder an der persischen Grenze reisen, und Peter Simon Pallas, den berühmten Professor der Naturgeschichte an der Universität von St. Petersburg, nach Sibirien bis zum Baikalsee. Pallas fand zahlreiche Mammut- und Rhinozeros-Fossilien wohlerhalten im sibirischen Eis und beschrieb sie in seinem bahnbrechenden Werk *Reisen durch verschiedene Provinzen des russischen Reiches in den Jahren 1768–74.*

Katharina stieß sogar über das russische Festland hinaus, als sie Kapitän Chrenizin und Leutnant Lewaschew ausschickte, um die erst wenige Jahrzehnte zuvor entdeckten Alëuten und die Küste von Alaska zu erforschen. Sie schickte William Robertson, dem Rektor der Universität von Edinburgh, eine von der Akademie angefertigte neue Karte ihrer Entdeckungen, aus der hervorging, daß Chrenizin und Lewaschew die ersten Russen waren, die den amerikanischen Kontinent betraten, und überließ Admiral Knowles die Tagebücher der Expedition. Es folgte Schelekow, der eine Pelzstation auf dem Festland von Alaska und damit die erste ständige russische Niederlassung in Amerika errichtete. Auf diese Weise tauchten die Bewohner der Alëuten-Inseln aus dem arktischen Nebel, der sie bisher eingehüllt hatte: ein tapferes Volk, das Feuer machte, indem es Stöcke aneinanderrieb, Nadeln aus Vogelknochen und Fäden aus Walsehnen anfertigte, das Walfett verbrannte, um seine Hütten zu erwärmen, in Lederbooten jagte und Harpunen mit Steinspitzen warf.

Katharinas literarische Aktivitäten erstreckten sich auch auf den Journalismus. 1769 veröffentlichte sie Rußlands erste Wochenzeitschrift. Sie war in der Art des englischen *Spectator* aufgezogen; der Titel lautete etwa *Buntes Allerlei.* Die Artikel, von denen Katharina selber einige beisteuerte, zielten darauf ab, soziale Mißstände durch

freundlichen Humor zu verbessern. Das Magazin wurde viel gekauft und war »die Großmutter« (wie Katharina sagte) von zahlreichen satirischen Zeitschriften mit stark sozialer Note. Deren ausgeprägteste wurde von Nikolaj Nobikow redigiert, einem gescheiten, gebildeten jungen Mann, und hieß *Der Müßiggänger.* Darin erschien ein berühmt gewordener Artikel, in dem ein Gutsherr geschildert wird, der seinem Inspektor befiehlt, ein von einer Hungersnot befallenes Dorf wegen rückständiger Pacht zu bestrafen. Diese satirischen Magazine gaben den Russen zum ersten Mal die Möglichkeit, sich über soziale Mißstände frei auszusprechen. *Der Müßiggänger* erschien ein Jahr lang; er wurde nicht, wie meist gesagt wird, von Katharina verboten, sondern scheint eines natürlichen Todes wegen mangelnder Verbreitung gestorben zu sein. Ähnliche Blätter gab es bis 1774; in diesem Jahr veranlaßte der Pugatschow-Aufstand, der das Leben so vieler Gutsbesitzer kostete, die Kaiserin ihre Politik zu überdenken, und sie bereitete allen derartigen Magazinen ein Ende.
Sie gestattete den Russen mehr Freiheit der Meinungsäußerung als alle früheren Herrscher, aber sie beschränkte sie auf moralische und soziale Fragen und schloß die Politik aus; denn sie hatte aus ihrer historischen Lektüre gelernt, daß in Rußland politische Opposition gewöhnlich zu einem Herrscherwechsel geführt hatte. Nach William Richardson »mahnt sie nicht nur, sondern verbietet ihnen faktisch, über Politik zu sprechen, zu schreiben oder nachzudenken«. Unter ihrer Regierung wie unter der ihrer Vorgänger war die Polizei darauf bedacht, Bücher zu zensieren, doch handhabte sie es manchmal etwas lax, während sie bei Theaterstücken öfter bei der Kaiserin vorstellig wurde. Als *Sorena und Zemir* von Nikolajew in Moskau gespielt wurde, legte der Polizeipräsident Katharina das Buch vor, in dem er einige anstößige Verse angestrichen hatte, darunter diese:

»Oh, lösch für immer aus das unheilvolle Recht,
Das aus dem kaiserlichen Ingrimm kommt!
Kein Segen blüht, wo Stolz die Krone trägt
Und Willkür Mannesmut in Ketten legt.«

Katharina erwiderte: »Ich bin erstaunt, Jakob Alexandrowitsch, daß Sie die Vorstellungen untersagt haben, die, wie ich gehört habe, vom Publikum gut aufgenommen worden sind. Die Verse, die Ihnen mißfallen, haben keinen Bezug auf Ihre Kaiserin. Der Autor brandmarkt den Despotismus der Tyrannen, während Sie Katharina Mutter nennen.«

Als jedoch die Fürstin Daschkowa in dem *Bulletin* der Akademie der Künste das Drama *Wadim* von Kniaschnin (?) abdruckte, das die Verse enthielt

»Falschheit und Schurkerei steht um den Thron geschart
Und spricht und lächelt schlau auf schmeichlerische Art;
Gekrönte Missetäter werden Gott genannt
Und ihre Sklaven hingerichtet und verbannt«

– da fand Katharina die Worte »gekrönte Missetäter« offenbar zu anzüglich, denn sie ließ alle Exemplare des *Bulletin* einziehen.

Gelegentlich konnte ihr auch ein Theaterstück aus einem anderen als politischen Grunde mißfallen. Im Jahre 1777 besuchte sie die Privataufführung von *Le Médecin per occasion* (Molière?), worin es unter anderem hieß: »Eine Frau von dreißig, die sich verliebt – gut und schön; aber eine Frau von sechzig, das ist unerträglich.« Die damals achtundvierzigjährige Kaiserin erhob sich, sagte »Dieses Stück ist dumm und langweilig« und verließ das Theater, worauf man die Aufführung beendete und nicht wiederholte.

Im Zusammenhang mit der Freiheit der Meinungsäußerung war eine der wichtigsten Bewegungen, mit denen sich Katharina zu befassen hatte, die Freimaurerei. Von der katholischen Kirche verdammt, war sie in Europa weitverbreitet, wo sie ein Vakuum füllte, das der in Verfall geratene religiöse Glaube gelassen hatte, und sie war vor allem aus Deutschland und Schweden nach Rußland gedrungen. Es war eine vielgestaltige Bewegung, von kleineren Gruppen, die geheime Losungsworte und mittelalterliche Gebräuche mit dem Streben nach Selbstläuterung und sozialer Gerechtigkeit zu verbinden suchten, bis zu den Rosenkreutzern, die sich mit Okkultismus und Alchemie befaßten.

Als Kind hatte Katharina an Wahrsager geglaubt, wie an den Mönch

in Braunschweig, der drei Kronen auf ihrer Stirn »gesehen« hatte, doch nach der Lektüre Voltaires schämte sie sich solchen Aberglaubens. Später hatte sie den Schaden erkannt, den solche Verranntheiten anrichten konnten, als ihre Mutter in Paris in Alchemie dilettierte und schließlich ein Opfer dieser Leidenschaft wurde und das wenige Gold, das sie besaß, verlor, als sie Gold zu machen versuchte.
Die Leichtgläubigkeit ihrer Kindheit und der Ruin ihrer Mutter erklären vielleicht den äußerst kritischen Standpunkt, den Katharina der Freimaurerei gegenüber einnahm. In einem Brief an Grimm nennt sie die Bewegung »eine der größten Verirrungen der Menschheit. Ich habe mir die Mühe gemacht, alle veröffentlichten und handschriftlichen Quellen dieses langweiligen Unsinns durchzuakkern, und kam angewidert zu dem Schluß, daß die Freimaurer, obwohl sie sich über andere lustig machen, keineswegs aufgeklärter oder weiser sind als wir... Wenn sie zusammenkommen – müßten sie sich nicht eigentlich die Seiten halten vor Lachen?«
Katharina wußte, daß die viertausend Freimaurer in Rußland – die Hälfte Ausländer – gefährlicher waren, als aus ihrem Brief hervorgeht. Der in Berlin gewählte »Meister« der Rosenkreutzer, Schwarz, zum Beispiel, gestand auf seinem Totenbett, daß zu den geheimen Zielen des Ordens die Vernichtung des orthodoxen Glaubens gehörte. Aber Katharina verbot nicht die Freimaurerei, wie es die Könige von Frankreich getan hatten, sondern erlaubte den Logenbrüdern, sich ungestört zu treffen und zu äußern, und blieb damit ihrem Grundsatz der Toleranz in sozialen und religiösen Dingen treu. Als Nowikow den Rosenkreutzern beitrat, durfte er auf der Moskauer Universitäts-Presse freimaurerische Bücher drucken. Erst am Ende ihrer Regierungszeit, in einem veränderten politischen Klima, wurde Katharinas Haltung zur Freimaurerei strenger.
Sie glaubte an die Kraft des Gelächters zur Änderung menschlicher Torheiten, daher ihre Bewunderung für Voltaire. Der Weise von Ferney blieb ihr Vorbild und Held; seine Büste stand in ihrer Bibliothek, und wiederholt lud sie ihn zu sich ein; doch Voltaire

scheute die lange Reise, und Katharina mußte sich mit einem nicht viel weniger berühmten französischen Schriftsteller und Vorkämpfer der Gerechtigkeit begnügen, mit Denis Diderot.
Er war 1773 sechs Monate lang in St. Petersburg ihr Gast und führte etwa sechzig Gespräche mit der Kaiserin, über Politik, Rechtsfragen, Erziehung und Literatur. Als er die Einrichtung eines Parlaments nach englischem Muster befürwortete, erwiderte sie ihm, er habe es leicht, auf dem Papier zu reformieren, das nicht antworten könne; was sie beträfe, so habe sie es mit Menschen zu tun mit all ihren Traditionen, Vorurteilen und Empfindlichkeiten. Sie trennten sich verschiedener Meinung, doch im besten Einvernehmen, und Katharina zeigte ihre Achtung für den Schriftsteller, wenn auch nicht den Politiker Diderot, indem sie ihn zum korrespondierenden Mitglied der Akademie der Wissenschaften wählen ließ.
Sie erwarb Diderots Bibliothek, als finanzielle Schwierigkeiten ihn zwangen, sie zu verkaufen; ihre sehr großzügigen Bedingungen erlaubten ihm, die Bücher zu behalten, solange er lebte und sogar sein Gehalt als ihr »Kurator« zu empfangen. Katharina kaufte auch Voltaires Bibliothek nach dessen Tod. Diese beiden Erwerbungen und ihre privaten Ankäufe vergrößerten die kaiserliche Bibliothek von einigen hundert Bänden auf achtunddreißigtausend.
Die Freundschaft mit der Fürstin Daschkowa war nach dem Staatsstreich zu Ende gegangen, weil diese sich mehr darauf zugute tat, als ihr nach Katharinas Meinung zustand. Mit einundzwanzig verwitwet, unternahm die blaustrumpfige Fürstin ausgiebige Bildungsreisen durch Europa und kehrte erst 1782 nach St. Petersburg zurück. Als sie Katharina auf einem Hofball traf, waren die Meinungsverschiedenheiten vergessen, und Katharina ernannte die intelligente und hochgebildete Dame zur Direktorin der Akademie der Wissenschaften und ein Jahr darauf zusätzlich zur Präsidentin einer neuen russischen Akademie für Sprache und Literatur. Diese doppelte Berufung ist wichtig, denn es dürfte das erste und einzige Mal gewesen sein, daß eine Frau solche einflußreichen Ämter innehatte. Die Daschkowa begann ein russisches Lexikon zu verfassen, zu dessen erstem Band Katharina Ausführungen über die Sprache beisteuerte,

so daß sich ihre anfänglich politische Zusammenarbeit nun auf wissenschaftlichem Gebiet fortsetzte.
Katharina brachte der Literatur das intiutive Verständnis dessen entgegen, der selber Schriftsteller ist. Einige ihrer Bücher sind sehr schlicht geschrieben, wie die für ihre Enkel, die älteren Söhne des Großfürsten Paul. *Großmutter ABC-Buch* lehrt das Alphabet in einfachen russischen Redensarten und Sprichwörtern, die Katharina liebte, und betont besonders die Notwendigkeit ernsthafter Arbeit und die Sorge für unsere Mitmenschen. Es ist die erste Kinderfibel in russischer Sprache.
Sie schrieb für ihre Enkel auch zwei Märchen, die beide von Thronerben handeln. Diese sind recht simpel und für unseren heutigen Geschmack zu lehrhaft. Bedeutender, doch von ähnlichen didaktischen Absichten geleitet, sind Katharinas Theaterstücke. Sie begann zu Anfang der siebziger Jahre mit fünf Komödien, die Charakterschwächen in der damaligen Gesellschaft aufs Korn nahmen. *Das Vorzimmer eines hochstehenden Bojaren* bringt eine bunte Schar von Schmarotzern und Speichelleckern, Franzosen, Deutsche und Russen, auf die Bühne, die dem Empfang eines einflußreichen Edelmannes beiwohnen und mit seiner Hilfe aus der öffentlichen Schatzkammer zu leben hoffen. Das beste aus dieser Reihe, *Oh, diese Zeiten!,* spielt in Moskau. Madame Chantsachino – der Name bezeichnet eine besondere Art von Heuchlern – ist eine Tartuffe-artige Figur, die Geld gegen sechs Prozent borgt und es gegen sechzehn Prozent ausleiht und ihren Gläubigern, wenn sie mit ihren Rechnungen kommen, sagen läßt, sie sei tief im Gebet und dürfe nicht gestört werden. Andere Charaktere sind Madame Westnikowa, eine Schwätzerin, die ständig übertriebene Geschichten gegen die Regierung erzählt, und Madame Tschudichina, die Amulette in ihrem Taschentuch trägt und eine krankhafte Angst vor Grillen hat. Die Handlung dreht sich um Madame Chantsachinos Versuch, ihre Enkelin ohne Mitgift zu verheiraten, und die eigentliche Absicht des Stückes besteht darin, die Eitelkeit und die Vorurteile einer gewissen Adelsschicht zu verspotten.
Ein neues Thema für ihre Komödien fand Katharina bei der An-

kunft des sizilianischen Abenteurers Cagliostro im Jahre 1779. Er hielt spiritistische Seancen ab, zeigte alchemistische Experimente und behauptete, Wunderkuren durchführen zu können. Bei einem öffentlichen Auftreten machte sich Cagliostro anheischig, einen Mann von der Gicht zu heilen, indem er den betroffenen Fuß in Wasser badete und ihm dabei das Quecksilber entzog; doch er wurde ertappt, wie er vorher einen Löffel voll Quecksilber ins Wasser goß. Das brachte ihn in Verruf, doch nicht bei den Freimaurern, die ihn feierten und ihm glaubten, daß er nicht nur wie ein Engel durch die Luft fliegen, sondern auch durch die Jahrhunderte zurück reisen konnte.

Katharina verspottet Cagliostro und die Freimaurer, die solchen Unsinn für möglich hielten, in drei Komödien: *Der Betrüger*, *Das Opfer des Irrglaubens* und *Der sibirische Schamane*. Die letztere bezeichnete sie als »einen Faustschlag für die Enthusiasten. Man stelle sich einen Mann vor, der hundertvierzig Stufen aufgestiegen ist und einen solchen Grad geistiger Glückseligkeit erreicht hat, daß er, statt vernünftig auf die Fragen der Leute zu antworten, wunderliche Sätze hervorstößt, wie ein Hund bellt, eine Katze miaut, ein Hahn kräht und so weiter. Doch innerlich ist er ein schäbiger Lump geblieben«.

Die Komödien wurden aufgeführt und hatten einen gewissen Erfolg. In den meisten jedoch werden die Schwächen und Laster der Charaktere zu offen beschrieben und zu selten durch die Handlung entwickelt. Aber sie zeigen Sinn für Humor und eine beachtliche satirische Begabung.

Der Vollständigkeit halber sollen auch drei weniger bedeutende Theaterstücke Katharinas erwähnt werden. Eins, ein dramatisches Porträt der europäischen Monarchen, enthält den folgenden amüsanten Wortwechsel zwischen der frommen Kaiserin von Österreich und ihrem freidenkerischen Sohn:

Maria Theresia:
Ich habe stets alle meine Hoffnungen auf
Jesus Christus gesetzt.

Joseph II:

Ja, Mama. Damit haben wir Schlesien verloren.
Jetzt brauchen wir Truppen, Geld und einen
guten General, die das Wunder vollbringen,
daß wir es wiedererlangen.

Die beiden anderen Stücke sind Bearbeitungen Shakespeares, dessen Werke Katharina in der deutschen Übersetzung von Eschenburg kennengelernt hatte. Mit ihrer Neigung für überspitzte Charakteristik nahm sie sich *Die lustigen Weiber von Windsor* und *Timon von Athen* vor. In ersterem machte sie aus Falstaff einen französisierten Don Juan, der gerade aus Paris zurückkehrt, und bei letzterem beabsichtigte sie offenbar (der letzte Akt blieb unausgeführt), daß der Menschenhasser heiraten und seinen früheren Platz in der Gesellschaft wieder einnehmen sollte.

Eine andere Gruppe bilden die Schriften, in denen Katharina ihre Liebe zu Rußland entfaltet. Die *Anmerkungen zur russischen Geschichte* (in zwei Teilen) bringen eine kurze Zusammenfassung der Zeit von 862 bis 1161, als Rußland ein kleines Fürstentum mit den Hauptstädten Kiew und Nowgorod war. Mit ihrem deutschen Appetit noch auf die langweiligsten Chroniken zog Katharina alte Handschriften für diese Geschichte heran, in der sie die wichtige Rolle der russischen Herrscher von Rurik bis Jaroslaw (?) III. hervorhob und, mit weniger Berechtigung, das Volk auf einer nicht geringeren Entwicklungsstufe stehend darstellte als die Völker in Europa zu jener Zeit.

Ende der sechziger Jahre las sie die *Reise in Sibirien im Jahre 1761, enthaltend die Sitten und Gebräuche der Russen* des Abbé Jean Chappe d'Auteroche, erschienen in Paris und, wie auf dem Titelblatt vermerkt, mit Zustimmung der französischen Akademie der Wissenschaften. Der Abbé, ein Astronom, war nach Nordsibirien gereist, um den Durchgang der Venus vor der Sonne zu beobachten, und hatte nach seiner Rückkehr in seinem Buch einen weiteren Beitrag zu den vielen französischen Schriften geliefert, die Rußland herabsetzten. Es war, wie Samuel Bentham schrieb, ein ungerechtes Bild, und Katharina war darüber so ungehalten, daß sie das »boshafte« Buch des Abbés mit einem dreihundertseitigen *Antidot* beantwortete, wie sie ihre Widerlegung nannte. Es ist eine ihrer letzten Schriften und sehr aufschlußreich für ihren Charakter: Es zeigt ihre Liebe zu Rußland und ihr Verlangen, daß Rußland im Ausland ein gerechtes Verständnis finde; es zeigt ihre Ungeduld mit Irrtümern und Mißverständnissen und den Wunsch, sie richtigzustellen; und es zeigt wiederum eine starke Tendenz, Scharlatane lächerlich zu machen, wie schon in den gegen die Freimaurer gerichteten Komödien.

Katharina führte an, daß der Abbé das wesentliche an Rußland nicht begriffen und nicht den brüderlichen Geist des russischen Volkes wahrgenommen habe, die Bereitschaft zur Zusammenarbeit, die anstelle jener komplizierten Verwaltungsorgane, wie es sie unter anderem in Frankreich gäbe, das Land lebensfähig erhielten. Das ist ein Teil ihrer Kritik; darüber hinaus greift sie besondere Irrtümer an. Der Abbé sei der Täuschung erlegen, daß in Sibirien jedes erdenkliche Übel anzutreffen sei. In Tobolsk schreibt er zum Beispiel, »die Schwierigkeit, Handwerker in diesem Lande zu finden, wo jedermann ein Leibeigener ist, veranlaßte mich, den Gouverneur in Anspruch zu nehmen«. Katharina stellt die Frage: »Wie kommen Sie zu einem solchen Schluß? In ganz Sibirien östlich von Solikamsk gibt es keine Güter, die dem Adel gehören. Sibirien ist Kronland, und die Bauern dürfen ihren Lebensunterhalt so verdienen, wie sie mögen und können. Sobald sie ihre Kopfsteuer bezahlt haben, können sie mit dem, was sie besitzen, tun, was sie wollen, und wenn sie sich entschließen fortzuziehen, erhalten sie einen Jahre hinaus gültigen Paß.«

Auf die Behauptung des Abbés, da Rußland ein ungeheuer großes flaches Land sei, wären die Leute dumm, erwiderte Katharina sarkastisch: »Man nehme zur Kenntnis, daß der Autor meine Intelligenz flach findet und mich dumm nennt, weil es in Rußland wenige Gebirge gibt. Diese Argumentation des Herrn d'Auteroche erfüllt mich mit grenzenlosem Respekt vor den Alpen und den Savoyarden. Ich bin überzeugt, daß sie Europas größte Genies sind, da sie das Glück hatten, ihre neugeborenen Augen angesichts hoher Berge öffnen zu dürfen. Um so trauriger stimmt es mich, daß diese genialen Menschen in vielen europäischen Ländern als Türöffner und Stiefelputzer beschäftigt werden.«

Das dritte in der Gruppe der Bücher Katharinas, die Rußland behandeln, ist das anspruchsvollste und zugleich das in seiner Wirkung beschränkteste wegen seines für das achtzehnte Jahrhundert typischen Glaubens, das Sprachenbabel der Erde habe einen gemeinsamen Ursprung.

Katharina, die vier Sprachen sprechen konnte und zwei weitere verstand, bemerkte die große Zahl von Wörtern und Ortsnamen im Russischen, die ihr eine slawische Wurzel zu haben schienen. Sie wollte wissen, ob sich solche Beispiele auch in anderen Sprachen fänden, und stellte eine Liste von gebräuchlichenWörtern auf, um es nachprüfen zu lassen. Professor Pallas sagte zwar, er glaube nicht an ihre Theorie; doch sie ließ sich nicht davon abbringen und holte Erkundigungen bei ausländischen Regierungen ein. Mehrere, wie Spanien, boten wenig Unterstützung an; während andere, wie die Vereinigten Staaten, sich hilfsbereit zeigten. Als Katharina den damals in Paris weilenden Thomas Jefferson bat, ihr die Übersetzung von dreihundert wichtigen Wörtern, von Gott bis Weintrauben, in die Sprachen der Shawnee- und Delaware-Indianer zu besorgen, schickte Jefferson ihre Wortliste an George Washington, der sie an den General Richard Butler weitergab. Butler, ein Kenner der indianischen Sprachen und ein gründlicher Mann, übersetzte die gewünschten Wörter, mit Ausnahme einiger wie Augenbraue und Augenlid, die es in Shawnee nicht gab; er fügte auch eine vollständiges Vokabular der Shawnee-Sprache und eine Liste wichtiger Wörter der Cherokee- und Chocktaw-Indianer bei. Katharina dürfte mit einer so gründlichen Beantwortung ihres Fragebogens hoch zufrieden gewesen sein.

»Ich habe mir so viele Wörterbücher verschafft, wie ich derer habhaft werden konnte«, schrieb Katharina an einen Freund, »darunter ein finnisches und je eins der Mari und der Wotjaken [finnisch-ugrische Sprachen]; daraus stelle ich meine Wörterlisten zusammen. Ich habe auch viel Material über die alten Slawen gesammelt; und bald

werde ich beweisen können, daß die Slawen den meisten Flüssen, Bergen, Tälern und Landschaften von Frankreich, Spanien, Schottland und anderer Regionen die Namen gegeben haben.«
Katharinas vergleichendes Wörterbuch ist bezeichnend für ihre weitgespannten Interessen und ihr Bestreben, Verbindungen zwischen Rußland und Europa zu finden. Wenn sie auch, wie wir heute wissen, von einer falschen Voraussetzung ausging, so war doch ein so großangelegter Vergleich einer Vielzahl von Wörtern aus drei Kontinenten ein zuvor noch nie versuchtes Unternehmen.
Die letzte Kategorie von Katharinas literarischen Arbeiten bilden ihre persönlichen Schriften: ihre Memoiren, die sie gegen Ende ihres Lebens schrieb und die in einem späteren Kapitel betrachtet werden sollen, und ihre Privatkorrespondenz. Einige Briefe an ihren Vater, an Voltaire und Potemkin, wurden bereits auszugsweise zitiert, und es verdient noch der Briefwechsel mit Grimm unsere Aufmerksamkeit, der im April 1774 begann und bis Oktober 1796 fortgesetzt wurde, 273 Briefe mit insgesamt dreihunderttausend Worten auf 696 Quartseiten.
Friedrich Melchior Grimm, Sohn eines Kleinbürgers in Regensburg und später geadelt, machte sich einen Namen durch die Herausgabe von »Geheimberichten« über das Pariser Geistes- und Gesellschaftsleben, die auch Katharina subskribierte. Sie lernte Grimm 1774 kennen, als er Rußland besuchte, ein Junggeselle von einundfünfzig mit vorstehenden Augen und einem roten Gesicht, das er mit Bleiweißschminke zu mildern versuchte. Er besaß eine anstekkende Begeisterung für die Künste, gesunden Menschenverstand und Humor – Eigenschaften, die Katharina schätzte. Sie wurden Freunde, und die Kaiserin, die gern ihre Freunde neckte, hänselte Grimm wegen seiner Vorliebe für die deutsche Aristokratie und wegen seiner Bleiweißschminke und nannte ihn »Tiran le Blanc«. Ihre Briefe an Grimm, nach denen der Marquise de Sévigné vielleicht die interessantesten und aufschlußreichsten Briefe, die je eine Frau verfaßt hat, sind bemerkenswert wegen der Mannigfaltigkeit ihrer Themen – sie behandeln Magenverstimmungen ebenso wie gestürzte Regierungen, den letzten Liebhaber wie die letzte Theater-

aufführung – und wegen der Frische, mit der sie geschrieben sind; sie sind mit einem spielerischen Humor und manchmal mit Wortspielen durchsetzt: »Voilà mon dernier dernierissime mot« oder »Meine Epistel an die Grimmaldis«. Als sie einen drei Seiten langen Brief noch einmal durchlas, entdeckte sie, daß sie das Wort »monsieur« vergessen hatte, und fügte mehrere Zeilen »monsieurs« hinzu, damit Grimm sich nach Belieben bedienen konnte.
Die Briefe stellen Katharina so dar, wie sie war: tatkräftig, positiv und im ganzen glücklich. Aber der Umstand, daß sie überhaupt und zweiundzwanzig Jahre lang geschrieben wurden, läßt auf etwas in Katharina schließen, das sie sich wahrscheinlich nicht einmal selbst eingestand. Von Freunden, Mitarbeitern und einem bewundernden Hofstaat umgeben, fühlte sich die Kaiserin von Rußland dennoch manchmal sehr allein.
Eine weibliche Herrscherin hat leicht das Gefühl der Einsamkeit, weil die Frau der Anlehnung bedarf, die sich die Herrscherin nicht gestatten kann. Katharina fühlte sich einsam, weil ihre Eltern gestorben waren, weil sie nie ihre deutschen Verwandten sah, weil ihre Beziehungen zu ihrem Sohn Paul unbefriedigend waren und weil Potemkin tausend Meilen von ihr entfernt war. Und sie war einsam, weil sie, bei aller Liebe zu Rußland durch Erbe, Erziehung und Instinkt Europäerin war. Von Grimm erhielt sie Neuigkeiten aus Europa, und Grimm gegenüber konnte sie sich so geben, wie sie war, als Europäerin.
Diese lange Reihe von Briefen gibt auch Einblick in ihren literarischen Geschmack. Sie mochte besonders gern Sternes *Tristram Shandy,* und sie liebte auch Bücher mit einer einfachen praktischen Philosophie wie Benjamin Franklins Almanach *Poor Richard.* Sie schätzte *Cinna,* Corneilles Drama von der Milde eines Monarchen, das später auch zu den Lieblingsstücken Napoleons gehörte. Sie haßte manirierten Stil und hatte eine besondere Abneigung gegen Tragödien.
Ihre Einstellung zur Tragödie ist aufschlußreich. Die meisten ihrer Zeitgenossen lehnten sie ab, und Katharinas *Timon* mit seinem Happy-End hat ein Gegenstück in Ducis' *Macbeth,* in dem der

Than von Cawdor Duncan nicht ermordet, sondern in Selbstverteidigung tötet. Aber ihre Zeitgenossen verwarfen das Tragische, weil sie an das Natürliche, Gute im Menschen glaubten, und das war eine Überzeugung, die Katharina keineswegs teilte.

Vielleicht spiegelt ihre Abneigung gegen die Tragödie den Wunsch, ihre unglückliche Ehe und die Ermordung Peters zu vergessen, und die Kehrseite davon ist ein sehr auffallendes Bedürfnis, glückliche Gesichter um sich zu sehen. Katharina sagt immer wieder, wie fröhlich sie ist – beinahe zu oft, um zu überzeugen. Als sie eine Frau für Paul sucht, besteht sie auf einer »glücklichen« Person: »Am russischen Hof legen wir großen Wert auf Fröhlichkeit... Ich bin von Natur aus fröhlich, und mein Sohn auch.« Zumindest der zweite Teil dieser Behauptung scheint unzutreffend. Paul war vielmehr ein ziemlich düsterer junger Mann, von Mißtrauens-Anwandlungen geplagt, die er »schwarze Schmetterlinge« nannte. Katharina hatte die Wahrheit verändert, um ihrem tiefen Verlangen nach Sicherheit und »glücklichen Gesichtern« genüge zu tun, ein Verlangen, das sich auch in der Wahl von Alexander Wassiltschikow und Peter Sawadowskij geäußert hatte. Insofern es ihre Weigerung verkörpert, den Realitäten ihres Lebens ins Gesicht zu sehen, war es in Katharinas sonst gesunder Moral ein verhängnisvolles Symptom.

Sie hatte ihre Briefe an Grimm nicht zur Veröffentlichung bestimmt, und gegen Ende ihres Lebens bat sie ihn, sie zu verbrennen. Grimm lehnte dies ab, und so fanden sie ihren Weg nach Moskau, wo sie noch heute sind.

Katharinas veröffentlichte Schriften ergänzten ihr literarisches Patronat und dienten als Beispiel und Ansporn. Während ihrer Regierungszeit begannen in Rußland siebzig andere Frauen zu schreiben, während die Zahl der erschienenen Bücher, neben Gebet- und Meßbüchern, von 918 in der ersten Hälfte des Jahrhunderts auf 8696 in der zweiten Hälfte stieg. Ebenso beachtlich wie diese Zahlen ist Katharinas prophetischer Glaube an die künftige Größe der russischen Literatur. Als sie in einem Brief an Grimm ein manieriertes französisches Theaterstück als »kalt wie Eis« kommentiert, schreibt sie dazu: »Die peinliche Sorgfalt der La Harpe und Genossen wird dahinschwinden, und der Stern des Ostens wird aufgehen. Ja, ja, von dieser Seite wird das Licht zurückkehren, denn hier, in den schwelenden Anfängen, ist mehr Kraft und Intelligenz als irgendwo sonst in der Welt.«

20

Architektur, Malerei und Musik

Den schönen Künsten und der Musik brachte Katharina das gleiche kritische Interesse entgegen wie der Literatur. Besonders an der Architektur fand sie Gefallen, denn bei der Errichtung eines Gebäudes sah sie *par excellence* die Tätigkeit verwirklicht, die sie Grimm gegenüber gepriesen und mit »schaffen« bezeichnet hatte. Und mit jedem Ziegelstein oder Marmorblock gab sie sich, dem Emporkömmling – vielleicht unbewußt – mehr Sicherheit.
Als Kaiserin gelangte sie in den Besitz von drei Landschlössern, zwei Häusern in St. Petersburg und mehreren kleinen Stadtpalästen in oder bei Moskau. Sie wird es kaum für notwendig gehalten haben, sich neue Behausungen bauen zu lassen; nichtsdestoweniger gab sie nicht nur ein, sondern gleich zwei neue Schlösser in Auftrag. Als Katharina 1775 nach Moskau übersiedelte, vermied sie den engen und verbauten Kreml und residierte in drei geräumigen Häusern, die den Familien Golitzyn und Dolgorukij gehörten und für die Zwecke der Kaiserin durch hölzerne Galerien verbunden wurden. Sie verirrte sich prompt zwei Stunden lang in dem Labyrinth von Gängen und Treppen und schrieb an Grimm: »Noch nie habe ich so viele Türen gesehen. Ich habe ein halbes Dutzend zusperren lassen, und noch immer sind es doppelt soviel, wie ich brauche.« Mit diesem Provisorium unzufrieden, beschloß sie bei Moskau ein neues Palais zu bauen, das Zarizina genannt werden sollte. Sie beauftragte einen russischen Architekten, Basil Baschenow, dem sie, nach ihren anderen Projekten zu urteilen, ziemlich freie Hand gab. Offenbar schwebte ihr der Stil ihrer Heimat vor, die deutsche Gotik

mit vielen Türmen und Türmchen, während die einzelnen Gebäude durch eine Kolonnade mit einem Triumphbogen in der Mitte verbunden werden sollten. Nachdem sich die Arbeiten über zehn Jahre hinzogen, verlor Katharina die Lust an der Sache – sie verglich den halbfertigen Bau mit einem von Kandelabern umgebenen Sarg – und gab das Projekt auf.

Für das andere Schloß wählte die Kaiserin ein Grundstück an der Poststation der Straße von St. Petersburg nach Zarskoje Selo. Da sie mit ihm zugleich dem Seesieg von Tschesme ein Denkmal setzen wollte, wählte sie eine Mischung von gotischen und orientalischen Formen, die damals in Europa als »türkischer« Stil in Mode waren. Der Grundriß war ein gleichseitiges Dreieck mit einer geräumigen runden Halle in der Mitte und drei Türmen an den Ecken, mit kleineren Türmchen darauf, die grüne Kuppeln *à la turque* trugen. Die Mauern hatten Zinnen und waren von Spitzbogenfenstern durchbrochen.

Der auffallendste Unterschied zwischen den Häusern in Rußland und denen in Europa bestand darin, daß die russischen mit kräftigen Farben angestrichen waren, um in die langen schneereichen Winter Abwechslung zu bringen; sie verhielten sich zu den europäischen etwa wie die bunten griechischen Standbilder zu den marmorkalten Statuen in den Museen. Katharina folgte dem russischen Brauch und ließ ihr Tschesme-Schloß grün, gelb und kirschrot bemalen. In einem Saal hängte sie Bildnisse aller russischen Herrscher und aller zeitgenössischen europäischen Monarchen auf.

Die meisten anderen Bauten Katharinas, die sie zu ihrem eigenen Gebrauch bestimmte, waren kleiner als Tschesme oder bestanden aus Änderungen oder Erweiterungen schon bestehender. Als erstes ließ sie ihre Winterresidenz umbauen, das tausendzimmerige Barockschloß in St. Petersburg mit der apfelgrünen und weißen Fassade, das Rastrelli für Elisabeth errichtet hatte. Mit Rücksicht auf ihre Zugempfindlichkeit und ihre Vorliebe für intime Geselligkeit ließ Katharina drei Änderungen vornehmen: eine Anzahl geschmackvoller Räume, die im engeren Sinne die Eremitage bildeten; eine Reihe von größeren hellen Räumen, die als Gemäldegalerie dienen sollten; und ein klassizistisches Theater, von Quarenghi nach Palladios »Teatro olimpico« in Vicenza entworfen, reich mit Marmorsäulen, Statuen und Medaillons von dramatischen Dichtern und Komponisten ausgestattet. In diesem Theater, dessen Vorhang die Inschrift *Corrigat mores ridendo* trug, wurden Katharinas Komödien uraufgeführt.

In Oranienbaum, dem Landsitz an der See, wo sie zu Beginn ihrer Ehe glückliche Tage verbracht hatte und an dem sie noch immer hing, ließ sie einen großen hölzernen Terrassen-Pavillon anlegen, von dem im Winter die Gäste ihren Freunden zuschauen konnten, wenn sie den vereisten Hang hinunterrodelten. Der Pavillon selber besteht aus einer runden, von einer konischen Kuppel gekrönten Halle und hat drei vorspringende Flügel mit weiten Balkons auf drei verschiedenen Ebenen. Das hellblau und weiß bemalte Gebäude bietet eine ungewöhnliche, doch gefällige Ansicht. Einige Staatsräume ließ Katharina in süddeutschem Rokoko ausstatten, so üppig, daß sie drei-dimensional wirken; zum Schmuck der Wände gehören Konsolen, einige von Affen getragen, auf denen Meißener Porzellanvasen stehen.

Ebenfalls in Oranienbaum ließ sich die Kaiserin von Rinaldi einen eingeschossigen Pavillon im chinesischen Stil bauen; und auch hier vereinte sie eine einfache Außenfront mit einer reichen Innendekoration. Die Wände ihres Schlafzimmers waren mit weißer Seide ausgeschlagen, hatten Rokokospiegel und Gouachen im chinesischen Stil. Für das kleinere Wohnzimmer wählte sie eine Farbzusammenstellung von Blau, Mauve und Rosa; die Seidenbespannung der Wände war mit zwei Millionen Milchglasperlen bestickt, die eine schimmernde Landschaft von Bäumen und Vögeln ergaben. Eine besondere Sehenswürdigkeit war eine echte chinesische Tapete, deren Beschaffung zwölf Jahre gedauert hatte.

Obwohl Katharina einige schöne Rokoko-Arbeiten in Auftrag gab, neigte sie ihrer Natur nach nicht dem Rokoko zu. Ordentlich, selbstbeherrscht und ausgeglichen tendierte sie mehr zur Klassik; und als der Klassizismus in Europa Boden gewann, führte sie ihn in Rußland ein. Im Jahre 1773 hatte sie nach der Lektüre von

Cochins *Costumes des anciens peuples* den Wunsch nach einem Haus im römischen Stil. Sie trat an Clérisseau heran, der ein Haus entwarf, so groß wie der Diokletianspalast in Split. Katharina, die genug große Schlösser besaß, lehnte seine Pläne ab, kaufte sich die ersten beiden Teile der *Works in Architecture* von Robert und James Adam und sah sich nach einem anderen klassizistischen Architekten um.

Nach fünf Jahren fand sie ihn in Charles Cameron, der in Rom studiert und über die römischen Bäder ein Buch geschrieben hatte. Katharina hegte eine romantische Sympathie für die Stuarts, und vielleicht nutzte Cameron, von schottischer Herkunft, dies aus. Sie ließ ihn einen Teil von Zarskoje Selo im klassizistischen Stil umdekorieren, und nachdem er acht kleinere Zimmer zu ihrer Zufriedenheit ausgestattet hatte, beauftragte sie ihn mit der Umgestaltung ihrer privaten Suite. Sein dritter Auftrag war die Erweiterung von Zarskoje Selo, wofür er sechzig Steinmetze, Maurer und Stukkateure aus seiner Heimat kommen ließ.

Katharina war noch immer gut zu Fuß und pflegte ihre Spaziergänge – ein echt deutscher Zug – mit einem Schrittmesser zu kontrollieren. Vielleicht um Abwechslung in ihre Wege zu bringen, hätte sie gern den Park von Zarskoje Selo um einen Apfelgarten erweitert, der zwar der Krone gehörte, doch langfristig verpachtet war. Sie bot dem Pächter das Zehnfache des Wertes, doch er wollte ihn nicht abtreten, weil die Bäume von seinem Vater gepflanzt worden seien. Katharina gab nach, und die Mauer ihres neuen Parks mußte rechtwinklig abgebogen werden, um den Obstgarten nicht zu tangieren.

Sie fand nach wie vor Geschmack an Chinoiserien und ließ von Cameron im Park mehrere kleine Häuser im chinesischen Stil bauen, mit farbigen Ziegeln und Drachen auf dem Dach. Sie gab diesem Dörfchen ihren ursprünglichen Taufnamen Sophia. Zuerst brachte sie darin Leibeigene unter, die ihrem Herrn davongelaufen waren, weil er sie mißhandelt hatte; später richtete sie darin eine kleine Schule ein, in der ein früherer Priester namens Samborskij, der in England Agrikultur studiert und von dort die neuesten Sä-

maschinen und Heurechen mitgebracht hatte, den Kindern von Priestern und Bauern moderne Landwirtschaft beibrachte.
An verschiedenen Stellen des Parks errichtete Katharina Denkmäler oder Säulen für ihre siegreichen Generäle und eine ägyptische Pyramide über ihrem Whippet Tom Anderson, nachdem er an Altersschwäche gestorben war. Und einen Teich überspannte eine Brücke im Stile Palladios, der Brücke in Wilton nachgebildet.
Sie liebte Blumen und besonders die Schneeglöckchen, die ersten Arabesken des Frühlings, die aus dem Rasen sprossen, während die Newa noch von Eis bedeckt war. In Zarskoje pflanzte sie Blumen aus aller Welt; sie hielt sich über neu entdeckte oder neu entwickelte Sorten auf dem laufenden und hatte die prachtvoll illustrierten *Botanical Tables* des Earl von Bute subskribiert.
Der Park, den sie in Zarskoje Selo vorfand, war der Holländische Park, den Peter der Große angelegt hatte: gerade gezogene Alleen, Spaliere und Kanäle. Katharina wollte statt dessen weite Rasenflächen, schattige Wege und ungestutzte Bäume, einen Landschaftsgarten nach englischem Muster, und ließ aus Hackney einen englischen Gärtner namens John Bush kommen.
Soviel über die Bauten und Gärten, die Katharina für sich selber errichten und anlegen ließ. Sie baute aber auch viel für andere. Sie beauftragte Rinaldi, ein Stadthaus für Grigorij Orlow zu bauen, dessen Fassade nicht herkömmlicherweise aus Ziegeln und Stuck bestand, sondern mit rotem Granit und grauem sibirischen Marmor verkleidet und daher Marmorpalast genannt wurde. Über dem Tor ließ Katharina die Worte »In dankbarer Freundschaft« anbringen. Als sie fünfzehn Jahre später für Potemkin ein Stadthaus in Auftrag gab, wählte sie einen russischen Architekten, Iwan Starow, und den klassizistischen Stil: ein niedriger Mittelblock mit einem Portikus von sechs unkannelierten dorischen Säulen, die einen Giebel trugen; davon zu beiden Seiten ausgehend eingeschossige Flügel, an die sich zweigeschossige Pavillons mit ionischen Säulengängen anschlossen. »Je mehr man baut«, schrieb die Kaiserin an Grimm, »desto mehr möchte man bauen; es ist eine Sucht wie das Trinken.« Und sie frönte dieser Leidenschaft in vollem Maße. Für ihren Sohn Paul

baute sie das Kammeno-Ostrowskij-Palais in St. Petersburg und ein sehr schönes Landhaus, das Cameron entwarf; für ihren ältesten Enkel Alexander das Alexandrowskij-Palais. Nimmt man dazu die St.-Isaaks-Kathedrale, die gewaltige Akademie der Künste und Quarenghis Akademie der Wissenschaften, so können sich Katharinas architektonische Aktivitäten durchaus mit denen Peters des Großen messen.

Aber das Kunstwerk, das Katharina am meisten bekannt machte, ist kein Gebäude sondern ein Standbild. Vielleicht erinnerte sie sich an das bronzene Buttermädchen in Zerbst, als sie den Vorsatz faßte, Peter dem Großen ein überlebensgroßes Denkmal westlich der Admiralität neben der Newa zu errichten. Der Künstler, den sie dafür 1766 nach St. Petersburg berief, war Etienne Falconet, der bislang hauptsächlich Porzellanfiguren für die Manufaktur von Sèvres und galante Statuetten für Madame Pompadours Bellevue geschaffen hatte. »Das letzte Schulkind weiß mehr über Skulpturen als ich«, sagte die Kaiserin zu Falconet; doch sie wußte, was sie wollte, und ebenfalls, wie ein außerordentlicher Künstler zu behandeln war.

Der Bildhauer brauchte für dieses Riesenwerk zwölf Jahre. Es zeigt den Zaren als Reiter auf einem Felsen, das Gesicht der Newa zugewandt, die rechte Hand über die Stadt ausgestreckt, die er gegründet hat, während die Hinterhufe des Pferdes eine Schlange zertreten – Symbol der Schwierigkeiten, die der Herrscher gemeistert hatte. Falconet verteilte das ungeheure Gewicht des Standbildes – sechzehn Tonnen – indem er die Bronzehülle unterschiedlich dick machte, von einem Zoll bis zu einem Viertel Zoll, so daß der Schwerpunkt unmittelbar über den Hinterfüßen des Pferdes liegt. Der Granitsockel ist 1 500 Tonnen schwer und wurde von fünfhundert Mann, die sich fünf Wochen damit abplagten, von einem nahe gelegenen Dorf in die Stadt gebracht. Auf dem Sockel ließ die Kaiserin in goldenen Lettern eine Inschrift anbringen, die ihren Namen mit dem Peters des Großen verband. Durch die Verwendung der lateinischen Schrift bekräftigte sie ihre westlichen Tendenzen; auf der einen Seite steht »Petrù Pèrvomu – Ekatérina Wtoraja«, auf der anderen »Petro Primo – Catharina Secunda MDCCLXXXII«.

Während sie Peter mit diesem Denkmal ehrte, dürfte es Katharinas Aufmerksamkeit nicht entgangen sein, daß ihr Vorgänger neben der Architektur wenig für die Künste getan hatte; er hinterließ keine Bilder außer den Szenen, die ihn in der siegreichen Schlacht von Poltawa darstellen. Elisabeth hatte einige langweilige deutsche, holländische und flämische Gemälde erworben, doch die kaiserliche Sammlung konnte sich kaum mit der irgendeines kleinen italienischen Herzogs vergleichen. Doch da die Zeit begonnen hatte, in der die Staaten und Höfe nicht nur nach der Größe ihrer Armeen und Flotten beurteilt wurden, sondern auch nach ihren Kunstsammlungen, beschloß Katharina, das Versäumte nachzuholen.

Sie besaß Geschmack und Formgefühl, wie aus ihrer sauberen und gefälligen Handschrift hervorgeht, doch kein Fachwissen. Sie teilte die Ansicht von Winckelmann und Mengs, daß Raffael und Michelangelo sogar die Antike übertrafen, und schloß sich Diderot an, als er den sentimentalen und anekdotischen Genremaler Greuze lobte. Aber da die Kunstauktionen in den europäischen Hauptstädten veranstaltet wurden, konnte sie nicht persönlich die Bilder sehen, die sie ersteigern ließ.

Ihre erste Erwerbung war 1766 Rembrandts *Heimkehr des verlorenen Sohnes.* Zwei Jahre später, ihres Weges noch nicht ganz sicher, kaufte sie fünf Arbeiten von Rubens und einundvierzig andere Gemälde aus der Sammlung Coblenz.

Im nächsten Jahr, als die Sammlung des Grafen Brühl in Dresden unter den Hammer kam, kaufte sie vier weitere Rembrandts, zwei Rubens' und zwei Bildnisse von Lukas Cranach d. Ä. Dann gelangte 1772 die Sammlung Crozat, die damals zweitbeste in Frankreich, zur Versteigerung, bei der sich Katharina alle Stücke sicherte, mit Ausnahme von Van Dycks *Bildnis Karls I.,* das Madame Dubarry erstand, weil sie sich einbildete, in ihren Adern flösse das Blut der Stuarts. Zweifellos verspürte Katharina eine angenehme Erregung, als die Kisten eintrafen und vor ihren Augen im Winterpalais ausgepackt wurden. Hier waren nun auch kostbare italienische Meisterwerke: Raffaels *Heilige Familie mit dem bartlosen Joseph* und eine *Judith,* damals gleichfalls Raffael, heute Giorgione zuge-

schrieben; Tizians *Danaë* und *Bildnis eines jungen Mannes mit Hut;* Schiavonis *Landschaft mit Jupiter und Jo;* Tintorettos *Geburt Johannes' des Täufers;* und viele andere, insgesamt 400 Werke, für die Katharina 460000 Livres zahlte.
Eine so hohe Summe hat sie nicht wieder ausgegeben. Sie freute sich vielmehr, wenn sie günstig kaufen konnte, besonders gegen hartnäckige Konkurrenz. Bei der Choiseul-Auktion schaffte sie mit Diderots Hilfe flämische und spanische Gemälde zu niedrigen Preisen an; und als der dritte Earl of Oxford die von Sir Robert Walpole begründete Sammlung veräußerte, erwarb Katharina sie im ganzen und war froh darüber, denn im britischen Unterhaus war die Frage erörtert worden, ob man solche Kostbarkeiten aus England ausführen lassen dürfe. Um noch mehr Zeugnisse der klassischen Malerei zu besitzen, ließ Katharina Raffaels alttestamentarische Szenen und die »Grotesken« aus Loggien des Vatikans kopieren.
1781 kam die Sammlung Baudouin auf den Markt. Katharina sicherte sich neun Rembrandts, sechs Van Dycks und Claude Lorrains *Morgen im Hafen.* Von zeitgenössischen Künstlern kaufte Katharina Arbeiten von Raphael Mengs und Angelika Kauffmann, von Greuze und Chardin. Merkwürdigerweise lehnte sie die heiteren Bildnisse der Vigé-Lebrun ab – vielleicht fand sie deren Unschuld übertrieben – und wählte lieber Richard Brompton, als sie ihre Enkel porträtieren ließ. Sie hätte gern Canaletto nach St. Petersburg kommen lassen, damit er die Stadt von der Wasserseite malte, so wie er Venedig gemalt hatte, aber er zog es vor, für König Stanislaus in Warschau zu arbeiten. Joshua Reynolds erhielt von ihr 1500 Guineen für ein Gemälde nach einem Thema seiner Wahl: *Herakles, die Schlangen in seiner Wiege erwürgend,* »in Anspielung«, wie Sir Joshua sagte, »auf die großen Mühen, welche die Kaiserin zu bewältigen hatte, als sie Rußland zivilisierte«.
Katharina hat die kaiserliche Gemäldesammlung von ein paar Dutzend Bildern auf fast viertausend vergrößert; es geschah weniger zur Befriedigung einer persönlichen Liebhaberei als abermals aus dem Wunsch, europäische Kultur nach Rußland zu bringen und es angesehen zu machen. Auch auf diesem Gebiet wirkte ihr Beispiel anre-

gend. Junge Russen interessierten sich für Malerei und übten sich in Techniken nach westlichen Mustern – sie erhielten besondere Erlaubnis, in dem Badehaus für Frauen nach dem Leben zu skizzieren –, während reiche Amateure wie Graf Scheremetjew und Panins Nachfolger Graf Besborodko Sammlungen anlegten und wie die Kaiserin eine sich langsam bildende russische Schule patronisierten.
Eine letzte künstlerische Erwerbung Katharinas ist der Erwähnung wert. Noch bei der Planung des Tschesme-Palastes, den sie nach der finnischen Bedeutung »Froschteich« nannte, bestellte sie bei Josiah Wedgwood ein Tafelservice für fünfzig Personen, das mit den bedeutendsten Bauten, Ruinen, Parks und anderen Sehenswürdigkeiten Großbritanniens dekoriert werden sollte, jedes Stück nicht mit den kaiserlichen Insignien, sondern mit einem grünen Frosch gekennzeichnet. Wedgwood ließ im ganzen Inselreich Ansichten zeichnen, die in Chelsea unter der Leitung von Thomas Bentley von Frauen, die dafür zwischen drei und acht Schilling die Woche bekamen, auf die einzelnen Teile des Service kopiert wurden. Es dauerte drei Jahre, 1282 Ansichten auf 760 Teile zu malen, und nachdem man das Service zwei Monate lang in Soho ausgestellt hatte, wurde es 1774 nach St. Petersburg verschifft.
So empfing Katharina für ihre dreitausend Pfund einen geographischen Anschauungsunterricht in fünf Gängen, ein einzigartiges Panorama des Landes, das sie durch Charles Hanbury-Williams schätzen gelernt hatte. Sie gebrauchte das Service auf der ersten Dinnerparty für einen neuen englischen Botschafter und auf späteren Festessen in dem »Froschteich«.
Was die Musik betraf, so behauptete Katharina, weder Stimme noch Ohr dafür zu haben und daß sie im eigentlichen Sinne keine Musikliebhaberin war. Aber Potemkin liebte die Musik und hielt sich ein eigenes Orchester; wahrscheinlich hat er Katharina die russischen Volkslieder nahegebracht. Die Oper hatte sie aber immer gern gemocht, und sie tat viel, um sie zu fördern.
Der erste Komponist, den Katharina nach Rußland einlud, war Baldassare Galuppi, der durch seine komischen Opern bekannt war. Er wirkte 1765 bis 1768 als Musikdirektor in St. Petersburg

und komponierte für die Kaiserin eine *Iphigenie in Tauris* – ein aktuelles Thema, denn Tauris lag auf der Krim. Ihm folgte Tommaso Traëtta, der bei der Aufführung einer seiner Opern nach der damaligen Sitte am Cembalo saß und sich von Zeit zu Zeit an das Publikum mit den Worten wandte: »Meine Damen und Herren, passen Sie gut auf und beachten Sie diese Stelle!« Traëtta mußte seinen Posten aufgeben, weil ihm das russische Klima nicht bekam und wurde 1776 von Giovanni Paisiello abgelöst, der bis 1784 Hofkapellmeister war.

»Paisiello hat uns vorgestern köstlich unterhalten«, schrieb Katharina an Grimm, »mit einer komischen Oper, die er in drei Wochen komponiert hat und über die Sie sich totgelacht hätten. Sie heißt *Der lächerliche Philosoph* oder *Der anmaßende Gelehrte;* darin kommt eine Arie vor, wo zur Musik gehustet wird, und wenn der eine Sänger etwas über Lungenentzündung singt, erwidert sein Partner erschreckt, er hoffe, Signor Agaphontidas sei nicht gekommen, um zu *crepare in mia casa.* « Katharina hat sich diese Oper viermal angesehen, »sich die Seiten gehalten« vor Lachen und auf einem Maskenball dem Komponisten die Arie vorgesungen, nachdem sie sich die Mühe genommen hatte, sie auswendig zu lernen. Sie muß also doch Stimme und musikalisches Gehör gehabt haben.

Paisiellos Haupterfolg in St. Petersburg war sein *Barbier von Sevilla* nach dem Libretto von Petrosellini. Nach acht Jahren in den Diensten der Kaiserin kehrte er in den südlichen Sonnenschein zurück; sein Nachfolger war Giuseppe Sarti. Sanft und freundlich, Mathematiker sowohl wie Komponist, liebte es Sarti, Katharina seine Theorien über die Oper und die Akustik auseinanderzusetzen; er zeigte ihr einen von ihm erfundenen Apparat, um die Tonschwingungen zu zählen – der Ton A hatte 436 Schwingungen.

Während sie sozusagen mit einem Ohr Sarti zuhörte, hielt Katharina das andere Potemkin hin und ihrem Hofsänger Trutowskij, der 1778 den ersten Teil einer Sammlung liturgischer Lieder veröffentlicht hatte und die Kaiserin auch mit dem reichen Schatz russischer Volkslieder bekannt machte.

Sie setzte sich zum Ziel, italienische und russische Musik miteinander zu verknüpfen. Nach ihrer Erzählung *Eine Rose ohne Dornen* verfaßte sie das Textbuch zu einer russischen historischen *opera buffa, Feweij* betitelt, die am 19. April 1786 im Kammenij-Theater uraufgeführt wurde. Die Musik war von Paschkewitch, und der Kalmücken-Chor ist eins der frühesten Beispiele für die Verwendung orientalischer Elemente in der russischen Musik.

Sie schrieb vier weitere Opern, alle über Helden aus der russischen Geschichte: *Basil Bojeslawitsch, der Krieger von Nowgorod,* mit der Musik von Fomin, wurde 1786 aufgeführt; *Der kühne Ritter Akrideitsch* mit der Musik eines böhmischen Komponisten 1787; *Der traurige Krieger Kosometowitsch* mit der Musik von Martin y Soler 1789; und *Die Anfänge von Olegs Regierung* mit der Musik von Canobbio, Paschkewitsch und Sarti 1790.

Von diesen Opern ist *Oleg* die interessanteste. Der erste Akt zeigt Oleg, den Großfürsten von Kiew Ende des neunten Jahrhunderts, den Grundstein von Moskau legen; im zweiten Akt arrangiert er die Vermählung seines Neffen Prinz Igor mit einer skandinavischen Prinzessin; im dritten findet die Hochzeit statt; im vierten bereitet Oleg einen Angriff auf Konstantinopel vor, um eine Rußland angetane Beleidigung zu rächen, worauf ihm Kaiser Leo einen wünschenswerten Frieden anbietet – eine Anspielung, die ihre Wirkung auf Katharinas Publikum nicht verfehlt haben dürfte. Der letzte Akt schließlich zeigt ein Fest, das Leo für Oleg gibt, einschließlich der Aufführung von drei Szenen aus dem dritten Akt der *Alkestis* von Euripides und eines Balletts, das die olympischen Spiele darstellt. »Der Text«, sagte Katharina, »stammt ganz und gar aus authentischen historischen Quellen; nur die Szenen von Euripides sind übernommen und die Chöre, die im letzten Akt auf Lomonossows Oden basieren und im dritten Akt, als Bekraj sich ankleidet, alte russische Volkslieder verwenden.«

Von *Akrideitsch* sagte ein englischer Reisender, der die erste Vorstellung sah: »Die Szenerie war sehr schön, Musik und Ballett ausgezeichnet, vor allem die Tänzer Lepisqu und Rossi; doch da es komische Tänze waren, konnten sie ihr Talent nicht recht entfalten.«

Charles Lepisq oder Pepicq, einer der beiden bedeutendsten Tänzer seiner Zeit, war 1786 von der Kaiserin nach Rußland geholt worden. Dort war er maßgebend an der Gründung einer nationalen russischen Ballettschule beteiligt, deren begabteste Schülerin, Anastasia Berilowa, ihr Debut noch während Katharinas Regierungszeit machte und schnell Primaballerina wurde. Noch in ihren zwanziger Jahren starb sie und wurde, wie man erzählte, in einem mit Pelzen ausgelegten Grab bestattet, das nicht mit Erde, sondern mit Blumen bedeckt wurde.

Die berühmteste der von Katharina engagierten Sängerinnen war »la belle« Gabrielli. In Rom geboren, besaß sie die von Mozart gelobte »geläufige Gurgel« und verlangte, als Katharina sie nach Rußland einlud, siebentausend Rubel im Jahr, ein Haus und einen Wagen. Als man ihr sagen ließ, ein russischer Feldmarschall bekäme nicht soviel, soll sie geantwortet haben: »Dann würde ich Ihrer Majestät raten, einen ihrer Marschälle singen zu lassen.« Sie war vier Jahre am kaiserlichen Hof und erwies sich als sehr schwierig. Sooft sie mit einem neuen Geliebten beschäftigt war, schützte sie eine Erkältung vor; und Katharina bemerkte ärgerlich: »Wenn ich einen Feldmarschall zu mir befehle, kommt er; aber wenn ich die Gabrielli bitten lasse, ist sie nie bereit.«

Katharinas tatkräftige Förderung der Künste beschränkte sich nicht auf die Einführung ausländischer Talente. Wie ihre Opernbücher zeigen, versuchte sie ebenso zu entwickeln, was in Rußland schlummerte. Wie ein guter Trainer bei unerfahrenen Sportlern, gab sie den Russen, was sie vor allem brauchten: Selbstvertrauen. Der vielleicht scharfsinnigste Kommentar über Katharinas Taktik stammt von dem britischen Botschafter Buckingham: »Die Kaiserin hat es mit Großzügigkeit, erheblichen Mitteln und durch ihr eigenes Beispiel zuwege gebracht, ihre Untertanen die gehobene Unterhaltung zu lehren. Zuerst sind sie noch ein wenig scheu und betreten die Pfade der feineren Vergnügungen mit der gleichen Vorsicht wie das Wild eine unbekannte Wiese – aber bald werden sie zu grasen beginnen.«

21

Der allgewaltige Potemkin

»Bevor man eine Nation regieren kann, muß man ihr die Kanten abschleifen«, hatte Katharina einmal notiert. In St. Petersburg bedeutete »die Kanten abschleifen« vor allem, die Künste pflegen; andernorts, vor allem im Süden, der in zunehmendem Maße die Aufmerksamkeit der Kaiserin beanspruchte, nahm es die mehr elementaren Formen der Kolonisierung, Besiedlung und Bebauung an.

Im Jahre 1776 wollte Katharina, wie wir gesehen haben, Potemkin mit wichtigen Aufgaben im Dienste des Staates betrauen. Durch den Friedensvertrag von Kütschük-Kainardschi waren neue Ländereien am Schwarzen Meer in russischen Besitz gelangt, und Katharina sandte Potemkin dorthin als Generalgouverneur, später als Vizekönig von Noworossijsk und Asow, mit dem Auftrag, das Land zwischen Bug und Dnjepr und dem unteren Don und dem Jeja (?) sowie die Kornfelder und Schafweiden der früheren Kosaken von Saporoschje, deren Autonomie 1775 beendigt wurde, zu entwickeln und zu verwalten.

Potemkin war ein Mann, der morgens schwer aus dem Bett fand, doch sobald er aufgestanden war und seine Phantasie durch eine interessante Aufgabe angefeuert hatte, für zehn arbeiten konnte. Er vertauschte den seidenen Schlafrock mit einer kragenlosen Bluse, Reithosen und Stiefeln; aus dem Höfling wurde ein Pionier, und er erforschte persönlich jede Meile des ihm anvertrauten Gebietes. Zuerst nahm er sich die Kosaken vor, siedelte sie in Dörfern an, wo er sie im Auge behalten konnte, und vereinigte sie zu einer neuen

Einheit, dem Kuban-Korps, um die Region nordwestlich des Kaukasus zu verteidigen. Das so entstandene Vakuum füllte er mit Kolonisten aus: Staats- und frühere Kirchenbauern aus Provinzen, wo der Boden knapp war, entlaufene Leibeigene und Sträflinge, Deserteure und landflüchtige Bauern – sie alle erhielten Amnestie für jedes Verbrechen außer Mord. Doch um diese ungeheuren Räume zu füllen, wurden noch mehr Menschen gebraucht. Nach einem erfolglosen Versuch, Sträflinge aus England zu bekommen, wandte sich Potemkin anderen Quellen zu – Deutschland, das zweiunddreißigtausend Einwohner schickte, und die Krim, von wo dreißigtausend Christen griechischer, albanischer und georgischer Herkunft kamen.

Jeder Neusiedler erhielt 142 Morgen und wurde Staatsbauer, obwohl er keinen *obrok*, sondern eine leichtere Form der Abgabe zu entrichten hatte. Mit Salz und Wodka durfte er unbesteuert handeln. Siedler, die sich bewährten, bekamen Neuland mit armen Böden bis zu zweiunddreißigtausend Morgen, wenn sie sich bereiterklärten, ihren Besitz innerhalb von zehn Jahren mit anderen zu teilen. Mit der Billigung der Kaiserin durchbrach Potemkin das Monopol des Landadels und ließ ihre Güter auch von Nichtadligen bebauen.

Er gab ein Beispiel, indem er selber einige Güter am Dnjepr bewirtschaftete und den fähigen Samuel Bentham als Inspektor einsetzte. Wie Cameron ließ Bentham schottische Handwerker kommen, die Werkstätten für Lederwaren und Glasbläsereien einrichteten, eine Schmiede, eine Mühlenbau-Werkstatt und eine Seilerbahn. Bentham vermerkte: »Der Fürst möchte einen botanischen Garten anlegen, in dem alle Gemüsesorten der Welt gezogen werden sollen...« und: »Der Fürst will die Verbrauchssteuer auf Bier abschaffen, so daß es in seinen Provinzen frei verkauft werden kann... er will auch eine Muster-Meierei schaffen, in der die beste Butter und soviel Käsesorten wie möglich hergestellt werden.«

Im Jahre 1778 begann Potemkin, der nur glücklich war, wenn er ein Dutzend Dinge auf einmal betreiben konnte, mit dem Bau des Hafens Cherson an der Dnjeprmündung, den vier Jahre später Kyrill

Rasumowskij wie folgt beschreibt: »Stellen Sie sich auf der einen Seite eine sich fast stündlich vermehrende Anzahl von Steinbauten vor: eine Festungsanlage mit einer Zitadelle und anderen Gebäuden; die Admiralität mit einer Werft; eine geräumige Vorstadt, von Kaufleuten und anderen Bürgern der verschiedensten Rassen bewohnt; und auf der anderen Seite Baracken, in denen etwa zehntausend Soldaten untergebracht sind. Dazu kommt, ungefähr gegenüber der Vorstadt, eine ansehnliche Insel mit Quarantänestationen, griechischen Handelsschiffen und neu angelegten Kanälen, welche diesen Schiffen Einlaß gewähren. Malen Sie sich das aus, und Sie werden mein Erstaunen verstehen; denn vor kurzer Zeit war hier nichts als ein Schuppen, in dem im Winter Bienenkörbe gelagert wurden.«

Wenige Aufgaben dürften schwieriger sein, als jungfräulichen Boden mit eingewanderten Arbeitskräften zu erschließen und Städte mit improvisierten Werkzeugen zu bauen. Von weitem betrachtet wurde es zu einer wahren Herkulesarbeit; und sie hätte sicherlich Potemkins Kräfte überstiegen, hätte er nicht Katharina gehabt. Sie stand als Vorbild vor ihm und gab ihm jede erdenkliche Unterstützung. Und er schuftete Jahr für Jahr im Süden, manchmal rücksichtslos und tyrannisch, manchmal mit Schmeichelei und List. Er bemühte sich, die Trägheit seiner Landsleute zu überwinden, umging die üblichen bürokratischen Wege, wandte sich direkt an die Kaiserin, um zum Beispiel Geld für den Ankauf von Holz für den Schiffsbau in Cherson zu erhalten, und erhielt postwendend die erforderliche Vollmacht, von Katharinas eigener Hand geschrieben. Nach sieben Jahren hatte Potemkin einen großen Teil des Südens aus einem turbulenten Grenzgebiet von Seeräubern und Banditen in eine friedliche, feste Provinz Rußlands verwandelt. Dies ermöglichte Katharina ihren nächsten außenpolitischen Schritt, der von großer Tragweite war: sie schützte sich vor türkischen oder französischen Gegenschlägen, indem sie die preußische Allianz gegen ein Bündnis mit Österreich eintauschte, und annektierte 1783 die Krim.

Die Krim, wenn auch von Potemkin etwas verächtlich als »die

Warze an der Nase Rußlands« bezeichnet, war ein Land von allergrößtem Interesse. Von den Griechen kolonisiert, den Römern erobert (Ovid besuchte die Krim von seinem Exil Tomi am Schwarzen Meer), war es der Teil des russischen Reiches, der am frühesten mit Europa in Berührung kam. Später hielten es die Mongolen Dschingis-Khans besetzt, und die derzeitige Bevölkerung bestand hauptsächlich aus moslemischen Tataren, die einen türkischen Dialekt sprachen, neben beträchtlichen Minoritäten von Kalmüken, Griechen, Armeniern und Georgiern. Nachdem sie die Krim erobert hatte, wies die Kaiserin Potemkin an, dort zu wiederholen, was er in der Ukraine getan hatte: Ordnung zu schaffen, das Land auszubauen, Straßen anzulegen, die Nahrungszufuhr zu sichern und die Häfen zu modernisieren.
Abermals handelte Potemkin mit Schwung und Erfindungsgabe. Er brachte Tausende von Kolonisten ins Land, versorgte sie mit Vieh und Geräten, mit Melonensamen, Maulbeeren und Seidenwürmern. Er nahm die Kalmüken unter Kontrolle, die Pferdefleisch unter dem Sattel weichritten und gegorene Pferdemilch tranken. Er wählte Sewastopol zum Sitz des großen neuen Hafens und beauftragte mit dem Bau Admiral Thomas Mackenzie, der als Leutnant bei Tschesme ein Feuerschiff kommandiert hatte. Da es in der Region kein gutes Bauholz gab, ließ er Schiffsladungen von Eichenholz aus Polen den Dnjepr hinunterbringen.
Als Sewastopol Gestalt annahm, legte Potemkin Weingärten und einen botanischen Garten an, richtete eine neue Meierei ein und baute sich selber ein schönes Haus, wo er sich bei den Klängen eines eigenen Orchesters von seinen Mühen ausruhte. Jeder der fündundsechzig Musiker dieses Orchesters spielte, wie ein spanischer Besucher, Francisco de Miranda, berichtete, nur einen Ton auf einem Waldhorn: »Die Hörner waren von zwölf bis zu weniger als einem Fuß lang, und das Ganze klang ähnlich wie eine Orgel.«
Potemkin hielt Katharina über seine Fortschritte auf dem laufenden und bat sie eines Tages, doch selber zu kommen und mit eigenen Augen zu sehen, was er für sie geschaffen hatte. Obwohl sie gewarnt wurde, daß die Straßen unpassierbar seien, sie würde sich

überanstrengen und krank werden, war Katharina entschlossen zu fahren und setzte ein Datum im Jahre 1887 – ihrem Jubiläumsjahr – fest.
Ausgangspunkt der Besichtigungsreise war Kiew. Potemkin, Schausteller *par excellence,* hatte eigens sieben Galeeren im römischen Stil bauen lassen; die der Kaiserin war mit Gold und rotem Brokat ausgestattet und hatte ein Orchester, das Sarti leitete. Der Hofstaat, die Bediensteten einschließlich dreißig Wäscherinnen, das Essen und die Getränke folgten in achtzig kleineren Booten, die von dreitausend Matrosen bemannt waren. Nach Ostern, sobald das Eis auf dem Dnjepr geschmolzen war, ruderte die Flotte los, und die lange Fahrt in den Süden begann.
An einem der ersten Haltepunkte kam König Stanislaus von Polen an Bord, um der Kaiserin seine Aufwartung zu machen. Dreißig Jahre waren vergangen, seitdem er nächtliche Schlittenfahrten mit der Großfürstin unternommen hatte und von ihr geliebt und geschätzt worden war, »mehr als die ganze übrige Menschheit«. Er liebte Katharina noch immer, und obwohl es gelegentlich andere Frauen in seinem Leben gegeben hatte, bedeutete ihm keine mehr als sie.
Katharinas Gefühle bei der Begegnung mit ihrem früheren Geliebten können nur vermutet werden. Er war noch immer ein schöner Mann, und das war etwas, das sie stets ansprach. Aber ihre Beziehungen hatten sich gründlich geändert; jetzt war sie es, die den Schlitten lenkte. Wenn sie auch eine warme sentimentale Bindung an Stanislaus verspüren mochte, so waren die politischen Tatsachen wichtiger; es würde sich für die Kaiserin von Rußland nicht ziemen, eine ungebührliche Zuneigung für den König von Polen zu zeigen, der für die russischen Interessen ein wenig zu unabhängig handelte. So gab sie ein Essen für Stanislaus auf ihrer Galeere, heftete ihm das blaue Band des Andreasordens an, das sie, mit einer netten Geste, von ihrer Brust nahm, lehnte jedoch seine Aufforderung zu einem Tanz ab.
Katharina hatte zu dieser Reise auch Joseph II., den Kaiser von Österreich, eingeladen. Er hatte eine trockene, beißende Art und

ahmte, wie Peter III., den König von Preußen nach. Doch er arbeitete hingebungsvoll für Österreichs Wohlfahrt, und Katharina, wenn sie ihn auch nicht besonders mochte, fand ihn »sehr belesen« und war froh, ihn zum Bundesgenossen zu haben.

Sie trafen sich in Jekaterinoslaw. Dem Besucher dürfte dieser Ort wie eine willkürliche Ansammlung von Holzhäusern erschienen sein; doch Potemkin, der ihn angelegt und ihm den Namen gegeben hatte, sah ihn schon als eine wundervolle Stadt, das St. Petersburg des Südens, mit einer Universität, einem Musikkonservatorium, einem Gerichtsgebäude und Kaufläden, zu denen ein Säulengang im Stil der Akropolis führen sollte, und, als Krönung, einer Kathedrale so groß wie die Peterskirche in Rom.

Was die künftige Kathedrale betraf, so schrieb Joseph an einen Freund: »Ich habe heute eine denkwürdige Tat vollbracht. Die Kaiserin legte den ersten Stein der neuen Kirche, und ich – den letzten.« Sein Sarkasmus war begründet, denn Jekaterinoslaw erwies sich als eine Potemkinsche Fata Morgana; die Kirche wurde erst viele Jahre später fertig und wesentlich kleiner.

Nach dieser Zeremonie gingen die Kaiserin und der Kaiser an Bord des Luxusschiffes. Dort wurde Joseph die Reisegesellschaft vorgestellt: neben Potemkin der sylphenhafte französische Botschafter Louis Philippe de Ségur, der Fabeln schrieb; der stets heitere und darum von Katharina besonders geschätzte Fürst von Ligne; und Prinz Karl von Nassau-Siegen, ein Mitarbeiter Potemkins, ein geborener Holländer, der die ganze Welt bereist hatte.

Bei jedem Halt ging Katharina an Land, befragte Bauern, Kaufleute, Geistliche und andere über ihre Arbeit, ihre Ziele und Sorgen, und nahm aufmerksam Notiz von Mißständen und Ungerechtigkeiten. Manchmal übernachtete sie in einem schönen Haus, das Potemkin eigens zu diesem Zweck hatte bauen lassen, manchmal blieb sie auf dem Schiff. Einmal las sie mit Ségur eins der *Göttergespräche* von Lukian, in dem Jupiter von einem Zyniker über die Vorsehung und den freien Willen befragt wird; an einem anderen Tage versuchte Ségur, allerdings ohne Erfolg, sie zu lehren, französische Verse zu schreiben. Sie war sehr auf die Unterhaltung und das Wohlergehen ihrer Gäste bedacht; und eines Abends, als sich das Versorgungsschiff mit ihrem Abendessen verspätet hatte, stürmte sie verärgert hinaus. Um neun hatte sie ihre Fassung wiedererlangt und erschien in einem aprikosenfarbenen seidenen Morgenrock mit blauen Bändern, das Haar aufgelöst und über die Schultern fallend, war wieder die gute Laune selbst und blieb anderthalb Stunden, um dem Prinzen von Nassau und seinen drei Mitspielern bei einer Whistpartie zuzuschauen.

Wenn Potemkin in Jekaterinoslaw wenig Greifbares vorzuweisen gehabt hatte, so machte er es in Cherson wieder gut. Dieser Hafen, den er buchstäblich aus dem Nichts geschaffen hatte, stand jetzt unter dem Kommando des Generals Hannibal, der in Rußland von einem schwarzen Vater und einer weißen Mutter geboren worden war. Hannibal hatte die Docks und Werften weiter ausgebaut, und als die Kaiserin in ihrer Galeere eintraf, sah sie zweihundert Handelsschiffe, davon viele russische, vor Anker liegen.

Nach der Besichtigung der Stadt, die Katharina gern mit dem klassischen Namen des Dnjepr »Borysthenes« nannte, wohnte sie dem Stapellauf von zwei Linienschiffen und einer Fregatte bei – ein Ereignis, das Potemkin sorgfältig mit dem kaiserlichen Besuch abgestimmt hatte. Als die Reise auf dem Landwege fortgesetzt wurde, verließ man Cherson durch ein Tor, an dem Potemkin eine Inschrift auf griechisch hatte anbringen lassen: »Dies ist der Weg nach Byzanz.«

Solche Worte hatten für Katharina eine große Bedeutung; sie spielten auf einen neuen Kurs in ihrer Außenpolitik an, von dem sich 1778 die ersten Spuren abgezeichnet hatten. In diesem Jahr war ihr zweiter Enkel geboren worden, sie hatte ihn Konstantin genannt, nach dem letzten byzantinischen Kaiser Konstantin Paläologos, und Gedenkmünzen schlagen lassen mit der Hagia Sophia auf der einen Seite und das Schwarze Meer mit einem Stern darüber auf der anderen. 1781 ersetzte sie den vorsichtigen Panin durch den unternehmungslustigeren Alexander Besborodko; mit ihm und Potemkin entwickelte die Kaiserin ihr »griechisches Projekt«. Im Bündnis mit Österreich wollte Rußland Bessarabien, die Moldau und die Walachei von den Türken befreien und sie zu dem Staat »Dazien« vereinen, von Rußland unabhängig, doch von einem orthodoxen Monarchen regiert. Österreich sollte für seine Unterstützung Serbien erhalten; und eine neue russische Flotte, auf der Krim stationiert, würde Konstantinopel angreifen, die Griechen befreien und das byzantinische Reich, mit Katharinas Enkel als Kaiser, neu erstehen lassen. Das war Katharinas und Potemkins gemeinsamer Traum, der dieser großartigen Reise einen zusätzlichen Reiz verlieh.

Dann langte sie auf der Krim an. Sie blieb nicht an der windigen Nordküste, sondern eilte nach Bachtschisarai, der prachtvoll am Fuß der Berge gelegenen früheren Residenz der Tatarenkhane. Katharina hatte Cameron vorausgeschickt, um den Palast für sie herzurichten, wo die Springbrunnen zwischen Jasmin und Granatbäumen spielten und die Wände mit schönen türkischen Teppichen geschmückt waren.

Sie verbrachte drei Tage in der sonnigen »Stadt der Gärten«. Obwohl die fünftausend Einwohner bereits neunzehn Moscheen besaßen, hielt es Katharina für opportun, zwei weitere zu stiften – sie unterstützte sogar den Islam, weil die Polygamie den Kinderreichtum förderte, den Rußland so nötig hatte. Dann ging es weiter zur Südküste, wo steile Vorgebirge aus rotem Marmor, von Pinien und Zypressen gekrönt, den Italienkenner an Amalfi erinnern, und wo sich Weinranken und Waldreben um die Bäume winden und laubenförmig herabhängen.

In Inkerman wurde Katharina in einem schönen neuerbauten Hause untergebracht, und dort wurden, auf ein Zeichen des auf Wirkung bedachten Potemkin, die Vorhänge vor dem Hauptfenster plötzlich zurückgezogen, um den Blick auf die Bucht von Sewastopol freizugeben, wo die Kriegsflotte einen donnernden Salut für die Kaiserin abfeuerte. Sewastopol selber, das Potemkin in nur drei Jahren zu einem blühenden Hafen mit vierhundert Häusern gemacht hatte, war die nächste Station. Hier zeigte der Marschall der Kaiserin ihre Schwarzmeerflotte: drei 66-Kanonen-Schiffe, drei 50-Kanonen-Fregatten und zehn kleinere Schiffe. Katharina dankte ihm und sagte zu ihrem Gefolge: »Ich hoffe, daß nie wieder jemand sagen wird, der Fürst sei träge.«

Auf dem Fluß Karasu, jenseits von Sewastopol, hatte Potemkin ein palastartiges Haus mit einem Garten erbauen lassen, den Schauplatz für das fünfundzwanzigjährige Regierungsjubiläum der Kaiserin. Er bot ihr ein Konzert und ein Bankett mit südlichen Leckerbissen und den Weinen, die er angebaut hatte: einen roten burgunderähnlichen von dem Don und einen weißen Sudak von der Krim. Als es dunkelte, feuerten hundertzwanzig Kanonen Gratulationssalven ab, und ein großartiges Feuerwerk entfaltete sich. In der langen Geschichte der Krim hatte es so etwas nicht gegeben. Dreißigtausend Raketen schmückten den Nachthimmel mit farbigen Sternen, und als Katharina zu Bett ging, sah sie aus ihrem Fenster an der nahen Bergwand ein riesiges »E«, mit dem ihr Name im russischen beginnt, von 55 000 Lichtern gebildet.

Potemkin feierte die Herrscherin, die er tief verehrte, und dankte ihr für das Vertrauen, das sie in ihn gesetzt hatte. Es war der Höhepunkt ihrer Reise. Auf dem Rückweg besichtigte sie neue Dörfer und sagte auf dem Schlachtfeld von Poltawa dem Fürsten Lebewohl, nachdem er eine neue Schau veranstaltet hatte: eine Neuinszenierung des berühmten Sieges Peters des Großen.

Während Katharina zur Erinnerung an ihre dreimonatige Reise eine Gedenkmünze prägen ließ, verbreitete der sächsische Gesandte, der Potemkin haßte und in St. Petersburg geblieben war, die berühmt gewordene Legende von den »Potemkinschen Dörfern«: der Fürst habe Pappdörfer aufgebaut und sie mit sauber gekleideten Bauern bevölkert, die man jeweils von einem Ort zum anderen trieb. Die Gesandten, die Katharina begleiteten, geben keinerlei Hinweise darauf; während Jeremy Bentham, der seinen Bruder Samuel besuchte und als Augenzeuge jede Täuschung bemerkt hätte, lediglich schreibt: »Die Straßen, durch welche die Kaiserin kam, waren mit Kiefernzweigen und anderem Immergrün gesäumt und von zwei Tonnen (?) beleuchtet, wechselnd mit Lampen aus irdenen Töpfen, die mit Talg und einem Docht in der Mitte gefüllt waren.«

In Jekaterinoslaw hatte Potemkin weit mehr geplant, als er ausführen konnte; an verschiedenen Punkten der Reise hatte er Dekorationen errichten und Häuser bauen lassen, in denen eine Kaiserin

übernachten konnte; und als Katharinas Favorit hatte er viele Feinde – aus diesen Gründen machte die spöttische Anekdote des sächsischen Gesandten ihren Weg und ist noch heute sprichwörtlich. Aber sie enthält keine Wahrheit. Die »Potemkinschen Dörfer« gehören ebenso wie der Satz »Wenn sie kein Brot haben, sollen sie Kuchen essen«, in den Papierkorb der Weltgeschichte.
Potemkins Leistungen im Süden und auf der Krim sind geringer, als er sich in seinen Briefen an Katharina rühmte, doch nichtsdestoweniger fest und dauerhaft. Die neugewonnene Sicherheit in den Steppen und auf der erst vier Jahre vorher annektierten Krim, die von ihm gegründeten Städte, die neuen Dörfer alle zwanzig Meilen auf dem Lande, die Flotte im Schwarzen Meer – das sind Fakten, über die es nichts zu streiten gibt.
In den achtziger Jahren war Potemkin der bedeutendste Mann Rußlands. Wie hat diese Häufung von Macht seinen Charakter beeinflußt? Er wurde, soweit es möglich war, noch großspuriger und skurriler. Als 1780 Kaiser Joseph II. inkognito nach St. Petersburg kam und steif ankündigte, er wolle nur in einfachen Gasthäusern, nicht in Palästen übernachten, machte sich Potemkin einen Spaß daraus, das obere Badehaus in Zarskoje Selo als Gasthaus herzurichten, mit einem Wirtschausschild zur Kennzeichnung und dem Gärtner als Wirt. Die Großspurigkeit führte zur Verschwendungssucht. Gelüstete Potemkin nach Austern oder Schnepfen, so konnte er einen Kurier tausend Meilen danach schicken. Legten Lieferanten überfällige Rechnungen vor, dann rief er seinen Sekretär Popow und tat, als wolle er ihn zurechtweisen: »Warum ist dieser Mann nicht längst bezahlt?« Dann machte er ein Zeichen mit der Hand – wenn er sie öffnete, durfte die Rechnung beglichen werden, wenn er sie zur Faust schloß, bekam der Gläubiger nichts.
Er wurde übermütig. Einmal schaffte er sich eine silberne Badewanne an, und als zwei Herren des Hofes sie bewunderten, sagte er: »Wenn Sie sie vollscheißen können, schenke ich sie Ihnen.« Er war imstande, zwanzig Adjutanten dringend zu sich zu rufen, und wenn sie eintrafen, schweigend stehen zu lassen. Als seine Lieblingsnichte Alexandra Branicka unhöflich zu dem Grafen Stackelberg war, dem

russischen Gesandten in Warschau, faßte Potemkin die junge Dame bei der Nase und führte sie vor König Stanislaus, damit sie sich entschuldigte.

Sein Lebensüberdruß nahm zu, wie ein Vorfall in Mogilew zeigt. Potemkin hatte viel zur Förderung der Juden in dieser Stadt getan und wurde eines Tages von seinen dankbaren Schützlingen gefeiert. Sie hatten eine Tribüne errichtet, mit grünen Zweigen geschmückt und mit der Inschrift versehen »Frohlocke Israel, wie in den Tagen Salomos«. Sie tanzten zu der Musik von Geigen, Flöten und Zymbeln und schenkten ihrem Schirmherrn eine Waage aus reinem Gold. Nach dem Empfang rief Potemkin ungeduldig: »Kaffee! Ich brauche Kaffee!« Man eilte, seinem Wunsch zu entsprechen, und als der Kaffee auf einem goldenen Tablett serviert wurde, warf Potemkin einen Blick darauf und seufzte: »Sie können ihn wieder wegtragen. Ich wollte mir nur etwas wünschen, und sogar dieses Vergnügen ist mir versagt.«

Er hatte Einfälle, die ans Geniale grenzten, wie zum Beispiel den, die Juden in einem Regiment »Israelowskij« zusammenzufassen, mit gewaltigen Lanzen zu bewaffnen und mit ihnen das Heilige Land zurückzuerobern und zu besiedeln. Ein anderer Plan zielte darauf ab, die römisch-katholische und die russische Kirche zu vereinen. »Er ist riesig wie Rußland«, schrieb der Fürst von Ligne. »Er verkörpert in sich Goldminen und ödes Land«, ein Vergleich, den Ségur weiterführte, als er Potemkins gesundes Auge mit dem Schwarzen Meer verglich, sein totes mit der Ostsee, die für Rußland den größten Teil des Jahres mit Eis bedeckt ist. »Er sieht träge aus, doch er arbeitet unablässig; er liegt scheinbar den ganzen Tag auf der Chaiselongue, doch er schläft nie; er verlangt nach Kurzweil, doch inmitten der Vergnügungen überkommt ihn Traurigkeit; er ist ein hervorragender Politiker, doch unverläßlich und launisch wie ein Kind.«

Katharina gegenüber empfand Potemkin in gleichem Maße Bewunderung, Zuneigung und Dankbarkeit. »Du bist mehr als eine wirkliche Mutter für mich«, schrieb er nach ihrer Krimreise; und er dankte ihr, »daß Bosheit und Neid Dich nicht gegen mich einnehmen konnten und jede Niedertracht erfolglos blieb. Das ist etwas sehr Seltenes in der Welt, und nur Du besitzt solche Charakterstärke.«

Doch Potemkin konnte, wie Ligne bemerkte, launisch sein, und er war es häufig auch in seinen Beziehungen zu Katharina. Er war weniger aufrichtig zu ihr als sie zu ihm. Ein Beispiel: England hatte Rußland für Hilfe gegen Nordamerika die Mittelmeerinsel Minorca angeboten. Potemkin versprach dem britischen Botschafter Harris, sich bei der Kaiserin dafür einzusetzen, unterließ es jedoch und schob dann Katharina die Schuld zu, indem er zu Harris sagte, sie sei »mißtrauisch, zaghaft und engstirnig geworden«.

Ab Ende 1776 hörten seine intimen Beziehungen zu Katharina auf. Er liebte sie nach wie vor; doch seine sexuellen Aktivitäten wandte er seinen drei jungen Nichten zu, den Töchtern seiner Schwester Maria Engelhardt, besonders Warwara, der ältesten, der er leidenschaftlichere Liebesbriefe schrieb als selbst an Katharina: »Meine teuerste Göttin, ich küsse Dich überall.«

Und wie stand es um Katharinas Gefühle für Potemkin? Sie hatte ihren »Gatten« eigentlich deshalb in den Süden geschickt, damit er Erfüllung finden und sie dadurch weiterlieben sollte. Ihr Plan war nur halb gelungen. Potemkin hatte in der Tat Erfüllung als aktiver Staatsmann gefunden, und er liebte sie noch immer – doch als seine Kaiserin, nicht wie ein Mann seine Frau liebt. Katharina mußte sich damit abfinden, daß sie zuerst die sexuelle Liebe Grigorij Orlows und nun die Potemkins verloren hatte. Wahrscheinlich war dieser doppelte Verlust die unabdingbare Folge ihrer Stellung als Monarchin, aber darum nicht weniger bitter.

Sie empfand für Potemkin vor allem eine Dankbarkeit, die der seinen ähnlich war. In ihrer Antwort auf den Brief, den er ihr nach der Krimreise schrieb, bemerkte sie: »Zwischen Dir und mir, mein Freund, kann alles kurz gesagt werden: Du dienst mir, und ich bin dankbar, das ist alles. Und was Deine Feinde betrifft, so hast Du ihnen mit Deiner Ergebenheit zu mir und Deiner schweren Arbeit für den Staat ein Schnippchen geschlagen.«

Doch seine sexuelle Anziehungskraft auf sie hatte nicht aufgehört,

und noch immer bewunderte sie ihn als ihren Helden. Das geht aus dem Ton ihrer Briefe und den vielen Geschenken hervor, die sie ihm machte – sie bestickte mit eigener Hand eine kostbare Decke für eine Chaiselongue in dem Stadthaus, das sie ihm geschenkt hatte. So stand es im Sommer 1777. Damals war er im Süden; sie war seit einigen Monaten die Geliebte Peter Sawadowskijs. Potemkin hörte, daß dieser mit den Woronzows konspirieren sollte, um ihn zu Fall zu bringen, und eilte nach St. Petersburg. Er wurde von Sawadowskij empfangen und mußte sich sagen lassen, daß die Kaiserin ihn nicht empfangen wollte. Der wütende Potemkin stieß den Rivalen beiseite, erzwang sich Zutritt und beschimpfte Katharina. Er forderte sie auf, Sawadowskij den Laufpaß zu geben; er würde ihr einen anderen Liebhaber verschaffen, dem er vertrauen könne. Ein solches Ansinnen ist erstaunlich, und daß Katharina es ernst nahm, zeugt von ihrer Liebe zu dem Fürsten. Wahrscheinlich trifft es zu, daß ihr neuer Günstling gegen Potemkin intrigierte, und sie sah sich nun vor die Wahl gestellt: entweder jener oder dieser. Und da ihr »Gatte« den jungen Offizier in jeder Beziehung überragte, zögerte sie nicht und schickte Sawadowskij fort.
Potemkin schlug einen hochgewachsenen gutaussehenden Husaren vor, Simon Soritsch, viermal verwundet, fünf Jahre kriegsgefangen, und Katharina willigte ein. Er hielt seine Favoritenstellung elf Monate. Dann begann er, da er verständlicherweise Potemkins Einfluß auf Katharina übelnahm, sich gegen den Älteren zu stellen; er kritisierte ihn und provozierte ihn zu einem Duell. Nach dem Zweikampf, bei dem keiner der beiden ernsthaft verwundet wurde, »forderte ihn Potemkin höflich auf, sich zu packen und eine andere Kaiserin zu suchen, die ihn so gut bezahlen würde...« Im Juni 1778 ersetzte Potemkin Soritsch durch Iwan Rimski-Korssakow. An diesem ist das Beachtlichste sein Alter. Sawadowskij war zehn Jahre jünger als Katharina gewesen; Soritsch sechzehn Jahre; während der vierundzwanzigjährige Rimski-Korssakow fünfundzwanzig Jahre jünger war. Die Reihe der jungen Liebhaber setzte sich fort. Katharina gehörte zu den Menschen, die in jeder Weise den Umgang mit Jüngeren bevorzugten; unter ihren Freundinnen war

die Fürstin Daschkowa fünfzehn Jahre, ihre Hofdame Anna Protassow sechzehn Jahre jünger als sie. Der Grund dafür ist vielleicht in ihrer Kindheit zu suchen. Ohne gleichaltrige Geschwister aufgewachsen, hatte sie die meiste Zeit mit ihrer Mutter und deren Freunden zugebracht und wie eine Erwachsene denken gelernt. Daraus mag eine Sehnsucht nach der Ungezwungenheit und Unbekümmertheit und dem Idealismus der Jugend entsprungen sein; und damit läßt sich auch die Frage beantworten, warum Katharina junge Männer zu ihren Liebhabern erwählte: nicht, weil sie Männer suchte, die ihrem Willen gefügig oder besonders leistungsfähig in der Liebe waren, sondern weil sie nur ihrer allgemeinen Vorliebe für junge Menschen folgte. Wahrscheinlich spielen auch mütterliche Gefühle, die in dem Verhältnis zu ihren eigenen Söhnen keine Befriedigung fanden, eine wichtige Rolle.

Iwan Rimski-Korssakow gehörte zu einer Nebenlinie der Familie, die später den berühmten Komponisten hervorbrachte; und auch er war musikalisch, spielte Violine und hatte eine gute Stimme. Sein zweiter Vorzug war ein griechisches Profil, das wegen Katharinas »griechischem Projekt« damals in Mode war; doch sein geistiges Format mag man danach ermessen, wie er bei der Zusammenstellung einer Bibliothek vorging, die er bei seiner neuen Stellung für nötig erachtete. Er sagte zu dem führenden Buchhändler von St. Petersburg, er brauche Bücher für das große Haus, das ihm die Kaiserin geschenkt habe. »Was für Bücher sollen es sein?« »Das verstehen Sie besser als ich. Große Bücher unten, dann kleinere und so weiter bis ganz oben – so wie in der Bibliothek der Kaiserin.« Der Buchhändler verstand und lud in der neuen Bibliothek unverkaufte deutsche Bibelkommentare in geschmackvollen Lederbänden ab.

Katharina liebte den jungen Mann um seines Profils willen und nannte ihn Pyrrhus, König von Epirus. Doch ein solches Verhältnis konnte nicht von Dauer sein, nicht nur des großen Altersunterschiedes wegen, sondern weil es an jeder geistigen Gemeinsamkeit mangelte. Nachdem Rimski-Korssakow fünfzehn Monate lang Favorit gewesen, überraschte Katharina ihn eines Tages in den Armen der Gräfin Bruce – eine doppelte Enttäuschung für sie, da die Gräfin eine ihrer engsten Freundinnen war. Sie sprach mit ihrem Liebhaber unter vier Augen und entdeckte, daß nicht die Bruce seine eigentliche Liebe war, sondern die Gräfin Stroganow, eine verheiratete Dame. Katharina, so hartnäckig in anderen Dingen, versuchte nie, einen Liebhaber zu halten, wenn er aufgehört hatte, sie zu lieben. Sie entließ Rimski-Korssakow mit den üblichen Geschenken, die sie ihren ehemaligen Günstlingen zu machen pflegte, und die Gräfin Bruce ebenfalls.

Danach suchte Potemkin für Katharina wieder einen Mann aus, von dem er wußte, daß er sich nicht gegen ihn stellen würde. Alexander Lanskoj war eins von sieben Kindern einer Landadelsfamilie; die Eltern waren so arm, daß sie ihn nicht zur Schule schicken konnten. Mit vierzehn trat er dem Regiment Ismailowskij bei, dann ging er zur berittenen Garde. Zugleich nahm er französischen Unterricht; sein Lehrer sagte von ihm, er besäße nur fünf Hemden. Als er zum Generaladjutanten ernannt wurde, erhielt er von Katharina hunderttausend Rubel, damit er sich Garderobe anschaffen konnte.

Lanskoj war der jüngste Liebhaber Katharinas, erst einundzwanzig. Er hatte einen hellen Verstand, den Katharina schulte, indem sie seine Lektüre auswählte; eins der Bücher, die sie ihm zum Leben gab, waren Ciceros Briefe. Er hatte eine Neigung zur Kunst, zeichnete gut und fertigte ein Profilbildnis der Kaiserin an, das der staatlichen Münze als Vorlage für ein neues Rubelstück diente. Von allen Günstlingen ihrer mittleren Jahre liebte Katharina den jungen Lanskoj – er hätte ihr Sohn sein können – am meisten. Sie schrieb Grimm, daß er fleißig arbeite, schnell lerne und ihren Geschmack teile; sie hoffe, er würde »die Stütze meines Alters« werden.

Doch sogar zu Grimm war sie ziemlich zurückhaltend über den neuen Geliebten, und daher kann man vermuten, daß er ihr mehr bedeutete, als sie zu verraten wünschte. Nach vielen Enttäuschungen mit Männern, von Sergej Saltikows Schwäche bis zu Grigorij Orlows Launen und Rimski-Korssakows Untreue, hatte Katharina endlich einen jungen Mann von ungewöhnlich sanfter Wesensart gefunden, der sie liebte, der sich begnügte, bei ihr zu sein, Willens, aus ihrer großen Erfahrung im Regieren zu lernen und mit ihr die

Freude an der Kunst zu teilen. In einigen Zeilen an Grimm läßt Katharina ihr Glück ahnen: Sie und Lankoj betrachten gemeinsam ihre Sammlung kaiserlicher Intaglios, lassen die Steine von Hand zu Hand gehen, bewundern ihre Schönheit und sprechen von den römischen und griechischen Künstlern, die sie schufen.
Nach vier Jahren stürzte Lanskoj bei einem Ausritt vom Pferde; er starb an den Folgen des Unfalls am 14. Juni 1784. Seit dem Tode ihrer Mutter hatte Katharina keinen solchen Schlag erlitten; sie dachte, sie müsse vor Schmerz umkommen. Sie bestattete ihn in Sophia, ließ eine Kapelle über seinem Grab bauen und eine Gedächtnisurne mit der Inschrift »Meinem teuersten Freunde« im Park von Zarskoje Selo aufstellen; und noch zwei Jahre später konnte man sie neben der Urne weinen sehen.
Potemkin hatte damals seine aufreibende Arbeit auf der Krim begonnen, für die er dringend Katharinas Unterstützung brauchte. Getreu seinem Grundsatz, er müsse ihren Liebhaber bestimmen, damit es nicht einer seiner Feinde tue und damit seinen Sturz betreibe, ließ Potemkin Katharina acht Monate Zeit, Lanskojs Tod zu verwinden. Im Februar 1785 stellte er ihr den neuen Erwählten vor: Alexander Jermolow, dreißig Jahre, groß, blond und plattnasig, wohl einer der farblosesten von ihren Favoriten, und man weiß wenig von ihm außer den Umständen seiner Verabschiedung. Er entdeckte nämlich, daß Potemkin die für den ehemaligen Khan der Krim bestimmte Pension für seinen eigenen Gebrauch zurückhielt, und erzählte es Katharina, die darüber sehr ungehalten war. Potemkin hielt sich der Kaiserin eine Weile fern; dann erschien er plötzlich im Palast und wiederholte seine alte Taktik: Entweder Jermolow oder er. Natürlich entschied sich die Kaiserin abermals für ihren Dschungellöwen und verzichtete auf den anderen, der sich ganze achtzehn Monate ihrer Gunst erfreut hatte.
Potemkin ersetzte ihn durch einen seiner Adjutanten, Alexander Mamonow, achtundzwanzig, von asiatischem Typ mit einem flachen Gesicht, hohen Backenknochen und reizvollen schwarzen Schrägaugen. Er hatte eine gute Erziehung genossen und sprach französisch und italienisch. Am 16. Juli 1786, nach dem Tagebuch

von Katharinas Sekretär, »steigt Mamonow die Eisentreppe hinauf und geht durch den Kuppelsalon«. Und am nächsten Tag, so wird berichtet, schlief die Kaiserin bis neun Uhr, ganz entgegen ihrer sonstigen festen Gewohnheit, um sieben aufzustehen. Drei Tage später schenkte der neue Favorit Potemkin, mit dem er entfernt verwandt war, eine goldene Teekanne mit der Inschrift »Mehr durch Liebe als durch Blut verbunden«. Mamonow begleitete die Kaiserin zur Krim und unterbrach manchmal eine Whistpartie auf dem Schiff, indem er mit Kreide amüsante Skizzen auf den Spieltisch zeichnete. Er war Katharinas vorletzter Geliebter.
Wenn man die Reihe der Günstlinge Katharinas im ganzen betrachtet, so fällt auf, daß sie in den siebenundzwanzig Jahren von 1745 bis 1772 nicht mehr als drei Liebhaber gehabt hatte. Dem letzten, Grigorij Orlow, blieb sie treu, bis er sie verließ. Nach der kurzen Affäre mit Wassiltschikow, der sie über den Verlust Orlows hinwegtröstete, kam Potemkin, den sie wahrscheinlich heiratete. Seitdem beherrschte er ihr Liebesleben und veränderte dessen Charakter. Von ihren sechs Liebhabern zwischen 1776 und 1786 suchte er fünf aus, wovon zwei schlecht gewählt waren, da sie sich gegen ihn wandten. Wenn man den letzten, Mamonows Nachfolger, einschließt, hatte Katharina insgesamt vier Ehegatten und elf Geliebte, von denen sie selber fünf, die Kaiserin Elisabeth einen und Potemkin die übrigen bestimmte.
Potemkin war kein Kuppler im üblichen Sinne. Er hatte nicht ihr Vergnügen, sondern seine eigene Macht vor Augen, wenn er auch natürlich Katharinas Geschmack berücksichtigen mußte.
Durch ihre jungen Liebhaber blieb Katharina in Berührung mit der nachwachsenden Generation; doch in anderer Hinsicht hatte dieser Hang einen schädlichen Einfluß auf ihren Charakter: er führte dazu, unwichtigen Zügen, wie einem interessanten Profil oder schönen Augen, Bedeutung beizumessen; er trieb sie an, ihre Liebhaber nicht nur zu lenken, sondern zu formen, und Katharina erscheint in ihren Beziehungen zu diesen jungen Männern oft mehr als Schullehrerin denn als Geliebte. Dieser Hang verstärkte ihre Neigung zur Egozentrizität; bezeichnend dafür ist ihre Beschreibung

Lanskojs, als »ein junger Mann, den ich formte; er war dankbar, sanftmütig und aufrichtig; er teilte meine Sorgen, wenn ich welche hatte, und erfreute sich an meinen Vergnügungen«. Man bemerkt die unweibliche Art, mit der Katharina jetzt davon spricht, daß Lanskoj ihre Erlebnisse teilte, nicht sie die seinen.
»Lieber Gott, erfülle unsere Wünsche, und erfülle sie geschwind«, war Katharinas Lieblingstoast. Was den Wechsel der Liebhaber betraf, so handelte sie in der Tat geschwind. Die Schnelligkeit, mit der sie eine Liaison beendete und eine neue einging, läßt darauf schließen, daß sie Einsamkeit nicht lange ertragen konnte. Wahrscheinlich fiel es ihr in zunehmendem Maße schwerer, die Tatsache zu verwinden, daß sie die Liebe der zwei Männer verlor, die sie vergöttert hatte, Orlow und Potemkin. Was auch immer der Grund sein mochte, dieses von Potemkin arrangierte Bettenspiel in Katharinas mittleren Jahren beraubte sie der furchtbaren Erfahrung des Alleinseins; sie war außerstande, ihren doppelten Verlust hinzunehmen und sich selber so zu sehen wie sie wirklich war, und auf die Dauer mußte es sie herabwürdigen. Potemkin hat durch seine Leistungen im Süden viel für die Kaiserin Katharina getan; doch indem er seine Macht durch eine Reihe von Liebhabern untermauerte, hat er ihr als Frau, wenn auch unabsichtlich, Schaden zugefügt.

22

Die späteren Leistungen

Die Entwicklung des Südens beanspruchte nicht allein Katharinas Kräfte in der zweiten Hälfte iher Regierung. Sie setzte ebenso ihre inländischen Reformen fort und verfolgte eine energische Außenpolitik, wobei sie niemals das Ziel aus den Augen verlor, Rußland dem übrigen Europa näherzubringen.

Viel Aufmerksamkeit wandte sie an die Erziehung ihres ältesten Enkels. Die erste Gattin des Großfürsten Paul, Prinzessin Wilhelmine von Hessen-Darmstadt, war im Kindbett gestorben und 1776 heiratete er Sophie Dorothea von Württemberg, die ihm sein erstes überlebendes Kind schenkte, einen Sohn. Das war auch für Katharina ein wichtiges Ereignis. Enttäuscht von den Beziehungen zu ihren eigenen drei Kindern, war sie überaus glücklich über diesen ersten Enkel und vergoß Tränen der Freude, als er getauft wurde. »Monsieur Alexander«, nannte sie ihn und schrieb voll guter Laune an Grimm: »Nicht Alexander der Große, sondern ein sehr, sehr kleiner Alexander.«

Sie ging nicht so weit wie die Kaiserin Elisabeth, doch nahm auch sie den Knaben förmlich in Besitz. Sie hatte ihn vier Stunden am Tag in ihrem Arbeitszimmer bei sich, lehrte ihn Spiele und war entzückt, als sie sah, daß er sich, wie sie selber als Kind, mit einem Taschentuch vergnügen konnte. Es war Katharina, die ihm ein »ordentliches, sauberes, schlichtes und vernünftiges« Kindermädchen wählte, keine Dame, sondern die Frau eines englischen Lakaien, und sie anwies, frühzeitig des Knaben Selbstachtung und Nächstenliebe zu entwickeln.

Sie selber war ganz die vernarrte Großmutter, fand ihn mit zwanzig Monaten verständiger als einen Dreijährigen und mit seinen blauen Augen und feinen braunen Haaren so schön wie Amor, während sein plumper jüngerer Bruder Konstantin nur »ein kleiner Vulcanus« war. Zu ihrer Freude zeigte Alexander bald Interesse an Büchern und begann ihr *ABC-Buch* zu lesen. Daraus lernte er, er sei »ganz nackt zur Welt gekommen, wie eine Hand, die noch nichts weiß; daß alle Kinder so geboren werden und bei der Geburt alle Menschen gleich sind, aber daß es gewaltige Unterschiede gibt, wenn sie anfangen etwas zu lernen«.

Zum Lehrer des jungen Großfürsten wählte sie keinen Russen, Deutschen oder Franzosen, sondern einen französisch sprechenden Schweizer mit ausgesprochen republikanischen Anschauungen. Frédéric César de La Harpe, der in seinem konservativen Heimatkanton Waadt in Ungnade gefallen war, wurde von Katharina, durch Grimm auf ihn hingewiesen, nach St. Petersburg eingeladen und 1784 zum Erzieher ihres Enkels bestimmt.

Sie engagierte auch russische Lehrer – sie nennt sich scherzhaft Universalschulmeisterin – doch es war La Harpe, der dem künftigen Zaren die Grundbegriffe der Geschichte und Philosophie beibrachte. Mit Katharinas Billigung prägte er ihm ein, daß ein Fürst der Erste Untertan seines Staates sein müsse und »Freiheit und Unabhängigkeit die kostbarsten Dinge in der Welt« seien. Dieser Schweizer, der später bei der Gründung der Helvetischen Republik eine wichtige Rolle spielen sollte, hat den Zarewitsch durch seinen liebenswürdigen Charakter, seine Rechtschaffenheit und sein Eintreten für die Sache des Volkes stark beeinflußt. Aber natürlich stieß er auf den Widerstand der Fremdenhasser und Traditionalisten. Was hatte die Kaiserin mit diesem Schweizer Kuhbauern im Sinn?

Katharina wußte sehr wohl, was sie im Sinn hatte. In diesen letzten Jahrzehnten des achtzehnten Jahrhunderts bedeutete »Republik«, was sie unter anderem für Dr. Johnson war, »ein Staat, in dem die Macht in den Händen von mehr als einem liegt«. Katharina hatte schon lange die Absicht, ein gewisses Maß von Macht anderen Gremien zu übertragen, so daß La Harpes Berufung sich in ihre späteren innerpolitischen Reformen fügte.

Zwischen 1785 und 1787 gliederte sie die russische Nation in Körperchaften mit gesetzlichen Rechten, um sie gegen die Krone oder deren Bürokratie zu schützen. Sie beschloß, »Privilegien« oder, moderner ausgedrückt, »Bürgerrechte« nicht individuell, sondern auf Grund sozialer Funktionen zu verleihen, ein Vorgang, der in Übereinstimmung stand mit dem »Staatsdenken« zeitgenössischer europäischer Autoren.

Katharina begann 1785 mit einem »Gnadenbrief«, der die Privilegien des Adels festigte und sie als alleinige Grundbesitzer bestätigte. Er teilte den Adel in sechs Klassen ein – vom erblichen Adel bis zum »Verdienstadel«, der seinen Rang durch Dienste für den Staat erlangt hatte –, faßte ihn daneben auch distriktweise zusammen. Jede Gruppe durfte ihre eigene Vertretung wählen.

Im gleichen Jahr verbriefte Katharina die Selbstverwaltung der Städte. Die Verwaltung wurde einem Ausschuß von sechs Mitgliedern übertragen, die aus sechs sozialen Schichten gewählt wurden: Hausbesitzer, Kaufleute, Handwerker, nicht ansässige Kaufleute, Kleinhändler und »hervorragende Bürger«, eine Gruppe, zu der unter anderem Bankiers, ehemalige städtische Beamte und auch Künstler gehörten.

1787 wurde dies Prinzip der beschränkten Selbstverwaltung auf die Staatsbauern in den südlichen Provinzen, dem sogenannten »Vizekönigtum Jekaterinoslaw«, ausgedehnt. Die Kaiserin bestimmte die Verantwortung der Dörfer und jedes gewählten Beamten, schärfte den gewählten Steuereinschätzern ein, die Steuerlast gerecht nach der Zahlungsfähigkeit zu verteilen, und übertrug den Dorfbewohnern das Recht, den Gouverneur oder den »Wirtschaftsdirektor« der Provinz zu wählen. Ihr Erlaß berücksichtigte auch solche Einzelheiten wie Feuerschutz und Schulwesen und zeigte ein besonderes Mitgefühl für die Lage unverheirateter Mütter. Später erweiterte sie die Wirksamkeit dieses Ukas auf zwei andere »Vizekönigtümer«, und aus Notizen, die man nach ihrem Tode fand, geht hervor, daß sie geplant hatte, solche Maßnahmen bei allen Staatsbauern durchzuführen, die vierzig Prozent der Bevölkerung ausmachten.

Katharina beabsichtigte, ihre Reformen mit der Einrichtung einer

»Großen Exekutivkammer« zu krönen, die sich aus je einem gewählten Vertreter des Adels, der Städte und der freien Bauern jeder Provinz zusammensetzen sollte. Ihre Entwürfe zu diesem Projekt, die erst kürzlich entdeckt worden sind, machen deutlich, daß sie in der Kammer die besten Eigenschaften des französischen Parlaments und des britischen Unterhauses vereinen wollte, mit sowohl gesetzgeberischen als auch rechtsprechenden Vollmachten. Die Ereignisse in Europa verhinderten die Ausführung des Planes, doch er bleibt ein wichtiges Zeugnis ihrer endgültigen politischen Ziele.

Und wie stand es mit der Leibeigenschaft? Katharinas Erlasse zu ihrer Milderung blieben nicht ohne Wirkung. Obwohl vielfach gesagt wird, daß während ihrer Regierung die Leibeigenschaft, die auch auf die ukrainischen Gebiete ausgedehnt wurde, ihren Höhepunkt erreichte, begann in dem Jahrzehnt von 1772 bis 1782 ein gewisser Rückgang. 1762–64 betrug der Anteil der Leibeigenschaft 52,17 Prozent der männlichen Bevölkerung Rußlands; 1795–96 nur noch 49,49 Prozent.

Ebensowenig hatte Katharina die Hoffnung auf die endgültige Befreiung der Leibeigenen aufgegeben. In ihren nachgelassenen Papieren fand man folgende Zeilen: »Hier ein einfaches... Mittel: Bei dem Verkauf eines Landgutes an einen neuen Besitzer müssen die Leibeigenen frei erklärt werden. In hundert Jahren wird das ganze oder das meiste Land seinen Eigentümer gewechselt haben – und das Volk ist frei.«

Aus dem, was La Harpe, von der Kaiserin ermutigt, seinem Schüler beibrachte, geht klar hervor, daß Katharina hoffte, ihr Enkel Alexander, den sie »mein Vermächtnis an Rußland« nannte, würde kraft seiner stärkeren Position als geborener Russe die gänzliche Aufhebung der Leibeigenschaft durchsetzen. Sie selbst mußte sich damit begnügen, ihm den Weg zu bereiten, indem sie die Gesinnung bekämpfte, die hinter der Leibeigenschaft stand. 1786 änderte sie zum Beispiel die Formel für Bittgesuche von »Ihrer Majestät Sklave, mit zum Boden geneigter Stirn, bittet...« in »Ihrer Majestät Diener bittet...«

Sie machte es sich auch weiterhin zur Aufgabe, den Armen und schlechter gestellten zu helfen. Der Kammerherr Sumarokow erzählt: »Eines Tages erblickte sie frühmorgens auf dem Platz gegenüber dem Palast eine alte Frau, die sich bemühte, ein Huhn festzuhalten, offenbar ohne Erfolg. Sie schickte einen Diener hinunter, um festzustellen, was da vor sich ging, und der armen Frau zu helfen. Kurz darauf wurde der Kaiserin berichtet, der Enkel der Alten sei Küchenjunge im Palast, und das Huhn sei gestohlen. ›Schreiben Sie sich auf‹, sagte Katharina, ›daß die alte Frau jede Woche ein Huhn aus der Hofküche erhält, und zwar kein lebendes, sondern ein geschlachtetes. So helfen wir der Alten in ihrer Not und bewahren den Jungen davor, daß er unrecht tut.‹«

Von den zahlreichen Erlassen, die dazu bestimmt waren, das Los der Armen zu lindern, seien zwei erwähnt. Im Dezember 1792 schreibt der schwedische Botschafter: »Ihre Majestät hat hunderttausend Rubel für Brennholz gespendet, damit jeder in St. Petersburg, der in Not ist, seinen Bedarf zum niedrigsten Preis decken kann.« Zur gleichen Zeit berichtet John Parkinson, ein auf einer Nordlandreise befindlicher Dozent aus Oxford, die Kaiserin habe angeordnet, daß bei einer Temperatur von minus fünfzehn Grad alle öffentlichen Veranstaltungen, wie Theatervorstellungen, ausfallen sollen, damit die Kutscher, die oft viele Stunden auf ihre Herrschaft zu warten haben, nicht unter der Kälte leiden müssen.

Auch auf religiösem Gebiet setzte Katharina ihre frühere Politik fort. Sie gab jetzt jährlich ein »Toleranzessen«, wie sie es nannte, bei dem sie Anhänger verschiedener oder sogar feindlicher Konfessionen und Sekten vereinte. Im Jahre 1783 brachte sie zum Beispiel Katholiken aus Georgien und den russischen Bischof von Polotzk an einen Tisch; ein orthodoxer Archimandrit saß neben einem katholischen Bischof, Franziskaner neben evangelischen Pastoren, der anglikanische Kaplan der britischen Kolonie neben einem Schweizer Kalvinisten. Zu ihrem Sekretär Chraprowitzkij sagte die Kaiserin, etwas zu optimistisch, dank der modernen Erziehung würden in wenigen Jahren alle Sekten verschwinden.

Man erzählte, Katharina trage eine Schnupftabaksdose mit dem Bilde Peters des Großen bei sich, die sie in Augenblicken der Ratlo-

sigkeit zur Hand nähme, um zu fragen, was wohl Peter in solchen Situationen getan hätte. Das mag in militärischen Angelegenheiten so gewesen sein, und vielleicht war es auch nichts anderes als eine freundliche Geste dem vielbewunderten Vorgänger gegenüber; keineswegs hätte sie jedoch, zum Beispiel, bei der Behandlung der polnischen Jesuiten, die nach der Teilung russische Untertanen geworden waren, die Dose zu Rate gezogen. Peter hatte die Jesuiten – »ehrgeizige, aufsässisge Intriganten« – verabscheut; Katharina wußte hingegen, daß sie ausgezeichnete Lehrer waren, und ließ ihnen ihre Schulen. Mehr als das: als 1773 Papst Klemens XIV. die Aufhebung der Gesellschaft Jesu anordnete, wurde diese Maßnahme von ihr nicht anerkannt, teils aus Gründen der Toleranz, teils, um sich ihre Unabhängigkeit gegenüber dem Papst zu bewahren. So ermöglichte sie es dem Orden weiterzubestehen, bis Pius VII. ihn 1814 rehabilitierte. Katharina lud sogar Jesuiten zu ihren »Toleranzessen« ein und verspottete Kritiker, die ihre Haltung tadelten, mit den Worten: »Ketzer müssen in der nächsten Welt viel leiden – laßt uns wenigstens in dieser Welt nett zu ihnen sein.«
In der Außenpolitik erntete sie in der zweiten Hälfte ihrer Regierungszeit sowohl das Unkraut als auch den Weizen, den sie zuvor eifrig gesät hatte. Das ärgste Übel war die Verschlechterung der anglo-russischen Beziehungen. 1765 war der britische Gesandte Macartney überzeugt gewesen, daß Rußland nie eine überlegene Seemacht werden könne, doch Katharina hat ihn zweimal eines besseren belehrt, zuerst mit dem Sieg bei Tschesme und dann drei Jahre danach, als sie britischen Hegemonie-Ansprüchen entgegentrat und eine »bewaffnete Neutralität« bildete, eine Art dritte Kraft, in der sich sieben neutrale Nationen unter Rußlands Führung verbanden, um jeder Einmischung seitens fremder Flotten Widerstand zu leisten. Dies wurde Kathrina von der britischen Regierung verübelt, und nicht weniger ihre Annektion der Krim und ihr Plan, das türkische Reich zu zerschlagen.

Als die Kaiserin eine diplomatische Offensive einleitete, um den türkischen Vasallenstaat Georgien zu besetzen, beschloß England, diesen russischen Vormarsch über den Kaukasus zu verhindern,

und begann Druck auf die Türkei auszuüben. Der schon durch Katharinas Aktivitäten nervös gewordene Sultan wurde durch die britische Intervention angestachelt, Rußland im August 1787 den Krieg zu erklären.
Katharina, die sich rühmen konnte, in fünfundzwanzig Jahren nur sechs Jahre Krieg geführt zu haben, bedauerte aufs tiefste die Wiederaufnahme der Feindseligkeiten. Aber ihr »griechisches Projekt« machte die Auseinandersetzung früher oder später unvermeidlich, und diesmal hatte sie Österreich zum Bundesgenossen. Während Joseph II. sein Wort hielt und in Serbien einfiel, ernannte die Kaiserin Potemkin zum Oberbefehlshaber der russischen Armee am Schwarzen Meer.
Marschall Suworow mit den listigen blauen Augen und der scharfen Nase war jetzt neunundfünfzig und so oft verwundet, daß man ihn zu seinem großen Kummer von der Liste der aktiven Offiziere gestrichen hatte. Eines Tages tauchte er in Zarskoje Selo auf und lud Katharina zu einer Bootsfahrt auf dem See ein. Als sie draußen waren, begann er plötzlich mit solcher Kraft zu rudern, daß sie zugeben mußte, er sei noch hinreichend aktionsfähig, und ihm das Kommando der Division übertrug. Suworow war jetzt spartanischer denn je; als Ségur ihn fragte, ob es wahr sei, daß er immer in seiner Uniform schlafe, erwiderte er: ja, doch wenn er eine wirklich bequeme Nacht haben wolle, nähme er die Sporen ab. Von der türkischen Front sandte er der Kaiserin kurzgefaßte Bulletins – in Versen.
Sie befahl Potemkin, die als fast uneinnehmbar geltende Festung Otschakow zwischen den Mündungen des Bug und des Dnjestr am Schwarzen Meer gelegen, zu erobern. Das war an sich eine äußerst harte Nuß, da Otschakow zu Lande von fünfzehntausend türkischen Soldaten und zur See von einer starken Flotte unter dem unerschrockenen Admiral Gasi Hassan verteidigt wurde. Aber Katharina machte die Aufgabe noch schwieriger, als sie Potemkin ermahnte, russische Menschenleben zu schonen – mit anderen Worten, keinen Frontalangriff vorzutragen.
Potemkins letzte militärische Tätigkeit lag elf Jahre zurück. Er war

außer Übung und seinem Temperament nach besser für waghalsige Kavallerieangriffe geeignet als für eine lange Belagerung. Otschakow war tiefgelegen und ungesund; der weiche Boden erschwerte Schanzarbeiten, und Potemkin haßte Kanonendonner.

Er zog sich in sein Zelt zurück und ließ nichts von sich hören; so daß sie sich Sorgen um ihn machte: »Um Gottes und meinetwillen, paß auf Dich auf! Nichts macht mich elender als die Furcht, Du könntest krank sein…«

Potemkin war nicht krank. Er vertrödelte die Zeit mit Champagner und in Gesellschaft hübscher Frauen. Dann wurde die russische Schwarzmeerflotte von einem Sturm schwer beschädigt; Potemkin glaubte, nun sei alles verloren, und schrieb an Katharina, er erwäge, die Krim zu räumen. Man kann sich ihren Ärger vorstellen. »Wo sollen wir«, antwortete sie, »den Rest der Flotte unterbringen, wenn wir Sewastopol aufgeben? Um Himmels willen, denke nicht mehr daran. Ein Mann, der auf einem Pferd sitzt, klettert nicht hinunter, um sich am Schwanz festzuklammern.«

Er gehorchte, wußte aber immer noch nicht, wie er Otschakow erobern sollte. Als der Fürst von Ligne bemerkte, er tue weniger, als er sollte, schickte ihm Potemkin einen Boten, der außer Atem anlangte und einen angeblichen Sieg im Kaukasus meldete. Aber Katharina konnte er nicht übertölpeln; und schließlich bat er sie, ihn von seinem Kommando zu entbinden, damit er in ein Kloster gehen könne.

Sie fand, daß Potemkin noch schwieriger zu behandeln sei als der ungebärdige kleine Konstantin, der einmal La Harpe beinahe den Finger abgebissen hatte. »Du bist mein Freund, mein liebster Schüler«, antwortete sie ihm. »Du hast mir oft einen besseren Rat erteilt, als ich mir selber hätte geben können. Aber Du bist ungeduldig wie ein fünfjähriges Kind, während die Aufgabe, die Dir anvertraut ist, Geduld erfordert, unendliche und unerschütterliche Geduld.«

Länger als ein Jahr bedrängte die Kaiserin in Briefen ihren unentschlossenen Feldmarschall und schickte ihm fähige Offiziere, darunter Paul Jones, den schottischen Helden des amerikanischen Unabhängigkeitskrieges, der sich um den Dienst in der russischen

Flotte beworben hatte. Sie sandte ihn als Konteradmiral in den Süden und hoffte, er würde Wunder wirken, und er tat es.
Im Juni 1788 führten er und der Prinz von Nassau-Siegen die russische Schwarzmeerflotte gegen eine überlegene türkische Seemacht und errangen mit Hilfe von 13-Zoll-Mörsern, die Samuel Bentham entworfen und gegossen hatte, einen beachtlichen Sieg, bei dem sie fünfzehn Schiffe zerstörten und tausendsechshundert Gefangene machten. Leider waren Jones und Nassau-Siegen dem Temperament nach sehr verschieden und vertrugen sich nicht; Katharina nahm des Prinzen Partei, und Paul Jones verließ Rußland leicht verbittert. Aber sein Sieg war wertvoll, denn er ermöglichte es Potemkins Truppen, Otschakow einzukreisen. Am Nikolaustag, dem 6. Dezember 1788, griff er endlich von zwei Seiten an, und trotz schwerer Verluste – Suworow erhielt eine Schußwunde am Hals – gelang es ihm, Otschakow einzunehmen.
»Ich fasse Dich mit beiden Händen bei den Ohren«, schrieb Katharina hocherfreut, »und küsse Dich in Gedanken, Grischenka, teuerster Herzensfreund.« Sie verlieh ihm das lang begehrte St.-Georgs-Kreuz und jedem Soldaten, der bei Otschakow gekämpft hatte, eine Silbermedaille. Sarti wurde beauftragt, ein Tedeum zu schreiben, in dem die Orgel hundert Kanonensalven imitierte.
Katharinas Freude war nur kurz, denn sie mußte ihre Aufmerksamkeit dem Norden zuwenden. Seit Peters des Großen vernichtenden Siegen über Schweden war dieses Land unter Rußlands Einfluß schwach geblieben, bis 1772 Gustaf III., der Sohn von Katharinas Onkel Adolf Friedrich, durch einen Staatsstreich die Macht des Adels stürzte und eine starke Monarchie wieder herstellte. Hinter seinen Freundschaftsbeteuerungen hatte er lange nach einer Gelegenheit gesucht, die Niederlage von Poltawa zu rächen, und im Sommer 1788 glaubte er seine Chance gekommen. Nachdem ihm England Geld und militärische Hilfe versprochen hatte, fiel er in Finnland ein – an einer Stelle, die kaum hundert Meilen von St. Petersburg entfernt war.
Das war eine sehr ernste Situation, denn die meisten russischen Truppen standen im Süden. Katharina ließ eine Heimwehr ausheben

ben und schickte den nicht mehr jungen Admiral Greigh zur Blokkade der schwedischen Flotte. Aber diese Maßnahmen konnten nur eine vorübergehende Erleichterung bringen, und die beiden folgenden Jahre nach dem schwedischen Angriff waren die wohl schmerzlichsten ihrer Regierung, denn sie hatte nicht nur einen Zweifrontenkrieg zu führen, sondern überdies noch häuslichen Kummer. Offenbar hatte sie vergessen, wie sehr Großfürst Peter durch die Kaiserin Elisabeth frustriert worden war, und beging bei ihrem Sohn Paul den gleichen Fehler. Sie versagte ihm jeden politischen Einfluß; und als Folge dessen betrieb er einen Kult mit seinem vermeintlichen Vater und durch diesen mit Friedrich II. und Friedrich Wilhelm von Preußen und verbrachte wie Peter einen großen Teil des Tages auf dem Exerzierplatz. Als der türkische Krieg ausbrach, bat er seine Mutter, ihn an die Front zu schicken. »Was wird Europa sagen, wenn ich nicht gehe?« Katharina erwiderte: »Europa wird sagen, daß der Großfürst ein gehorsamer Sohn ist« – eine Antwort, die Paul verständlicherweise nicht gefiel und die Beziehungen zwischen ihm und seiner Mutter verschlechterte.

Als sei dies nicht genug, kam es im Sommer 1789 Alexander Mamonow, ihrem derzeitigen Favoriten, an dem sie sehr hing, in den Sinn, sich in eine Hofdame zu verlieben. Wiederum machte Katharina nicht den Versuch, es mit einer jüngeren Rivalin aufzunehmen; sie gab der Verbindung ihren Segen, kleidete die Braut eigenhändig an und beschenkte sie reichlich. Dennoch schrieb sie: »Ich habe eine bittere Lektion empfangen.«

Das nächste Jahr sollte sich als noch bitterer erweisen. Im Mai 1790 lief die schwedische Flotte aus und wurde von den Russen bei Kronstadt gestellt. Die Nachricht von dem Kampf, kaum mehr als ein Scharmützel, erhielt die Kaiserin in Zarskoje Selo von einem jüngeren Offizier, Leutnant Elphinstone. Die folgende Szene zeigt Katharina in einer neuen Rolle, bei der sie persönlich die Verteidigung Rußlands in die Hand nimmt.

Elphinstone langte spät nachts erschöpft an, in seiner Kampfuniform, mit Staub und Schießpulver bedeckt. Seine Botschaft wurde der Kaiserin sogleich überbracht; sie ließ ihm Erfrischungen bringen und ein Bett bereiten und ordnete an, ihn auf keinen Fall zu stören. Nach einiger Zeit schickte sie nach ihm, dreimal, doch er schlief immer noch. Schließlich wurde er im Déshabillé zu ihr geführt, und sie begann die Unterhaltung damit, die Tapferkeit und die Seesiege zahlreicher Mitglieder seiner Familie zu rühmen, wobei sie Elphinstone »mein Sohn« nannte. »Nun wollen wir zum Geschäft kommen«, sagte sie dann. »Ich habe die Depeschen gelesen und danke Ihnen für Ihren Mut und Eifer. Ich darf Sie bitten, mir die Positionen der Schiffe zu beschreiben.« Während der Leutnant sprach, machte sie sich Notizen. Dann erteilte sie ihm Befehle für den Oberbefehlshaber, schenkte ihm eine Rolle Goldstücke und eine schöne kleine französische Uhr und beförderte ihn, trotz seiner Jugend, zum Kapitän.

Dem Scharmützel von Kronstadt folgte im Sommer die Seeschlacht bei Svenskund, wo die russische Flotte unter Nassau-Siegen eine vernichtende Niederlage erlitt. Die Russen verloren einige ihrer besten Schiffe und neuntausendfünfhundert Mann. Katharina schrieb unter Tränen an Potemkin, daß Svenskund ihr fast das Herz gebrochen habe.

Sie konnte jetzt von ihrem Fenster den schwedischen Kanonendonner hören. Die Lage war so bedenklich, daß man ihr riet, nach Moskau zu gehen. Auch im Süden stand es nicht gut, denn Joseph II. war gestorben, und sein Nachfolger Leopold II. hatte Friedensgespräche mit der Türkei begonnen. Katharina lebte von Kaffee und Zwieback und nahm so schnell ab, daß alle ihre Kleider enger gemacht werden mußten.

Aber sie blieb in St. Petersburg. Der Fürst von Ligne hatte einmal zu ihr gesagt, sie sei unerschütterlich, und sie wollte sich dieses Komplimentes würdig erweisen. Einen Brief an Ligne unterschrieb sie mit »Ihre Unerschütterliche«, und als es am ärgsten war, wiederholte sie sich langsam *»J'ai donc de l'imperturbabilité«*.

Während die Schweden vorrückten, bat sie den Grafen Besborodko, sich Friedrich von Preußen zum Vorbild zu nehmen, der auch im größten Unglück nicht den Kopf verloren hatte; und ihrem besiegten Admiral Nassau-Siegen, der ihr beschämt alle seine Orden

zurückschickte und um seine Entlassung bat, schrieb sie einen Brief des Trostes und der Ermunterung.
Es gelang Katharina, die ihr verbliebenen Streitkräfte zu sammeln, während Gustaf seinen Seesieg nicht ausnutzen konnte und auf die Unterstützung seines Adels verzichten mußte. Er glaubte seinen Thron nur durch einen Friedensschluß halten zu können; und der im August in Värälä unterzeichnete Vertrag bestätigte den Zustand, wie es vor Ausbruch des Krieges bestanden hatte. Es wurden sogar Pläne für eine spätere Heirat zwischen dem schwedischen Kronprinzen und einer Enkelin Katharinas geschmiedet. Sie war über das Ende der Feindseligkeiten unendlich erleichtert und gefiel sich in einem Scherz an Grimm: »Heute früh bin ich vier Hühneraugen losgeworden; dies und der Friedensschluß machen diesen Tag zu einem meiner glückhaftesten.«
Sie mußte siebzehn Monate warten, bis ihr wieder so ein Tag beschieden war. Suworows Erfolge auf dem Lande und ein Seesieg auf dem Schwarzen Meer bei Uschakow hatten die Türken endlich an den Verhandlungstisch gebracht. Im Friedensvertrag von Jassy im Januar 1792 gewann Rußland das Land zwischen dem Bug und dem Dnjestr hinzu, womit die früheren Erwerbungen am Schwarzen Meer abgerundet wurden.
Die Beendigung des zweiten türkischen Krieges war zwar für Rußland von großer Wichtigkeit, doch in dem großen Zusammenhang der von der Französischen Revolution beherrschten europäischen Politik nur ein zweitrangiges Ereignis. Wie reagierte Katharina auf die Erstürmung der Bastille, die Nationalversammlung und die Trikolore? Nicht, wie häufig behauptet wird, mit den unbedachten Vorurteilen eines alternden Despoten, sondern mit einer Haltung, die sich logisch aus ihren Überzeugungen ergab.
Sie glaubte an die Monarchie und verteidigte sie aus praktischen Gründen: »Sagen Sie tausend Leuten, sie sollen einen Brief aufsetzen, gestatten Sie ihnen, über jeden Satz zu diskutieren, und Sie werden sehen, was dabei herauskommt.« Sie glaubte an die Gleichheit aller vor dem Gesetz und an eine flexible Gesellschaft, in der das Talent, wenn man es förderte, zur Spitze aufsteigen konnte. Schon

1779, als sie ein Buch über Dänemark las, das eine frühe Form der bürgerlichen Gesellschaftsordnung erlangt hatte, vermißte sie das letzte fruchtbare Element: »Alles ist voraussagbar, niemand denkt, und das Ergebnis ist eine Nation von Schafen.« Katharina glaubte, die verordnete Gleichheit in Frankreich würde das Talent ersticken; sie empfahl Ligne einen Preis für den besten Aufsatz über das Thema: »Brauchen wir Ehre und Mut?« auszusetzen, und bemerkte dazu: »Wenn ja, dann dürfen wir den Wettbewerb nicht verbieten oder ihn durch seinen Erzfeind, die Gleichheit, lahmlegen.«
Doch ihr Haupteinwand gegen die Revolutionäre galt deren Intoleranz, die alle gegensätzlichen Meinungen, religiöse wie politische, verdammte. »Da diese Herren«, schrieb sie an Grimm, »überzeugte Republikaner sind, sollten sie die Wahrheit lieben, achten und ermutigen; und wenn sie es nicht tun, dann erkläre ich, daß sie überhaupt nichts sind, denn sie handeln gegen ihre eigenen Grundsätze. Meiner Ansicht nach laufen sie Gefahr, die Freiheit für lange Zeit in Verruf zu bringen und sie jeder Nation verhaßt zu machen.« Katharina deutet damit an, daß ihre eigene Reformarbeit und die spätere ihres Enkels Alexander sehr erschwert wurde, zuerst durch den Verrat republikanischer Grundsätze, und dann durch den Kampf der Republikaner gegen das Christentum, der die öffentliche Meinung in Rußland gegen Europa verhärtete.
Ein anderer Artikel der Grundsätze der Französischen Revolution – die Unabhängigkeit für alle Völker – betraf Katharina am allerdringlichsten, denn er wurde sozusagen vor ihrer Tür praktiziert. Im Jahre 1791 gaben sich die Polen, die aus dem zweiten türkischen Krieg Vorteile gezogen hatten, eine neue Verfassung. Diese beendete das »liberum veto«, stärkte die Monarchie und führte die Erbfolge ein, nach dem Tode Stanislaus' für das Haus Sachsen. Sie gipfelte in einer Absichtserklärung, sich der Einflußsphäre Rußlands zu entziehen.
Zu dieser Zeit hatte Katharina Frieden mit der Türkei geschlossen und freie Hand für Polen. Österreich und Preußen führten Krieg mit Frankreich und waren nicht mehr in der Lage, dem Lande beizustehen, dessen Verfassung sie garantiert hatten. Katharina setzte

ein sehr starkes Heer – fünfundsechzigtausend Mann – in Bewegung, und ließ einen Reichstag nach Grodno einberufen, dessen Tagesordnung sie diktierte. In einer Zeit der Revolutionen, so entschied die Kaiserin, brauche Rußland eine stabile Westgrenze, und daher müsse Polen schwach bleiben. Und so beschloß der unter Druck gesetzte Reichstag im Sommer 1793, alle künftige Innen- und Außenpolitik Rußlands Billigung zu unterwerfen, und stimmte einer zweiten Teilung zu, durch die Rußland die polnische Ukraine, Minsk und Wilna mit einer Bevölkerung von drei Millionen hinzugewann, während Preußen, zum Dank für die geleistete diplomatische Unterstützung, Thorn und Danzig erhielt. Österreich blieb diesmal unbeteiligt.

Damit war die polnische Frage jedoch nicht beendet. Im März 1794 hißte Tadeusz Kosciuszko, der neben Lafayette im amerikanischen Unabhängigkeitskrieg gekämpft hatte, die Flagge der polnischen Freiheit und erweckte einen neuen Nationalgeist; er versprach, die Leibeigenen zu befreien, und vernichtete in der staatlichen Münze das Bild des Königs Stanislaus, der zum zweiten Mal in die Teilung seines Landes eingewilligt hatte.

König Friedrich Wilhelm II. von Preußen schickte den Aufständischen eine Armee entgegen, der es jedoch nicht gelang, Warschau einzunehmen. Darauf entsandte Katharina ihren General Suworow, der die Stadt im November 1794 besetzte. Sie war entschlossen, Polen ganz von der Landkarte zu streichen; sie spielte Preußen gegen Österreich aus und konnte die Bedingungen der dritten und letzten polnischen Teilung diktieren. Österreich erhielt Krakau, Sandomierz und Lublin; Preußen steckte Warschau ein; und Rußland nahm sich Kurland und das übrige Litauen. Polen hörte auf zu existieren, und der unglückselige Stanislaus, ein König, der sein Land überlebt hatte, beschäftigte sich fortan mit Botanik.

Einerseits beweist die Zerstückelung Polens Katharinas Fehlkonzeption eines Marionettenstaates; in anderer Hinsicht war sie für sie ein Erfolg, denn sie beseitigte die Barriere zwischen Rußland und Europa. Nunmehr, an Preußen und Österreich grenzend, war Rußland sowohl geographisch als auch ideologisch in die westliche Welt einbezogen.

Katharinas Behandlung Polens hatte eine interessante Nebenwirkung zur Folge. Sie sagte einmal, daß sie ohne Mitgift nach Rußland gekommen sei, ihm jedoch eine Mitgift in Gestalt Polens eingebracht habe. Dies ist fast im wörtlichen Sinne zutreffend, denn vor allem in Polen fand sie die Ländereien, die sie freigebig an die verteilte, die Rußland hervorragend gedient hatten, wie Potemkin und Orlow. In einem Staat, in dem es stets an Bargeld fehlte, war es Sitte, daß der Herrscher Verdienste mit Landbesitz belohnte, einschließlich der Leibeigenen, die ihn bearbeiteten, und es unterstützte Katharinas Politik, wenn sie neu erworbene Provinzen mit russischen Gutsherren besiedelte. Das erklärt auch, weshalb von 398973 männlichen Bauern, die sie privaten Gutsherren unterstellte, 314226 aus früheren polnischen Gebieten kamen.
Ein Wort über Katharinas Außenpolitik in anderen Regionen soll diesen Überblick ergänzen. Auch im Fernen Osten ergriff sie jede sich bietende Gelegenheit. Als ein japanisches Schiff an der russischen Küste strandete, ließ sie den Kapitän russisch lernen, damit er seinerseits seinen Lehrern das Japanische beibrachte. Dann ließ sie ihn nach Hause geleiten und erwarb als Gegenleistung die Erlaubnis für ein russisches Schiff, ein Jahr lang mit Japan Handel zu treiben, wo bisher die Holländer das Monopol gehabt hatten.
1792 gewährte die Kaiserin – neben zehn Missionaren – Schelekow in der neuen Kolonie Alaska weitere finanzielle Unterstützung; und sie wetteiferte mit Holländern, Franzosen, Engländern und den Yankees aus Salem, Boston und New York bei der Erforschung der amerikanischen Westküste südlich von Alaska. 1794 berichtet der britische Botschafter über »eine neue Karte des russischen Reiches, in der ein beträchtlicher Teil der Nordwestküste Amerikas bis zur Meerenge von Nootka [Vancouver] als Kolonie Ihrer Kaiserlichen Majestät eingezeichnet ist«.
In Innerasien reagierte Katharina schnell und tatkräftig, als China eine Insel im Amur besetzte, und brachte dreißigtausend Mann auf den Weg. Als Persien Rußlands neues Protektorat Georgien angriff und Rußlands Versuche blockierte, mit Indien Handelsbeziehungen aufzunehmen, ließ sie, unter Führung von Plato

Subows Bruder Valerian, eine Armee in Persien einmarschieren, die Derbent und Baku besetzte. »Bevor ich sterbe«, sagte Katharina zur Derschawin, »will ich die Türken aus Europa verjagt, China den Hochmut ausgetrieben und mit Indien Handelsbeziehungen angeknüpft haben.«
Die Ergebnisse von Katharinas Außenpolitik mögen nun kurz zusammengefaßt werden. Rußland erwarb in Polen, auf der Krim, am Schwarzen Meer und an der Küste Alaskas Territorien so groß wie ganz Frankreich, mit einer Bevölkerung von sieben Millionen und jährlichen Einkünften von zehn Millionen Rubel – etwa ein Viertel der gesamten russischen Einnahmen. Nicht weniger wichtig für die Zukunft war, daß die Kaiserin durch ihre Siege zu Lande und zu Wasser das Fundament eines neuen Nationalbewußtseins legte, das ihrem Enkel Alexander zugute kam, als das Erbe der Französischen Revolution, in einem ebenfalls im Ausland geborenen Herrscher verkörpert, bis nach Rußland getragen wurde. Anders als Österreich und das Preußen Friedrichs des Großen war Rußland moralisch und militärisch bereit, Widerstand zu leisten und schließlich zu triumphieren.

23

Wie eine Fliege im Lenz

Im Frühjahr 1789 kam ein junger Offizier der berittenen Garde nach Zarskoje Selo, um seinen Dienst als Hauptmann der Leibwache anzutreten. Plato Subow, der dritte von vier Söhnen eines Provinzgouverneurs, hatte gegen die Schweden gekämpft und sich danach um diese neue Position beworben – wahrscheinlich, weil er gesehen hatte, daß sie Wassiltschikow und Lanskoj zu ihrer Favoritenstellung verholfen hatte.

Subow war mittelgroß, breitschultrig und athletisch; die Züge waren regelmäßig, ein wenig nichtssagend, wofür die strahlenden Augen entschädigten. Erst zweiundzwanzig, war er in mancher Beziehung noch kindisch; eine seiner Lieblingsbeschäftigungen in Zarskoje Selo bestand darin, Drachen steigen zu lassen. Er liebte die Musik und spielte, wie Rimski-Korssakow, die Violine.

Als Katharina in diesem Sommer erfuhr, daß ihr Günstling Mamonow sich in eine andere Frau verliebt hatte, besprach sie sogleich die Angelegenheit ausführlich mit ihrer langjährigen Freundin Anna Naryschkin; und einen Tag, nachdem Mamonows Verlobung bekannt geworden war, wie Chrapowitzkij notierte, »Subow über den oberen Korridor zur Kaiserin geführt, wo er, in Gegenwart von Anna Nikitischna, bis nach dem Essen blieb, und wieder am Abend bis elf.« Drei Tage später beauftragte Katharina ihren Sekretär, aus ihrem Arbeitszimmer einige Ringe und zehntausend Rubel zu holen. Er steckte das Geld hinter ein Sofakissen; sie gab es Subow und dazu einen Ring mit ihrem Bild. Nach einer Woche wurde Subow zum Adjutanten der Kaiserin ernannt, und einige Tage später

schenkte er, Chrapowitzkij zufolge, »Anna Nikitischna einen Ring, der zweitausend Rubel wert war«.
Zu Beginn ihrer Bekanntschaft nennt Katharina in ihren Briefen Subow stets »das Kind«. »Ich liebe dieses Kind sehr; und er ist mir sehr ergeben; er weint wie ein Kind, wenn er nicht zu mir kommen darf.« Sie nennt ihn auch »die unschuldigste Seele der Welt«, wobei sie offenbar, wie viele, die selber nicht mehr jung sind, jugendliche Frische mit moralischer Unschuld verwechseln. Noch mehr als ihre früheren Liebhaber behandelt sie Subow als ihren Schüler, den sie zu erziehen hat – sie übersetzten gemeinsam Plutarchs Lebensbeschreibung des Alkibiades –, und sie sagte, sie leiste eine anerkennenswerte Arbeit, weil sie einen wertvollen Diener des Staates heranbilde. Nichtsdestoweniger besteht kein Zweifel, daß die Kaiserin und ihr junger Günstling auch intimere Beziehungen hatten. Am 5. August 1789 schrieb sie, mit Bezug auf Subow: »Mir geht es gut. Ich bin fröhlich und fühle mich neugeboren wie eine Fliege im Lenz.«
Er war ein angenehmer junger Mann, der, wie der Gärtner Busch vermerkte, »niemand etwas zu Leide tut und sich freut, wenn er jemand einen Gefallen tun kann«. Es ist unwahrscheinlich, daß er sich zu Katharina körperlich hingezogen fühlte, wenn sie auch eine gut erhaltene Dame mit gesunden weißen Zähnen war. Parkinson hingegen berichtet: »Subow führt sich ziemlich hochmütig auf, was bei einem Manne, der aus dem Nichts aufgestiegen ist, beträchtlichen Anstoß erregt.« Er sprach wenig und sehr trocken; er konnte fünfzig Herren in seinem Vorzimmer warten lassen, um sie dann kurz abzufertigen. Suworow scheint der einzige gewesen zu sein, der sich dieses taktlose Benehmen nicht gefallen ließ. Nachdem er von Subow einmal nachlässig gekleidet empfangen worden war, rächte sich der alte Haudegen, indem er ihn zu sich bat und ihn in Hemdsärmeln empfing. Als die Kaiserin einmal mit ihrem Sohn und Subow speiste, fragte sie Paul nach seiner Ansicht über eine Frage. »Ich bin ganz Plato Alexandrowitschs Meinung«, erwiderte der Großfürst. »Wie?« meinte Subow sarkastisch, »habe ich denn etwas Dummes gesagt?«

Diese Neigung Subows zur Arroganz sprach sich schnell herum und kam auch Potemkin zu Ohren. Katharina hatte sich von Anfang an Gedanken gemacht, wie dieser wohl auf ihren neuen Liebhaber reagieren würde. In ihren Briefen an ihn nannte sie Subow »Deinen Fähnrich«, denn diesen Rang bei der Garde hatte ihm Potemkin gegeben; und sie wiederholte ihm jedes Kompliment, das der Jüngling über den Älteren äußerte.
Aber Potemkin wollte sich nicht besänftigen lassen. Der neue Favorit war nicht von ihm ausgewählt worden; er hatte nichts Bemerkenswertes geleistet, er konnte sich zu einem ernsthaften Rivalen entwickeln, und sein Benehmen war geeignet, wichtige Persönlichkeiten vor den Kopf zu stoßen. Sobald der Krieg es ihm erlaubte, eilte Potemkin in die Hauptstadt. »Sub« heißt im Russichen »Zahn«; und in seinem Wagen murmelte der Marschall: »Ich muß diesen schlechten Zahn ziehen, unbedingt.«
So traf also der Mann, den die Kaiserin zum mächtigsten in ganz Rußland gemacht hatte, der Fürst von Tauris, in St. Petersburg ein, um sie zur Rechenschaft zu ziehen; nicht mit der alten Heftigkeit – es scheinen keine Leuchter durchs Zimmer geflogen zu sein – doch mit den vernünftigen Argumenten des reifen Alters, die nicht weniger verletzend sind. Katharina brauchte Potemkin; sie hatte einmal geschrieben, ohne ihn sei sie wie ein Mensch ohne Arme; er war das beständige Element in ihrem sonst so bunten Privatleben. Besonders bewunderte sie seinen ungewöhnlichen »Mut des Herzens, des Geistes und der Seele«; er war tatsächlich der einzige Mann, zu dem sie aufsah. Im schwedischen Krieg hatte sie ihm einmal einen Plan zur Verteidigung St. Petersburgs mit den Worten geschickt: »Habe ich es richtig gemacht, mein Meister?« Und hinsichtlich Subow fürchtete sie ihn wie einen eifersüchtigen Ehegatten.
Als er wie ein wütender Polyphem in den Winterpalast stürmte, um den »Zahn« zu ziehen, fühlte sich Katharina fast so wie vor Jahren, als ihr ein Weisheitszahn gezogen werden sollte. Bei Potemkins Vorwürfen, von denen sie einige verdiente, vergoß sie Tränen. »Du hast mir einen Dolch in die Brust gestoßen«, schrieb sie danach an ihn, »als Du sagtest, Du liebtest mich weniger um dessentwillen,

was ich getan habe. Du lieber Himmel, Deine Liebe muß ziemlich schwach sein, denn ich habe nichts getan um Dich zu kränken, noch will ich es je tun oder auch nur daran denken, was auch immer Dein Argwohn ersinnen mag...« Dann kommt ein Satz, der die Seelenqual hinter ihren Vorwürfen offenbart: »Nur eines könnte ich nicht ertragen: wenn Du wirklich aufhörtest, mich zu lieben.«

Doch trotz ihrer Furcht, seine Liebe zu verlieren, widerstand Katharina diesem ersten Ansturm. Sie gab Subow nicht auf und versuchte, Potemkins Zorn abzuwenden, indem sie ein großes Aufheben von ihm als Kriegsheld machte, erklärte, sein Erfolg mache ihn schöner denn je, und ihn beredete, sich vom Lampi porträtieren zu lassen.

In seinem »Taurischen Palast« – ihr Geschenk an ihn – überlegte der Fürst, was er jetzt tun sollte. Es war seine Gewohnheit, sich bei solchen Gelegenheiten in seinem Zimmer einzuschließen und stundenlang die Steine seiner Ringe mit einer kleinen Bürste zu reinigen. Nach langem Brüten fiel ihm etwas ein: er wollte ein Fest für Katharina geben, üppiger, als je eins in Rußland veranstaltet worden war und so, wie nur er es sich ausdenken konnte, so glanzvoll, daß Katharina darüber den jungen Subow vergessen und in einem Rausch von Bewunderung, Dankbarkeit und wer weiß was – wahrscheinlich hat Potemkin Katharinas Motive nicht exakt bestimmt –, ihn, Potemkin, wieder zum Herren ihres Lebens machen würde.

Er war noch genau so exzentrisch und extravagant wie früher. Erst kürzlich hatte er sich für fünfzigtausend Rubel eine riesige Orgel bauen lassen; und Parkinson erzählt, »er setzte sich unter einen Springbrunnen und ließ das Wasser über sich strömen, ohne die Kleidung zu wechseln«. Für sein Fest wollte er zweitausend Leute einladen und ihnen Theater, Ballett und Orchestermusik bieten – es würde eine Million Rubel kosten. Wochenlang vorher wurde geprobt, und jeden Tag ließ Potemkin den Schauspielern, Tänzern und Musikern aus einer großen Silberwanne seine sehr teure Lieblingssuppe von Stören aus dem Schwarzen und Kaspischen Meer vorsetzen.

Am 18. April 1791 um sieben Uhr abends betrat die Kaiserin das

Palais Potemkins und wurde von dem Gastgeber in roten Seidenhosen und einem Frack mit goldenen, diamantbesetzten Knöpfen, begrüßt. Der klassizistische »Taurische Palast« war von zwanzigtausend Kerzen erleuchtet, der Garten von hundertvierzigtausend Laternen; in der Halle sang auf der Galerie ein Chor, von einem dreihundert Mann starken Orchester begleitet, eine neue, zu ihren Ehren komponierte Hymne. Dann wurde sie zu einem Sessel an der Kopfseite des Ballsaales geleitet, der in seiner ganzen Länge von fünfundsiebzig Metern von einer Doppelreihe ionischer Säulen gesäumt war.
Vierundzwanzig Paare, darunter die Großfürsten Alexander und Konstantin, rosa-rot und blau gekleidet, tanzten eine sorgfältig einstudierte Quadrille. Danach wurden im Privattheater des Hausherrn zwei kleine Komödien und zwei Ballette aufgeführt. In den Saal zurückgekehrt, sah man einen automatisch betriebenen Elefanten hineinschreiten, mit Smaragden und Rubinen besetzt, auf dessen Rücken ein persischer Sadu saß und die Trommel schlug, zum Zeichen, daß angerichtet sei.
Das Diner bestand aus den köstlichsten Delikatessen und erlesensten Weinen. Nach dem Essen führte der Fürst die Kaiserin in den anschließenden Wintergarten, in dem Fontänen zwischen subtropischen Blumen und Bäumen spielten; und dort zeigte er ihr einen Obelisken aus Achat, auf dem kostbare Steine den ersten Buchstaben ihres Namens bildeten, und ein Standbild aus weißem Marmor, die Göttin der Freundschaft darstellend, die eine Büste Katharinas in den Händen hielt. Die Statue hatte eine Inschrift, durch die der Abend seine besondere Bedeutung erhielt: »Ihr, die mir Mutter und mehr als Mutter ist.«
Potemkins Großzügigkeit, sein Einfallsreichtum und seine Fähigkeit, etwas in Szene zu setzen – zweifellos wurde Katharina an seine glänzenden Darbietungen auf ihrer Krimreise erinnert –, waren bewundernswert. Aber sie wußte, daß diese ganze Pracht im Grunde dazu bestimmt war, einen Rivalen auszustechen – und hier war es Potemkin nicht gelungen, in ihrem Herzen zu lesen.
Plato Subow war nicht einfach ein Nebenbuhler wie Sawadowskij

und Jermolow es gewesen waren. Er stellte in Katharinas Leben einen neuen Typ von Mann dar, weil er so jung war – jung genug, um ihr Enkel zu sein, denn sie war schon sechzig. Auch bei ihren anderen Liebhabern hatte Jugendlichkeit eine Rolle gespielt, doch nun wurde es zum beherrschenden Faktor.

Katharina rühmte Subows Jugend nicht um ihrer selbst willen, sondern um dessen willen, was sie für sie bedeutete. Sie wünschte sich sehnlichst ein langes Leben, und einmal hat sie in einem Brief ihrem Freund Voltaire gewünscht, er möge bis 169 Jahre alt werden, wie angeblich ein Engländer namens John Kings. »Was für ein prachtvolles Alter!« rief sie bewundernd aus. Aber sie wollte nicht nur alt werden, sondern auch jung bleiben. Wenn sie mit ihren Enkelkindern spielte, so schrieb sie hochgemut an Grimm, sei sie die Seele ihrer Spiele. Den Schlüssel zu Katharinas Verhältnis mit Subow enthält der Satz »Ich fühle mich neugeboren wie eine Fliege im Lenz.« Vielleicht war sie sich selber nicht ganz dessen bewußt, doch sie liebte Subow, weil er das Instrument ihrer Verjüngung war.

In nüchternen Zahlen ausgedrückt: Potemkin war einundfünfzig, Subow dreiundzwanzig, und für jemand, der suchte, was Katharina suchte, gab es zwischen solchen Zahlen kein Zögern. Und als sie dem Fürsten für den denkwürdigen Abend dankte und zu ihrer Staatskarosse zurückkehrte, machte sie ihm keine Andeutung, daß sie seine Bitte erfüllen und ihren Geliebten zu verabschieden beabsichtige. Potemkin verstand: er kniete vor ihr nieder, in einer symbolischen Geste der Niederlage und Einwilligung, und bedeckte ihre Hände mit Küssen und Tränen.

Ihr Verlangen, durch Subow jung zu bleiben, war eine Schwäche, doch eine verzeihliche. Sie, die eine kraftvolle Nation verkörperte – so mag sie gedacht haben –, wie könnte sie jemals altern? Und außerdem mußte sie den ganzen Tag, und Tag für Tag, Beamten, Höflingen, Botschaftern und Gouverneuren, die sie bedrängten und mit allen Mitteln etwas aus ihr herausholen wollten, Widerstand leisten. Konnte sie es sich nicht gestatten, auf diesem einen Gebiet nachzugeben? Es war schließlich nur eine kleine Schwäche, andererseits vielleicht die Vorbedingung für die unablässige Kraft und Entschlossenheit, mit der sie ihr Leben in der Öffentlichkeit führte. In Katharinas Liaison mit Subow war allerdings auch ein gewisses Maß von Selbsttäuschung enthalten, wenn sie sich einredete, wertvolle Arbeit zu leisten, indem sie dieses Kind für den Dienst am Staat schule. Vor langer Zeit hatte sie bestimmte Unterschiede zwischen der Ostkirche und dem Luthertum geflissentlich übersehen; und auf die damalige, kindliche Verwischung der Wahrheit, mag es zurückzuführen sein, daß sie nunmehr die wahre Natur ihrer Liebschaft mit Subow nicht erkennen konnte, oder nicht zugeben wollte, daß sie zumindest ihre eigenen Grundsätze des gesunden Menschenverstandes außer acht ließ.

Eines ist indessen klar: Katharina war mit Subow glücklich. Er war ein guter Kamerad und sehr aufmerksam. »Er kümmert sich so sehr um mich«, schrieb sie an Grimm, »daß ich gar nicht weiß, wie ich ihm danken soll.« Ihre Glücksempfindungen fanden Ausdruck in einer kleinen Szene, die sie mit Genugtuung berichtet: Ein vornehmer Perser, zu Besuch in St. Petersburg, bewunderte ihre Kopien von Raffaels Loggien. Vor dem Teppich »Die Vertreibung aus dem Paradies« wandte sich der Gast verwundert an die Kaiserin und sagte: »Das kann nicht wahr sein, denn hier in diesem Palast sind wir ja im Paradies.«

Potemkin nahm Katharinas Entschluß überraschend bereitwillig auf. Tatsächlich kränkte seine verstärkte Selbstbeherrschung und selbst die Tatsache, daß er nicht mehr an den Nägeln kaute, sie sogar ein wenig; denn sie war der Meinung, daß zu eines Mannes Vitalität auch seine Fehler gehörten. Sie speisten noch einmal gemeinsam, ehe er ihr im Juli Lebewohl sagte – zum letzten Mal, wie sich herausstellen sollte.

Der Fürst reiste nach Jassy, um dort die Friedensgespräche mit den Türken zu führen. Dort bekam er Mitte September Schüttelfrost – wahrscheinlich eine Wiederkehr der Malaria, die er sich vor Jahren auf der Krim zugezogen hatte –, wickelte sich nasse Tücher um den Kopf und ließ sich mit Kölnisch Wasser besprühen. »Bin sehr krank«, schrieb er an Katharina, »bitte sei so gut und schicke mir einen chinesischen Schlafrock.« Sie weinte, als sie diesen Brief

empfing, und sandte nicht nur unverzüglich den Schlafrock, sondern auch zwei Ärzte nach Jassy.
Potemkins Zustand verschlechterte sich. Wiederholt sprang er, von plötzlichen Schmerzen gepackt, aus dem Bett, um zitternd wieder zurückzufallen. Einige Ärzte vermuteten Gallensteine, andere Gift seitens der Familie Subow. Man verschrieb ihm ausschließlich flüssige Nahrung; aber er hatte ebensowenig Vertrauen zu Ärzten wie Katharina, fuhr fort, ungeheure Mahlzeiten herunterzuschlingen, und vertilgte schon zum Frühstück geräucherte Hamburger Gans und Schinken, Wein und Likör. Zwischen den Schmerzanfällen komponierte er zehn Kanons an den Heiland im Stil der Psalmen und unterhielt sich mit seinem Beichtvater, wobei er aber nicht Besorgnisse wegen seiner Sünden äußerte, sondern als echter Sohn des achtzehnten Jahrhunderts die Überzeugung aussprach, er habe sein ganzes Leben für das Glück der Menschen gearbeitet. Sein größter Trost waren Katharinas Briefe, die er wieder und wieder las und mit Küssen bedeckte.
Als Anfang Oktober die Schmerzen zunahmen, entschloß er sich von dem tief gelegenen Jassy nach Nikolajew zu übersiedeln, einer Stadt über dem Schwarzen Meer gelegen, die er, zum Gedenken an die Einnahme von Otschakow am Nikolaustag gegründet hatte. Jetzt war seine Lieblingsnichte und langjährige Geliebte Saschenka Branicka bei ihm, die, mit ihrem polnischen Gatten auf dem Wege nach Warschau, von seiner Erkrankung gehört hatte und zu ihm geeilt war, um ihn zu pflegen. In ihrer Gesellschaft und der einiger ihm näherstehender Herren seiner Suite fuhr man ihn nach Nikolajew. Unterwegs, am Mittag des zweiten Tages, schrie er plötzlich: »Ich brenne, ich sterbe!« der Wagen hielt, ein Teppich wurde unter einen Baum gelegt, und dort, in dem Lande, das er unterworfen und gegen die Türken verteidigt hatte, starb Seine Durchlaucht Fürst Grigorij Alexandrowitsch Potemkin im Alter von zweiundfünfzig Jahren. Als seine Freunde nach einer Goldmünze suchten, um sie ihm auf das gesunde Auge zu legen, zog ein Kosak ein Fünf-Kopeken-Stück hervor, und mit dieser bescheidenen Kupfermünze ging die Seele des reichsten Mannes Rußlands ins Jenseits.

Er mag in den Augen der Kirche der Gemahl der Kaiserin gewesen sein oder nicht – für sie hatte er mehr bedeutet, als die meisten Ehemänner ihren Frauen bedeuten: er war ihr genialer Mitarbeiter gewesen, ihr bewundertes Vorbild und ihr Quell der Stärke und Ermutigung. Als sie seinen Tod erfuhr, fiel Katharina dreimal in Ohnmacht und mußte zur Ader gelassen werden. Noch nach Wochen verzeichnet Chrapowitzkijs Tagebuch ihren Kummer: »Tränen und Verzweiflung« oder »Sie weinte« oder nur »Tränen«.

»Nun habe ich niemand mehr, auf den ich mich verlassen kann«, sagte sie. An fähigen Beamten fehlte es ihr nicht; aber sie dachte an ihr Verlangen – es war wirklich ein dringendes Verlangen geworden – nach einem zuverlässigen Gefährten, zu dem sie aufsehen konnte. Subow stand ihr am nächsten, doch ihm mangelte in jeder Hinsicht Potemkins Größe. Katharina beeilte sich mit seiner Erziehung; sie schrieb Memoranden für ihn, um ihn in der Außenpolitik zu schulen, und sie ließ sich von ihm Bericht über die Lage in Polen erstatten. Subow war lerneifrig und hatte ein gutes Gedächtnis. Sie betraute ihn mehr und mehr mit wichtigen Aufgaben, bis er schließlich die Stellung einnahm, die früher Panin und dann Besborodko gehabt hatten.

Doch in keiner Weise ließ sich Katharina von ihm beherrschen. Chrapowitzkijs Tagebuch vermerkt oft ihre Ungeduld über einen unvollständigen Bericht Subows, und im Juni 1792 heißt es zu einem solchen: »Ärgerlich, zurückgewiesen.« Nichtsdestoweniger stieg der junge Günstling auf. Die Kaiserin ernannte ihn zum Präsidenten des Kriegskollegiums, zum Gouverneur der taurischen Provinz und zum Befehlshaber der Schwarzmeer-Flotte. Selbstverständlich wurmte es Katharinas ältere Ratgeber, daß ein Mann, der so wenig getan hatte, solche Ehren empfing, und Subow war alles andere als beliebt. Aber Potemkin war auch nicht beliebt gewesen; und Katharina behandelte ihre Beziehungen mit soviel Takt, Würde und Anstand, daß man Subow schließlich als das gelten ließ, was er faktisch geworden war: der vertrauenswürdigste und wichtigste Mitarbeiter der Kaiserin bei ihren Regierungsgeschäften.

24

Kritik und Auflehnung

Ein Beamter, den die Kaiserin jeden Morgen empfing, war der St. Petersburger Polizeichef. Sie ließ sich von ihm berichten, welche Personen von Rang die Hauptstadt betreten oder verlassen hatten. Das war auf dem ganzen Kontinent so üblich – die Enzyklopädisten hatten sogar für ein zivilisiertes Land, in dem man sicher reisen konnte, den schmeichelhaften Ausdruck »*un pays policé*« geprägt. Katharina hatte auch die Geheime Kanzlei beibehalten, der die politische Polizei untergeordnet war, eine seit langem bestehende Einrichtung. Die Kaiserin Elisabeth hatte persönlich die Aufsicht über die Geheime Kanzlei geführt; doch unter Peter III. war sie der Kontrolle des Senats unterstellt worden. Die neue Kaiserin respektierte diese Anordnung und bestätigte den Chef der Polizei, Scheschkowskij, in seinem Amt, das er schon vor ihrer Machtergreifung angetreten hatte. Er hatte keinen guten Namen, da er beim Verhör von Gefangenen die Selbstbeherrschung zu verlieren pflegte; indessen gibt es keinen Beweis dafür, daß Katharina die politische Polizei öfter oder strenger einsetzte, als es ihre unmittelbaren Vorgänger getan hatten. Die Geheime Kanzlei blieb ebenfalls; doch sie spielte unter ihr eine geringere Rolle. Katharina trug dazu bei, aus Rußland *un pays policé* zu machen, aber es war während ihrer Regierung nie ein Polizeistaat.
Eine der Gelegenheiten, bei der Katharina von der Geheimpolizei Gebrauch machte, gab es Anfang der achtziger Jahre, als sie mit Lanskoj liiert war. Sie beauftragte Scheschkowskij herauszubekommen, wer die Urheber von gegen sie gerichteten Karikaturen

und Pamphleten waren. Man weiß, daß sie ihn anwies, eine Madame Koschina, die Frau eines Generalmajors, wahrscheinlich für die Verbreitung von Schmähschriften einer »leichten körperlichen Züchtigung« zu unterziehen. Wir werden gleich sehen, was es damit auf sich hatte.

Als Katharina den jungen Plato Subow zum Liebhaber nahm, wurde der Klatsch boshafter; insbesondere setzte die Frau seines Vorgängers Alexander Mamonow Geschichten über die Erfahrungen ihres Gatten im Bett der Kaiserin in Umlauf. In dem Rußland-Buch eines gewissen Castera, eines Beamten der französischen Botschaft, das viele Unwahrheiten enthielt, die nach dem Geschmack der anti-russischen französischen Leser waren, mag indessen die folgende Geschichte über Katharinas Verhalten zu Madame Mamonow zutreffend sein, denn sie stimmt mit dem überein, was Parkinson zur gleichen Zeit hörte. Wenn dem so ist, dann könnte man daraus auf die Art Bestrafung schließen, der Madame Koschina unterzogen wurde:

»Als Mamonow und seine Frau zu Bett gegangen waren, erschien der Moskauer Polizeichef in ihrer Wohnung, überantwortete die beiden, nachdem er einen Befehl Ihrer Majestät vorgezeigt hatte, sechs Frauen, die mit ihm gekommen waren, und zog sich in ein Vorzimmer zurück. Dann ergriffen die sechs Frauen, die in Wirklichkeit sechs verkleidete Männer waren, die schwatzhafte Dame, zogen ihr das Nachthemd aus und versetzten ihr Stockschläge in Gegenwart ihres Mannes, der niederknien mußte. Nach der Züchtigung betrat der Polizeichef das Zimmer und sagte: ›So bestraft die Kaiserin eine erste Indiskretion. Für die zweite wird man nach Sibirien deportiert.‹«

Über eine dritte Gelegenheit, bei der Katharina einer Kritik an ihr entgegentrat, berichtete der Dichter Sumarokow: »Zwischen mehreren Bittschriften erhielt der Sekretär der Kaiserin auch ein sehr gehässiges, gegen Ihre Majestät gerichtetes Pamphlet. In der Kanzlei wurde die Handschrift identifiziert und der Verleumder nach St. Petersburg beordert, wo er ein Geständnis ablegte. Polizeichef Teplow wollte ihn schonen und wartete auf eine passende Gelegenheit, um Gnade für ihn zu erbitten. (Hier muß erwähnt werden, daß der Postdirektor die Kaiserin täglich informierte, wie viele Briefe jede Kanzlei mit jeder Post erhielt.) Eines Tages, nachdem Teplow seinen Bericht beendet hatte und sich verabschiedete, sagte die Kaiserin: ›Bleiben Sie noch einen Augenblick.‹ Sie sprachen noch über verschiedene Dinge; dann fragte sie plötzlich: ›Haben Sie nicht noch einen anderen Bericht bekommen?‹ Der verwirrte Teplow wollte nicht lügen und war gezwungen, das Geheimnis preiszugeben. Nun verlangte die Kaiserin die Schmähschrift zu sehen. Teplow gebrauchte Ausflüchte und sagte, das Pamphlet sei so schlecht geschrieben, daß man es nicht zeigen könne; aber den drohend ausgesprochenen Worten ›Ich befehle es Ihnen!‹ mußte er gehorchen, und er ging, es zu holen. Als er zurückkam, kniete er nieder und flehte um Gnade. ›Stehen Sie auf!‹ sagte die Kaiserin, ›und machen Sie kein Theater. Früher wurden die Leute für so etwas gehängt, und auch ich kann hart strafen.‹ Sie ging erregt auf und ab, und alles schien auf eine schwere Bestrafung des Sünders hinzudeuten; doch dann ließ ihre Erbitterung nach, und sie beruhigte sich. In ihren Zügen zeigte sich Barmherzigkeit, und statt der angedrohten Strafe folgte eine unerwartete Entscheidung. ›Ich möchte nicht einmal wissen, wer mich beschimpft, sagte sie. ›Hier ist meine Rache.‹ Und sie warf das Papier ins Feuer.«

Im Alter wurde Katharina duldsamer gegenüber der Kritik ihres Liebeslebens; vielleicht, weil ihr Verhältnis zu Subow platonisch geworden war. Eines Tages brachte ihr die Gräfin Golowina ein Exemplar der Pariser Zeitung *Le Moniteur,* das der Gouverneur von St. Petersburg beschlagnahmen lassen wollte. Es enthielt einen Angriff auf die Kaiserin unter der Überschrift »Messalina des Nordens« – eine Anspielung auf die zügellose Gemahlin des römischen Kaisers Claudius. »Können sich diese Herren kein besseres Etikett für mich ausdenken?« bemerkte Katharina lediglich. Dann las sie von »unerhörten Orgien in den Kellern des Winterpalastes und den Alkoven von Zarskoje Selo« und sagte lächelnd: »Sieh mal einer an! Ich bin noch nie im Palastkeller gewesen. Wie köstlich hätten wir uns da unten amüsieren können, wenn wir das gewußt hätten!« Sie befahl, die anrüchige Ausgabe des *Moniteur* ungehindert zirkulieren zu lassen und bemerkte dazu, es sei ganz gut, wenn ihre Untertanen erführen, wie tief die öffentliche Meinung in Frankreich gesunken sei.

Zu dieser Zeit erschien die bei weitem schärfste Kritik an ihrem Regime, und sie stammte aus einer unerwarteten Quelle; von einem älteren Beamten, den sie früher protegiert hatte. Alexander Raditschew war als ältestes von elf Kindern eines reichen Grundbesitzers im Jahre 1749 geboren und ging als Stipendiat Katharinas nach Leipzig, um Jura zu studieren. Dort lernte er die Ideen der Aufklärung kennen. Nach seiner Rückkehr trat er in den Staatsdienst, dem er gewissenhaft oblag, doch sein Hauptinteresse galt weiterhin den französischen Denkern, vor allem Rousseau, Mably, dessen *Observations sur les Romains* er übersetzte, und Raynal, der Thron und Altar angriff.

Raditschews Vater hatte seine Leibeigenen gut behandelt und wurde von ihnen mit seiner Familie während des Pugatschew-Aufstandes versteckt, so daß er dem Massaker entging. Doch auf den Sohn machte dieses Ereignis der Wirklichkeit weniger Eindruck als seine französischen Autoren, und er schrieb ein Buch, in dem er die Leibeigenschaft angriff und andere Aspekte des russischen Lebens, die er mißbilligte.

Er nannte es *Reise von Petersburg nach Moskau* und gab ihm die Form von Begegnungen mit Menschen verschiedener Schichten. Darin werden Beamte als korrupt, Priester als machthungrig, Gutsbesitzer als gierig und grausam geschildert. Der Ton stammt von Rousseau – wenn der Erzähler eine Tasse Kaffee trinkt, muß er weinen, weil er an die Sklaven auf den Kaffeeplantagen denkt. Ein anderes Mal weist er auf einige Bäuerinnen hin: »Schaut her, ihr Damen von Moskau und St. Petersburg, seht ihre Zähne an und lernt von ihnen, wie man sie weiß erhält. Sie haben keine Zahnärzte, und sie scheuern nicht den Glanz ihrer Zähne mit Bürste und Pulver hinweg.«

Trotz solcher unfreiwillig komischer Stellen hat Raditschews Buch ein starkes und wichtiges Zentralthema. Jede Macht, sagt er, korrumpiert ihre Träger, und am meisten die Besitzer der Leibeigenen. In sechs Kapiteln feuert er seine Leser an, sich gegen eine Regierung aufzulehnen, die Leibeigenschaft gestattet.

Der Polizeichef von St. Petersburg hat wahrscheinlich nur den Titel des Buches gelesen, flüchtig darin geblättert, und es für eine Sammlung von harmlosen Reiseskizzen angesehen, bevor er die Erlaubnis zur Veröffentlichung gab. Aber kein Drucker wollte es übernehmen, und Raditschew mußte die 453 Seiten selber setzen und drukken. Im Mai 1790 brachte er 625 Exemplare zum Verkauf.

Katharina las das Buch bald darauf und sprach mit Chrapowitzkij darüber, der am 26. Juni in seinem Tagebuch vermerkt: »Gespräch über das Buch *Reise von Petersburg nach Moskau:* die französische Pest ist darin ausgestreut, Auflehnung gegen die Autorität; der Verfasser ist Martinist. Ich habe (sagte sie) dreißig Seiten gelesen; der Verdacht fällt auf Raditschew.« Ein Buchhändler, der mehrere Exemplare verkauft hat, wird verhaftet, und die Identität des Autors soll festgestellt werden.

Katharinas Notizen machen ihre Haltung deutlich. »Die Seiten 254 und 255 sind voller Schmähungen gegen Sieg, Eroberung und Besiedlung... Soll man denn das Volk widerstandslos den Türken und Tataren in die Hände fallen oder die Schweden einmarschieren lassen?« Sie vermerkt, daß die Regierung sogar für die Geschlechtskrankheiten verantwortlich gemacht wird, weil sie die Prostitution konzessioniere. Manches fand ihren Beifall: zum Beispiel wurde bei der Erziehung junger Menschen die Kontrolle der sinnlichen Triebe gefordert – »sehr gut durchdacht«, schrieb sie an den Rand.

In einem anderen Kapitel schändet ein neureicher Dienstherr die Braut eines seiner Leibeigenen; er wird ermordet, aber man ergreift die Mörder und verurteilt sie zum Tode. Katharina kommentiert: »Dieses ganze Argument wird leicht durch eine einfache Frage widerlegt – wenn jemand unrecht tut, gibt dies einem anderen das Recht, noch größeres Unrecht zu tun? Die Antwort muß lauten: natürlich nicht.« Und sie fährt fort: »Die Seiten 350 bis 369 enthalten in der Verkleidung eines Gespräches über Prosodie eine Ode, die deutlich und unverkennbar revolutionär ist und in welcher Zaren mit der Hinrichtung bedroht werden. Das Beispiel Cromwells wird angeführt und gelobt. Diese Seiten sind in verbrecherischer Absicht geschrieben.«

Wie für viele Frauen war für Katharina ein Buch weniger der Ausdruck von Ideen als ein Bild seines Verfassers. So auch jetzt. Sie fand, Raditschew habe eine »gallige, schwarze und gelbe Art, die Dinge zu sehen« und erklärte Chrapowitzkij, der Autor der *Reise* sei »ein Aufrührer, schlimmer als Pugatschew«, »und sie zeigte mir, wie er am Schluß des Buches Benjamin Franklin als Demagogen preist und sich selber zu einem solchen erklärt. Sie sprach mit Leidenschaft und Erregung.«

Was sollte die Kaiserin mit einem solchen Buch machen? Im ersten Teil ihrer Regierung hatte sie die Gedankenfreiheit ermutigt – darum durfte Raditschew in Leipzig studieren. Sie hatte kritisches Schrifttum erlaubt – allerdings nicht über Politik. In ihrer *Instruktion* von 1767 war zu lesen: »Wenn sie nicht zum Verbrechen des Hochverrats führen, können Schriften selber nicht den Tatbestand des Hochverrats enthalten.« Zu diesen Anschauungen hatten unter anderem ihre Leiden als Großfürstin geführt. Doch später war sie anderen Sinnes geworden. Sie wollte nur frohe und glückliche Gesichter um sich sehen; Raditschew war unglücklich, und er schrieb über Menschen, die noch unglücklicher waren als er. Wäre Katharina mit einem Manne ihres Alters herangereift und alt geworden, hätte sie wahrscheinlich den Wert eines Dialogs zwischen Gleichen zu schätzen gewußt; doch stets auf jüngere Liebhaber erpicht, hatte sich ihr Charakter verändert; nun mußte sie immer auf der Höhe sein. Obwohl Raditschew in der Frage der Leibeigenschaft eigentlich nur den Standpunkt teilte, den sie früher selber vertreten hatte, sah sie ihre Autorität von ihm herausgefordert.

Sein Buch erschien zu einer Zeit nationaler Gefahr, als Rußland einen Zweifrontenkrieg führte. Trotzdem hätte Katharina die Verbreitung zulassen und es, vielleicht anonym, mit einem anderen »Antidot« beantworten können, und sie wäre damit ihren besten Grundsätzen treu geblieben. Aber sie zog vor, so zu handeln, wie es jeder andere Herrscher auf dem Kontinent getan hätte; sie übergab

Scheschkowskij ihre Notizen als Unterlage für ein Verhör Raditschews und eine formelle Anklage.
Am Tage nach seiner Verhaftung legte Raditschew ein schriftliches Geständnis ab: »Raynals Stil, der mich von Irrtum zu Irrtum zog, führte zu der Abfassung meines aberwitzigen Buches.« Von dem Kriminalgericht in St. Petersburg wegen mehrerer Vergehen verhört, darunter Konspiration gegen die Landesherrin, befand man ihn schuldig und verurteilte ihn zum Tode. Der Spruch wurde vom Senat bestätigt und dann von Katharina an den Staatsrat verwiesen, dem sie nahelegte, »den Anspielungen auf meine Person keine Beachtung zu schenken, denn sie sind unter meiner Würde«. Der Staatsrat wandelte das Todesurteil um in zehnjährige Zwangsarbeit in Nerschinsk in Sibirien; doch zwei Wochen später, anläßlich des Friedens mit Schweden, begnadigte Katharina Ratischew zu einer zehnjährigen Verbannung.
Am 8. September trat er die Reise nach Sibirien an, anfangs in Ketten; doch bald wurde er durch eine Anordnung der Kaiserin davon befreit. Von seiner Schwägerin begleitet, die er später heiratete, lebte er zuerst in Ilimsk, wo er ein Haus mit fünf großen Zimmern bewohnte und acht Diener zur Verfügung hatte. Er wurde zu Diners, Festlichkeiten und Theateraufführungen eingeladen und durfte seine schriftstellerische Tätigkeit fortsetzen.
Nach dem Buchstaben des Gesetzes mag Katharina in der Behandlung Raditschews recht gehabt haben; sechs Aufforderungen zur Revolution erfüllten den Tatbestand des Hochverrats; doch im weiteren Sinne hatte sie sehr unrecht. Sie wußte, daß sie zu ihren Lebzeiten die Leibeigenschaft nicht aufheben konnte, und das bekümmerte sie. Dennoch hätte sie einen Schriftsteller nicht dafür bestrafen dürfen, daß er das harte Leben eines großen Teiles der Leibeigenen schilderte, wie übermäßig scharf sein Ton auch gewesen sein mag. Damit ging sie in ihrer Vorliebe für »glückliche Gesichter« zu weit.
So wie der Fall Raditschew nur im Zusammenhang mit der nationalen Gefahr richtig verstanden werden kann, muß auch der Fall Nowikow, der ihm folgte, vor den Ereignissen des Jahres 1792 gesehen

werden. Die Französische Revolution war in ihre zweite, blutigere Phase getreten. Der Widerstand gegen den König, dessen Mittelpunkt der Herzog von Orléans war, führte zum Sturm auf die Tuilerien, zur Gefangennahme Louis XVI. und zu dessen späteren Hinrichtung. Die Gewaltherrschaft griff auf Schweden über, wo Gustaf III. auf einem Maskenball ermordet und sein Bruder, der Herzog von Södermanland, Regent wurde.

Viele in Europa hielten für die treibende Kraft hinter all diesen Gewalttaten die Freimaurer, auch Katharinas Generalprokurator Fürst Iwan Gagarin. Parkinson zufolge »glaubt Gagarin als ehemaliger Großmeister der Loge in Moskau mit Sicherheit zu wissen, daß die Grundsätze der Jakobiner in den Zusammenkünften dieser Vereinigung ihren Ursprung haben. Dadurch, meinte er, sei es Cagliostro möglich gewesen, die Erstürmung der Bastille vorauszusagen. Der Herzog von Orléans war Großmeister in Paris, der Herzog von Södermanland Großmeister in Stockholm.«

Katharina hatte die Freimaurer lange gewähren lassen; sie hatte sie in ihren Komödien verspottet, doch ihnen eine Erwiderung gestattet. Nun jedoch faßte sie die 145 Logen in Rußland schärfer ins Auge und betrachtete die Tätigkeit ihres beredsamsten Mitgliedes Nikolaus Nowikow genauer.

Nowikow war jetzt achtundvierzig. Seit den Tagen, da er den *Müßiggänger* edierte, hatte er sich von der Gesellschaftskritik in die höheren Regionen des Rosenkreutzertums erhoben. Er gab die wichtigsten pietistischen und mystischen Schriften der vergangenen drei Jahrhunderte neu heraus, von Jakob Böhme bis zu Saint-Martin und erregte damit die Kritik der rechtgläubigen Kirche; er reiste viel, auf der Suche nach immer esoterischeren Wegen zum tieferen Frieden und zur höheren Wahrheit.

Katharina entdeckte, daß Nowikow mit Raditschew befreundet gewesen war, seine Übersetzung Mablys finanziert hatte und er mit einem französischen freimaurerischen Architekten in Verbindung stand – dem nämlichen, der ihr »sargähnliches« Palais entworfen hatte, das unausgeführt geblieben war –, Basil Baschenow, und daß dieser manchmal ihren Sohn Paul besuchte.

Der Großfürst lebte zurückgezogen auf seinem Landgut Gatschina. Täglich drillte er, in hohen Stiefeln und ellbogenlangen Handschuhen, die zwei Bataillons seiner Leibtruppe und prüfte pedantisch ihre Knöpfe und Schulterriemen. Er war noch immer mürrisch und konnte in plötzlichen Wutanfällen mit Stock und Fäusten um sich schlagen. Die Beziehungen zwischen ihm und seiner Mutter wurden zunehmend gespannter; er rügte öffentlich ihren Umschwung von Preußen zu Österreich und ihre Liebesgeschichten; während Katharina ernsthaft erwog, ihren labilen Sohn zu übergehen und Alexander zum Thronerben zu machen.

Neuerdings hatte Paul ein neues Interessengebiet gefunden. Mit dem wirklichen Leben unzufrieden – »Was habe ich je geleistet, außer Kinder zu zeugen?« –, wandte er sich der geheimen Welt der Freimaurer und Rosenkreutzer zu. Er begann seinen Träumen Bedeutung beizulegen, verbrachte viele Stunden im Gebet, und seine leicht erregbare Phantasie sah Bilder der Harmonie in sich und in der Außenwelt. Er korrespondierte mit Lavater und vermutlich auch insgeheim mit Friedrich Wilhelm II. von Preußen, der Rosenkreutzer war. Außerdem nahm er Kontakt mit russischen Freimaurern auf.

Es wurde eine Haussuchung bei Nowikow angeordnet; dabei fand man ein Memorandum des Freimaurers Baschenow, worin er eine Zusammenkunft zwischen ihm und dem Großfürsten beschrieb, im Verlauf derer Paul Bücher von den Mitgliedern des Kreises erhalten hatte. Daß der überspannte Nowikow den Thronerben zu beeinflussen suchte, hätte in normalen Zeiten wenig Aufsehen erregt; aber die Geschehnisse in Europa schienen zu beweisen, daß dies der Weg war, auf dem die Freimaurer einen Staatsstreich vorbereiteten. Katharina ließ Paul verhören, erhielt jedoch keinen schlüssigen Beweis, daß er sich schuldhaft verhalten hatte.

Es besteht indessen kein Zweifel, daß zumindest eine kleine Gruppe der Freimaurer an der Zerstörung der Kirche arbeitete. Wahrscheinlich wollten einige wenige sogar die Monarchie stürzen. Aber infolge der in der Satzung festgelegten Verschwiegenheit der Logenbrüder war der Nachweis der subversiven Tätigkeit schwer zu

erbringen. Erst kürzlich wurde durch die Veröffentlichung von Parkinsons Tagebuch evident, daß Katharina viel stärker durch die Freimaurer und die französischen Revolutionäre bedroht war, als man bisher angenommen hatte. »Ungefähr vor acht Monaten [also im April 1791]«, schrieb Parkinson und berief sich auf Gould, einen gut informierten Beamten der britischen Botschaft, »wurde als sicher bekannt, daß drei Männer aus Paris festgenommen wurden, die das Ziel hatten, die Kaiserin zu ermorden. Sie wurden jedoch an der Grenze festgehalten, wobei es einem zu entkommen gelang.«
Mit dieser und wahrscheinlich noch anderen geheimen Informationen gab die Kaiserin dem Generalgouverneur von Moskau den Auftrag, Nowikow zu verhören. Er befand Nowikow »schuldig« – er sagte nicht, wessen –, vermutlich nur des Versuchs, den Großfürsten in eine Geheimorganisation mit ausländischen Verbindungen einzuführen. Doch das genügte Katharina, um Nowikow in die Festung Schlüsselburg verbringen zu lassen. Rostoptschin zufolge kniete Nowikow auf dem Steinboden und dankte dem Himmel, daß er ihm eine solche Züchtigung sandte. In einem weiteren Verhör und nach Baschenows Memorandum befragt, antwortete er, er werfe sich »Ihrer Majestät zu Füßen als ein hochgradiger Verbrecher, erfüllt von echter und tiefer Reue und Zerknirschung«. Katharina nahm diese Worte als Schuldbekenntnis, und ihre Ansicht hatte wie immer großes Gewicht. Nowikow wurde zu fünfzehn Jahren Festungshaft in Schlüsselburg verurteilt.
Mit ihrem Vorgehen gegen Raditschew und Nowikow glaubte Katharina Rußland vor den Gedanken der Französischen Revolution zu schützen; aber sie tat damit auch etwas, das sie selber bei den Revolutionären verurteilte: sie erstickte gegensätzliche Meinungen. Zweifellos wird sie durch die Umstände entschuldigt, doch diese beiden Fälle sprechen nicht für sie.
Wenn sie es mit Nachahmern der Revolutionsmoden zu tun hatte, war sie weniger streng. Matthew Guthrie, ein schottischer Arzt des diplomatischen Korps, schreibt darüber: »Wir mußten lächeln, als wir die dunkelfarbige *lacerna*, die Augustus aus Rom verbannt hatte, in St. Petersburg unter dem neuen Namen ›Jakobinermantel‹

wieder auftauchen sahen. Die weise Kaiserin wurde damit fertig, ohne daß sie ein Edikt zu erlassen brauchte: sie ordnete an, daß die städtischen Wachleute mit ihren langen Bärten sich die gleichen Mäntel umhängten und neben den jungen Männern, die sich so phantastisch drapierten, auf den Gehwegen und in den kaiserlichen Parks, die stets für jedermann offenstehen, einhergingen. Diese fühlten sich verspottet, und bald sah man keine Jakobinermäntel mehr in der Hauptstadt.«

Bei der Beschreibung von Raditschews Buch hatte Katharina das Wort »biliös« (»schwarzgallig«) gebraucht und es wörtlich gemeint; denn sie glaubte, jeder, der revolutionäre Ansichten hat, müsse entweder körperlich oder geistig nicht in Ordnung sein. So verfuhr sie mit denen, die französische revolutionäre Ideen verkündeten, folgendermaßen:

»Die Propagandisten statteten uns nur kurze Besuche ab«, schrieb Guthrie, »denn sie liebten die Scherze der Kaiserin nicht, die einen Irrenarzt zu all denen schickte, welche ›heilige Empörung‹ als die ›höchste aller Pflichten‹ predigten, damit er ihnen den Puls fühlte... Der Arzt wurde gewöhnlich von ein paar kräftigen Wärtern begleitet, die den Patienten unverzüglich in die Irrenanstalt brachten«. Mit dieser Taktik wollte Katharina die Agenten der Aufsässigkeit lächerlich machen, so wie sie mit ihren Komödien Gecken und Spitzbuben verspottet hatte; und sie war erfolgreich damit. »Ein Zugpflaster auf dem Kopf«, fährt Guthrie fort, »ein Abführmittel und Wassersuppe brachten den Betreffenden bald zur Vernunft und machten ihn so harmlos wie ein Kind.«

Katharina scheint die erste gewesen zu sein, die diese Heilmethode, mehr als Scherz, angewandt hat. Es ist nicht bekannt, ob Nikolaus I. sie nachgemacht hat, als er, diesmal im völligen Ernst, eine ähnliche Methode an dem Schriftsteller Kadajew (?) durchführen ließ. Später freilich, und in einem Maße, das im achtzehnten Jahrhundert undenkbar gewesen wäre, wurde die Irrenanstalt von den Sowjets zur Behandlung politisch Andersdenkender benutzt.

»Nach seiner Entlassung«, schreibt Guthrie weiter, »wurde der Heilsbringer, wenn er sich wieder öffentlich zeigte, so ausgelacht, daß er sich schnell nach Preußen auf den Weg machte, um dort ›geheime Erinnerungen‹ an den russischen Hof zu schreiben und das ganze Kaiserreich mit jeder Falschheit zu verleumden, welche die Wut sich ausdenken kann. Sogar wir Engländer bekamen unseren Teil ab, da wir im Gesundheitswesen Rußlands an führender Stelle stehen, und man sagt uns nach, die Kur für rasende Jakobiner sei von uns erfunden worden.«

25

Der Traum vom russischen Europa

Als sie Mitte sechzig war, nahm Katharina an Gewicht zu; ihr graues, gekräuseltes Haar bekam weiße Strähnen, das runde Kinn wurde voller, doch die klugen Augen waren noch fest auf jeden gerichtet, mit dem sie sprach. Nach der Beschreibung ihres Sekretärs Gribowskij hatte sie noch immer einen frischen Teint, unversehrte Zähne und schöne Hände. Ihre Stimme war klar, ein wenig männlich. Sie litt an hohem Blutdruck und geschwollenen Beinen und erkrankte, mit fünfundsechzig, an der Wundrose, die ihr alter Freund Bestuschew mit von ihm selber erfundenen Tropfen heilte. Trotz dieser Beschwerden erfreute sich Katharina einer verhältnismäßig guten Gesundheit und war lebhaft und munter.

Sie stand jetzt um acht Uhr auf, wie Gribowskij weiter berichtet, trank eine Tasse schwarzen Kaffee und befaßte sich eine Stunde mit schriftlichen Arbeiten. »Um neun ging sie in ihr Schlafzimmer und nahm in einem Sessel Platz, vor sich zwei nierenförmige Tische, die hohlrunde Seite ihr zugewandt, davor ein Stuhl. Sie trug gewöhnlich einen weißen Schlafrock von schwerer Seide und auf dem Kopf, ein wenig nach links geneigt, eine weiße Haube... Sie las mit einer Brille und einem Vergrößerungsglas und sagte einmal lächelnd zu mir: ›So etwas brauchen Sie noch nicht, nicht wahr? Wie alt sind Sie?‹ Und als ich erwiderte, achtundzwanzig, fuhr sie fort: ›Aber unsere Sehkraft hat in dem langen Dienst am Staate nachgelassen, und jetzt müssen wir eine Brille benutzen.‹ Das ›wir‹ klang natürlich, gar nicht majestätisch.«

Dann empfing sie als ersten ihrer täglichen Besucher den Polizeichef, der ihr über die Begebnisse in der Hauptstadt Bericht erstattete und ein Verzeichnis der Reisenden vorlegte, die am vergangenen Tag die Stadt betreten oder verlassen hatten.

»Nachdem der Polizeichef gegangen war, wurden, einer nach dem anderen, die Sekretäre hereingerufen. Mein Eintritt in das Schlafzimmer geschah folgendermaßen: Ich machte eine tiefe Verbeugung, welche die Kaiserin damit beantwortete, daß sie den Kopf neigte und mir die Hand hinstreckte, die ich küßte, wobei sie meine Hand drückte. Sie sagte ›Setzen Sie sich‹, und ich nahm auf dem Stuhl Platz und begann aus den Schriftstücken vorzulesen, die ich mitgebracht hatte. Ich vermute, bei den anderen Sekretären ging es ebenso vor sich; doch sobald Graf Subow erschien, zogen wir uns alle sofort zurück.

Subow trug zu dieser Tageszeit einen seidenen farbigen Gehrock, an den Rändern mit Brillanten besetzt, weiße Satinhosen und grüne Schuhe. Sein Haar war noch nicht gepudert. Auch er legte der Kaiserin Schriftstücke zur Unterschrift vor.«

Das letztere besagt nicht, daß Subow politische Vollmachten besaß; denn die Papiere, an denen er gearbeitet hatte, waren von Katharina entworfen worden. Zu jener Zeit dürften die beiden mit den Vorbereitungen zur Petersburger Allianz von 1794 beschäftigt gewesen sein, durch die sich Rußland mit Großbritannien und Österreich gegen Frankreich verbündete.

Um elf beendete Subow seine Morgenvisite, und Katharina empfing den Grafen Besborodko oder andere Staatsmänner oder den exzentrischen Marschall Suworow, der nach seinen Siegen in Polen den Abschied genommen hatte. »Nachdem er eingetreten war, verbeugte er sich dreimal bis zum Boden vor der Ikone der Muttergottes von Kasan und einmal, nicht weniger tief, vor der Kaiserin, obwohl sie ihn stets daran zu hindern suchte und sagte: ›Um Himmels willen, Alexander Wassilijewitsch, schämen Sie sich nicht, so etwas zu tun?‹ Aber der Kriegsheld verehrte sie und hielt es für seine Pflicht, es ihr auf solche Weise zu zeigen. Die Kaiserin reichte ihm die Hand, die er küßte, als sei es eine heilige Reliquie. Dann bat sie ihn, Platz zu nehmen...

Um zwölf zog sich die Kaiserin in ihr Toilettezimmer zurück und ließ sich von ihrem alten Friseur Koslow das Haar auf eine sehr altmodische Art machen: mit Löckchen hinter den Ohren. Es war kein höfischer Stil, sondern sehr einfach. Danach ging sie in das Ankleidezimmer, wo wir alle auf sie warteten, mit vier Kammerfrauen, die ihr bei der Toilette halfen. Eine reichte ihr ein Stück Eis, womit sie sich das Gesicht abrieb, vielleicht, um zu zeigen, daß sie nichts von Gesichtskosmetik hielt. Eine andere legte ihr einen kreppseidenen Kopfputz an und ließ sich von den zwei Schwestern Swerjowukij Nadeln reichen, um ihn zu befestigen. Die Toilette dauerte nicht länger als zehn Minuten, und während dieser Zeit plauderte die Kaiserin mit den Anwesenden, sehr oft mit Leo Naryschkin und manchmal mit Graf Stroganow, deren beider Unterhaltung sie besonders liebte. Dann verabschiedete sie sich mit einer Kopfbewegung und ging in ihr Schlafzimmer, von den Damen begleitet, mit deren Hilfe und der ihrer Zofe Maria Persekusikina sie sich ankleidete. Alltags trug sie gern ein Seidenkleid im Moldau-Stil, außen meist mauvefarben oder dunkelgrau, ohne Orden, darunter weiß.«
Bei zwei Gelegenheiten im letzten Jahr war Katharinas Kleid schwarz gewesen: drei Wochen lang, als Ludwig XVI. guillotiniert wurde; und dann, sechs Wochen, als Maria Antoinette das gleiche Schicksal ereilte.
Um zwei dinierte Katharina mit Subow, ihren Hofdamen und einigen Gästen. Sie selber teilte die Suppe aus, und jeder erhob sich, wenn ihm der Teller gereicht wurde. Das Mahl dauerte keine Stunde. »Sie war außerordentlich bescheiden; sie frühstückte nie und nahm von drei oder vier Gängen nur eine Kleinigkeit. Dazu trank sie ein Glas Rheinwein oder Ungarwein. Auch auf das Abendessen verzichtete sie.«
Im Sommer legte sich die Kaiserin gewöhnlich zu einem Mittagsschlaf nieder; aber zu der Zeit, von der Gribowskij schreibt, machte Kosciuskos Aufstand in Polen ihr Sorge, und sie verzichtete auf ihre Mittagsruhe und arbeitete zwölf Stunden täglich. Sonst, wenn sie ausging oder ausfuhr, versäumte sie nie, sooft sie einem Bauern begegnete, ihn mit einem »Guten Tag« oder Kopfnicken zu grüßen,

»und darum wurde sie vom Volk verehrt«. Bei Regen oder Schnee stickte oder las sie jetzt mit Vorliebe Bücher über die russische Geschichte im Mittelalter. Zweimal in der Woche ließ sie sich ausländische Post vorlesen, von Subow, Graf Markow oder Graf Popow, »der jedoch eine schlechte französische Aussprache hatte und deshalb seltener zum Vorlesen aufgefordert wurde«.

Der Höhepunkt des Tages war um sechs Uhr nachmittag, wenn ihr Enkel Alexander kam. Im Dezember wurde er siebzehn und war seit einem Jahr mit der hübschen und sanften Prinzessin Luise von Baden verheiratet. Unter der Erziehung von Katharina und La Harpe war er ein vielversprechender junger Mann geworden: umsichtig, pflichtgetreu, charmant und – wie Katharina sagte – schön wie der Apoll vom Belvedere. Er wäre weitaus besser geeignet, meinte sie, ihr Werk fortzusetzen; aber sie wollte warten, bis er noch etwas älter war, ehe sie eine endgültige Entscheidung über die Nachfolge traf.

Mit Alexander kam oft auch Konstantin, noch immer »ein ungehobelter junger Bär«, und manchmal die eine oder andere der vier Schwestern. Zuweilen ging Katharina mit ihnen ins Theater oder in die Oper. An anderen Abenden trafen sie sich mit bevorzugten Freunden in Katharinas Privatgemächern zu einer Whistpartie. Sie selber spielte meist mit Subow, Tschertkow und Stroganoff. Um zehn Uhr verabschiedete sie ihre Gäste und zog sich zurück, und »um elf war sie bereits im Bett, und es herrschte Stille im ganzen Haus«.

»Fünfzig Jahre sind vergangen, seit ich in St. Petersburg ankam«, hatte Katharina im Januar etwas wehmütig an Grimm geschrieben, »und wenige von denen, die ich damals kennengelernt habe, sind noch am Leben.« Betzkoj tappte umher, neunzig Jahre alt und halb blind, und fragte die jungen Leute, ob sie noch, wie er, sich an Peter den Großen erinnern könnten. Leo Naryschkin war noch immer der Alte, unterhaltsam, und der Kaiserin treu ergeben; aber Bestuschew, Panin und Nikolaj Tschoglokow waren gestorben. Der arme Grigorij Orlow hatte ein tragisches Ende gefunden: seine junge Frau war an Lungenschwindsucht gestorben, und dann glaubte er sich von dem Geist Peters III. verfolgt und endete im Wahnsinn.

Es lag nicht in Katharinas Art, lange in der Vergangenheit zu verweilen, doch als sie älter wurde und häufigere Beschwerden sie daran erinnerten, daß sie sterblich war, mußte sie manchmal an das Rußland denken, wie es gewesen, als sie die Macht ergriff. Damals hatte das Reich aus einem Konglomerat aufsässiger Provinzen bestanden; heute konnte man unbelästigt von Moskau bis an den Pazifik reisen. Damals gärte es ständig unter Kosaken und Leibeigenen, und Hunderttausende drohten jederzeit mit Rebellion; jetzt hatte es seit zwanzig Jahren keinen Streit mehr zwischen den verschiedenen Gruppen gegeben. Damals hatte Rußland neunzehn Millionen Einwohner; heute waren es neunundzwanzig Millionen. Damals gab es nur wenig Schulen und noch weniger Krankenhäuser und Waisenanstalten; jetzt verfügte jede Stadt über alle drei. Damals waren Unterschlagungen und Bestechungen bei den Gouverneuren an der Tagesordnung; jetzt kam dergleichen nur selten vor. Damals wurden alle Beamten von oben bestimmt; jetzt wurden viele gewählt, und von den Leibeigenen abgesehen hatte in Rußland ein jeder mehr Aufstiegsmöglichkeiten als in Preußen oder Österreich. Damals wurden die Altgläubigen verfolgt; jetzt durften sie friedlich ihren Gottesdienst ausüben. Damals herrschte Geldknappheit und es gab wenig Kredite; jetzt hatte Rußland Banken und einen ausreichenden Geldumlauf. Es wurde mehr Erz und andere Metalle abgebaut als je zuvor, mehr Holz angebaut und geschlagen, mehr Handelswaren angefertigt. Von 1794 bis 1798 beliefen sich Rußlands jährliche Einfuhren auf siebenundfünfzig Millionen Rubel, dreimal soviel wie in dem Jahr, als Katharina den Thron bestieg; und sie übertrafen die Einfuhren um achtzehn Millionen.

Das waren meßbare Fortschritte. Was die Leistungen betraf, die man nicht in Zahlen ausdrücken kann, so schrieb Katharina, sie habe sich bemüht, ihrem Volk Glück, Wohlstand und Freiheit zu bringen – wobei sie das letzte Wort im Sinne ihrer *Instruktion* verwandte: »Das Recht, alles zu tun, was das Gesetz erlaubt.« Sie hatte ohne Zweifel mehr dazu beigetragen, diese Ziele zu erreichen, als jeder ihrer Vorgänger auf dem russischen Thron, und wenn auch ihren Nachfolgern viel zu tun übrig blieb, so waren Katharinas Leistungen ansehnlich genug, ihr die Achtung ihrer Zeitgenossen einzutragen. Aus einem als barbarisch betrachteten Land war ein Reiseland geworden, fast wie die anderen europäischen Länder auch. Die Kaiserin von Rußland war nun in drei Kontinenten berühmt; aber sie gab sich weder stolz noch eitel. Als Voltaire einen Brief an sie mit »der Sie Vergötternde, der Priester Ihres Tempels« schloß, antwortete sie ihm, sie wolle lieber nicht mit heiligen Katzen, Schlangen und Krokodilen gleichgestellt werden; und als Grimm ihr ein deutsches Buch schickte, in dem ihre Regierungsweise in den Himmel gehoben wurde, schrieb sie an ihn, sie fände es langweilig und zöge Kritik vor: »Dann kann ich zu mir sagen ›Vergelte es ihnen und zeige, daß sie unrecht haben!‹« Sie war stolz auf Kleinigkeiten, wie ein Nachthemd, das sie für Monsieur Alexander entworfen hatte, aber nicht auf ihre politischen Erfolge. Als 1788 Grimm sie »Katharina die Große« nannte, bat sie ihn, es zu unterlassen: »Ich bin Katharina die Zweite«, und kurz vor ihrem Tode schrieb sie ihm: »Alles, was ich für Rußland tun konnte, war nicht mehr als ein Tropfen in einem Ozean.«

Wenn sie sich der Vergangenheit erinnerte, dann dachte sie seltener an die glorreichen Jahre als an ihre unglückselige Ehe. Schon bald fühlte sie sich gedrängt, für einige wenige gute Freunde, wie Charles Hanbury-Williams, die Wahrheit über ihr Leben als Großfürstin niederzuschreiben. Als sie älter wurde, ergänzte sie diese frühen Geständnisse zu ausführlichen Memoiren, die von ihrer ersten Kindheit bis zum Jahr 1757 reichten, als es ihr gelang, bei der Kaiserin Eliabeth Verständnis für ihr wirkliches Zusammenleben mit Peter zu erwecken. Sie hatte diese Erinnerungen vor allem für Paul bestimmt. Nach ihrem Tode sollte er sie lesen, erfahren, daß Saltikow sein wirklicher Vater war, und sich dadurch, so hoffte sie, von dem Kult seines vermeintlichen Vaters und seinem unbewußten Selbsthaß befreien. Aber die Sorgfalt, mit der Katharina ihre Memoiren schrieb, weist darauf hin, daß sie damit rechnete, sie würden auch von der Nachwelt gelesen werden.

Sie machen ein Buch von hundertsechzigtausend Wörtern aus. Die frühen Teile, die Kindheit und Familie schildern, sind unparteiisch; doch nach der Verlobung liest es sich wie die Zeugenaussage einer schlecht behandelten Frau bei einem Scheidungsprozeß. Um ihre Untreue zu rechtfertigen, trägt Katharina die Demütigungen, die sie erlitten, dick auf. Sie war stark in der Liebe, doch auch stark im Hassen, und man kann verstehen, daß sie Peter auch dreißig Jahre nach seinem Tode noch haßte. Der Historiker, der die Memoiren als Quelle benutzt, hat dem Rechnung zu tragen; nichstsdestoweniger sind sie ein aufschlußreiches Selbstbildnis einer tapferen jungen Frau. Die Verkettung von hunderten Details über ihre nichtvollzogene Ehe und ihre erste Liebesaffäre ist so klar und logisch, daß sie kaum erfunden sein kann, und erbringt den überzeugenden Beweis, daß Pauls Vater Sergej Saltikow war.
Zum Teil, weil die für sie arrangierte Ehe so unheilvoll gewesen war, gab sich Katharina große Mühe, für ihre Enkel gute Ehen zustandezubringen. Sie vermählte Konstantin mit der Prinzessin Julie von Sachsen-Koburg, einem gescheiten und reizenden, doch nicht sehr hübschen Mädchen, und für die Enkeltochter Alexandra plante sie die Verbindung mit dem Thronfolger Gustaf IV. von Schweden, dem vermeintlichen Sohn des ermordeten Gustaf III. Wenn es ihr gelänge, wäre es ein glänzender diplomatischer Coup, der Schweden abermals in die Machtsphäre Rußlands ziehen und Rußlands Nordflanke für den Krieg gegen Frankreich verstärken würde. Zwar hatte Gustaf kürzlich seine Verlobung mit der Tochter des Herzogs von Mecklenburg bekanntgegeben, aber Katharina, in ihrem achtundsechzigsten Lebensjahr, war nicht gesonnen, sich von solchen Kleinigkeiten abschrecken zu lassen. Wenn sie eine Heirat wollte, würde sie diese Heirat durchsetzen.
Gustaf wurde eingeladen und traf am 15. August 1796 in St. Petersburg ein; ein ernster, schweigsamer, bibelfester Jüngling von siebzehn, ganz gut aussehend, mit etwas vorspringenden Augen und blonden Haaren, die ihm auf die Schultern seines schwarzen Rockes fielen. Sein Onkel, der Herzog von Södermanland, Regent von Schweden, ein kleiner Mann mit Schielaugen und »Beinen wie Zahnstocher«, begleitete ihn.

Die Kaiserin zeigte sich dem jugendlichen König als die liebenswürdigste Gastgeberin; sie gab jeden Abend einen Ball zu seinen Ehren und bemerkte mit Genugtuung, daß er nach den ersten Tagen seine Steifheit ablegte und mit der dreizehnjährigen Alexandra leise zu plaudern begann. In der dritten Woche ging er sogar so weit, ihr beim Tanz die Hand zu drücken. »Ich wußte nicht, wie mir geschah«, flüsterte sie danach ihrer Gouvernante zu. »Und wie ist Ihnen geschehen?« »Ich bin so erschrocken, daß ich dachte, ich würde hinfallen.«

Katharina beobachtete mit Vergnügen, wie sich die Romanze entwickelte; und zwei Tage später vertraute Gustaf ihr an, daß er sich in Alexandra verliebt habe und sie zu heiraten wünsche. Katharina schien abweisend. Er habe kein Recht, sagte sie, einen solchen Antrag zu machen, und sie nicht, ihn anzuhören, da er ja mit einer anderen Dame verlobt sei und in ganz Schweden bereits Gebete für Luise von Mecklenburg, die künftige Königin, gesprochen würden. Gustaf versicherte, er mache sich nicht viel aus Luise und werde dem Herzog von Mecklenburg mitteilen, daß er die Verlobung löse. Katharina tat, als ließe sie sich erweichen, und versprach, mit Alexandras Eltern zu sprechen und ihm in drei Tagen eine Antwort zu überbringen.

Sobald Gustaf seine Verlobung aufgehoben hatte, nahm Katharina die zweite Hürde in Angriff. Der junge König, im strengen lutheranischen Glauben erzogen, wußte, daß seine Untertanen ihm nie verzeihen würden, wenn er eine Frau nähme, die einer anderen Konfession anhing. Wenn er sich mit Alexandra verlobte, mußte sie dem orthodoxen Glauben entsagen, das war für ihn und seine Begleitung selbstverständlich.

Angesichts der Ausschreitungen der Französischen Revolution hatte Katharina ihre religiöse Überzeugung wiedergewonnen und war der festen Ansicht, daß nur die russische Kirche, »eine tiefverwurzelte Eiche«, kräftig genug war, der Subversion und solchen Pseudo-Kulten wie dem Swedenborgismus, der jetzt in Schweden Mode war, Widerstand zu leisten. Sie wollte auch, daß Alexandra als russische Prinzessin nach Schweden ginge, ihrer Religion und ih-

rem Vaterland treu ergeben und Katharina zu Diensten, so wie Stanislaus ihr in Polen zu Diensten gestanden hatte.
Sie nahm Gustaf gegenüber eine feste Haltung ein. Als er sagte, er sähe keine Möglichkeit, daß Alexandra bei ihrem orthodoxen Glauben bliebe, sagte sie ihm kräftig die Meinung. »Das ist mein letztes Wort«, schloß sie. »Es geziemt sich nicht für eine russische Prinzessin, ihre Religion zu wechseln.« Offenbar hatte sie vergessen, was sie selber vor mehr als fünfzig Jahren einer Krone wegen getan hatte.
Katharina behandelte Gustaf weniger wie einen König als wie einen Lanskoj oder Subow. Angesichts seiner Bedenken wäre ein Gespräch unter Gleichgestellten angebracht gewesen; statt dessen zog sie es vor, die Herrscherin hervorzukehren. Sie glaubte es sich leisten zu können, da die geplante Verbindung Schweden großzügige Subsidien Rußlands bringen würde. Schließlich war Gustaf so weit, daß er sagte, er wolle nichts tun, was Alexandra verletzen könne. Katharina nahm es als eine feste Zusage und schlug dem Herzog von Södermanland eine offizielle Verlobung der jungen Leute vor. Nachdem er mit seinem Neffen gesprochen hatte, stimmte der Herzog bei. »Mit dem Segen der Kirche?« fragte Katharina. »Ja – nach Ihrem Ritus.«
An dem für die Verlobung angesetzten Tag, dem 11. September, während russische und schwedische Beamte die abschließenden Dokumente vorbereiteten, dachte Katharina befriedigt über diesen letzten Erfolg nach. Erst vor einer Woche hatte sie ihrem Vetter, dem Fürsten von Anhalt-Zerbst, geschrieben und ihrem kaiserlichen Wunsch Ausdruck gegeben, er möge Ludwig XVIII. in dem Familienschloß in Zerbst Obdach gewähren. Von dort sollte Suworow an der Spitze von sechzigtausend russischen Soldaten den legitimen französischen König nach Paris zurückführen und auf den Thron setzen, während Schweden, nunmehr Rußlands willfähriger Verbündeter, die Ostsee verteidigte. Diese Heirat war in Katharinas Vorstellung der Schlußstein in dem Triumphbogen, durch den eines Tages Rußland westwärts marschieren und die alte Spannung zwischen Europa und Asien lösen würde, indem es Europa absorbierte.

»Wenn ich zweihundert Jahre alt werden könnte«, sagte sie zu Derschawin, »dann würde ganz Europa Rußland untertan werden.«
Einige Tage später bat unerwartet Graf Markow, der die Verhandlungen mit dem schwedischen Regenten führte, um eine Audienz und überreichte ihr einen Brief. Es war die Antwort Gustafs auf einen Paragraphen, den Katharina in den Heiratskontrakt aufgenommen haben wollte. Er schrieb, Alexandra würde an der Ausübung ihres Glaubens nicht gehindert werden, darauf gebe er sein Ehrenwort; aber er lehne es ab, sich schriftlich festzulegen.
Als Katharina diesen Brief las, schoß ihr das Blut in den Kopf; sie stand wie gelähmt da, mit offenem Mund, und vermochte mehrere Minuten nicht zu sprechen. Mit Mühe trank sie ein Glas Wasser, das man ihr reichte, und gewann langsam die Fassung zurück. Sie hatte einen leichten Schlaganfall erlitten – eine Folge des Schocks, daß es jemand gewagt hatte, sich ihr zu widersetzen.
Aber noch wollte sie sich nicht geschlagen geben. Unverzüglich setzte sie eine Erklärung auf, die Alexandras Religionsausübung garantierte, und schickte sie dem schwedischen König – wenn er sie unterschriebe, sei alles gut, wenn nicht, würde es schwerwiegende Folgen haben. Dann ordnete sie an, die Verlobungsfeier wie geplant stattfinden zu lassen.
Katharina zog ein festliches Brokatkleid an, schmückte sich mit den drei Sternen des Andreas-, Georgs- und Wladimirordens und ließ sich eine Krone aufs Haupt setzen. Von ihrer Familie und den älteren Hofbeamten umgeben, nahm sie auf ihrem Sessel im Thronraum des Palastes Platz. Neben ihr stand der Metropolit von St. Petersburg, und auf einem Tischchen lagen zwei Ringe. Zwei mit saphirblauem Samt gepolsterte Sessel warteten auf den König von Schweden und seine zukünftige Braut.
Minuten vergingen, eine Viertelstunde, eine halbe, eine ganze Stunde. Die Höflinge wechselten besorgte Blicke. Schließlich öffneten sich die Doppeltüren. Aber es war nicht Gustaf, der erschien, sondern Graf Markow, der Katharina abermals ein Schreiben überreichte und ihr einige Worte zuflüsterte. Die Kaiserin las und sagte zu der Versammlung: »Seine Majestät Gustav IV. ist unpäßlich.

Die Feier ist verschoben.« Sie verließ den Saal am Arm Alexanders, in scheinbarer Ruhe, doch innerlich vor Wut kochend. Gustaf hatte sich geweigert, die Garantie-Erklärung zu unterschreiben.
Katharina war tief erschüttert, physisch durch ihren Schlaganfall, psychisch durch die Demütigung, die sie in aller Öffentlichkeit hinnehmen mußte. Der Regent sandte zwar eine Entschuldigung für das törichte Verhalten seines Neffen, doch Katharina ließ sich nicht besänftigen und legte den Schweden die beschleunigte Abreise nahe. Noch vor wenigen Tagen hatte sie den jungen König ihren Freunden als den »vielversprechendsten Monarchen Europas« geschildert; jetzt überhäufte sie ihn mit Beschimpfungen. Er sei steif wie ein Stock, schwerfällig wie ein Klotz, dazu hinterlistig und eingebildet: »Er hält sich für einen neuen Karl XII.« Fast hysterisch machte Katharina den Empfang lächerlich, der Gustaf in Schweden erwartete: ein Gala-Abend im Theater von Gripsholm, »wo die Bänke von Ratten und Mäusen halb aufgefressen sind«, das die Schweden jedoch in ihrer Einfalt mit dem Theater der Eremitage vergleichen. Sie malte ein makabres Bild der Feier in Stockholm: aus Zoroasters Grotte würden Priester hervortreten, um die Zukunft zu prophezeien, und groteske dicke Nymphen würden tanzen, und mindestens eine davon würde mit einem Kind niederkommen, ehe der Abend aus war.
Solche Schmähungen konnten Katharinas Gefühle erleichtern, aber nicht ihre tiefe Spannung lösen. Ihr jahrzehntelang geübter Brauch, junge Männer zu beherrschen, war von diesem jungen König erschüttert worden. Nach ihrem Schlaganfall schlief sie schlecht und wenig, sie verlor ihre frühere Tatkraft und mußte sich Mühe geben, zur Messe zu gehen und sonntags mit ihrer Familie zu speisen. Ihre Ärzte befürchteten einen zweiten Schlaganfall.
Wahrscheinlich hat Katharina in diesen unheilvollen Tagen ihr Testament gemacht. Es blieb keine Zeit mehr, Alexander zu ihrem Nachfolger zu bestimmen, doch sie hinterließ ihm alle ihre Bücher und schriftlichen Aufzeichnungen außer ihren Memoiren, die sie für Paul beiseite legte. Sie gab Anweisungen für ihr Begräbnis, mit dem ausdrücklichen Wunsch, »Hochzeiten und Konzerte« zu gestatten, sobald man sie unter die Erde gebracht hatte.

Am Abend des 16. November 1796 schien Katharina in guter Verfassung. Obwohl der Eklat mit König Gustaf noch tief in ihr nagte, lachte sie über Naryschkins Späße und schrieb an Graf Cobenzl einen scherzhaften Brief, um ihm zu einem Sieg der Österreicher – ein Irrtum, wie sich später herausstellte – zu gratulieren, die letzten der Millionen Wörter, die aus ihrer Feder geflossen waren: »Ich beeile mich, Ihrer exzellenten Exzellenz zu verkünden, daß die exzellenten Truppen Ihres exzellenten Landes die Franzosen tüchtig verprügelt haben.« Nachdem sie noch ein wenig mit ihren Damen geplaudert hatte, ging sie zu Bett.

Als sie am anderen Morgen um acht geweckt wurde, sagte sie ihrer Hofdame, daß sie gut geschlafen habe und sich zwanzig Jahre jünger fühle; und sie fügte hinzu, sie plane einen neuen Besuch der Krim im Frühling. Dann legte sie einen Morgenrock an, trank eine Tasse Kaffee und suchte wie üblich die Toilette auf.

Gewöhnlich verbrachte Katharina dort etwa zehn Minuten. Ihr Kammerdiener Sotow wartete, und als sie nach einer halben Stunde noch immer nicht erschien, öffnete er die Tür. Die Kaiserin lag auf dem Boden, mit geschlossenen Augen und dunkelrot im Gesicht. Aus ihrer Kehle drang ein Röcheln.

Sotow und anderen Dienern gelang es mit Mühe, sie aus dem engen Kabinett heraus in ihr Zimmer zu tragen und auf eine Ledermatratze neben ihr Bett zu legen. Um sie aufs Bett zu heben, war sie zu schwer. Dann riefen sie einen Arzt.

Subow war der erste, der es erfuhr, und der erste, der den Kopf verlor. Trotz der Zureden Sotows und der Hofdamen wollte er nicht gestatten, daß Katharina von dem diensthabenden Arzt zur Ader gelassen wurde. Es verging eine Stunde, bevor ihr schottischer Leibarzt Dr. Rogerson kam, einen Aderlaß vornahm und spanische Fliegen an ihre Füße heftete.

Alexander, der seine Großmutter sehr liebte, vergoß Tränen, als er die Nachricht hörte; doch er verlor nicht den Kopf und ließ durch den Adjutanten Rostoptschin seinem Vater in dem eine halbe Tagesreise entfernten Gatschina Bescheid sagen.

Großfürst Paul hatte eine unruhige Nacht hinter sich. Er wurde von

Träumen heimgesucht und hatte in dieser Nacht mehrmals geträumt, daß er von einer geheimnisvollen Macht zum Himmel emporgehoben würde. Er erzählte es seiner Gattin und hörte, daß sie den gleichen Traum gehabt hatte. Um drei Uhr nachmittags langte Subows Bruder Nikolaj an und meldete den Schlaganfall der Kaiserin. Sofort brachen sie in einem von sieben Pferden gezogenen Schlitten auf und begegneten unterwegs an einer Poststation Rostoptschin.

»*C'est vous, mon cher Rostoptschin*«, rief Paul aus und umarmte den Freund. Wie immer trug er Uniform und hohe Stiefel. Als die Pferde gewechselt waren, bat ihn Paul, sich ihm anzuschließen.

»Als wir am Tschesme-Palais vorüberfuhren«, erinnerte sich Rostoptschin später, »verließ der Großfürst den Schlitten, um eine Notdurft zu verrichten. Ich stieg gleichfalls aus und versuchte, seine Aufmerksamkeit auf die Schönheit der Natur zu lenken; der Abend war mild und der Mond schien durch die Wolken. Als ich vom Wetter sprach, sah ich den Großfürsten zum Mond aufblicken; Tränen standen ihm in den Augen und liefen ihm die Wangen hinunter. Ich ergriff seine Hand und sagte: ›Königliche Hoheit – was für ein Augenblick muß dies für Sie sein!‹

Er drückte meine Hand und erwiderte: ›Warten Sie ab, mein lieber Freund, warten Sie ab. Ich bin jetzt zweiundvierzig Jahre alt. Bisher hat Gott mir Kraft gegeben. Vielleicht gibt er mir auch die Kraft und die Weisheit, das Schicksal zu tragen, das mir bestimmt ist. Wir wollen von seiner Güte das Beste erhoffen.‹

Dann stieg er wieder in den Schlitten, und um halb neun trafen wir in St. Petersburg ein, wo erst wenige wußten, was im Palast geschah.«

Paul fand seine Mutter noch auf der Ledermatratze, von der die Ärzte sie nicht aufzuheben wagten, bewegungslos und mit geschlossenen Augen. »Wenn meine Zeit kommt«, hatte sie einmal gesagt, »will ich keine Klageweiber und Tränensusen um mich haben, sondern standhafte Seelen und frohe Gesichter.« Es gab keine frohen Gesichter – Angehörige und Freunde, sie alle weinten.

Die Sterbewache dauerte die ganze Nacht. Gegen Morgen untersuchten die Ärzte Katharina nochmals und sagten, es gäbe keine Hoffnung. Der Metropolit Gabriel wurde geholt, um die Letzte Ölung vorzunehmen. Er salbte Stirn, Nase, Wangen, Mund, Brust und Hände. »Heiliger Vater, Arzt der Seele und des Leibes, der uns seinen einzigen Sohn, unseren Herrn Jesus Christus sandte, welcher uns von jeder Krankheit heilt und von jedem Tode rettet, erlöse Deine Dienerin Katharina von der leiblichen und geistigen Krankheit, welche sie befallen, und gib ihr das ewige Leben durch die Gnade Deines Sohnes Jesus Christus.«

Paul schickte nach Besborodko und beauftragte ihn, eine Proklamation über seine Thronbesteigung aufzusetzen. Schon wurde er als Kaiser angesehen; bezeichnenderweise hatten seine beiden Söhne Alexander und Konstantin wie ihr Vater Uniform angelegt. Am bedauernswertesten von allen im Palast kam Rostoptschin Plato Subow vor. Bisher hatte ein Lächeln von ihm genügt, um jemand glücklich zu machen; jetzt saß er in einer Ecke, von allen gemieden, »als habe er eine ansteckende Krankheit«. Er hatte Durst, doch wagte er nicht einmal, um ein Glas Wasser zu bitten; Rostoptschin, der ein gutes Herz hatte, wies einen Diener an, sich um ihn zu kümmern.

Um fünf Uhr nachmittags wurde Katharinas Puls schwächer. Drei oder vier Mal dachten schon die Ärzte, der letzte Augenblick sei gekommen, doch sie unterschätzten die Lebenskraft der Sterbenden. Die Farbe des Gesichts wechselte von Purpurrot zu Dunkelbraun; ihrem Mund entquoll Flüssigkeit, erst gelb, dann schwarz, die von den Ärzten abwechselnd weggewischt wurde. Das Rasseln in der Kehle wurde lauter, bis man es zwei Zimmer weiter hören konnte. Um neun Uhr abends ließ Dr. Rogerson den Großfürsten wissen, daß das Ende nun sehr nahe sei. Alle, die draußen gewartet hatten, wurden eingelassen; links von der Kaiserin standen die Angehörigen, rechts die Ärzte, Beamten und Höflinge. Jetzt kämpfte Katharina um jeden Atemzug. Wenn ihr das Blut zu Kopf stieg, verzerrten sich ihre Züge; wenn es zurückströmte, bekam das Gesicht wieder seinen natürlichen Ausdruck. Niemand sprach, und zwei weitere Stunden vergingen. Als die Uhr ein Viertel nach elf schlug,

stieß die Kaierin von Rußland einen letzten Seufzer aus; dann war alles still.
»Es schien, daß der Tod«, sagte Rostoptschin, »der diese große Frau dahinraffte und ihren großen Werken ein Ende setzte, ihren Leib einem friedlichen Schlaf überließ. Anmut und majestätische Würde kehrten in ihre Züge zurück, und sie war wieder ganz die Kaiserin, voll der Glorie ihres Herrschertums.«
Paul verließ das Zimmer in Tränen. Den im Vorzimmer versammelten Höflinge meldete Graf Samoilow: »Meine Herren, die Kaiserin Katharina ist tot, und Seine Majestät Pawel Petrowitsch hat geruht, den Thron Rußlands zu besteigen.«
Als die Glocken der Hauptstadt läuteten, schien der Winterpalast, so berichtet Derschawin, plötzlich ein ganz anderes Gesicht anzunehmen. »Man hörte das Klappern von Reitstiefeln, das Klirren von Sporen und Säbeln auf Treppen und Korridoren, durch das ganze Haus liefen geschäftig und geräuschvoll Soldaten, als sei die Stadt erobert worden.« Ein Soldat war jetzt Zar von Rußland.
Katharinas Leiche wurde evisziert, einbalsamiert und in einem offenen Sarg zur Schau gestellt. Paul hatte sich schon lange eine kleinliche Rache an seiner Mutter ausgedacht. Offenbar war er noch nicht dazu gekommen, die Memoiren zu lesen, die sie ihm hinterlassen hatte, denn er befahl, das Grab Peters III. zu öffnen und den Sarg mit den kläglichen Resten – einer Handvoll Asche, einige Knöpfe seiner Uniform und ein Paar brüchige Stiefelsohlen – neben Katharina zu betten. So lag Katharina nicht einmal im Tode allein. Paul ließ sogar die Kaiserkrone eilends aus Moskau holen und auf den Sarg seines vermeintlichen Vaters legen.
Drei Wochen lang hielten Tag und Nacht Familienmitglieder, Priester und Höflinge die Totenwache, so wie sie einst am Sarge Elisabeths gewacht hatten, während an jeder Ecke ein Soldat stand, den Kopf geneigt, die Hände auf den Rücken gelegt. Untertanen aus allen Schichten reihten sich schweigend, um der Kaiserin die letzte Ehre zu erweisen. Als Mädchen hatte Katharina beim Tode Friedrich Wilhelms I. erklärt, ein Herrscher müsse sich bemühen, seines Volkes Achtung und Zuneigung zu gewinnen. Die große Zahl de-

rer, die sie betrauerten und beweinten, zeigt, daß sie zumindest dieses erreicht hatte.

Die Trauerfeier fand an einem kalten Dezembertag statt. Paul hatte den alternden und grauhaarigen Alexej Orlow von seinem Landsitz holen lassen und ihm befohlen, an der Spitze des Zuges zu gehen und auf einem Kissen die Krone seines Opfers Peter zu tragen. Den mit Myrthenkränzen bedeckten Särgen folgten die Familienangehörigen, die Höflinge, das diplomatische Korps und das nun allgegenwärtige Militär, als die Prozession sich langsam über die zugefrorene Newa zur Peter-und-Pauls-Kathedrale bewegte. Hier lagen in ihren marmornen Sarkophagen alle Herrscher Rußlands seit der Gründung der Stadt, mit Ausnahme von Peter II., der in Moskau gestorben und beigesetzt war.

Das Requiem wurde für die Seelen Katharinas und ihres Gatten gesungen. Hoch oben an den Wänden legten erbeutete feindliche Fahnen Zeugnis ab von dem militärischen Ruhm einer Regierung, die vierunddreißig Jahte gewährt hatte. Als der Segen ausgeteilt worden war, bestattete man Peters Leib rechts von der Ikonostase neben dem Grab seiner Tante Elisabeth, Katharinas auf der anderen Seite. Noch einmal segnete der Metropolit Katharinas sterbliche Reste, Erde wurde auf den Sarg gestreut, und dann deckte man das Grab mit einer fleckenlosen weißen Marmorplatte, nur mit einem großen griechischen Goldkreuz geschmückt, zu.

26

Katharina die Große?

In einem der ersten Nachrufe auf Katharina, in der englischen Zeitschrift *Gentleman's Magazine,* wurde sie als eine »große Fürstin« gepriesen, der die »bedeutendste aller Revolutionen in der Geschichte der Menschheit [gelungen war], nämlich die Zivilisierung eines so großen Teiles der Erdbevölkerung und die Kultivierung der wildesten und unerschlossensten Einöden«. Auch Rostoptschin nannte in seinen Erinnerungen Katharina »groß«; Raditschew verband in seinem Gedicht *Das achtzehnte Jahrhundert* ihren Namen mit dem Peters des Großen, während der Fürst de Ligne in einem zu Recht berühmten Essay schrieb »Katharina die Große ist nicht mehr. Der glänzendste Stern in unserer Hemisphäre ist untergegangen«.

Schon 1767 hatte die Gesetzgebende Kommission (?) der Frau, die sie ins Leben gerufen hatte, den Titel »die Große« angeboten, doch Katharina hatte abgelehnt und gesagt: »Ich will es der Nachwelt überlassen, unparteiisch zu beurteilen, was ich getan habe.« Doch überall, mit Ausnahme von Frankreich, das mit Rußland im Krieg lag, bestätigte das unmittelbare Urteil der Nachwelt die zitierten Meinungen, und Katharina reihte sich in die kleine Schar der Herrscher ein, die zumindest in ihren eigenen Ländern das Attribut »groß« erhielten: Alexander von Mazedonien, König Alfred von England, Kaiser Karl, der Papst Gregor VII., Heinrich IV. von Frankreich und Ludwig XIV. von Frankreich, Peter I. von Rußland und Katharinas Zeitgenosse Friedrich II. von Preußen.

Diese Liste mag angefochten oder ergänzt werden; sie gibt jedoch eine Vorstellung von der illustren Gemeinschaft, zu der sich die russische Kaiserin nach ihrem Tode in der Meinung der Welt als erste Frau gesellen durfte. Die so Ausgezeichneten wurden als groß erachtet, weil sie sowohl hervorragende Persönlichkeiten waren als auch Herrscher, die ihren Staat vergrößert, zivilisiert oder anderweitig verbessert hatten. Wenn wir also fragen, ob auch Katharina diesen Beinamen verdient, müssen wir sie zuerst als Persönlichkeit betrachten. Was waren, in Kürze, ihre bemerkenswertesten Eigenschaften?

Zuerst muß man ihre Lebenskraft erwähnen, denn diese war die Grundlage vieler anderer Qualitäten. Katharina litt an häufigen Indispositionen; aber sie besaß eine kräftige Konstitution und ein sanguinisches Temperament. Ihre Vitalität und ihre Ausdauer und die seit früher Jugend geübte Gewohnheit schwerer Arbeit ermöglichten die langen produktiven Stunden am Schreibtisch und die Erfüllung zahlloser Pflichten, die ihr auferlegt waren.

Ihre Lebenskraft bestimmte auch ihre Weltanschauung. Sie erwartete das Beste von den Menschen, doch im Gegensatz zu manchen Philosophen ihres Jahrhunderts, erwartete sie nicht zuviel. Sie war eine Optimistin in Maßen.

Katharina war kein originaler Denker, aber sie besaß einen guten Verstand und erfaßte schnell das Wesentliche, fast immer von der praktischen Seite her. Wenn es galt, größere Entscheidungen zu treffen, liebte sie eine bedächtige Gangart. Einmal ließ sie Potemkin wissen, sie brauche eine Woche, besser zwei, um einen bestimmten Entschluß zu fassen, »damit meine Ideen, wie Bier, Zeit haben zu gären«.

Sie hatte sich die Eremitage bauen lassen, doch war sie alles andere als ein Eremit. Sie liebte es, mit anderen zusammenzusein, und deshalb erfreuten sich andere auch gern ihrer Gesellschaft. Es waren viele, deren Freundschaft sie schätzte und denen sie langjährige Treue hielt – Leo Naryschkin zum Beispiel fast fünfzig Jahre hindurch. Wenn es mehr Männer als Frauen sind, so nicht deshalb, weil Katharina sich nichts aus Frauen machte, sondern weil es in Rußland wenig gebildete Frauen gab.

Katharina war majestätisch, aber nicht pompös, wie es Elisabeth gewesen war. Bei der Ausübung öffentlicher Funktionen bevorzugte sie eine heitere Formlosigkeit; ja, man kann sagen, daß eine ihrer anziehendsten Wesenszüge zeitlebens ihr Sinn für Humor war. Die Eigenschaft indessen, die in Verbindung mit allen anderen aus Katharina eine so außerordentliche Persönlichkeit machten, war zweifellos ihre starke Willenskraft. »Mein Kopf ist aus Eisen«, hatte sie mit zweiundzwanzig an Sachar Tschernyschew geschrieben, »und sehr widerstandsfähig. Sie mögen vielleicht gegen den Willen anderer etwas erreichen, aber nicht gegen meinen.« Es war der eiserne Wille in Form einer zähen Ausdauer, der Katharina die verzweifelten ersten Jahre ihrer Ehe ertragen half, als sie zwischen Elisabeth und Peter gefangengehalten wurde, und später, in Form einer mitreißenden Führerschaft, ihre Erfolge als Kaiserin ermöglichte.

»Aber dieser Wille«, setzte Katharina im selben Brief hinzu, »sich selbst überlassen, wird weich wie Wachs, wenn es darum geht, jemandem gefällig zu sein, den ich liebe.« Das Bild ist sicher übertrieben, wenn man es auf ihr Leben als Ganzes bezieht; in ihrer Jugend jedoch war Katharina eine widersprüchliche Mischung von eiserner Stärke und wachsweicher Empfänglichkeit für gutaussehende Männer. Bei ihrer Affäre mit Poniatowski hat die letztere sie fast um den Thron gebracht.

Sie war beliebt beim Volk und bei ihren Freunden, darin sind sich alle Beobachter einig – wie kam es dann, daß sie die Liebe von sechs der elf Männer verlor, die in ihrem Leben eine Rolle spielten: Peter, Saltykow, Orlow, Potemkin, Rimsky-Korssakow und Mamonow? In jedem Fall kamen andere Dinge hinzu; Potemkin zum Beispiel behielt eine tiefe Neigung zu Katharina, auch als er mit seinen verschiedenen Nichten Verhältnisse hatte.

Wenn wir eine Antwort auf diese Frage suchen, müssen wir uns an ihre Entscheidung erinnern, Peter zu heiraten. Sie wählte Rußland und nicht die Liebe, und das beweist, daß die Liebe nicht von erstrangiger Bedeutung für sie war. Auch später, als sie sich zu diesem oder jenem Mann stark hingezogen fühlte, blieb der gleiche Grundsatz gültig. Mit Ausnahme von Potemkin – und gelegentliche überschwengliche Worte bezeugen nicht das Gegenteil – betrachtete Katharina einen Mann nicht als ein Weltwunder, nicht als ein überragendes Wesen, bei dem sie sich selber vergessen konnte; denn sie war im Grunde keine leidenschaftliche Frau. Es gab immer etwas, meist das Staatsinteresse, das ihr wichtiger war als der Mann, den sie liebte; daher auch ihre Bitte an Potemkin, sie nicht mehr nach halb elf Uhr abends zu besuchen. Und so war es ihr möglich, die Liebhaber zu wechseln, wenn auch nicht leichthin, so doch ohne das schwere Herzeleid, das eine tiefer engagierte Frau empfunden haben würde.

Fernerhin neigte Katharina ihrem Wesen nach dazu, anderen zu sagen, was sie tun sollten; und dieser Zug beherrschte auch ihr Liebesleben. Ihre meisten Liebhaber verübelten es ihr – das Rußland des achtzehnten Jahrhunderts war entschieden eine Welt des Mannes – und Mamonow ging so weit, das Wort »Gefängnis« zu gebrauchen. Diese beiden Faktoren bilden, so scheint mir, die Erklärung, weshalb es Katharina nicht gelang, die Liebe mehrerer der Männer zu behalten, die sie sich erwählte.

Die nächste Frage lautet: warum nahm sich Katharina Liebhaber noch in ihrem sechsten und siebenten Lebensjahrzehnt? Man könnte sagen, sie wollte, da sie erst spät das sexuelle Vergnügen kennengelernt hatte, sozusagen das Versäumte nachholen; ich glaube jedoch, eine solche Antwort beruht auf einem Mißverständnis ihres Charakters, so wie das Argument, daß sie junge Männer bevorzugte, weil Gleichaltrige ihre körperlichen Bedürfnisse nicht befriedigen konnten. Wenn wir uns noch einmal ihrer Vermählung mit Peter erinnern, dann sehen wir ja, daß die sexuelle Komponente in ihrer Natur nicht sehr stark war, denn sie entschied sich für Rußland statt für die Liebe. Und fast alles, was sie gesagt und geschrieben hat, bestätigt es. Katharina hatte noch im sehr reifen Alter Liebhaber, weil sie ein Leistungsmensch war, der Beifall brauchte; und wenn sie schnell einen scheidenden Günstling durch einen neuen ersetzte, so tat sie es, um einen Rückschlag zu vergessen, so wie ein Reiter, der abgeworfen wird, unverzüglich wieder aufsitzt.

Wenn wir Katharina selber betrachten – was hat es mit der oft gestellten Frage auf sich, ob sie ein maskuliner Typ gewesen sei? So formuliert, scheint die Frage bedeutungslos; denn wir wissen, daß eine Frau männliche Züge besitzen, doch im wesentlichen weiblich bleiben kann, und daß sogar die sogenannten männlichen Züge aus ihren schlummernden weiblichen hervorgehen können. Sehr bedeutende Männer und Frauen besitzen häufig solche Eigenschaften des anderen Geschlechts; es ist ein Teil ihrer ungewöhnlichen Einsichten und Fähigkeiten.

Katharina besaß mindestens zwei Wesenszüge, die man öfter bei Männern als bei Frauen findet: ein sehr großes Organisationstalent und einen sehr starken Machttrieb. Vermutlich waren es diese Besonderheiten – ihre »maskuline Seite« – die ihre jungen Liebhaber fesselte; Potemkin hingegen wurde zweifellos von ihrer femininen Seite angezogen. Ihr Charakterbild ist meiner Meinung nach im ganzen ausgesprochen feminin – man denke nur an den typisch weiblichen Plauderton in ihren Briefen, an ihre Tränen, die sie noch im Jahre 1793 vergoß, als sie von der Hinrichtung Ludwigs XVI. hörte, und an ihre großmütterlichen Empfindungen. Und wenn man die Frage so stellt: waren die maskulinen Elemente in Katharina gewöhnlich die beherrschenden?, so möchte ich mit nein antworten.

Ein anderer Aspekt in ihrem Charakterbild ist der erstaunlich weite Umfang ihrer Aktivitäten. Sie war kein Blaustrumpf, denn Menschen waren ihr stets wichtiger als Ideen; aber sie konnte kenntnisreich und geistvoll über fast jedes Thema sprechen, sei es Philologie oder Philosophie, Eisenarbeiten oder antike Gemmen, Porzellan oder Chinoiserien. Sie meisterte die Feinheiten der Diplomatie ebenso wie die der Kriegführung, der Stadtplanung oder des Strafrechts, der Landwirtschaft oder des Bankwesens. Diese Vielseitigkeit blieb bei ihr keine Theorie, dazu war sie zu aktiv. Das Wissen mußte stets einem Zweck dienen, und die Biene als ihr Emblem war durchaus richtig gewählt.

Kann man die Herrscherin aller Reußen als selbstsüchtig bezeichnen? Katharina nahm an so vielen Menschen Anteil und hatte soviel

Freude an fast allen Dingen, die um sie herum geschahen, daß man von Egoismus und auch Egotismus bei ihr kaum sprechen kann. Sie gehörte entschieden nicht zu den Leuten, die alles auf sich beziehen müssen – im Gegenteil, wenn man nach der weniger befriedigenden Seite suchte, dann wäre es wohl gerade ihr Mangel an Selbstbewußtheit und Selbstbeobachtung. Besonders in den späteren Jahren war sie nicht gern allein – nach Parkinson »mußte sie immer ein lebendes Wesen um sich haben, und wenn es ein Hund war«. War sie darum materialistisch und für höhere Dinge unzugänglich? Fast könnte man es annehmen, wenn man ihr Verhältnis zur Religion betrachtet.

Als sie die Entscheidung traf, daß Moskau eine Messe wert sei, streifte Katharina die enge Haut des Luthertums ab und nahm eine Religion an, die den Russen der Oberklasse nur sehr locker um die Schultern hing. Sie verbrachte zwar viele Stunden in der Kirche, verstand jedoch im Grunde sehr wenig von der russischen Geistigkeit; und wäre sie ihrem Zeitgenossen Tichon Sadonskij begegnet, dem Modell für Dostojewskijs heiligem Vater Sosima, dann hätte sie ihm wahrscheinlich nichts zu sagen gehabt. Eine ganze Dimension Rußlands – was man zuweilen das »heilige Rußland« nennt – war ihr verschlossen, so wie sie unter Voltaires Einfluß vom Christentum zum Deismus weiterschritt und sich zu einem gütigen, sogar heiteren Gott bekannte, der weder Unterwürfigkeit noch Rechnungslegung verlangte.

Aber Katharina hatte eine Rechnung abzulegen. Zumindest einer schweren Sünde war sie schuldig: Sie konnte nicht guten Gewissens behaupten, daß sie Peters Ermordung nicht hätte verhindern können. Aus politischen Gründen mußte sie Schweigen bewahren über den Mord und ihren Anteil daran; doch um so mehr hätte sie im tiefsten Innern die Notwendigkeit spüren müssen, vor einem Gott und Erlöser niederzuknien, zu beichten und Verzeihung zu erlangen. Aber ihre Religion oder vielmehr ihre mangelnde Religion schloß nicht nur die Zerknirschung aus, sondern auch die Vergebung. Sie, die so leicht anderen verzieh, hat sich vielleicht auch selber verziehen; diese Art der Absolution indessen ist nicht genug. Katharina war aus stärkerem Stoff gemacht als Grigorij Orlow, den Peters Geist bis in den Wahnsinn und den Tod verfolgte; doch hätte sie zumindest eine Spur von Schuld empfinden müssen. Es ist bemerkenswert, daß solche Menschen, die insgeheim das Gefühl des Unrechts mit sich tragen, sich auf fast allen anderen Gebieten zu rechtfertigen suchen. Dahingehende Äußerungen finden wir zahlreich in Katharinas Memoiren. Nie sagt sie in diesem umfangreichen Werk: »Ich habe dies und das getan und hatte Unrecht.« Peter hatte Unrecht, Elisabeth, die Tschoglokows, die Schuwalows – Katharina niemals.

Wenn nach 1762 die Selbstrechtfertigung Katharinas übliche Denkweise war, sobald es sich um ihre Person handelte, so ist anzunehmen, daß sie sie auch auf ihre Liebesangelegenheiten übertrug; und es ist wohl möglich, daß diese Weißwäsche ein dritter Grund war, weshalb sich ihr mehrere Männer entfremdeten.

Sie war nicht der einzige Monarch, dem es an Selbsterkenntnis mangelte. Es scheint ein Berufsrisiko zu sein; denn gewöhnlich ereignet sich im Leben der Mächtigen eine Katastrophe, die als Korrektiv dient. Niederlagen und Hungersnot brachten Ludwig XIV. auf seinem Totenbett zu dem Geständnis, daß er den Krieg zu sehr geliebt habe; und auf St. Helena hatte Napoleon gelegentlich die Einsicht, daß es auf der Welt noch andere Dinge als das Schicksal Frankreichs gab. Doch Katharina erlebte kein solches Desaster. Bis zu ihrem plötzlichen Tode fuhr sie fort, hart zu arbeiten und freundlich zu lächeln. In der Sinfonie ihres Lebens folgte dem kontinuierlichen Allegro kein besinnlicher langsamer Satz.

Betrachten wir ihre Regierungszeit, so ist erstaunlich, wie lange sie sich an der Macht hielt. Nach ihrem Staatsstreich gaben ihr ausländische Diplomaten in St. Petersburg bestenfalls sechs Monate; aber die junge, unerfahrene Dame aus Deutschland behauptete den Thron eines Landes, dessen Einwohner deutschfeindlich waren; sie trotzte dem Pugatschew-Aufstand und verschiedenen kleineren Rebellionen; sie regierte vierunddreißig Jahre und starb in ihrem Bett.

Ein guter Herrscher, so pflegte Katharina zu sagen, sollte nach »der

Lage, den Umständen und nach Mutmaßungen« handeln. Das sind Worte eines Pragmatikers. Katharina verhandelte und traf politische Entscheidungen ohne vorgefaßte Theorie; sie mißtraute Philosophien und Glaubensbekenntnissen, die à priori festlegten, was man tun müsse. Fragt man, ob dieser Pragmatismus dem gesunden Menschenverstand oder der Prinzipienlosigkeit entsprang, so muß die Antwort lauten: Von beidem etwas, denn gerade der Mangel an starken christlichen Grundsätzen bewirkte, daß sie aus einem kleineren Grundsatz heraus, nämlich das zu tun, was für Rußland gut war, handeln konnte.

Auch ihre Haltung zur Kirche war pragmatisch. Sie gelangte mit Hilfe der Geistlichkeit zur Macht, stieß sie jedoch bald vor den Kopf durch ihre unerwartete Toleranz und dadurch, daß sie die von Peter III. angeordnete Verstaatlichung der Klostergüter bestätigte. John Parkinson hat in den letzten Jahren ihrer Regierung ältere Geistliche befragt und stieß bei einigen auf außerordentlich heftige Kritik an der Kaiserin. Aber sie behielt die Kirche an ihrer Seite, weil sie nicht unterließ, zur Messe zu gehen, die Sakramente zu empfangen und die Fastenzeit zu halten – kurz, weil sie sich als das zeigte, was sie in Wirklichkeit nicht war: eine eifrige, gläubige orthodoxe Christin.

Die Tatsache, daß sie eine Frau war, spielte bei Katharinas Erfolg als Herrscherin eine große Rolle. Es war weibliche Anpassungsfähigkeit, die es ihr erleichterte, in so vieler Hinsicht Russin zu werden; weiblicher Takt, der sie davor bewahrte, sich zu weit von der Gesellschaftsklasse zu entfernen, von der sie abhängig war; und weiblicher Charme, der hochbegabte Männer dazu trieb, mit Ergebenheit für sie zu arbeiten ohne den Neid, den sie wohl bei einem männlichen Herrscher empfunden hätten. Sie war als Monarchin ebenso erfolgreich wie es Königin Elisabeth von England in einem anderen Land und unter ganz anders gearteten Verhältnissen gewesen war; und obwohl sie sich von Elisabeth durch ihre Freigebigkeit und die Zahl ihrer Liebhaber unterschied, hatte sie mit der englischen Königin die beachtliche Eigenschaft gemeinsam, intuitiv die Stimmung ihres Volkes zu erfassen, so wie etwa eine gute Gastgeberin die Stimmung ihrer Gäste spürt.

Waren die Ziele Katharinas andere als die ihrer männlichen Zeitgenossen? Wohl nur bis zu einem gewissen Grade. Sie förderte die Interessen Rußlands, wo immer sie es konnte, so wie Gustaf die Interessen Schwedens und Joseph die Österreichs zu fördern suchte. Aber mehr als diese tat sie zum Beispiel für das Wohlergehen der Waisen. Diese besondere Sorge für Kinder ist etwas, das man bei einem weiblichen Monarchen erwarten konnte, und wir finden es auch bei ihrer Zeitgenossin Maria Theresia.

Katharinas ungewöhnliche Willenskraft kam ihr als Kaiserin zustatten; sie zeigte sich in der Hartnäckigkeit, mit der sie ihre Reformen vorantrieb und gegen die Schweden und die Türken einen Zweifrontenkrieg führte, so wie sie einst gegen Peter und Elisabeth standgehalten hatte. Sie strahlte eine unangefochtene Autorität aus, die noch in ihrer Abwesenheit andauerte. Gribowskij berichtet von der Achtung, die Besucher vor den kaiserlichen Gemächern hatten, auch wenn Katharina nicht im Hause war. Eine Anekdote erzählt, daß ihr Enkel Alexander, nachdem er Kaiser geworden war, eines Tages einen Wachtposten im Garten des Winterpalastes bemerkte. Tag und Nacht stand dieser Posten mutterseelenallein mitten auf dem Rasen. Schließlich fragte Alexander den diensthabenden Offizier und erfuhr, daß vor Jahren die Kaiserin Katharina den Mann auf diesen Fleck befohlen hatte, um die ersten Schneeglöckchen im Frühling zu bewachen.

Katharinas Willenskraft war nicht kalt oder unmenschlich, sondern gepaart mit Wärme und Fürsorglichkeit – ganz anders als bei dem zynischen, menschenfeindlichen und einsamen Friedrich II. Sie mußte Potemkin zur Einnahme von Otschakow anfeuern, aber als er unpäßlich war, zitterte sie um sein Leben. Wenn sie manchmal etwas von einer Schullehrerin hatte, so war ihr doch mehr daran gelegen, die Zuneigung ihrer Schüler zu erwerben, als sie zu schulmeistern. Man erinnert sich an Casanovas Beurteilung: »Katharina, die nie etwas forderte, konnte mehr verlangen und empfangen als Friedrich von Preußen«, während John Rogerson sagte: »Ihr zu dienen war die denkbar größte Freiheit.«

Am eindrucksvollsten in Katharinas Regierung ist zweifellos die

Zahl und Vielfalt ihrer Erfolge. Dem Beispiel Peters des Großen folgend, doch ohne die Drohungen und Grausamkeiten, mit denen er zu Werke ging, überwand sie die traditionelle Trägheit ihres Volkes und trieb es vierunddreißig Jahre lang zu produktiver Arbeit an, bis sie das Gesicht Rußlands verändert hatte. Sie erreichte zwar nicht alle, doch zahlreiche der erstrebten Reformen; und mit den Maßstäben ihrer Zeit gemessen regierte sie ihre Wahlheimat vorzüglich und mehrte ihren Wohlstand. Wie *The Gentleman's Magazine* schrieb, schlugen sich ihre Bemühungen, Kultur nach Rußland zu bringen, erfolgreich auf den Gebieten der Literatur, Malerei, Architektur, der Oper, des Theaters und des Balletts nieder. Was die Beziehungen zu ihrem Volk betrifft, so bemerkte Fürst Adam Czartoryski, der als polnischer Patriot auch mit harten Worten über die Kaiserin nicht sparte, »es gelang ihr, in ihrem Lande, besonders in der Hauptstadt, die Verehrung und sogar die Liebe ihrer Diener und Untertanen zu gewinnen«. Um eine ähnliche, sich über einen so langen Zeitraum erstreckende Reihe von Erfolgen zu finden, müßte man schon bis zur Regierung des Kaisers Augustus zurückgehen.

Auf Katharinas Debetseite steht die Behandlung Raditschews und Nowikows. Ihre Unduldsamkeit gegenüber diesen beiden Denkern verdunkelt ihren Ruhm, so wie die Unterdrückung von Port Royal durch Ludwig XIV. Bedauernswert ist auch ihre Haltung zu subversiven Agenten, ebenso wie das Verhältnis zu ihrem Sohn Paul, das später schwere Folgen hatte.

In dem Licht solcher Wertung, Katharina als Frau und Katharina als Herrscherin, haben wir zu entscheiden, ob ihre Vorzüge dergestalt waren, daß sie verdienen, durch ein rühmendes Beiwort hervorgehoben zu werden. Ich glaube, sie waren es, und Katharina wird mit Recht »die Große« genannt. Wenn dem so ist, dann ist sie bis jetzt die einzige Frau neben acht Männern, der dieses Ephitheton zuteil wurde.

Um ganz zu ermessen, was dies bedeutet, ist es geboten, einen kurzen Blick auf die Entwicklung nach ihrem Tode zu werfen. Was ihren Sohn Paul betrifft, so machte er, wenn Gott ihm »die Kraft und den Verstand« gab, den er erhofft hatte, einen kläglichen Gebrauch davon. Er ließ sich eine mit Wall und Graben umgebene granitene Festung bauen, das Schloß Michailowskij, jede Fassade in einem anderen Stil so wie seine eigenen veränderlichen Launen. Von dort aus regierte er als kleinlicher Militärdespot, beendete die Freizügigkeit, verbot die Einfuhr ausländischer Bücher und wollte sogar den Schnitt der Kragen und die Form der Hüte seiner Untertanen bestimmen und die Leute auf den Straßen zwingen, im Schnee niederzuknien, wenn er vorüberfuhr.

Das treibende Motiv von Pauls Regierung war der Wunsch, das Bild seiner Mutter aus seinem Leben zu löschen und ihre Politik zu annullieren. Er zog Katharinas *Instruktion* aus dem Verkehr, entließ die meisten ihrer engeren Mitarbeiter, rief Valerian Subow aus Persien und Suworow aus Mitteleuropa zurück, während er Nowikow begnadigte; und als Zeichen seiner Mißbilligung der Polenpolitik Katharinas schenkte er dem Exkönig Stanislaus den Marmorpalast Grigorij Orlows, wo der alternde Pole seine schöne Gemäldesammlung aufhängte, einschließlich Fragonards *Geraubtem Kuß,* eine Erinnerung an glückliche Tage mit Katharina.

Paul trat aus der Koalition gegen Frankreich aus und geriet unter den Bann des korsischen Generals und Staatsmannes, dem Katharina, Jahre bevor er bekannt wurde, vorausgesagt hatte: »Ein überlegener, geschickter und mutiger Mann, seine Zeitgenossen hoch überragend, vielleicht der Mann des Jahrhunderts.« Obwohl der Adel dagegen war und es Rußland teuer zu stehen kam, unterstützte der neue Zar Napoleon bei der Wiederaufnahme der »bewaffneten Neutralität«, die sich diesmal gegen England richtete.

Durch die Art, wie er Katharinas Bestattung durchführte, hatte Paul geglaubt, einen Mord zu rächen. In Wirklichkeit jedoch war es eine Bosheit, die in kurzer Zeit eine zweite Missetat herbeiführte: Seine eigene Ermordung. Die Abkehr von den besten Leistungen seiner Mutter brachte schon bald die öffentliche Meinung gegen ihn auf; seine kleinlichen Grausamkeiten und seine Bewunderung Napoleons, so ähnlich wie Peters III. Haltung zu Friedrich II., vervollständigte die Entfremdung. Im Jahre 1801 wiederholte sich die

Geschichte, doch entgegen dem Diktum von Karl Marx nahm sie nicht die Form einer Farce, sondern abermals die einer Tragödie an. Eine Gruppe von Patrioten, der auch Plato Subow angehörte, mit Graf Peter von Pahlen, dem Militärgouverneur von St. Petersburg, an der Spitze, legte dem Zarewitsch Alexander den Plan vor, ihn auf den Thron zu setzen. Dieser erwiderte, er würde nicht ablehnen, aber er ließ von Pahlen versprechen, daß seinem Vater kein Haar gekrümmt würde.

Es kam jedoch anders. Paul leistete Widerstand, rief um Hilfe und mußte erdrosselt werden. Der bestürzte und schuldbewußte Alexander wollte sich heraushalten, zeigte sich hingegen auf von Pahlens Bitte den Truppen und wurde von ihnen zum Zaren ausgerufen. In einer amtlichen Erklärung hieß es, Paul sei einem Schlaganfall erlegen – Talleyrand bemerkte dazu sarkastisch, die russische Regierung solle sich endlich eine andere Krankheit ausdenken – und Alexander gab vor den Truppen ein feierliches Versprechen ab: »Während meiner Regierung wird alles nach den Grundsätzen meiner geliebten Großmutter, der Kaiserin Katharina, geschehen.«

Trotz Katharinas westlicher Tendenzen war Rußland in vieler Beziehung ein uneuropäisches und nach der Französischen Revolution und Napoleons Einmarsch sogar antieuropäisches Land geblieben. Es war Alexanders Unglück, daß ihm die Bindung an europäische Wertmaßstäbe fehlte, die seine Mutter durch ihre Geburt gehabt hatte, so daß Rußlands Kampf zwischen westlichen Sitten und Einrichtungen und dem Geist seiner Väter in seiner eigenen Seele ausgefochten wurde, ohne daß es zu einer Lösung kam. So wie er sich im Privatleben mehr als ein Salonheld denn als wirklicher Liebhaber erwies, so dilettierte er in der Öffentlichkeit mit Ideen und Reformen, ohne tatsächlich die radikalen, von Katharina eingeleiteten Veränderungen zu vollenden, was ihm seine Popularität ohne weiteres gestattet hätte.

Alexander leitete eine Verfassungsdebatte in die Wege, unterstützt unter anderen von Raditschew, der erklärte, daß in Katharinas Verfügung, der Adel solle sich seine Vertreter wählen, der Grundstein für eine solche Verfassung gelegt sei. Aber die Sache kam nicht über das Diskussions-Stadium hinaus, ebensowenig wie Alexander die Aufhebung der Leibeigenschaft nur in Estland, Kurland und Livland durchführen konnte. Katharinas Schulen lieferten nunmehr genügend Lehrkräfte für die von ihr geplanten Universitäten; Alexander gründete sieben und gewährte ihnen beträchtliche Selbstverwaltungsrechte – seine beste Leistung im Lande. Nachdem er Napoleon zurückgeschlagen hatte, wurde er das Opfer einer typischen russischen Schwäche – Träumerei und Resignation, die sich als christliche Mystik ausgab – und weitere Reformpläne blieben unausgeführt.

Der Mißerfolg von Paul und die Schwäche von Alexanders Regierung unterstreichen Katharinas Leistungen. Sie zeigen, wie schwer es in einem Land wie Rußland war, die Öffentlichkeit für eine neue Art der Politik heranzuziehen. Darüber hinaus waren Paul und Alexander geborene Russen, während die Prinzessin von Zerbst in einem Lande arbeiten mußte, das Fremden gegenüber äußerst mißtrauisch war.

Fast alle Unternehmungen Katharinas wirkten sich in der neueren Geschichte Rußlands aus, sogar vergleichsweise geringfügige, wie ihre Gemäldesammlung, ihr Verhalten zur Freimaurerei und das Manövrieren ihrer Flotte im Mittelmeer. Hier kann nur der eine oder andere Punkt erwähnt werden.

Das »griechische Projekt« befeuerte auch Katharinas Nachfolger; doch wurde es nur zum Teil ausgeführt; und als die Hellenen mit Rußlands Hilfe ihre türkischen Fesseln abwarfen, sicherte England durch seine Intervention Griechenlands Unabhängigkeit.

Der Plan, den Leibeigenen die Freiheit zu geben, sobald ein Gut verkauft wurde, kam nie zur Ausführung. Katharina hatte jedoch die gebildeten Russen vorbereitet, sich mit dem Problem zu befassen, und ihre Hoffnung, daß es gelöst werden würde, erfüllte sich während der nächsten hundert Jahre. Aber es wäre unrecht, ihre Regierung nur nach dem Ausgang der Leibeigenen-Frage zu beurteilen, es wäre historisch ebenso falsch, wie George Washington zu tadeln, weil er den Frauen nicht das Stimmrecht gab. Die Leibeigenschaft war ein Teil der großen Auseinandersetzung zwischen der europäischen und der asiatischen Lebensweise; und sie konnte faktisch nur beendet werden, als es sich erwies, daß sie Rußlands Entwicklung als Nation abträglich war: 1861, nach Rußlands Niederlage im Krimkrieg.

Katharina war es gelungen, die Kluft zwischen Rußland und Europa zu verringern. Wenn ihre Nachfolger die gleiche Politik mit der gleichen Tatkraft weitergeführt hätten, wäre Rußland Europa gleichwertig geworden. Doch sie waren unschlüssig, und Rußland blieb weiter und weiter zurück wie sein asiatischer Nachbar, die Türkei. Die Aufhebung der Leibeigenschaft beseitigte zwar eine Ungerechtigkeit, doch machte sie den Blick frei für andere, bisher weniger beachtete Ungerechtigkeiten, wie das Fehlen bürgerlicher Rechte, eine rückläufige Erziehung und die Pressezensur. Es war nach, nicht vor dem Ende der Leibeigenschaft, daß Nihilisten und Anarchisten auftraten und Rußland mit den Mitteln der Revolution zu europäisieren suchten.

Ein Vorgang aus den sechziger Jahren zeigt den Verfall seit Katharinas Tagen. Zu den Kolonisten, die sie ins Land gerufen hatte, gehörte auch eine Gruppe deutscher Katholiken, denen sie Grundbesitz gab und völlige religiöse Freiheit. Ihr Urenkel Alexander II., der die Leibeigenschaft aufgehoben hatte, verfolgte jedoch die nicht-russischen Minoritäten, und in seiner Regierungszeit wurde die kleine katholische Gemeinschaft so unterdrückt, daß sie Rußland verließ und nach den Vereinigten Staaten segelte, wo sie eine neue Heimat in Kansas fand. Sie nannte ihre Siedlung nach ihrer lange verstorbenen Wohltäterin, so daß es heute noch in Kansas die kleine Stadt Catherine gibt.

Die Zaren, soweit sie nicht sogar mit Polizeigewalt regierten, unterließen es, dem russischen Volk die Freiheiten zu gewähren, die im übrigen Europa mittlerweile selbstverständlich geworden waren, während die russische Kirche, die Katharina eine »tiefverwurzelte Eiche« genannt hatte, dem Siechtum und der Bigotterie verfiel. Eine Lösung durch gewaltsame Auflehnung wurde beinahe unvermeidlich und fand in dem Zusammenhang mit dem alten russisch-deutschen Antagonismus statt. Als der erste Weltkrieg ausbrach, war die Zarin abermals eine Deutsche; doch Alexandra zeigte sich nicht wie Katharina als treue Russin, und so richteten sich erneut, und diesmal endgültig, anti-deutsche Ressentiments gegen den Thron. Die russische Revolution ging über die Bühne, und der Staat verlangte von den Menschen die Verehrung und Unterwürfigkeit, die Gott zugekommen wäre, wenn die Kirche ihre Aufgabe erfüllt hätte. Durch ein bitteres Paradox sollte die russische Revolution Rußland von Europa isolieren, so wie die Französische Revolution Europa von Rußland abgeschnitten hatte; und eine politische Lehre, die aus dem Deutschland Katharinas stammte, sollte zu einem asiatischen Despotismus verformt werden.

Katharina, deren Lebensaufgabe gewesen war, Rußland im besten Sinne europäisch zu machen, hätte den Kopf geschüttelt. Was sie von dem heutigen Rußland gedacht hätte, wo den Nachkommen des von ihr regierten Volkes, gelehrt wird, daß sie Sklaven der Geschichte und Faustpfänder einer vorbestimmten Zukunft sind, geht deutlich aus einem Brief hervor, den sie in den sechziger Jahren schrieb:

»Voltaire, mein Meister, verbietet, die Zukunft vorauszusagen, weil diejenigen, welche es tun, gerne Systeme errichten, und die Erbauer von Systemen packen hinein, was paßt und was nicht paßt, was stimmt und was nicht stimmt; und schließlich wird aus der Eigenliebe die Liebe zum System, welches Starrsinn, Unduldsamkeit und Verfolgung hervorbringt – Drogen, vor denen mein Meister mich gewarnt hat.«

Die Worte dieses Briefes und hundert anderer Briefe bekunden Katharinas Bedeutung für unsere Tage. Dazu kommen ihre noch heute sichtbaren Leistungen: ein Kranz von Städten am Schwarzen Meer – Cherson, Sewastopol und Odessa; die erweiterte und verschönerte Stadt an der Newa, von der Edward Clarke 1799 schrieb: »Die Pracht aller Städte Europas vereint könnte St. Petersburg nicht übertreffen.« Dort ist der Reichtum der Gemäldesammlung der Eremitage zu bewundern, und in Moskau der Orlow-Diamant, der hell im kaiserlichen Zepter schimmert.

Aber Katharinas Bedeutung liegt vor allem in dem Beispiel, das sie mit ihrem eigenen Leben in ihren besten Jahren gegeben hat: Ihrer Anspruchslosigkeit, ihrer religiösen Toleranz, dem Anfang, den sie gemacht hat, das Eis der Autokratie aufzutauen, indem sie den Ständen ein gewisses Maß von Macht gab und eine Nationalversammlung plante; in ihrer Fürsorge für die Armen, der Gründung von Waisenhäusern, Findlingsanstalten und Krankenhäusern – in all diesen Maßnahmen, mit denen sie erreicht hat, was ihr als Kind in Stettin als höchstes Ziel für einen Herrscher vorgeschwebt hatte: die Achtung und Zuneigung ihrer Untertanen zu gewinnen.

Anhang A

Die hauptsächlichsten Quellen für Katharinas Leben

Für die Kindheit und die Jahre als Großfürstin sind die wichtigsten Quellen Katharinas autobiographische Schriften. Es sind insgesamt neun, acht auf französisch, eine auf russisch; einige sind zusammenhanglos, während andere eine fortlaufende Erzählung bilden. Sie sind zu verschiedenen Zeiten zwischen 1756 und 1794 geschrieben. Alle wurden in den Originalsprachen als Band 12 von *Sotschinenija Imperatritsy Ekateriny II* (Werke Katharinas II.) (St. Petersburg 1907) veröffentlicht, mit Auslassung einiger Stellen, die ihre nicht vollzogene Ehe betreffen; merkwürdigerweise gab es eine russische Übersetzung ohne Streichungen: *Sapiski* (Schriften) (St. Petersburg 1907). K. Anthony übersetzte die kürzeren Stücke ins Englische als *Memoirs of Catherine the Great* (New York 1927); M. Budberg das fortlaufende Hauptstück (London 1955), wobei er gelegentlich Passagen aus den kürzeren Schriften einflocht und Daten hinzufügte, die nicht durchweg stimmen. Man sollte keine der autobiographischen Schriften für sich nehmen; die Unterschiede zwischen früheren und späteren Versionen sind sehr bedeutsam für Katharinas Entwicklung. Am verläßlichsten ist die von Sir Charles Hanbury-Williams ab 1756 verfaßte Autobiographie, die in K. Antonys Ausgabe enthalten ist.

Eine weitere wichtige Quelle bilden Katharinas Briefe. Weitaus die meisten sind an Melchior Grimm gerichtet, erschienen als Band 23 der großen Sammlung von Dokumenten zur russischen Geschichte der Kaiserlichen Historischen Gesellschaft. Briefe an zahlreiche andere Empfänger, besonders Potemkin, sind in anderen Bänden derselben Sammlung enthalten und gleichfalls als Quellen von Bedeutung. Aufschlußreich für Katharinas Privatleben sind ihre Briefe an Sachar Tschernyschew (*Russkij Archiv* 1881 vol. 3) und ihre Billets doux an Potemkin, die Oudard herausgegeben hat. Die Briefe an Voltaire sind durch Reddaways Ausgabe gut bekannt; doch Katharina schreibt darin, offenbar aus übermäßiger Ehrfurcht vor dem berühmten Mann, einen gestelzten, uncharakteristischen Stil. Ihre Korrespondenz mit Hanbury-Williams zeigt ihre Reaktionen auf die sie umgebenden Gefahren.

Katharinas *Instruktion* für die Gesetzgebende Kommission ist in englischer Übersetzung in W. F. Reddaways *Documents of Catherine the Great* (Cambridge 1931) enthalten. Ihre *Edikte* wurden im neunzehnten Jahrhundert in St. Petersburg als Teil von *Polnoje Sobranije Sakonow* (Vollständige Sammlung der Gesetze) veröffentlicht.

Wenn wir uns Katharinas russischen Zeitgenossen zuwenden, so finden wir zahlreiche gute Quellen. Derschawin war Augenzeuge vieler wichtiger Ereignisse in ihrer Regierungszeit, besonders des Pugatschew-Aufstandes, den er niederzuschlagen half, und der späteren Jahre, als er wichtige Amtsstellen bekleidete. Seine von 1811–1813 geschriebenen Memoiren sind jedoch typische Erzeugnisse ihrer Epoche und wurden in erster Linie geschrieben, um ihren Autor im bestmöglichen Licht zu zeigen, zurückliegende Handlungen zu rechtfertigen und *seine* Version zahlloser Streitigkeiten mit seinen Zeitgenossen zu geben.

Garnowskij gehörte zu Potemkins Mitarbeiterstab und verwaltete seine Liegenschaften in St. Petersburg. Er war, was man heute einen Geheimagenten oder Nachrichtenoffizier nennen würde, und obwohl seine gesellschaftliche Stellung nicht hoch war, besaß er immer gute Informationen. Er korrespondierte mit W. S. Popow, seinem Gegenspieler bei Potemkin an der Front. Seine Memoiren und Briefe befassen sich vorwiegend mit der Alltagspolitik und sind daher für Russen interessanter als für Ausländer.

Chrapowitzkij, einer von Katharinas Sekretären, führte von 1782 bis 1793 ein Tagebuch. Es ist sehr verschlüsselt gehalten; der Schreiber nennt kaum jemals die Kaiserin oder bezieht sich direkt auf sie, und der Leser muß manchmal aus dem Zusammenhang schließen, daß es sich um Katharina handelt. Aber einige Eintragungen bringen Wesentliches zum Verständnis ihres Charakters.

Gribowskij arbeitete seit 1787 für Potemkin und war später einer von Subows Sekretären. Seine Memoiren und Tagebücher sind fragmentarisch, doch schrieb er eine lebendige Feder und hat ein gutes Porträt Katharinas in ihren letzten Lebensjahren und eine Schilderung ihres Alltagslebens gegeben.

P. Sumarokow, ein Hofmann aus gutem Hause, veröffentlichte 1819 eine Sammlung von Anekdoten über die Kaiserin. Sein Buch ist geschwätzig, und man sollte nicht allem, was es enthält, Glauben schenken.

Die Fürstin Daschkowa stand in enger Verbindung zu Katharinas Staatsstreich und hat, als sie 1810 starb, ihre zwischen 1804 und 1806 geschriebenen *Erinnerungen* hinterlassen. Sie erhellen die Geschehnisse, die zu dem Staatsstreich führten, legen jedoch der Rolle, die sie dabei spielte, zuviel Gewicht bei. Sie bewunderte Katharina, und obwohl sie nicht immer mit deren Handlungsweise übereinstimmte, erlaubte sie sich niemals eine ernsthafte Kritik oder gar eine Analyse ihres Charakters.

Andere russische Quellen, die auf weniger belangvolle Aspekte von Katharinas Leben Licht werfen, sind zu zahlreich, um hier berücksichtigt zu werden.

Von den Ausländern, die Katharina gut kannten und über sie schrieben, sind zwei besonders scharfsichtig: Sir Charles Hanbury-Williams für die Jahre 1756–57, und der Fürst von Ligne für die spätere Regierungszeit. Louis Philippe de Ségur, der sich auf die Seite der Revolution schlug – Katharina nannte ihn einen »Judas« – ist weniger vertrauenswürdig, wenn er über die Frau Katharina, als wenn er über Katharinas Rußland schreibt.

Im neunzehnten Jahrhundert begann die Kaiserliche Historische Gesellschaft mit der Veröffentlichung von Auszügen aus Berichten ausländischer Gesandter, aber sie sind kein Ersatz für den vollen Wortlaut. Von diesen bilden die *English Ambassadors Despatches* in der Public Record Office (State Papers 91) eine unübertreffliche Quelle für Katharinas Regierungszeit.

Über die Lebensweise der Russen während und unmittelbar nach Katharinas Regierung erhalten wir die besten Informationen aus den Berichten ausländischer Reisender. Im allgemeinen bildeten sich die, welche Rußland schnell durchreisten, eine ungünstige Meinung, während solche, die längere Zeit dort wohnten, zu einem besseren Urteil kamen. Chappe, d'Auteroche, Rulhière und Masson gehören zur ersten Gruppe; Guthrie, Tooke, Eton, Atkinson, Levesque (der zwölf Jahre dort verbrachte) und Le Clerc (zehn Jahre) zur zweiten. Da ihre Ansichten weniger Aufmerksamkeit fanden als die der Schmäher und Verleumder, mögen um der Gerechtigkeit willen drei von ihnen mit ihren Bemerkungen über einige Aspekte der Leibeigenschaft zitiert werden:

Dr. Matthew Guthrie in seinen unveröffentlichten *Noctes Rossicae* in der British Library: »Der russische Soldat erhält nach dem Gesetz, so wie der römische, seine *missio honesta* oder seinen ehrenwerten Abschied nach fünfundzwanzig Jahren; wenn er also in die Armee mit zwanzig trat, dem üblichen Rekrutierungsalter, er mit fünfundvierzig als *freier Mann* in sein Dorf zurückkehrt. Da nun jede Bauernfamilie ein Stück Land zugeteilt bekommt, das sie an bestimmten Tagen zu eigenem Nutzen bewirtschaften darf, und da dieses Stück in den meisten Provinzen, wo es mehr Ackerland als Einwohner gibt, sehr reichlich bemessen ist, kann sich der entlassene Soldat, nunmehr ein freier Mann, auf dem Familiengrundstück niederlassen und durch seinen Fleiß das Beste daraus machen. Bei dieser Gelegenheit sei bemerkt, daß der Reichtum eines Landherrn auf der Zahl seiner Bauern beruht, die ihm pro Kopf zwischen fünf und zwanzig Rubel zahlen, je nach ihrer Leistungsfähigkeit, so daß es nicht in seinem Interesse liegt, seine Untergebenen zu unterdrükken oder zu mißhandeln, denn in einem solchen Fall würden seine Einkünfte sich schnell vermindern – eine zu große Unvernunft, um allgemein praktiziert zu werden.

Darüber hinaus muß jeder Feudalherr (denn das sind sie immer noch, wenn auch unter anderen Bedingungen als im europäischen

Mittelalter) jeden kleinen Hof, den er einem Bauern gibt, mit mindestens einem Pferd, einer Kuh, mehreren Hühnern und den notwendigen Gerätschaften ausstatten. Wer das Land in Windeseile durchreist, kann sich natürlich kaum eine richtige Vorstellung von den tatsächlichen Verhältnissen machen...«

Der polnische Historiker Jan Potocki erzählt folgende Eindrücke aus der Umgebung Moskaus im Jahre 1797: »Ich fahre die Moskwa stromabwärts entlang. Die Landschaft ist schön und so dicht besiedelt, daß man stets mehrere Dörfer gleichzeitig sieht. In einem Dorf wurde gerade ein Fest gefeiert. Was für eine Pracht in der Kleidung der Bauern! Die Kopf- und Halstücher der Frauen sind mit Gold bestickt und so kunstvoll gearbeitet, als kämen sie geradeswegs aus Konstantinopel. Viele Reisende haben von der Armut der russischen Bauern gesprochen; was mich betrifft, so beschreibe ich, was ich selber gesehen, nicht, was andere gesehen haben.« (J. Potocki, *Podróze*, Warschau 1959, S. 274; aus dem Polnischen übersetzt von K. A. Pampehl.)

Schließlich William Eton in seinem *Survey of the Turkish Empire:* »Ich frage alle die, welche Rußland bereist haben, ob sie in irgendeinem Teil der Welt mehr Heiterkeit gesehen haben. Ich möchte keineswegs solche Verhältnisse zur Nachahmung empfehlen; denn wenn man sich einmal von diesen entfernt hat, kann man nicht mehr zurückgehen; aber ich versichere, daß das Volk im großen und ganzen glücklicher zu sein scheint (und es ist schwer, die Menschen lachen zu machen, wenn sie nicht zufrieden sind), als ich es in drei Vierteln der Erde gesehen habe.«

Wenn wir uns nun französischen Autoren aus der Zeit von Katharinas Regierung oder kurz danach zuwenden, verlassen wir die Welt der Fakten und betreten die der Propaganda. Claude Cardoman de Rulhière verfaßte eine *Histoire, ou anecdotes, sur la révolution de Russie en l'année 1762* (Paris 1797), in der er behauptete, Peter III. sei mit Katharinas Einverständnis ermordet worden. Matthew Guthrie schrieb in der Einleitung zu seiner unveröffentlichten Übersetzung von Katharinas Oper *Oleg*, daß ein französischer Kollege, Levesque, der zwölf Jahre zu Katharinas Regierungszeit in Rußland gelebt hatte, Rulhière in Paris nach seinem Gewährsmann gefragt habe »für eine so schwere Anklage gegen Katharina, die seither von allen ihren Verleumdern wiederholt worden ist; und erfuhr zu seinem Erstaunen, es sei ein alter, pensionierter Franzose von niedriger Herkunft namens Roslain gewesen. Dieser war als Lakai nach Rußland gekommen und von einem der Günstlinge bei Hofe in das Pagenkorps versetzt worden, höchstwahrscheinlich, um dem eitlen alten Mann eine Freude zu machen, wenn er an der Spitze der Knaben marschieren durfte, was wir oft zu unserem großen Ergötzen sahen. Solcherart war also Rulhières Gewährsmann, als es darum ging, Katharinas Andenken zu schänden. Jene schreckliche Beschuldigung beruht auf der Auskunft eines dummen eitlen Mannes, der seinen Landsleuten gegenüber vorgab, ein Mann von großem Einfluß bei Hofe zu sein und mit dessen Geheimnissen eng vertraut. Wir kennen die Orlows gut, den Marschall Rasumowskij und die anderen führenden Männer des Staatsstreichs, der Katharina auf den Thron brachte; durch unseren Beruf waren wir häufig mit ihnen in Verbindung und wir dürfen erklären, daß sie sich über diesen alten Franzosen lustig machten, statt ihm ihre Geheimnisse anzuvertrauen. Man könnte fragen, was für ein Interesse wir an dem Andenken Katharinas haben, und wir erwidern: das eines Mannes, dessen Gerechtigkeitssinn erschüttert ist, wenn er Dinge gedruckt sieht, von denen er weiß, daß sie falsch sind, von armseligen Federfuchsern verfaßt, die davon leben, daß sie aus Skandalen verkäufliche Artikel machen.«

Rulhière bezichtigte Katharina auch der Trunksucht, worauf Guthrie erwiderte, »sie sei eine der nüchternsten Frauen gewesen, die es je gab.«

Zwei Jahre nach Rulhières Buch erschien eine *Histoire de Pierre III.* von Jean Laveaux. Diese stellte Katharina als Lasziv seit ihrer frühen Jugend dar. Sie soll in Stettin mit einem gewissen Grafen von B. geschlafen haben; damals wäre sie höchstens dreizehn gewesen. Diese Behauptung wird durch alles widerlegt, was wir mit Sicherheit über Katharinas Kindheit wissen. Laveaux ist niemals in Stettin oder in der Nähe gewesen; zudem war er Robespierrist, der für Franzosen schrieb, zu einer Zeit, da sie die Monarchie und alles Russische mit äußerster Feindseligkeit betrachteten. Seine Geschichte ist sicherlich eine Verleumdung, ähnlich den vielen Geschichten, die einige Jahre zuvor gegen Marie-Antoinette zusammengebraut worden waren; doch noch immer macht dergleichen in der einen oder anderen Form die Runde. Nur zu oft ist es nicht das Böse, das Königinnen tun, welches sie überlebt, sondern das böse Geschwätz.

C. F. Masson war ein Franzose, der einen niederen Posten in St. Petersburg hatte und 1796 von Paul I. festgenommen und ausgewiesen wurde. Im Jahre 1800 veröffentlichte er (anonym) *Mémoires secrets sur la Russie.* Sie sind scharf anti-russisch und gegen Katharina gerichtet und enthalten viele Irrtümer. Die Behauptung, zum Beispiel, Katharina habe mit allen Brüdern Orlow zusammengelebt, ist bestimmt nicht wahr. Das Buch war ein sensationeller Erfolg, wurde ins Deutsche und Englische übersetzt und erschien sogar in Amerika. Da Masson über Rußland alles das schrieb, was man im Ausland zu lesen und zu glauben wünschte, haben es nichtrussische Historiker bis zum heutigen Tag benutzt.

Von Masson rühren auch die Behauptungen her, Katharina habe sich gegen Ende ihres Lebens lesbischen Praktiken hingegeben; und alle Geschichten über *l'éprouveuse* stammen wahrscheinlich aus einer französischen Quelle, denn es wird stets das französische Wort gebraucht. Auf Seite 148 der Amsterdamer Ausgabe der *Mémoires* (1800) schreibt Masson: »Après quelques entretiens secrets en présence du mentor, Zoubow fut goutè et adressé *pour plus ample informé* – à Mlle. Protasow et au médecin du corps.« Eine Fußnote vermerkt: »On nommoit Mlle. Protasow *l'éprouveuse.* Le médecin du corps etoit M. Rogerson.«

Der belesene Masson hatte seine Geschichte vielleicht, direkt oder indirekt, aus »Il Poema Tartaro«, 1784 von Giambattista Casti abgeschrieben, worin Turfana, möglicherweise als eine Mischung von Gräfin Bruce und Madame Protassowa gedacht, sagt: »Ich prüfe gewöhnlich den Bewerber um höchstdero Gunst zuerst, um herauszufinden, ob er mit seiner Erscheinung noch andere Fähigkeiten verbindet. Und niemand gelangt zu dieser Stellung, der nicht vorher von mir geprüft und gebilligt wurde.« Casti war ein voltairischer *abbé galant,* den seine Zeitgenossen als einen amüsanten, einfallsreichen Versemacher betrachteten; als seriöse historische Quelle ist er ohne Wert.

Die einzige Erwähnung einer *éprouveuse* vor 1800 ist eine Eintragung in John Parkinsons Tagebuch (zuerst 1971 veröffentlicht) unter dem 10. Januar 1792: »Madame Protassow soll eine Vorkosterin (›taster‹) sein.«

Casanova war vor Parkinson in Rußland, doch er schrieb seine Erinnerungen erst als alter Mann, nach Katharinas Tod. Er kannte sicher Castis Gedicht und hat den Dichter nach dessen Rückkehr in Rußland getroffen. Aber er erwähnt keine *éprouveuse;* und es ist unwahrscheinlich, daß er sich solch einen obszönen Leckerbissen hätte entgehen lassen, wenn er ihn gekannt hätte. Seine Kapitel über das Rußland Katharinas werden von anderen Quellen bestätigt; er ist gut informiert und vertrauenswürdig, und daß er auf jene Geschichte verzichtet, ist bezeichnend, besonders gemessen an Massons bekannter Boshaftigkeit und Unzuverlässigkeit.

Unter den späteren Biographien Katharinas und Darstellungen ihrer Regierungszeit finden wir drei herausragende russische Werke. W. A. Bilbassow brachte die ersten zwei Bände einer geplanten vollständigen Biographie heraus, in denen die Geschehnisse bis 1764 behandelt sind: *Istorija Ekateriny Wtoroj,* (Geschichte Katharinas II.) Bd. I und II, Berlin 1900; dazu Bd. XII – eine Bibliographie nicht-russischer Quellen – Berlin o. J.

Solowjews *Istorija Rossii s drewnejschich wremjen* (Geschichte Rußlands von den ältesten Zeiten), zuerst 1851–79 in 29 Teilen (sieben Bände) erschienen, bricht infolge des Todes des Autors abrupt mit dem Jahr 1773 ab und umfaßt somit nur die ersten elf Regierungsjahre, die jedoch sowohl detailliert als auch zuverlässig geschildert werden, mehr als jede andere Monographie. Solowjew ist nicht an Katharinas Privatleben interessiert und zieht es nur soweit heran, als es sich mit russischer Innen- oder Außenpolitik berührt. W. Kljutschewskijs *Kurs Russkoj istorii* (Kursus der russischen Geschichte) besteht aus dem Text von 86 gegen Ende des neunzehnten Jahrhunderts gehaltenen Vorlesungen. Die Regierungszeiten Elisabeths und Katharinas werden in Band 5 behandelt; in einem besonderen Anhang findet sich eine Charakterskizze Katharinas. Das Werk ist brillant geschrieben – ohne Sympathie für Katharina, obwohl der Autor von dem Erfolg ihrer Außenpolitik beeindruckt ist, sowie von ihrer Intelligenz und ihrem Charme, auch dort, wo er unecht ist und auf Unaufrichtigkeit und Hinterlist beruht. Es ist vermutlich die lesbarste seriöse Geschichte Rußlands im allgemeinen und Katharinas im besonderen.

Im übrigen Europa konzentrierten sich im neunzehnten Jahrhundert die Biographien auf Rußlands Außenpolitik, die zu einer Zeit, als die »östliche Frage« die Gesandtschaftskanzleien aller europäischen Staaten beschäftigte, höchst aktuell war. A. Brückners *Katharina die Zweite* (Berlin 1883) ist ein vernünftiges Werk dieses Genres.

In *Le roman d'une Impératrice* (Paris 1893) schrieb K. Waliszewski eine einflußreiche psychologische Lebensbeschreibung, die viele verstreute Details zusammentrug, besonders aus Manuskripten, die im französischen Außenministerium lagen. Das Bildnis Katharinas, das daraus hervorgeht, ist allerdings nach meinem Dafürhalten überreich an Widersprüchen, da der Autor Katharina »statisch« behandelt, nicht als eine Frau, die sich ständig entwickelt, und weil er seine Quellen manchmal unkritisch benutzt, zum Beispiel Rulhière und den Chevalier d'Eon.

Das zwanzigste Jahrhundert brachte eine weitere Fülle von Büchern über Katharina, von denen sich die meisten letzten Endes auch nur auf die Schmähschriften der Autoren aus der französischen Revolutionszeit stützten. Von den ernstzunehmenden und vertrauenswürdigen neueren Biographien seien erwähnt: G. P. Gooch, *Catherine the Great and Other Studies* (London 1954); Ian Grey, *Catherine the Great* (London 1961; deutsch Tübingen 1963) und Daria Olivier, *Catherine la Grande* (Paris 1965).

Anhang B

Katharinas Kinder

In einem Anhang zum ersten Band der russischen Ausgabe seiner Katharina-Biographie druckte Bilbassow einen Bericht des französischen Ministerresidenten in Hamburg, M. de Champeaux *fils*, vom 8. September 1758 ab (Original im Archiv des französischen Außenministeriums), der angeblich auf Gesprächen mit Saltikow beruht. Demnach soll der Großfürst Peter an einer Mißbildung gelitten und Saltikow ihn zu einer Beschneidung veranlaßt haben, woraufhin Peter seine Ehe vollzog, während Katharina noch Jungfrau war. Das steht im Widerspruch zu dem, was Katharina von ihrer Ehe erzählte, und es erhebt sich die Frage, wieviel Bedeutung man diesem Bericht beimessen kann.

Die französischen Diplomaten waren damals bekanntermaßen schlecht informiert und liebten es daher, ihre Berichte mit pikanten Anekdoten zu würzen, um Ludwig XV. zu erfreuen (Corberon in St. Petersburg ist ein Beispiel von vielen.) Champeaux' Bericht enthält weitere höchst unwahrscheinliche Details: Peter soll der Kaiserin den Beweis seiner Männlichkeit in einem versiegelten Kästchen geschickt und diese Saltikow mit einem kostbaren Diamanten belohnt haben – obwohl Elisabeth in ihrem mittleren Alter nur noch sehr wenig Geschenke machte. Drittens war Peter eigenwillig seinen Freunden gegenüber und nicht der Mann, sich von dem schwächlichen Saltikow übertölpeln zu lassen. Schließlich ist eine solche Mißbildung, wie Champeaux sie andeutet, außergewöhnlich selten, während psychologische Gründe für die Nichtvollziehung einer Ehe bei Prinzen und Monarchen an der Tagesordnung waren, wofür Ludwig XVI. und Gustaf III. zwei Beispiele aus jenem Jahrhundert sind. Mercy, woran erinnert sei, verbreitete ein ähnliches unbegründetes Geschwätz über eine Beschneidung Ludwigs XVI., wie ich im Anhang zu meinem *Louis and Antoinette* (London 1974) vermerkte.

Champeaux' Bericht zeigt indessen genau das, was man von Saltikow unter solchen Umständen erwartet haben würde. Aus Furcht vor den Folgen, wenn er zugegeben hätte, Katharinas Geliebter gewesen zu sein und in der Tat der Vater ihres Kindes, erfindet er eine Geschichte, in der er als Held und zugleich als loyaler Freund Peters erscheint. Für einen zweitrangigen Diplomaten wie Champeaux war eine physische Erklärung der nichtvollzogenen Ehe leicht zu verstehen, und da er keine persönlichen Kenntnisse des russischen Hofes besaß, schmückte er die Geschichte mit pikanten Details für seine Leser in Versailles aus. Zur Aufhellung der Vorgänge im Winter 1753–54 trägt sein Bericht nicht das Geringste bei; doch die Möglichkeit, daß Saltikow ihm eine solche Geschichte auftischte, paßt genau zu dem Bild, das Katharina in ihren Memoiren von ihm zeichnet und ist ein weiterer kleiner Beweis dafür, daß sie im wesentlichen wahrheitsgetreu sind.

Da Katharina keinen Grund hatte zu lügen, als sie nicht nur in ihren Memoiren, sondern schon 1756–58 Hanbury-Williams gegenüber, zu verstehen gab, daß sie Jungfrau war, als sie das Verhältnis mit Saltikow einging, daß die Angelegenheit sechs Monate dauerte und daß sie erst nach vollen neun Jahren eheliche Beziehungen zu ihrem Gatten aufnahm, muß nach meinem Dafürhalten – solange wir keinen überzeugenden Gegenbeweis haben – Katharinas Darstellung ihrer Ehe für richtig gelten, wonach der Vater des nachmaligen Zaren Paul I. Sergej Saltikow war. Es ist bemerkenswert, daß Parkinson in einer Tagebucheintragung am 21. Dezember 1792 schreibt: »Peter der Dritte soll erklärt haben... daß der Großfürst [Paul] nicht sein Sohn war. Der Name des Vaters war Saltikow.«

Paul, Bobrinskij und Anna Petrowna (Poniatowskis Tochter) sind ausreichend authentisiert und wahrscheinlich die einzigen Kinder, die Katharina hatte. Die Fragen nach weiteren Kindern wollten jedoch nicht verstummen, und Parkinson notiert in seinem Tagebuch am 15. Januar 1793 ein Gerücht, das oft im Ausland (z. B. bei Masson) auftauchte: »Es heißt, die Kaiserin habe noch andere Kinder im Palast. Die beiden Mademoiselles Protassoff sollen ihre Töchter sein.« Zur Unterstützung dieser These diente u. a. die Tatsache, daß die unvermählt gebliebene Anna Stepanowna Protassowa 1801 von Alexander I. zur Gräfin gemacht wurde und dieser Titel auch ihren Nichten, die sie erzogen hatte, verliehen wurde. Doch ist dies kein zwingender Beweis – es könnten Anna Stepanownas eigene Töchter oder auch tatsächlich ihre Nichten gewesen sein. Im Ausland wurde behauptet, es seien Grigorij Orlows Kinder. Anna Stepanowna war entfernt mit den Orlows verwandt und hatte durch sie ihre Stellung erhalten.

Das Russische Biographische Lexikon registriert vier uneheliche Kinder Grigorij Orlows; wahrscheinlich hatte er mehr. Andere Quellen, z. B. die Russische Enzyklopädie, doch nicht das Biographische Lexikon, deuten an, daß mindestens ein Kind (Nr. 4) von Katharina stammen könnte.

1. Sofia Grigorijewna Alexejewa, die Buxhoeveden, den späteren Generalgouverneur von St. Petersburg, heiratete.
2. Einen Sohn, Galaktion, der früh starb.
3. Einen Sohn, Ospennij.
4. Eine Tochter Elisabeth, die Friedrich Maximilian von Klinger heiratete, den deutschen Sturm- und Drang-Dichter (1752–1831), der lange in Rußland lebte.

A. A. Golombiewskij, ein ernstzunehmender Historiker, der alle seine Quellen nennt, gibt in seiner *Biografia Knjasja G. C. Orlowa* (Lebensbeschreibung des Fürsten G. C. Orlow) (Moskau 1904) eine zusätzliche und ziemlich anderslautende Information. Er führt folgende mögliche Kinder Orlows an:

1. Natalia, die 1777 Buxhoeveden heiratete (nicht Sofia, wie das Biographische Lexikon vermerkt.
2. Elisabeth, am 25. April 1761 (alter Zeitrechnung) geboren, die 1788 Klinger heiratete.
3. Eine dritte Tochter, Katharina, die den Oberstleutnant Swinin heiratete.

4. Ospinnij oder Ospennij oder Ospin.
5. Galaktion.

Was *Ospinnij* betrifft, so impfte im Oktober 1768 Dr. Dimsdale die Kaiserin und ihren Sohn Paul gegen die Pocken. Der Impfstoff wurde einem Knaben namens A. Markow entnommen, der am 24. November 1768 geadelt und Ospinnij genannt wurde – ein Name, den man aus dem russischen Wort für Pocken bildete. Mehrere Gewährsleute betrachteten ihn als Grigorij Orlows Sohn, und einige sogar als den Katharinas. Einen Beweis dafür liefert jedoch lediglich ein sehr mehrdeutiger Brief, den Katharina am 14. Dezember 1768 an I. G. Tschernyschew schrieb, mit dem sie eng befreundet war. Darin erwähnt sie den Knaben als »Alexander Danilows Sohn Ospin«; sie schreibt, er sei sechs Jahre alt, ein reizendes, geschicktes Kind, mit dem sie stundenlang spielt. Und sie fährt fort: »Wenn Sie wissen wollen, wessen er ist, so sagt Ihr Bruder, daß er mit der Zeit Betzkojs Stelle einnehmen wird, und fragen Sie mich nicht mehr. Galaktion Iwanowitsch sagt mir, ich soll Sie fragen, ob er bald den kleinen Elefanten bekommt, den Sie ihm aus China zu senden versprochen haben.«

Der Hinweis auf Betzkoj ist unklar. In Deutschland hatte sie ihn als Freund ihrer Eltern gekannt, und als sie nach Rußland kam, scheint sie an ihn stets in Verbindung mit ihren Eltern gedacht zu haben. Sie behandelte ihn mit ungewöhnlichem Respekt und erhob sich immer, sooft er das Zimmer betrat. Die Erwähnung Galaktions ist die einzige, die ich ermitteln konnte. Über ihn ist weiter nichts bekannt, nicht einmal sein Familienname.

Nicht viel mehr weiß man über Markow-Ospin. Er hat bis mindestens 1796 gelebt. Katharina behandelte ihn zuerst mit Wohlwollen, später ließ sie ihn fallen. Er lebte in großer Armut, denn aus irgendeinem Grund wollte ihm niemand eine Stellung geben trotz zahlreicher Bittschriften, in denen er von der trostlosen Lage seiner alternden Eltern sprach. Katharina mag ihn anfangs nur wegen der Pockenimpfung begünstigt haben, die für sie ein wichtiges Ereignis gewesen war.

Die drei Mädchen hatten alle den Zunamen Alexejew und sollen

Töchter eines Oberstleutnant Alexejew gewesen sein. Sie wurden auf Veranlassung Katharinas im Smolnij-Institut erzogen.
Alle russischen Quellen sind bis 1917 äußerst zurückhaltend über diese Kinder. Ein Grund dafür mag darin liegen, daß zwei der Alexejew-Töchter recht gute Heiraten machten und vielleicht Nachkommen hatten, denen daran lag, ihre illegitime Herkunft zu vertuschen. Andererseits waren die Bobrinskijs stolz auf ihre Abstammung.
Es scheint kaum möglich, daß Katharina insgesamt zehn Kinder gehabt haben soll: Paul, Anna, Bobrinskij, zwei Protassow-Mädchen, drei Alexejew-Mädchen, Ospin und Galaktion, von mehreren Fehlgeburten ganz abgesehen. Es muß beachtet werden, daß Jelisaweta Alexejewa (die spätere Frau Klingers) am 25. April 1761 zur Welt kam, d. h. ein Jahr vor Bobrinskij und dem Staatsstreich, als die Kaiserin Elisabeth noch lebte. Es ist unwahrscheinlich, daß Elisabeth nichts davon gewußt haben würde, und wenn, das Kind nicht als legitim behandelt hätte, so wie sie mit Anna verfuhr. Die Protassow-Mädchen werden nur in Klatschblättern, vornehmlich ausländischen, nicht in ernstzunehmenden russischen Quellen, mit Katharina in Verbindung gebracht.
Man kann also mit Sicherheit nur Paul, Anna und Bobrinskij als Katharinas Kinder bezeichnen. Über die anderen bleiben uns nur Vermutungen, nichts weiter.

Quellennachweise und Anmerkungen

Abkürzungen:
Mémoires = Sotschinenija Imperatritsy Ekateriny II. (Werke der Kaiserin Katharina II.) Band 12 (St. Petersburg 1907)
Sborník = Sbornik imperatorskowo russkowo istoritscheskowo obschtschestwa (Veröffentlichungen der Kaiserlichen Russischen Historischen Gesellschaft) (St. Petersburg 1876–1916)

1 Die Tochter eines Generals

Friedrich Wilhelm I.: R. Ergang, *The Potsdam Führer* (New York 1941) und E. Lavisse, *La Jeunesse du Grand Fréderic* (Paris 1891).
Christian Augusts Laufbahn: *Allgemeine Deutsche Biographie,* IV, S. 157–59.
Johannes Patin: Katharinas meiste Biographen lassen sich von einem Flüchtigkeitsfehler in den *Mémoires* (S. 10) irreleiten und ignorieren S. 442. Es war nicht die Herzogin von Braunschweig-Lüneburg, die Johanna und Sophie in Braunschweig empfing, sondern die Herzogin von Braunschweig-Wolfenbüttel, Elisabeth Sophie Maria, die Tochter des Herzogs Rudolf Friedrich von Holstein-Norburg (?). Sie wurde am 2. September 1685 geboren, heiratete am 12. September 1710, als seine dritte Frau, August Wilhelm, den regierenden Herzog von Braunschweig-Wolfenbüttel, und starb, am 3. April 1767. (Wilhelm Karl Prinz von Isenburg, *Stammtafeln zur Geschichte der europäischen Staaten,* Marburg 1955.)
Sophies Reaktion auf Friedrich Wilhelms Tod: *Mémoires,* S. 18–19.

2 Einladung für zwei

Sophies Beziehungen zu Prinz Georg Ludwig: *Mémoires,* S. 28–30
Empfang der Einladung: *Mémoires,* S. 30–32 und 443–44.

3 Das unermeßliche Land

Eine für jene Zeit typische Karte von Rußland ist eine Beilage zu F. C. Weber, *The Present State of Russia* (London 1722). Darauf werden unerschlossene Gebiete mit verschwommenen Namen bezeichnet: »Hier sind die Horden von Kojtasch«, »Dort sind die Horden von Otschiurti«.
Peters des Großen Reisen nach Deutschland: M. Kroll, *Sophie, Electress of Hanover* (London 1973), pp. 191–94; und *Mémoires de Frédérique Sophie Wilhelmine, Margravine de Bareith* (Leipzig 1889) S. 32–38. Eine vielgelesene Informationsquelle über Peter war John Perrys *The State of Russia* (London 1716). Perry, ein englischer Kanalingenieur, berichtet u. a., er habe vom Zaren nur ein Jahresgehalt für eine vierzehnjährige Tätigkeit erhalten.
Kaiserin Elisabeth, ihr Charakter und ihre Machtergreifung: T. Talbot Rice, *Elizabeth, Empress of Russia* (London 1970).

4 Reise nach Moskau

Mémoires, S. 33–39; W. Bilbassow, *Geschichte Katharinas II.* (Berlin 1892–97), Bd. I, S. 49 ff.; *Sbornik* 7, S. 1–28. Auszüge aus Dokumenten in Hans Jessens *Katharina II. von Rußland im Spiegel der Zeitgenossen* (Düsseldorf 1970) S. 27–42.

5 Aus Sophie wird Katharina

Sophies Krankheit: *Mémoires,* S. 42–43.
Russischer Unterricht: A. R. Gribowskij, *Wospominanija i dnewniki* (Erinnerungen und Tagebücher) (Moskau 1899), S. 15: »Als ich hier ankam, begann ich mit Eifer Russisch zu lernen. Tante Jeli-

saweta Petrowna hörte davon und sagte zu meiner Kammerfrau: ›Sie braucht keinen Unterricht weiter, sie ist klug genug, es auch so zu lernen.‹ So konnte ich das Russische nur aus Büchern lernen, ohne Lehrer, und deshalb kann ich es noch immer nicht richtig buchstabieren.«

Sophies Verlobung: *Mémoires,* S. 49–50.

Reise in die Ukraine: *Mémoires,* S. 51–55. Feuerwerk in Kiew: ebd. S. 54; Tanz mit Sievers auf dem Maskenball: ebd. S. 55–56.

Katharinas Entschluß: *Mémoires,* S. 57.

Katharinas Vermählung: *Mémoires,* S. 67–69; Johannas Bericht darüber in *Sbornik* 7, S. 52–55.

6 Im Gefängnis der Ehe

Katharinas Leben in Oranienbaum: *Mémoires,* S. 260–61.

Ärger der Kaiserin über Peter: *Mémoires,* S. 233–35.

Peters Jugend: N. Bain, *Peter III., Emperor of Russia* (London 1902). Vorfall mit den Austern: *Mémoires,* S. 287; Vorfall mit dem Spaniel: ebd., S. 269–70.

7 Demütigungen

Peters Weigerung, ins Dampfbad zu gehen: *Mémoires,* S. 175–77.

Peters Verhältnis mit Katharina von Biron: *Mémoires,* S. 171, 179, 282–85.

Lestocqs Entlassung: *Mémoires,* S. 135–36, 263. Die Kaiserin und Katharinas Trauer um ihren Vater: ebd., S. 247–48.

Katharinas Krankheiten: Ihre vielen detaillierten Hinweise darauf lassen vermuten, daß sie die Patientenbücher der Hofärzte benutzt hat, um die Chronologie in den Memoiren herzustellen, Zahnziehen: *Mémoires,* S. 157–58.

8 Mutterschaft auf Befehl

Einsturz von Alexej Rasumowskijs Haus: *Mémoires,* S. 119–20, 255–57.

Katharinas Korrespondenz mit Andrej Tschernyschew: *Mémoires,* S. 197, 263–64. Ihre Lektüre: ebd., S. 245, 269, 348.
Freundschaft mit Kyrill Rasumowskij: *Mémoires,* S. 153–54. Briefe an Sachar Tschernyschew (von den meisten Biographen übersehen): *Russkij Archiv* (Russisches Archiv) 1881, Bd. 3. (Der Hinweis bei Bilbassow ist unrichtig.) In den *Mémoires* (S. 309) ist nur von einem Briefwechsel die Rede, nicht von heimlichen Zusammenkünften.
Verhältnis mit Saltikow: *Mémoires,* S. 312–22. Das richtige Datum von Madame Tschoglokowas Gespräch mit Katharina im Sommer 1752 ist in Katharinas »Beichte« an Hanbury-Williams enthalten (Anthonys Übersetzung p. 248).
Peter und Madame Grooth: *Mémoires,* S. 319. Ein Sohn des Stuttgarter Hofmalers und Bruder des Porträtisten Georg Grooth war der Tiermaler L. F. Grooth, der sich auf Elisabeths Pferde, Hunde, Pfauen, Enten und Schwäne spezialisierte.
Pauls Geburt: *Mémoires,* S. 341–42. Über seinen Vater vgl. Anhang B.

9 Unbesonnenheiten

Katharina und das Herzogtum Holstein: *Mémoires,* S. 377.
Die Schuwalows: *Mémoires,* S. 339–43, 365–66.
Hanbury-Williams: D. B. Horn, *Sir Charles Hanbury-Williams and European Diplomacy 1747–1758* (London 1930) und *Correspondence of Catherine the Great with Sir Charles Hanbury-Williams,* ed. Ilchester and Longford-Brooke (London 1928).
Peter und die Entsendung eines russischen Botschafters nach Frankreich: Der Großfürst »erwiderte... nachdem er der Kaiserin die Gründe für sein Verhalten angegeben habe, wolle er nur noch sagen, daß er weder so unwissend noch so schwach sei, nicht zu wissen, daß der Kaiserin Wille Gesetz sei und daß er gehorche, wann immer sie befehle, und daher bereit sei, jedes Schriftstück zu unterzeichnen, sobald er dazu die Weisung erhalte«. (Bericht Hanbury-Williams' vom 23. Sept. 1756 n. s. Public Record Office, SP 91/64.)

Katharinas Gespräch mit Scampçoi: *Correspondence with Hanbury-Williams,* a.a.O., pp. 158–59.
Lord Holderness' Briefwechsel mit Hanbury-Williams: British Library, Egerton MS 3463, August 1756.
Poniatowski: J.-P. Palewski, *Stanislas-Auguste Poniatowski: Dernier roi de Pologne* (Paris 1946). Seine Beschreibung Katharinas: *Mémoires du roi Stanislas Auguste* (St. Petersburg 1914).

10 In Ungnade

Die Affäre Apraxin: *Mémoires,* S. 362, 387–88, und *Correspondence with Hanbury-Williams,* a.a.O.
Annas Geburt: *Mémoires,* S. 401. Bestuschews Verhaftung: ebd., S. 405–06.
Vorfall der verweigerten Karossen und Katharinas Brief an die Kaiserin: *Mémoires,* S. 414–19.
Katharinas erste Unterredung mit Elisabeth: *Mémoires,* S. 442–47.
Die zweite Unterredung: Keith an Holderness, 11. (22.) September 1758; British Library, Egerton MS 3463.

11 Auf dem Wege zur Macht

Katharinas Beziehungen zu Elisabeth Woronzowa: Keith an Holderness, 11. (22.) September 1758; a.a.O. Katharinas Behandlung Naryschkins: *Mémoires,* S. 395.
Poniatowski traf Katharina, mit Peters Einverständnis, im Sommer 1758, ehe er nach Polen zurückkehrte. Ihre Begegnung, in Poniatowski *Mémoires* beschrieben und vom Herausgeber in die englische Ausgabe von Katharinas *Mémoirs* (London 1955) eingeschaltet, fand also nicht vor den entscheidenden Unterredungen zwischen Katharina und der Kaiserin statt, sondern danach.
Katharina und die Fürstin Daschkowa: *Mémoirs of Princess Dashkow,* transl. K. Fitzlyon (London 1958), pp. 38–44.
Tod der Kaiserin Elisabeth: *Mémoires,* S. 499–509.

12 Der Kaiser

Keiths Berichte in der Public Record Office SP 91/69 und 70, sowie die Berichte des dänischen Gesandten in den Königlichen Archiven von Kopenhagen, TKUA, Rußland A III, heben das Unbehagen hervor, das die Anwesenheit des Prinzen Georg verursachte, sogar unter den ausländischen Diplomaten, von denen sich mehrere weigerten, Peters Wunsch nachzukommen, Prinz Georg solle die Ehren empfangen, die einem Fürsten von Geblüt zuständen. Siehe auch M. Raeff, »Domestic Policies of Peter III. and his Overthrow« in *American Historical Review*, vol. 75, no. 5, June 1970; und N. Bain, *Peter III. Emperor of Russia* (London 1902).
Einweihung der Kapelle: Bericht des dänischen Gesandten vom 11. (22.) Mai (1762?). Er fügt hinzu, daß Melgunow von Katharina bezahlt wurde.
Trinkspruch auf die kaiserliche Familie: *Mémoirs of Princess Dashkov*, a.a.O., S. 54–55.
Katharinas Versuch, Geld aus England zu leihen: Briefwechsel von Keith und Wroughton mit Bute, Februar–März 1762, PRO, SP 61/69, worin auch ein Brief von Katharinas Hand an Bute. »Es wurden sechzig Heiraten befohlen...«: Brief Wroughtons aus Warschau an Grenville vom 23. Juli 1762.

13 Der Staatsstreich

Katharinas eigener Bericht in ihrem Brief vom 2. August 1762 an Poniatowski: *Mémoires*, S. 547–55, ferner S. 493–94; Panins Bericht an Asseburg in A. F. von der Asseburg, *Denkwürdigkeiten* (Berlin 1842), S. 315–22; *Sotschinenija Derschawina* (Derschawins Werke), Bd. VI (St. Petersburg 1876), S. 416–20.
Peters Ermordung: Peters Briefe an Katharina in M. Budberg, *The Memoirs of Catherine the Great* (London 1955), pp. 345–46; Alexej Orlows Briefe an Katharina ebd., pp. 350–51; Earl of Buckinghamshire, *Despatches and Correspondence* (London 1900).
Katharinas Krönung: M. I. Pylajew, *Staraja Moskwa* (Das alte

Moskau) (St. Petersburg 1891); N. Leskow, »Tsarskaja Koronatsija« (Die Zarenkrönung) in *Istoritscheskij westnik* (Historischer Bote) Bd. V (1881), S. 283–99; V. I. Zhmakin »Koronatsii russkich imperatorow i imperatrits (Die Krönungen der russischen Kaiser und Kaiserinnen) 1724–1856« in *Russkaja Starina,* XXXVII (Russische Altertümer) (1883), S. 499–538.

14 Reformen

Die Zustände in Rußland bei Katharinas Thronbesteigung: *Mémoires,* S. 517–25. Wirtschaftspolitik: A. I. Pashkov, *A History of Russian Economic, Thought, Ninth through Eighteenth Centuries* (Berkeley, Calif. 1964), Part V.
Entwicklung der Bodenschätze: G. Macartney, *An Account of Russia 1767* (London 1768); W. Kirchner, »Samuel Bentham and Sibiria«, *Slavonic Review,* 36 (1957–58). Handel mit China: C. M. Foust, *Muscovite and Mandarin* (Chapel Hill 1969). Freihandel: Als Katharina von Adam Smith hörte, bemühte sie sich sogleich seine Lehre in Rußland anzuwenden; hierüber in *Oxford Slavonic Papers,* n. s. vol. 7 (1975).
Verwaltungsreform: E. R. Jones, »Catherine II. and the Provincial Reform of 1775: A Question of Motivation«, *Canadian Slavic Studies,* IV, 3 (1970).
Stadtplanung: P. E. Jones, »Urban Planning and the Development of Provincial Towns in Russia, 1762–1796« in J. G. Garrard (ed.), *The Eighteenth Century in Russia* (Oxford 1973).
Erziehung: N. Hans, *History of Russian Educational Policy, 1701–1917* (London 1931); »Dumaresq, Brown and Some Early Educational Projects of Catherine II.« in *Slavonic Review,* 40 (1961–62).
Katharinas Impfung: W. J. Bishop, »Thomas Dimsdale and the Inoculation of Catherine the Great of Russia« in *Annals of Medical History,* n. s. IV, 4 (Juli 1932).
Katharinas Arzt: A. Cross, »John Rogerson: Physician to Catherine the Great« in *Canadian Slavic Studies* IV, 3 (1970) und J. B.

Wilson, »Three Scots in the Service of the Czars« in *The Practioner*, 210 (April and May 1973).
Krankenhäuser: I. de Madariaga, *The Travels of General Francesco de Miranda in Russia* (London 1960); H. von Storch, *Historisch-Statistisches Gemälde des Russischen Reiches am Ende des achtzehnten Jahrhunderts* (Riga 1797–1803).

15 Humanität

Über Nikita Panin: D. L. Ransel, *The Politics of Catherinian Russia: The Panin Party* (New Haven 1975) und die Besprechung von I. de Madariaga in *Times Literary Supplement*, 25. Juni 1976.
Die Gesetzgebende Kommission: P. Dukes, *Catherine the Great and the Russian Nobility* (Cambridge 1967); Katharinas *Instruktion:* W. F. Reddaway, *Documents of Catherine the Great* (Cambridge 1931).
Der Pugatschew-Aufstand: M. Raeff, »Pugachev's Rebellion« in *Preconditions of Revolution in Early Modern Europa*, ed. Forster and Greene (Baltimore 1970); J. T. Alexander, *Autocratic Politics in a National Crisis* (Bloomington, Ind. 1969); P. Longworth, *The Cossacks* (London 1969).
Katharinas Maßnahmen zugunsten der Leibeigenen: I. de Madariaga. »Catherine II. and the Serfs: A Reconsideration of Some Problems« in *Slavonic Review*, 52 (1974).

16 Außenpolitische Erfolge

Polen: H. Kaplan, *The First Partition of Poland* (New York 1962); P. Longworth, *The Art of Victory: The Life and Achievements of Generalissimo Suvorov 1729–1800* (London 1965).
Türkei: M. S. Anderson, »Great Britain and the Russian Fleet 1769–70« in *Slavonic Review*, 31 (1952–53); »Great Britain and the Growth of the Russian Navy in the 18th Century« in *Mariner's Mirror*, 42 (1956).

17 Porträt einer Kaiserin

Casanovas Erlebnisse in St. Petersburg und seine Gespräche mit der Kaiserin: *Mémoires de Casanova* (Paris 1826–38), vol. 10, Kap. V, VI und VII.
Katharinas Gesundheit: Briefe an Potemkin vom 12. Okt. 1786 und 9. Okt. 1787. Voller Mitgefühl mit Potemkin, der ebenfalls an »Krämpfen« litt, schrieb Katharina: »J'ose croire que les spasmes s'en iront avec les vents, je suis d'opinion que tout spasme est causé par les vents.«
Komplott der Preobraschenskij-Offiziere: *Sbornik* 72, S. 164–65.
Bruch mit Orlow: A. Polovtsov, *The Favourites of Catherine the Great* (London 1940). Orlows Brief vom 2. Jan. 1767 an Rousseau in J. J. Rousseau, *Correspondance générale,* ed. Dufour, vol. 16 (Paris 1931), S. 325–26.

18 Ein Mann namens Potemkin

G. Soloveytchik, *Potemkin* (London 1938); Catherine II.: *Lettres d'amour à Potemkin,* ed. Oudard (Paris 1934); Briefe an Grimm, *Sbornik* 23.
Katharinas Besuch der Porzellanmanufaktur: Chevalier de Corberon, *Un diplomate français à la cour de Catherine II.* (Paris 1901), 9 June 1777.

19 Die Schriftstellerin und Schirmherrin der Literatur

Über Katharina und die Entdeckungen im Osten schrieb Rogerson, »Sie wußte mehr darüber als sonst irgendeiner«. (Brief an W. Robertson vom 12. Sept. 1773, National Library of Scotland MS 3943.) Einzelheiten über Expeditionen in H. Chevigny, *Russian America* (New York 1965). Auf ein Schriftstück, die Alëuten betreffend, und an den Generalgouverneur von Irkutsk gerichtet, fügte Katharina eigenhändig den Befehl hinzu, »den Jägern einzuschärfen, ihre neuen Landsleute und Brüder, die Bewohner unserer

neu erworbenen Inseln, mit der größten Freundlichkeit zu behandeln«.
Entwicklung der Geschichtsschreibung: A. G. Mazour, *Modern Russian Historiography* (Princeton 1958).
Ferner: K. A. Papmehl, *Freedom of Expression in Eighteenth-Century Russia* (Den Haag 1971); W. Gareth Jones, »The Closure of Novikov's »Truten« in *Slavonic Review,* 50 (1972).
I. F. Martynov, »English Literature and Eighteenth-Century Russian Reviewers« in *Oxford Slavonic Papers,* n. s. 4 (1971). B. V. Varneke, *History of the Russian Theatre* (New York 1951). Zu Katharinas Reaktionen auf *Le médecin par occasion:* Corberon, a.a.O., 12. Okt. 1777.
Katharinas Schriften: A. G. Cross, »A Royal Bluestocking« in *A Garland of Essays Offered to E. M. Hall* (Cambridge 1970). Katharinas vergleichendes Wörterbuch: *Sbornik* 23, 9. Sept. 1784. Ein zweites Exemplar des für Katharina von Butler angelegten und an Washington gesandten Wörterbuches befindet sich in den *George Washington Papers* Series 8 D, in der Library of Congress, Washington, D. C.
Freimaurerei: G. H. McArthur, »Catherine II. and the Masonic Circle of N. T. Novikov« in *Canadian Slavic Studies* IV, 3 (1970).
Johannas Alchemie: »Ich machte im Hause der Marquise de Pontcarré d'Urfé«, schrieb Casanova, »den ›Baum der Vollendung‹ (?), dessen Laub, von der Fürstin von Anhalt-Zerbst berechnet, sich um fünfzig vom Hundert vermehrte.«
Katharinas Suche nach einer »fröhlichen« Schwiegertochter: Brief vom 16. Jan. 1772, in Asseburg, a.a.O., p. 279.

20 Architektur, Malerei und Musik

A. and V. Kennett, *The Palaces of Leningrad* (London 1973); I. Rae, *Charles Cameron, Architect to the Court of Russia* (London 1971).
Katharinas Achtung vor Eigentum des Nachbarn: V. Esterhazy, *Lettres à sa femme* (Paris 1857), Brief vom 29. Okt. 1791, S. 349–50.

Standbild Peters I.: *Correspondance de Falconet avec Catherine II. 1767–1778* (St. Petersburg [Petrograd?] 1921).
Sammeltätigkeit: P. Descargues, *The Hermitage* (London 1961). Bemerkenswert ist auch Katharinas Sammlung von Gemmen und Intaglios. Sie kaufte zuerst 1764 Gemmen von L. Natter und erwarb später die Sammlungen von Breteuil, Byres, Slade, Mengs, Lord Beverley, dem Herzog von Orleans und von J. B. Casanova, dem Direktor der Dresdner Akademie der Schönen Künste, so daß sie schließlich etwa zehntausend Gemmen besaß. Die Brüder William und Charles Brown stellten in zehn Jahren vierhundert Kameen und Intaglios für sie her. Sie schrieb an Grimm, »vier Männer hatten Mühe, zwei Körbe mit Juwelenkästchen zu tragen, nur die Hälfte der Sammlung«.
Die Oper *Feduls Detmi* (Fedul und seine Kinder), die man gewöhnlich Katharina zuschreibt, ist nicht von ihr, und die Musik stammt nicht von Fomin, sondern von Paschkewitsch und Martin y Soler.
»Die Kaiserin hat es... zuwege gebracht...« Buckinghamshire, a.a.O., 14. Feb. 1762.

21 Der allgewaltige Potemkin

J. A. Duran, Jr., »Catherine II., Potemkin and Colonization Policy in Southern Russia« in *Russian Review*, vol. 28 (New York 1969) pp. 23–26.
Katharinas Krimreise: Marquis d'Aragon, *Un Paladin du XVIII ème siècle* [Nassau-Siegen] (Paris, 1893). »Potemkinsche Dörfer«: Helbig, *Russische Günstlinge* (Tübingen 1809).
Katharinas Liebhaber: A. Polovtsov, a.a.O. »Briefe an Grimm«, *Sbornik* 23. »Potemkin beschimpfte Katharina...«: J. Parkinson, *A Tour of Russia, Siberia and the Crimea* 1792–94 (London 1971). »Potemkin forderte ihn [Soritsch] auf...«: Parkinson, a.a.O., p. 54.
Die Meinung, Katharina habe sich der Dienste einer *éprouveuse* bedient, stammt aus C. F. Masson, *Mémoires secrets sur la Russie* (Paris 1800) (im Anhang A besprochen).

22 Die späteren Leistungen

Alexanders Erziehung: F.-C. Laharpe, *Mémoires* (Bern 1864).
Plan für eine Nationalversammlung: M. Raeff in *Oxford Slavonic Papers*, n. s. 7 (1975).
Katharina, die alte Frau und das Huhn: P. Sumarokow, *Tschorty Ekateriny Welikija* (Charakterzüge Katharinas der Großen) (St. Petersburg 1819), S. 112–13.
Hilfe für die Armen: Brevern de la Gardie, *Comte de Stedingk, Choix de Dépêches* (Stockholm 1919), Bericht vom 3. Dez. 1792, I. S. 339; K. J. Parkinson, a.a.O., pp. 23–24.
Katharina und die Französische Revolution: *Sbornik* 23, besonders 12. Mai 1791.
Zweite und dritte Teilung Polens: *Cambridge History of Poland*, vol. 2 (Cambridge 1950).

23 Wie eine Fliege im Lenz

Plato Subow: A. Polovtsov, a.a.O.; *Dnewnik A. V. Chrapowitskawo 1782–1793* (St. Petersburg 1874).
Potemkins letztes Jahr. G. Soloveytchik, a.a.O.
»Das kann nicht wahr sein...«: *Sbornik* 23, 14. Dez. 1795. Der Perser war Murtasa Kili, den Parkinson in Astrachan kennengelernt und in seiner Tagebucheintragung vom 28. Juni 1793 beschrieben hatte.

24 Kritik und Auflehnung

Bestrafung Mamonows und seiner Frau: J. Parkinson, a.a.O., p. 61.
»Unter mehreren Bittschriften...«: P. Sumarokow, a.a.O., S. 190–92.
Über Raditschew: A. Radishchev, *A Journey from St. Petersburg to Moscow*, trans. L. Wiener (Cambridge, Mass. 1958); D. M. Lang, *The First Russian Radical: Alexander Radishchev 1749–1802* (Lon-

don 1954); A. Mc. Connell, *A Russian Philosophe: Alexander Radishchev 1749–1802* (Den Haag 1964).
Katharinas Behandlung von Nachahmern der Revolutionsmoden und von Propagandisten: Matthew Guthrie, *Noctes Rossicae*, folio 109–109v. British Library, Add. MSS. 14390.

25 Der Traum vom russischen Europa

Katharina mit fünfundsechzig: *Wospominanija i dnewniki Adriana Mojsejewitscha Gribowskawo* (Erinnerungen und Tagebücher von A. M. Gribowskij) (Moskau 1899), S. 15ff. Ihr Kleid: V. Esterhazy, a.a.O., Briefe aus dem Jahre 1791.
Gegen Ende von Katharinas Regierung waren 158 Millionen Rubel in Papiergeld in Umlauf, fünfmal so wenig wie in England, unter Berücksichtigung des Bevölkerungsunterschiedes. Die Meinungen über die Ausgabe von Papiergeld waren geteilt; Iwan Tretjakow, der in Glasgow graduiert hatte und an der Universität von Moskau Jura lehrte, billigte sie, während Raditschew dagegen war.
Katharinas Ablehnung schmeichelhafter Beinamen: an Voltaire am 29. Dez. 1766; an Grimm am 22. Feb. 1788.
Besuch Gustavs IV.: *Sbornik* 9 und 23.
»Wenn ich zweihundert Jahre alt werden könnte...«: Derschawin, a.a.O., S. 606.
Ihr Testament: *Mémoires*, S. 702-3.
Katharinas Tod: T. Rostoptschin, *Poslednij den' schisni Imperatritsy Ekateriny II. i perwulij den' tsarstwowanija imperatora Pawla I.* (Der letzte Lebenstag der Kaiserin Katharina II. und der erste Regierungstag Kaiser Pauls I.) (Leipzig 1858).

26 Katharina die Große?

Auf seiner Rußlandreise im Jahr 1793 stellte Parkinson fest, »wenn man von der Kaiserin spricht, ist es jetzt große Mode zu sagen, *c'est un grand homme.*« (Parkinson, a.a.O., p. 132). Diese, die männliche Überlegenheit postulierende Phrase wurde von Diderot auf Ka-

tharina übertragen; vorher hatte Voltaire sie auf die mathematikbegabte Marquise du Châtelet gemünzt.
Der Wachtposten und das Schneeglöckchen: Princesse Marie Murat, *La grande Catherine* (Paris 1932).
Pauls Regierung: P. Morane, *Paul I. de Russie* (Paris 1907).
Katharina über Napoleon: *Sbornik* 23, 11. Feb. 1794.
Catherine, Kansas: M. E. Johannes, *A Study of the Russian-German Settlements in Ellis County, Kansas* (Washington, D. C. 1946).
»Voltaire, mein Meister...«: A Brückner, *Katharina die Zweite* (Berlin 1883), S. 597.

Register

Das nachfolgende Personenregister soll den Überblick über einige der zahlreichen zeitgenössischen Gestalten und historischen Persönlichkeiten, die in Katharinas Leben eine Rolle gespielt haben, anhand typischer Zusammenhänge erleichtern.
Katharina selbst sowie ihr engster Familienkreis wurden nicht mehr gesondert aufgenommen.

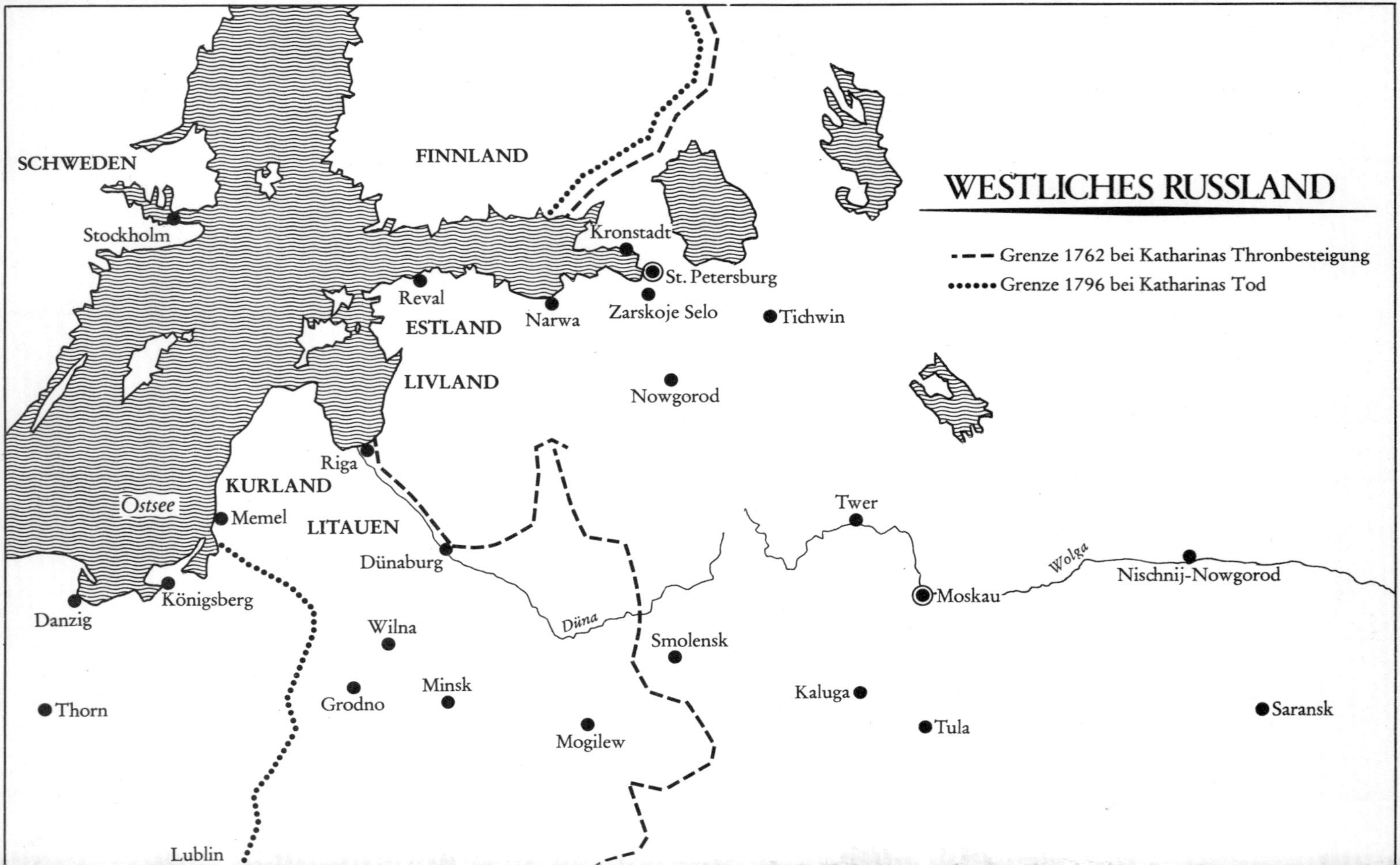
WESTLICHES RUSSLAND
Grenze 1762 bei Katharinas Thronbesteigung
Grenze 1796 bei Katharinas Tod
SCHWEDEN
Stockholm
FINNLAND
Kronstadt
St. Petersburg
Reval
Narwa
Zarskoje Selo
Tichwin
ESTLAND
LIVLAND
Nowgorod
Riga
KURLAND
Ostsee
Memel
LITAUEN
Dünaburg
Danzig
Königsberg
Twer
Wolga
Nischnij-Nowgorod
Moskau
Düna
Wilna
Smolensk
Minsk
Grodno
Thorn
Kaluga
Saransk
Tula
Mogilew
Lublin